사물인터넷을 품은 라즈베리 파이

사물인터넷을 품은 라즈베리 파이

© 2016. 김성우 All Rights Reserved.

초판 1쇄 발행 2016년 1월 25일   **7쇄 발행** 2019년 3월 31일

지은이 김성우
펴낸이 장성두
펴낸곳 주식회사 제이펍

출판신고 2009년 11월 10일 제406-2009-000087호
주소 경기도 파주시 회동길 159 3층 3-B호
전화 070-8201-9010 / **팩스** 02-6280-0405
홈페이지 www.jpub.kr / **원고투고** jeipub@gmail.com
독자문의 readers.jpub@gmail.com / **교재문의** jeipubmarketer@gmail.com

편집부 이종무, 황혜나, 최병찬, 이 슬, 이주원 / **소통·기획팀** 민지환, 송찬수 / **회계팀** 김유미
용지 에스에이치페이퍼 / **인쇄** 한승인쇄 / **제본** 광우제책사

ISBN 979-11-85890-43-2 (93000)
값 30,000원

제이펍은 독자 여러분의 아이디어와 원고 투고를 기다리고 있습니다. 책으로 펴내고자 하는 아이디어나 원고가 있는 분께서는 책의 간단한 개요와 차례, 구성과 저(역)자 약력 등을 메일로 보내주세요.   jeipub@gmail.com

사물인터넷을 품은 라즈베리 파이

김성우 지음

제이펍

차례

CHAPTER **13** 사물인터넷 통신 563

머리말

"아침에 일어나면 현재 나의 건강 상태가 체크되고, 나의 기호에 따라 기계가 자동으로 식사를 준비하고, 집을 나서면 회사까지 태워 줄 자율주행차가 대기하고 있고, 그날 해야 할 업무가 자동으로 스크린에 나타난다."

요즘 우리는 SF 영화에서 봤던 기술들이 하나둘씩 구현되는 새로운 세상을 만나고 있다. 그 중심에는 사물인터넷 기술이 있다. 센서와 컴퓨터가 내장된 사물들이 인터넷으로 연결되어 각종 서비스를 제공하는 마법 같은 기술을 통틀어서 사물인터넷이라고 일컫는다. 1995년에 처음 사물인터넷이라는 용어가 만들어졌지만, 당시에는 사물에 내장되는 컴퓨터와 센서의 가격이 비싼 데다 한정되고 느린 인터넷 환경 등의 이유로 주목받지 못하였다. 하지만 21세기에 들어와서 반도체 칩의 가격이 급격하게 하락하고, 컴퓨터 성능과 인터넷 속도가 몰라보게 향상되면서 실생활에 사물인터넷 기술의 구현이 가능하게 되었다.

2012년에 처음 만들어진 라즈베리 파이 보드는 아두이노와 더불어 사물인터넷을 위한 소프트웨어를 프로그래밍할 수 있는 대표적인 오픈소스 교육용 컴퓨터이다. 이 책은 사물인터넷을 구현하는 데 관심을 가진 대학생을 포함한 일반인들을 대상으로 라즈베리 파이 보드를 활용하여 다양한 장치를 제어할 수 있도록 프로그래밍하는 방법에 관해 다룬다. 기본적인 IT 지식만 있으면 전체적인 내용을 이해할 수 있도록 구성하였지만, 센서를 비롯한 하드웨어와 운영체제를 포함한 컴퓨터 소프트웨어에 관해 어느 정도 알고 있다면 훨씬 이해하기가 쉬울 것이다.

최근 들어 아두이노와 라즈베리 파이가 이끌고 있는 DIY(Do-It-Yourself) 또는 메이커 문화가 붐이다. 또한 인터넷 커뮤니티와 블로그 등에는 사람들이 공개한 각종 노하우와 오픈소스가 넘쳐나므로 독자들이 사물인터넷 프로그래밍을 익히기에 좋은 시기인 것 같다. 라즈베리 파이를 사용하여 사물인터넷 장치를 만들고 구현하려는 사람들에게 이 책에서 다루는 다양한 기술과 예제들이 도움이 될 것으로 기대한다.

이 책의 구성

이 책은 크게 세 부분으로 구분할 수 있다. 1부는 1장부터 5장까지이며, 라즈베리 파이와 프로그래밍을 처음 접하는 초심자도 접근할 수 있도록 리눅스 환경과 파이썬 프로그래밍 언어에 대한 기본적인 사용법을 담았다. 파이썬은 문법이 간결하고, 가독성이 뛰어나며, 마이크로소프트 윈도우와 리눅스 등의 다양한 운영체제에서 구동할 수 있어서 프로그래밍을 처음 접하는 초보자도 쉽게 익힐 수 있다. 만일 리눅스와 파이썬에 익숙한 독자라면 이 부분을 건너뛰어도 된다. 아울러 파이썬으로 웹 서버를 구축하고 데이터베이스와 연동하며 GUI 프로그래밍하는 방법에 대해서도 다루었다.

2부는 6장부터 9장까지이며, 라즈베리 파이에 센서를 비롯한 각종 장치를 활용하는 방법에 관해 설명하였다. 라즈베리 파이의 GPIO 입출력 포트를 활용하여 LED, LCD, 적외선 리모컨 등의 사용법을 다루었으며, 카메라, 모터, 위치 방향 측정 장치를 활용하는 내용은 따로 장을 나누어 서술하였다.

3부는 10장부터 13장까지이며, 사물인터넷에 대한 고급 기술과 서비스에 관해 소개하였다. 아두이노를 포함하여 최근에 각광받는 저렴한 사물인터넷 보드를 소개하고 라즈베리 파이와 연동하는 방법을 설명하였다. 아울러 라즈베리 파이에 홈 자동화 서버를 설치 활용하며, 클라우드 데이터 서비스 및 연동 서비스를 활용하여 프로그래밍하는 방법에 대해서도 다루었다. 마지막에는 최근 저전력 근거리 통신 기술로 각광받고 있는 BLE 비콘을 연동시키고, 대표적인 사물인터넷 통신 프로토콜인 MQTT를 활용하는 방법을 수록하였다.

예제 코드 및 Q&A

이 책에서 사용한 예제 코드를 비롯한 각종 자료는 필자가 개설한 네이버 카페(http://cafe.naver.com/openiot)나 깃허브(github) 사이트에서 다운로드할 수 있다. 깃허브에서 다운로드하려면 라즈베리 파이에서 다음과 같은 명령을 실행하면 된다. 아울러 이 책으로 공부하면서 궁금한 점이나 개선해야 할 내용이 있으면 위에 언급한 네이버 카페를 통해 필자에게 연락하기 바란다.

```
$ sudo apt-get install git
$ git clone https://github.com/Jpub/RaspberryPiWithIOT
```

감사의 글

지난 3년간 라즈베리 파이를 처음 접하고 수업을 진행하면서 이 책을 완성하도록 도움을 준 많은 분에게 감사를 표하고 싶다. 먼저, 저자를 공학자의 길로 이끌어 준 김병국 지도교수님께 감사드린다. 또한, 지난 2년간 임베디드 소프트웨어 수업을 수강하면서 라즈베리 파이와 씨름하며 책의 많은 부분이 구현되는 데 도움을 준 사랑스러운 학생들(호용, 동언, 동석, 지형, 아람, 주연, 홍준, 근수, 형석)에게 감사드린다. 네이버 오로카와 pipc 카페에서 활동하며 여러 좋은 정보를 알려 주신 회원님들, 특히 wintersalmon 님께 감사의 말을 전하고 싶다. 그리고 집필과 출판을 독려하며 조언해 주고 편집을 도와준 제이펍 출판사의 사장님 및 편집자 분들께 감사드린다.

마지막으로, 출간을 기뻐해 주신 부모님과 지난 1년간 책이 집필되는 동안 옆에서 묵묵히 지켜봐 주고 응원해 준 내 인생의 반려자 현실에게 감사한다. 그리고 희상과 지원, 늘 사랑한다.

김성우

베타리더 후기

🦋 강지훈(피키캐스트)

머신러닝과 AI, 그리고 데이터를 다루는 일을 하다 보니 취미나 업계 동향을 살필 겸해서 IoT 연구 등에 관심을 두게 되었습니다. 그간 다양한 라즈베리 파이 관련 서적이 출간되었지만 IoT 와 접목시킨 책이 없었는데, 이 책을 만나서 아주 반가웠고, 이렇게 일반 독자들보다 먼저 읽게 되어 좋았습니다. 조만간 놀랄 만한 제품을 만들 수 있기를 기대해 봅니다.

🦋 손정호(한의사)

라즈베리 파이를 활용하기 위해서는 리눅스 환경에 관한 지식이 필요한데, 이 책에서는 리눅스 파일 구조, 셸, 파이썬, Apache, MySQL 등 기본적인 라즈베리 파이 활용에서 사물인터넷 프로그래밍까지 필요한 거의 모든 지식을 망라하고 있었습니다. 설명도 자세한 편이라 따라가기 쉬웠습니다.

🦋 유형진(데브구루)

몇 년 사이에 라즈베리 파이를 필두로 다양한 오픈 H/W들이 나타나고 있는 것 같습니다. 이 책은 그중에서도 가장 핫한 라즈베리 파이를 활용할 수 있는 무한한 가능성을 알려 주고 있습니다. 간단하게는 파이썬 프로그래밍 실습부터 다양한 하드웨어 제어(카메라, RC 카 등) 그리고 사물인터넷 활용 방안까지 고루 다루고 있습니다. 신용카드 크기의 라즈베리 파이로 다양한 경험을 원한다면 당장 이 책을 펼쳐 보기를 추천합니다. 다만, 책의 예제 일부가 웹에서 볼 수 있는 것도 있어서 창의적 측면에서 다소 아쉬움이 듭니다.

🐾 이철민(카카오)

하드웨어를 별로 만져 보지 못한 개발자라서 책을 받고 나서 본문 중 빵판(브레드보드)과 스위치 등이 보여 다소 당황했습니다. 책에서 소개하는 리눅스 기초부터 파이썬 그리고 응용 예제들을 공부하고 독자 나름대로 좀 더 연구한다면 재미있는 IoT 결과물을 만들어 낼 수 있을 것 같습니다. 저는 이 책을 통해 이번에 갓 태어난 아이의 감시(?) 시스템을 만들어 활용 중입니다.

🐾 이혜진

책 한 권에 너무 많은 내용이 담겨 있어서 설명이 일부 부족해 보이는 것 같았습니다만, 차근차근 따라 하다 보니 별 문제점은 못 느꼈습니다. 오히려 새로 배우게 되는 것들이 많았는데, 카메라, GPS, 웹 서버 실습 부분은 정말 좋았습니다. 이 책과 함께 해당 센서나 모듈을 모두 갖춘 후에 봤더라면 더 효과적인 학습이 되었으리라 생각합니다.

🐾 최아연

지금까지는 사물인터넷 프로그래밍을 막연하게만 느끼고 있었는데, 이 책을 통해 보다 구체적으로 알게 되었습니다. 이 책은 단순히 하드웨어적인 부분뿐만 아니라, 라즈베리 파이 세팅부터 리눅스의 기초, 서버, DB 등 구현에 필요한 모든 부분을 다루고 있어서 라즈베리 파이 입문자인 저에게는 많은 도움이 되었습니다.

제이펍은 책에 대한 애정과 기술에 대한 열정이 뜨거운 베타리더들로 하여금
출간되는 모든 서적에 사전 검증을 시행하고 있습니다.

1

라즈베리 파이 소개

값싼 계산 능력을 제공할 때 사람들은 그것을 통해 사업할 방법을 찾는 것으로 밝혀졌다.

– 에번 업튼(Eben Upton), 라즈베리 파이 제작자

1장에서는 라즈베리 파이(Raspberry Pi)가 무엇이며, 라즈베리 파이의 구동에는 어떤 것이 필요한지 그리고 설치는 어떻게 하는지에 대해 알아본다.

1.1 개요

라즈베리 파이는 2012년 2월에 영국의 라즈베리 파이 재단에서 교육적인 목적으로 제작 발표한 신용카드 크기의 싱글 보드 컴퓨터(SBC, Single Board Computer)이다. 이 컴퓨터는 우수한 성능과 저렴한 가격 그리고 무엇보다도 리눅스(Linux)를 포함한 편리한 개발 환경 덕분에 전 세계의 수많은 개발자들이 사용하고 있다. 싱글 보드 컴퓨터란, 위키피디아(Wikipedia)의 정의에 따르면 마이크로 프로세서, 메모리, I/O(Input/Output) 및 다른 특징을 가진 단일 회로 보드로 만든 컴퓨터를 말한다. 반면에 일반적인 개인용 컴퓨터(PC)는 CPU, 메모리, 메인보드, 비디오 출력 보드 등의 입출력 인터페이스 보드들이 따로 만들어져 확장 슬롯으로 서로 연결되어 있다.[1]

---

1   위키피디아 참조. http://en.wikipedia.org/wiki/Single-board_computer

2015년 현재 라즈베리 파이는 엘리먼트14(Element14), RS 컴포넌트(RS Components) 등에 의해 제작되어 모델 A(Model A)는 25달러, 모델 B 및 모델 2는 35달러에 판매되고 있으며, 국내에서도 정식 수입사인 아이씨뱅큐(IC BanQ)를 포함하여 여러 인터넷 쇼핑몰 사이트에서 5만 원 내외의 가격에 판매되고 있다. 라즈베리 파이의 외형은 그림 1-1과 같다.

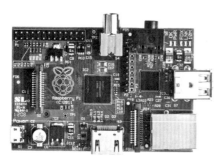 

라즈베리 파이 1 모델 B　　　　　　　　　　라즈베리 파이 2 모델 B

그림 1-1 라즈베리 파이의 외형

출처 https://www.raspberrypi.org/forums/viewtopic.php?t=4751,
https://www.conrad.at/medias/global/ce/9000_9999/9800/9880/9887/1316978_BB_00_FB.EPS_1000.jpg

1.2 시스템 구성

1.2.1 하드웨어 구성

라즈베리 파이 1은 미국 반도체 제작회사인 브로드컴(Broadcom)의 BCM2835 SoC CPU를 장착하고 있는데, 이 칩은 700MHz ARM1176JZF-S 프로세서와 Videocore IV GPU 프로세서를 포함하고 있다. 또한, 모델 A는 256메가바이트(MB), 모델 B는 512메가바이트(MB)의 램(RAM)을 장착하고 있으며, SD 카드 슬롯을 통해 SD 플래시 메모리를 파일 시스템이나 저장 메모리 용도로 사용할 수 있다. 반면에 2015년 2월에 출시한 라즈베리 파이 2는 같은 회사의 BCM2836 SoC CPU를 장착하고, 900MHz 쿼드코어 ARM Cortex A7 코어 프로세서와 1기가바이트(GB)의 램을 장착하고 있으며, 일반 SD 카드 대신 마이크로 SD 카드를 사용할 수 있다.

주변 장치로는 USB, HDMI(High Definition Multimedia Interface), 이더넷(Ethernet), 아날로그 오디오 출력, 컴포지트(composite) 비디오 출력, 전원 포트, GPIO 입출력 포트, DSI, CSI 커넥터 등을 포함하고 있다. 표 1-1은 라즈베리 파이와 비슷한 싱글 보드 컴퓨터들의 주요 구성 부품을 나타낸 것이다.

표 1-1 **싱글 보드 컴퓨터들의 주요 구성 부품**

이름	Raspberry Pi (B)	Raspberry Pi 2	Banana Pi / Pro	Odroid C1
CPU	ARM11 700 MHz	4xARM Cortex-A7 900MHz	Allwinner A20 2xARM Cortex-A7 1GHz	Amlogic 4xARM Cortex A5 1.5GHz
GPU	Dual Core VideoCore IV®	Dual Core VideoCore IV®	Mali-400 MP2 GPU	Mali-450 MP2 GPU
Memory	512MB SDRAM	1GB DDR2	1GB DDR3	1GB DDR3
Ethernet/WIFI	10/100MB / None	10/100MB / None	10/100MB / None	Gigabit Ethernet / None
USB 2.0	2 port Host	4 port Host	2 port Host & 1 port OTG	4 port Host & 1 port OTG
I/O	17 GPIO Available	26 GPIO, 1 Uart, 1 SPI, 2 I2C, PCM/I2S, 2 PWM CSI & DSI	26/40 Available	19 GPIO, 2 I2C, 1 SPI, 2 UART, 2 ADC, RTC, IR Receiver
OS	Linux, Android	Linux, Android, Windows 10	Linux(Ubuntu), Android	Linux(Ubuntu), Android
가격	35달러	35달러	57달러	35달러
크기	21.6×14.2cm	21.6×14.2cm	23.3×15.2cm	21.6×14.2cm
외형				

그림 1-2는 라즈베리 파이의 하드웨어 연결 장치들을 그림으로 표시한 것이다.

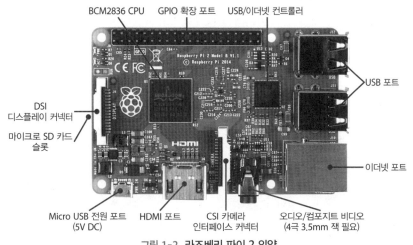

그림 1-2 **라즈베리 파이 2 외양**

1.2.2 주변 장치

라즈베리 파이를 구동하여 컴퓨터로 사용하기 위해서는 기본 보드 이외에도 다양한 주변 장치(액세서리)가 필요하다.

1 마이크로 5핀 커넥터 및 전원 어댑터

라즈베리 파이는 전원 공급을 위해 스마트폰 등에 널리 쓰이는 마이크로 USB 포트를 사용한다. 이 포트를 통해 5V, 700mA 정도의 직류 전원을 공급하여야 한다. 보통, PC의 USB 포트에 마이크로 5핀 커넥터를 연결하여 전원을 공급하거나 별도의 전원 어댑터(adapter)를 연결하여 사용해도 된다. 별도의 전원 어댑터를 연결하는 경우는 안정적인 전원 공급을 위해 5V, 1A 이상의 용량을 가진 어댑터를 사용하는 것이 바람직하다.

그림 1-3 마이크로 USB 케이블과 마이크로 USB DC 어댑터

2 마이크로 SD 카드

라즈베리 파이는 리눅스 등의 운영 체제(Operating System, OS)를 저장하기 위해 하드 디스크 대신 마이크로 SD 카드를 사용한다. 따라서 반드시 4기가바이트(GB) 이상의 마이크로 SD 카드를 준비하여 라즈베리 파이의 보드에 있는 SD 카드 슬롯(slot)에 삽입할 수 있어야 한다. 또한, 최초에 PC로부터 OS 이미지 등을 업로드하기 위해 SD 카드 어댑터 등이 필요할 수도 있다.

그림 1-4 마이크로 SD 카드와 SD 카드 어댑터

3 유무선 USB 마우스 및 키보드

라즈베리 파이 보드에는 PC처럼 마우스와 키보드를 연결하는 포트가 별도로 존재하지 않으므로 입력 장치로서 주로 USB형의 마우스와 키보드를 연결하여 사용한다. 다만, 라즈베리 파이 1 리비전(revision) A, B의 경우 USB 포트가 두 개밖에 없으므로 USB 마우스/키보드를 연결하고 나면 다른 장치를 연결할 수 없다(유무선 마우스/키보드 일체형을 사용하면 포트 하나를 절약할 수 있다). 따라서 더 많은 장치를 연결하려면 별도의 유전원 USB 허브를 사용하여야 한다. 참고로, 라즈베리 파이 1 리비전 B+와 라즈베리 파이 2 보드의 경우 USB 포트가 네 개이므로 USB 카메라 등의 주변 장치를 USB 허브 없이도 추가로 연결할 수 있다. 다만, 각 USB 포트가 200~300mA 정도의 전류를 사용하므로 2A 정도의 전원 어댑터를 사용하여 충분한 전력을 공급하는 것이 바람직하다.

그림 1-5 무선 키보드 및 마우스

4 HDMI 케이블 및 모니터

출력 장치로는 HDMI 또는 DVI(Digital Video/Visual Interactive)를 지원하는 LCD 모니터를 사용하는 것이 일반적이다. 라즈베리 파이 보드의 HDMI 포트에 HDMI 케이블을 연결하고 LCD 모니터에 연결하여 프로그램 실행 결과 등을 출력 화면으로 확인할 수 있다. 만약 LCD 모니터에 HDMI 포트가 없고 DVI 포트만 존재하면 HDMI-DVI 변환 어댑터를 사용하면 된다.

그림 1-6 HDMI 케이블 및 HDMI-DVI 변환 어댑터

5 이더넷 케이블 또는 와이파이 USB 동글

라즈베리 파이를 인터넷에 연결하려면 라즈베리 파이 보드에 탑재된 이더넷 포트에 유선 랜 (LAN) 케이블을 연결하여 공유기/랜 허브와 연결하거나 USB 포트에 와이파이(WiFi) USB 동글 (dongle) 장치를 연결하여 무선 인터넷 공유기와 연결하면 된다.

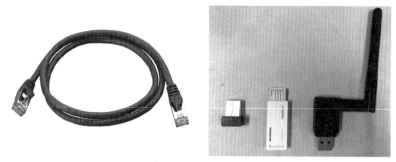

그림 1-7 이더넷 케이블 및 와이파이 동글

6 기타 외부 장치들

이 밖에도 라즈베리 파이의 여러 연결 포트를 통하여 USB 카메라, 파이 카메라, GPIO 확장 보드, 터치 LCD, 블루투스(Bluetooth) 동글, GPS 수신기 등 다양한 장치를 연결하여 사용할 수 있다.

1.2.3 소프트웨어 구성

라즈베리 파이는 기본적으로 리눅스 운영체제를 사용하여 구동한다(리눅스 외에도 FreeBSD나 RISC OS를 사용하는 것도 가능하다). 일반적인 개인용 컴퓨터에서도 다양한 리눅스 배포판을 실행시킬 수 있듯이 라즈베리 파이도 다양한 리눅스 배포판을 활용하여 구동시킬 수 있다. 라즈베리 파이를 위한 대표적인 배포판은 다음과 같다.

❶ **라즈비안(Raspbian):** 라즈베리 파이에서 가장 많이 사용하는 리눅스 배포판이며, 라즈베리 파이 재단에서 공식적으로 권장하고 있다. 라즈비안은 데비안(Debian) 리눅스를 기반으로 하고 있으며, 경량의 LXDE 데스크톱 환경과 함께 웹 브라우저와 파이썬, 스크래치 등의 다양한 도구를 포함하고 있다. raspberrypi.org의 다운로드 페이지에서 공식 배포판을 다운로드할 수 있다. 2015년 11월 현재 라즈비안 배포판은 데비안 Jessie 버전과 Wheezy 버전의 두 가지 버전을 제공한다.

❷ **우분투(Ubuntu):** 현존하는 리눅스 배포판 중 전 세계적으로 가장 많이 사용하는 리눅스 배포판이며, 우분투 재단에서 라즈베리 파이 2를 위한 배포판을 공식적으로 제공하고 있다. 데스크톱용 Ubuntu 14.04 LTS, Ubuntu Mate 15.04(데스크톱 버전)와 Snappy Ubuntu Core(최소 설치 버전) 등이 있다.

❸ **윈도우 10 IoT Core:** 마이크로소프트에서 윈도우 10 버전을 라즈베리 파이 2용으로 지원하는 배포판이다.

❹ **아치 리눅스(Arch Linux):** 아치 리눅스는 ARM 프로세서에 특화된 리눅스 배포판이다. 아주 경량의 리눅스이며, 심지어 그래픽 사용자 인터페이스(GUI, Graphical User Interface) 소프트웨어도 기본적으로 포함하고 있지 않다.

❺ **파이도라(Pidora):** 페도라(Fedora) 리눅스를 라즈베리 파이용으로 최적화한 배포판이다.

❻ **RISC OS:** 라즈베리 파이용으로 만들어진 매우 빠르고 작은 시스템이다.

❼ **OSMC:** 라즈베리 파이로 XBMC 미디어 센터를 구동하도록 한 리눅스 배포판이다.

❽ **OpenELEC:** OSMC처럼 XMBC 미디어 서버용으로 만들어진 임베디드(embedded) 리눅스 배포판이다.

❾ **코더(Coder):** 코더는 HTML, CSS, 자바스크립트를 사용하여 쉽게 웹 프로젝트를 개발할 수 있도록 구글(Google)에서 만든 배포판이다.

1.3 라즈비안 설치

라즈베리 파이 2 보드에 리눅스를 설치하기 위해 최소 4GB, 클래스 4 이상의 마이크로 SD 카드가 필요하다. 그런데 구동시키고 난 후에 다양한 패키지를 추가로 설치하거나 NOOBS(New Out Of Box Software)를 통해 리눅스 배포판을 설치하는 경우에는 넉넉잡아 8GB 이상의 마이크로 SD 카드를 준비하는 것이 좋다.

라즈베리 파이에 리눅스 배포판을 설치하는 방법에는 두 가지가 있다. 첫째는 NOOBS라는 리눅스 설치 프로그램을 먼저 설치한 다음, 나중에 리눅스 배포판을 선택적으로 설치하는 방법이다. 두 번째는 라즈베리 파이 다운로드 페이지로부터 특정한 리눅스 배포판 이미지를 다운로드하여 SD 카드에 직접 설치하는 방법이다.

◼ NOOBS 설치 방식

개인 PC가 윈도우 또는 매킨토시인 경우, SD 협회의 포맷 도구인 SD Formatter 4.0을 활용한다. SD Formatter 4.0 소프트웨어를 SD 협회 홈페이지[2]로부터 라이선스 동의하에 다운로드한 다음 설치한다. 설치가 완료되면 준비한 SD 카드를 PC에 삽입하고 SD Formatter 4.0을 실행한다. 초기 화면에서 'Option' 버튼을 눌러서 Format Type은 'FULL(OverWrite)'로, Format Size Adjustment는 'ON'으로 선택한 다음, 'OK' 버튼을 누르면 SD 카드 포맷 과정이 진행된다.

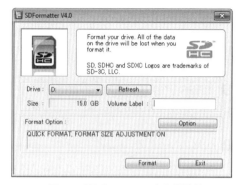

그림 1-8 **SD Formatter 4.0 실행 창**

한편, 리눅스를 사용하는 경우에는 gParted(또는 Parted) 프로그램을 사용하여 SD 카드를 FAT 형식으로 포맷하면 된다.

SD 카드가 포맷되었으면 라즈베리 파이 홈페이지의 다운로드 페이지[3]에 접속하여 NOOBS라는 리눅스 설치 패키지를 다운로드한다.

그림 1-9 **라즈베리 파이 이미지 다운로드 페이지 화면**

---

2 윈도우용 https://www.sdcard.org/downloads/formatter_4/eula_windows/, 맥용 https://www.sdcard.org/downloads/formatter_4/eula_mac/

3 https://www.raspberrypi.org/downloads

NOOBS 이미지 파일은 zip 압축 파일이며 1.3GB 정도의 용량이다. 이 파일의 압축을 풀고 모든 내용을 포맷된 SD 카드에 복사하면 라즈베리 파이에 리눅스를 설치할 준비가 완료된다.

2 직접 리눅스 배포판 설치 방식(NOOBS를 이용하여 설치하는 경우에 건너뜀)

다운로드한 디스크 이미지 파일을 SD 카드에 넣으려면 카드 라이터와 디스크 이미지 툴이 필요하다. 디스크 이미지 툴은 마이크로소프트 윈도우인 경우에는 Win32DiskImager 프로그램[4]을 사용하면 간단하게 처리된다.

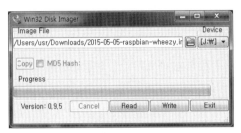

그림 1-10 Win32DiskImager 실행 화면

리눅스나 매킨토시의 경우 간단한 셸(shell) 명령어로 SD 카드에 디스크 이미지를 복사할 수 있다. 예를 들면, 리눅스에서 SD 카드의 디바이스(device) 파일이 /dev/sdd로 설정된 경우 다음과 같은 명령을 실행하면 된다.

```
sudo dd bs=1M if=<배포판 이미지 파일> of=/dev/sdd
```

1.4 라즈베리 파이 부팅 및 설정

1.4.1 라즈베리 파이 부팅

SD 카드가 준비되면 이제 라즈베리 파이를 부팅시킬 수 있다. 부팅 과정은 다음과 같다. 먼저, SD 카드를 라즈베리 파이 보드의 소켓에 넣는다. 다음으로 USB 키보드, 마우스(무선도 가능)를 연결하고 HDMI 출력 단자에 모니터를 연결한다. 인터넷 연결을 위해 유선랜이나 무선랜 USB 카드도 연결한다. 마지막으로, 전원 장치에 연결된 마이크로 USB 케이블을 보드의 전원 단자에 연결하면 된다.

---

4   https://launchpad.net/win32-image-writer

그림 1-11 라즈베리 파이에 여러 장치들을 연결한 상태

전원 케이블을 연결하여 부팅하면 NOOBS 이미지라면 그림 1-12와 같은 내용이 스크린에 나타나고, 배포판 이미지라면 그림 1-14와 같이 곧바로 부팅 메시지가 나타난다. 이 화면에서 마우스를 사용하여 설치하기를 원하는 배포판(복수 선택 가능)을 선택한 다음, 'Install' 버튼을 누르면 해당하는 리눅스 배포판(들)의 이미지가 SD 카드로 재복사되면서 설치가 진행된다.

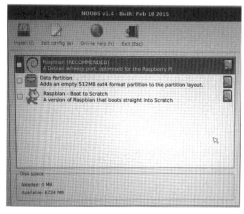
그림 1-12 Noobs OS 선택 창

여기서 라즈비안을 선택한 후 설치를 진행한다. 배포판의 설치가 완료되면 자동으로 재부팅된다.

그림 1-13 배포판 설치 화면

부팅이 시작되면 모니터 화면에 부팅되는 과정에서 출력하는 로그 메시지를 확인할 수 있다. 리눅스를 부팅하는 도중에 오류가 발생하면 관련된 오류 메시지를 출력하고 멈추게 된다.

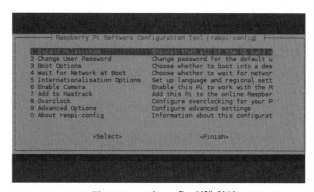

그림 1-14 라즈비안으로 부팅 중인 화면

1.4.2 기본 설정

정상적으로 부팅되면 리눅스 커널이 모든 장치를 초기화하고 루트 파일(root file) 시스템을 마운트한 후 raspi-config 설정 프로그램이 실행된다. 이 설정 프로그램은 나중에 임의로 다음과 같이 실행할 수도 있다.

```
$ sudo raspi-config
```

그림 1-15 raspi-config 실행 화면

raspi-config 설정 프로그램은 텍스트 메뉴 방식으로 표 1-2와 같은 기능을 제공한다.

표 1-2 raspi-config 프로그램의 주요 메뉴

메뉴	설명
Expand Filesystem	루트 파일 시스템 확장
Change User Password	패스워드 설정(기본 id: pi, 패스워드: raspberry)
Boot Options	부팅 모드 설정(텍스트 터미널/X 윈도우/스크래치 프로그램)
Wait for Network at Boot	부팅 시 네트워크 연결 설정
Internationalisation Options	언어, 지역/시간, 키보드 등을 설정하는 국제화 옵션
Enable Camera	파이 카메라 활성화 설정
Add to Rastrack	Rastrack 사이트에 등록
Overclock	오버 클럭 설정(파이 1 – None 700, Modest 800, Medium 900, High 950, Turbo 1000MHz, 파이 2 – 1000MHz 가능)
Advanced Options	오버 스캔, 호스트 이름, SSH, SPI, I2C 등의 고급 옵션
About raspi-config	raspi-config 툴에 대한 설명

이 중에서 고급 옵션의 메뉴는 표 1-3과 같다.

표 1-3 raspi-config 프로그램의 고급 옵션 메뉴

메뉴	설명
Overscan	오버 스캔 설정
Hostname	호스트 이름 설정
Memory Split	GPU 할당 메모리 설정
SSH	ssh 서버 설정
Device Tree	커널 Device Tree(플랫폼 장치 드라이버) 활성화 설정
SPI	커널 SPI 드라이버 활성화 설정
I2C	커널 I2C 드라이버 활성화 설정
Serial	직렬 연결에서 셸 및 커널 메시지 허용 설정
Audio	오디오 출력 설정(0 자동, 1 3.5mm 잭 , 2 HDMI 포트)
Update	프로그램 업데이트

여기서 주요 메뉴의 3번째 부팅 모드 옵션을 설정해 보자. 첫 번째 또는 두 번째 메뉴를 선택하면 텍스트 콘솔 화면으로 부팅하게 되고, 세 번째 또는 네 번째 메뉴를 선택하면 X 윈도우를 실행하여 그래픽 화면으로 부팅하게 된다.

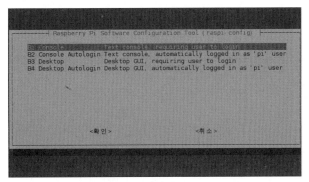

그림 1-16 **부팅 모드 옵션 화면**

국제화 옵션에서는 언어, 지역/시간, 키보드의 키를 설정할 수 있다. 라즈베리 파이는 기본적으로 영어/영국/UK 키보드로 설정되어 있으므로 우리나라에 맞게 설정을 바꿀 필요가 있다. 먼저, 언어를 설정하는 'Change Locale' 메뉴에서는 한글을 사용할 수 있도록 ko_KR.EUC-KR과 ko_KR.UTF-8 로캘(locale)을 추가한다.

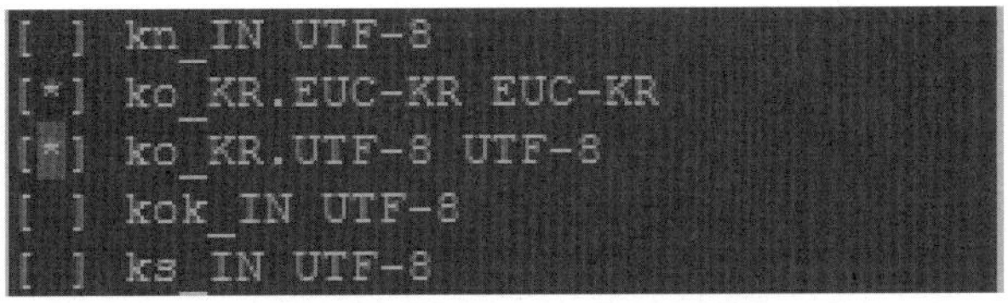

```
[ ]  kn_IN UTF-8
[*]  ko_KR.EUC-KR EUC-KR
[*]  ko_KR.UTF-8 UTF-8
[ ]  kok_IN UTF-8
[ ]  ks_IN UTF-8
```

그림 1-17 **로케일 추가 옵션 화면**

다음으로, 지역/시간을 설정하는 'Change Timezone' 메뉴에서는 'Asia/Seoul'을 설정한다.

그림 1-18 **지역/시간 설정 옵션 화면**

다음으로, 키보드 키를 설정하는 'Change Keyboard Layout'에서는 US 기본 Generic 105-key (intl) PC로 설정한다. 기본 UK 키보드 설정에서는 따옴표를 포함한 몇몇 기호를 나타내는 키 배치가 다르므로 가능하면 변경하는 것이 바람직하다.

모든 설정이 끝난 후 'Finish' 메뉴를 선택하면 다시 셸로 빠져나온다. 그런 다음, 'sudo reboot' 명령을 입력하여 재부팅한다. 만약 라즈베리 파이를 끝내야 할 경우에는 텍스트 셸에서 'sudo shutdown -h now'를 입력하거나 그래픽 데스크톱 환경에서는 종료 메뉴에서 'Shutdown'을 선택하면 된다.

1.5 라즈비안의 구성

라즈비안에는 기본적으로 리눅스를 사용할 수 있는 환경과 패키지들이 포함되어 있다. 그중에서도 사용자가 편리하게 사용할 수 있는 GUI 데스크톱(desktop) 환경이 LXDE(Lightweight X11 Desktop Environment)이다.

LXDE는 글자 그대로 경량의 X 윈도우 데스크톱 환경을 말한다. 유닉스와 POSIX 표준과 호환하는 리눅스 등의 플랫폼에서는 1980년대 중반에 개발된 X 윈도우를 주요 GUI로 채택하여 사용하여 왔으며, 파생된 수많은 데스크톱 환경이 개발되어 왔다. 그중에서도 LXDE는 2006년에 발표되어 현재까지 개발되고 사용된 오픈소스(open source) 데스크톱 환경이며, 기존의 우분투, 페도라 등과 같이 고성능을 요구하는 데스크톱 리눅스 환경과는 달리 저성능 노트북이나 라즈베리 파이 등에서 원활하게 동작하도록 설계되어 있다.

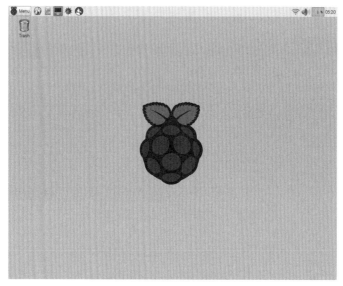

그림 1-19 라즈비안의 홈 화면

GUI 홈 화면을 보면서 LXDE 구성을 학습해 보자. 먼저, 홈 화면은 애플리케이션 실행 아이콘들이 포함된 바탕화면과 시작 메뉴 및 작업 표시줄 등이 포함된 상단 메뉴 바(menu bar)로 구성된다.

LXDE의 기본 윈도우 관리 프로그램으로 Openbox를 사용한다. 이것은 바탕화면의 실행 아이콘을 배치하거나 클릭했을 때 애플리케이션을 실행시키고, 실행된 GUI 프로그램의 윈도우 창의 크기 조절, 이동 등을 제어하며, 하단 메뉴 바 등을 구성하는 기능을 가진다.

상단 메뉴 바의 구성은 다음과 같다. 왼쪽에는 시작 메뉴가 있고, 중앙에는 기본 웹 브라우저, 파일 관리자, 터미널 등이 포함된 툴바(toolbar)와 작업 표시줄이 있고, 오른쪽에는 시계 등으로 구성된다. 시작 메뉴에는 라즈비안에서 기본적으로 제공하는 다양한 프로그램을 메뉴로 포함하고 있다. 자세한 설명은 다음 페이지에 서술하였다.

기본 웹 브라우저 아이콘을 선택하면 에피파니(Epiphany) 웹 브라우저가 실행된다. 에피파니 웹 브라우저는 경량의 웹 브라우저이므로 자바스크립트가 많이 사용된 웹 페이지의 경우 로딩하고 실행하는 속도가 느릴 수 있다.

파일 관리자 아이콘을 누르면 LXDE의 기본 파일 관리자인 PCManFM이 실행된다. 이것은 MS 윈도우의 파일 탐색기와 기능이 비슷하므로 MS 윈도우에 익숙한 사용자는 쉽게 사용할 수 있을 것이다.

상단 메뉴 바의 중앙에 위치한 작업 표시줄은 실행하고 있는 프로그램을 버튼으로 나타내어 선택하면 바탕화면에 나타낼 수 있다.

상단 메뉴 바의 오른쪽에는 네트워크 연결을 나타내는 아이콘, 소리 볼륨을 조절하는 아이콘, CPU 사용량을 모니터링하는 아이콘, 시계 등으로 구성된다.

시작 메뉴는 Programming, Internet, Games, Accessories, Help, Preferences 등으로 구분된 다양한 프로그램과 실행 및 로그아웃 기능을 메뉴 형태로 제공한다. 각 세부 메뉴의 기능은 다음과 같다.

❶ 'Programming' 메뉴에는 다양한 교육 및 프로그래밍과 관련된 프로그램이 제공된다.
- 'BlueJ Java IDE'는 자바 프로그래밍을 위한 통합 개발 환경(IDE) 소프트웨어이다.
- 'GreenFoot Jave IDE'는 객체지향 개념과 자바 및 2차원 그래픽 응용 프로그램을 만드는 소프트웨어이다.
- 'Mathematica'는 수학/과학/공학 분야의 프로그래밍을 할 수 있는 소프트웨어이다.

- 'Python'이라는 이름으로 IDLE(Integrated DeveLopment Environment)이라는 파이썬 프로그래밍을 위한 통합 개발 환경을 포함하고 있다. IDLE은 Python 2.x 버전에 대한 프로그래밍 도구이고, IDLE3은 Python 3.x용이다.

- 'Scratch'는 미국 MIT(Massachusetts Institute of Technology) 대학에서 만든 교육용 프로그램이다. 이 프로그램은 레고처럼 블록을 조립하는 방식으로 프로그램을 구성하고 실행시킬 수 있다.

- 'Sonic Pi'는 소리를 생성하는 간단한 프로그래밍 소프트웨어이다.

- 'Wolfram'은 Mathematica 등에서 쓰이는 함수/규칙 기반 프로그래밍 언어이다.

❷ 'Office' 메뉴에는 LibreOffice라는 오픈소스 오피스 프로그램이 제공된다. 여기서 Libre Office Base는 데이터베이스를 만들고 관리한다. LibreOffice Calc는 스프레드시트를 만들고 계산, 정보 분석 및 목록 관리를 수행한다. LibreOffice Draw는 그리기 도구를 사용하여 순서도 등을 그리는 프로그램이다. LibreOffice Impress는 슬라이드 쇼 등의 프레젠테이션을 만들고 편집한다. LibreOffice Math는 수식을 입력하고 편집할 수 있는 프로그램이다. LibreOffice Writer는 문서를 만들고 편집할 수 있다.

❸ 'Internet' 메뉴에는 라즈비안의 기본 웹 브라우저인 에피파니 웹 브라우저와 Pi Store라는 라즈베리 파이와 관련된 소프트웨어를 제공하는 마켓 프로그램 및 Raspberry Pi Resource 주소(http://www.raspberrypi.org/resources/)에 대한 메뉴가 포함되어 있다.

❹ 'Games' 메뉴에는 유명한 Minecraft 게임을 Pi에 적용한 Minecraft Pi와 여러 가지 간단한 파이썬 게임을 포함한 'Python Games' 메뉴가 포함되어 있다.

❺ 'Accessories' 메뉴는 여러 가지 보조 프로그램을 제공한다.

- 'Xarchiver' 프로그램은 다양한 아카이브/압축 파일을 만들거나 풀어내는 소프트웨어이다.

- 'Calculator'는 간단한 계산기 프로그램이다.

- 'File Manager'는 앞에서도 언급하였듯이 'PCManFM'이라는 파일 관리자 프로그램을 실행시킨다.

- 'Image Viewer'는 PNG, GIF, JPEG 등 여러 가지 형식의 그림을 화면에 출력하는 'GPicView'라는 간단한 프로그램을 나타낸다.

- 'Xpdf'는 PDF 문서를 읽어 화면에 나타내는 프로그램을 제공하고 있다.

- 'Task Manager(작업 관리자)' 프로그램으로 'LXTask'가 등록되어 있다.

- 'LXTerminal'는 리눅스용 터미널 에뮬레이터이다. 다음 장에서 학습할 리눅스 명령어들은

이 터미널 프로그램에서 주로 실행하게 될 것이다.

- 'Leafpad'는 윈도우의 메모장과 같은 텍스트 편집기이다. 다음 장에서 살펴보겠지만, 라즈비안에서는 Leafpad 말고도 nano, vim, emacs와 같은 리눅스 터미널 기반의 텍스트 편집기를 사용할 수 있다.

❻ 'Help' 메뉴는 사용자에게 도움이 될 만한 정보를 제공한다.

- 'Debian References'는 라즈비안의 모태인 데비안에 관한 설명과 참고 자료를 보여 준다.
- 'Raspberry Pi Help'는 Raspberry Pi Help 주소(http://www.raspberrypi.org/help/)에 대한 메뉴인데, 여러 가지 도움이 될 만한 링크를 포함하고 있다.

❼ 'Preferences' 메뉴는 데스크톱의 기본 설정 프로그램을 포함하고 있다.

- 'Appearance Settings' 항목은 전체 윈도우의 테마/아이콘/글꼴과 같은 외양을 설정한다.
- 'Audio Device Settings' 항목은 오디오 장치에 대해 설정한다.
- 'Display Setting' 항목은 모니터 디스플레이에 대한 설정 기능을 수행한다.
- 'Keyboard & Mouse' 항목은 키보드/마우스에 대한 설정 기능을 가진다.

❽ 'Run' 메뉴는 리눅스 명령어를 실행하는 기능을 가진다. 리눅스 명령어는 주로 LXTerminal과 같은 터미널 창에서 이루어지지만, 이 메뉴를 통해서도 실행할 수 있다.

❾ 'Shutdown' 메뉴를 선택하면 시스템의 로그아웃 및 종료를 나타내는 창이 팝업(pop-up)된다. 여기서 Shutdown은 완전한 종료, Reboot는 재부팅, Logout은 로그아웃, Cancel은 취소 기능이 수행된다.

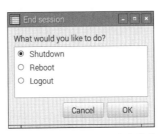

그림 1-20 **Shutdown** 설정 화면

1.6 한글 및 네트워크 설정

1.6.1 한글 설정

라즈베리 파이에서 한글을 사용하도록 설정해 보자. 먼저, GUI 화면 상단의 터미널 아이콘을 클릭하여 텍스트 터미널을 실행시킨 다음, 터미널 창에서 다음 명령을 입력하여 시스템 소프트웨어를 갱신한다.

```
$ sudo apt-get update
$ sudo apt-get upgrade
```

다음과 같은 명령을 실행하여 ibus 한글 입력기와 폰트를 설치한다.

```
$ sudo apt-get install ibus ibus-hangul
$ sudo apt-get install ttf-unfonts-core
```

메뉴에서 기본 설정➡iBus 환경 설정을 선택한 후에 입력 방식에서 한국어를 추가하면 된다. 한/영 전환은 Ctrl+Space 키이다. 즉, Ctrl 키를 누른 상태에서 Space 키를 누르면 된다.

1.6.2 네트워크 설정

인터넷을 사용할 수 있도록 네트워크를 설정해 보자. 유선 이더넷을 사용하는 경우에는 유선 이더넷 케이블을 연결한 후 공유기에 연결하면 보통은 DHCP 기능을 통해 자동으로 IP가 설정된다. 수동으로 설정하는 경우에는 설정 파일(/etc/network/interfaces)을 수정하거나 다음과 같이 ifconfig 명령을 사용하여 설정하면 된다.

```
$ sudo ifconfig eth0 <ip 주소> up
```

무선 와이파이일 때도 리눅스가 와이파이 동글을 인식하면 LXDE X 원도우 화면에서 오른쪽 상단의 네트워크 설정 아이콘을 클릭하여 공유기에 접속하면 된다. 아니면 wpa_gui라는 와이파이 설정 프로그램을 활용한다. LXDE 그래픽 환경에서 터미널을 띄우고 다음 명령을 입력하여 wpa_gui를 설치하고 실행시킨다.

```
$ sudo apt-get install wpagui
$ sudo wpa_gui
```

'Current Status' 탭에서 'Scan' 버튼을 클릭하여 주변의 공유기를 탐색한다. 공유기가 탐색되면 적절한 공유기를 선택한 후 'Connect' 버튼을 클릭하여 공유기에 연결한다. 마지막으로, 'Manage Networks' 탭에서 공유기를 등록하면 다음부터는 자동으로 공유기에 접속하게 된다.

그림 1-21 **wpa_gui 실행 창**

1.6.3 블루투스 설정

블루투스를 활용하면 라즈베리 파이를 스마트폰이나 블루투스 키보드 등의 장치와 연동시킬 수 있다. 블루투스를 사용하려면 먼저 블루투스 동글(dongle)이 필요하다. 블루투스 동글이 준비되면 USB 포트에 연결한다.

라즈베리 파이에서 블루투스를 사용하려면 관련된 소프트웨어를 설치해야 한다. 설치하는 방법은 다음과 같다. 먼저 GUI 화면 상단의 터미널 아이콘을 클릭하여 텍스트 터미널을 실행시킨 다음, 터미널 창에서 다음 명령을 입력하여 시스템 소프트웨어를 갱신한다.

```
$ sudo apt-get update
$ sudo apt-get upgrade
```

라즈베리 파이 3은 블루투스 모듈이 내장되어 있는데, 동작을 위해 펌웨어를 갱신하고 pibluetooth 패키지를 설치해야 한다. 그런 후에 재부팅한다.

```
$ sudo rpi-update
$ sudo apt-get install pi-bluetooth
```

다음 명령을 입력하여 bluez 블루투스 프로토콜 스택(stack) 소프트웨어와 blueman 블루투스 매니저 프로그램을 설치한다.

```
$ sudo apt-get install bluetooth blueman bluez python-gobject python-gobject-2
```

블루투스 소프트웨어가 설치되면 블루투스 장치를 터미널이나 GUI 화면에서 제어할 수 있다. X 윈도우 GUI 화면 상단의 메뉴에서 기본 설정(Preferences) 서브메뉴에 블루투스 관리자(Bluetooth Devices)가 추가된 것을 확인하고 선택하여 블루투스 관리자 프로그램(blueman-manager)을 실행시켜 보자.

검색(Search) 버튼을 클릭하거나 기다리면 주위의 블루투스 장치들을 검색할 것이다. 상단 메뉴바에서 어댑터(Adaptor) 메뉴를 선택하고

그림 1-22 블루투스 관리자 프로그램 (blueman-manager) 실행 창

기본 설정(Preferences) 서브메뉴를 선택한다. 어댑터 설정 창에서 장치의 이름과 다른 장치에게 보여 줄지를 선택할 수 있는데, "항상 보임(Always Visible)"을 선택하자.

이제 다른 장치와 페어링(pairing)을 하면 통신할 수 있다. 예를 들면, 와이파이 동글 등의 인터넷 연결 장치가 없을 때 스마트폰과 블루투스 테더링(tethering)하여 인터넷을 사용할 수 있다. 블루투스 관리자 창에서 스마트폰 장치를 마우스 오른쪽 버튼으로 클릭하면 팝업메뉴가 나타나는데 여기서 페어링을 선택한다. 그러면 스마트폰과 라즈베리 파이에서 각각 페어링 요청 메시지가 나타나는데 모두 확인 버튼을 클릭하여 페어링하면 된다.

그림 1-23 블루투스 페어링 메뉴 및 페어링 확인 창

다음은 스마트폰에서 블루투스 테더링 기능을 켜고 나서 블루투스 관리자 창의 스마트폰 장치에 대한 팝업 메뉴에서 네트워크 접근 지역(Network Access Point)을 선택하면 IP 주소를 획득하면서 인터넷을 사용할 수 있게 된다.

그림 1-24 블루투스 네트워크 접근 지역 메뉴 및 연결 상태 확인

1.7 라즈베리 파이 관련 사이트

국내외에 라즈베리 파이와 관련된 정보를 얻을 수 있는 수많은 사이트가 존재한다. 다음에 라즈베리 파이와 관련된 사이트를 소개한다.

먼저, 표 1-4에는 라즈베리 파이와 관련된 정보를 얻을 수 있는 다양한 커뮤니티 사이트가 존재한다.

표 1-4 라즈베리 파이 관련 주요 커뮤니티 사이트

분류	주소	설명
해외	www.raspberrypi.org	공식 라즈베리 파이 사이트이며, 공식적인 정보는 물론 커뮤니티 포럼을 통해 각종 관련 정보를 얻을 수 있다.
	learn.adafruit.com	에이다프루트 학습 시스템이며, 다양한 장치 정보를 얻을 수 있다.
	elinux.org	임베디드 리눅스 카페이며, 특히 하드웨어 관련 정보를 얻을 수 있다.
	stackoverflow.com	대표적인 질문 및 응답 사이트이며, 특정한 문제에 대한 해결책을 찾을 수 있다.
국내	cafe.naver.com/pipc	라즈베리 파이 네이버 카페이며, 라즈베리 파이를 비롯한 각종 임베디드 보드에 대한 정보를 얻을 수 있다.
	www.oroca.org	오픈소스 하드웨어&소프트웨어 카페이며, 오픈된 정책으로 다양한 강좌를 볼 수 있다. 특히, 로봇과 관련된 정보가 많다.
	www.rasplay.org	산딸기마을 사이트이며, 한글 문서로 된 다양한 내용을 많이 수록하고 있다.

표 1-5는 라즈베리 파이 및 관련된 부품들을 판매하는 사이트이다.

표 1-5 라즈베리 파이 관련 부품의 주요 판매 사이트

분류	품목	사이트
해외	공식 배포처	www.element14.com, www.allidelec.com, uk.rs-online.com
	공식 부품 및 액세서리	swag.raspberrypi.org
	각종 부품 및 액세서리	www.adafruit.com, www.sparkfun.com, www.waveshare.com
국내	각종 부품 및 액세서리	www.eleparts.com, www.icbanq.com, www.devicemart.co.kr

2

리눅스 환경

대부분의 좋은 프로그래머는
대중이 돈을 지불하거나 추앙하기를 기대하기 때문이 아니라
재미있기 때문에 프로그래밍을 한다.

– 리누스 토발즈(Linus Torvalds), 리눅스 OS 제작자

리눅스 시스템을 잘 이해하고 프로그래밍하기 위해서는 먼저 사용 환경에 익숙해져야 한다. 리눅스 시스템은 유닉스(Unix)의 많은 기능을 가져왔으므로 유닉스의 파일 시스템, 텍스트 셸 환경, 명령어 등에 대해서도 잘 이해하여야 한다. 이번 장에서는 리눅스를 접속하는 방법, 파일 시스템, 기본 명령어들에 대해 다루기로 한다.

2.1 리눅스 접속

리눅스 시스템에 접속하는 방법으로는 리눅스가 설치된 컴퓨터에 직접 접속하는 방법과 원격으로 접속하는 방법이 있다. 직접 접속하는 방법은 앞 장에서 이미 살펴보았으므로 여기서는 원격 접속 방법을 알아보도록 하자.

2.1.1 원격 접속

리눅스는 다중 사용자용으로 만들어졌으므로 하나의 머신(machine)만 있으면 여러 사람이 네트워크를 통해 원격으로 접속해서 사용할 수 있다. 이런 경우에는 리눅스가 설치된 서버 머신에 사용자 계정을 등록하고 특정한 네트워크 접속 프로그램을 사용하여 원격으로 리눅스 시스템에 접속하며, 접속 후에는 그래픽 사용자 인터페이스(GUI) 또는 기본적인 텍스트 터미널(text terminal)과 비슷한 환경에서 프로그래밍을 할 수 있다. 프로그래밍을 하기 위해서는 vi 에디터(editor)와 C 컴파일러(compiler)인 GCC(GNU Compiler Collection) 등을 사용하여야 하는데, 자세한 내용은 뒤에서 살펴보도록 한다.

원격으로 접속하는 방법 중 텔넷(telnet)이나 SSH(Secure SHell) 프로그램을 이용하여 텍스트 터미널 모드에서 원격으로 리눅스 시스템에 접속하는 방법이 있다.

텔넷은 윈도우에서 시작 메뉴의 실행 창에 'telnet'을 입력하면 프로그램이 실행되고, 이것으로 리눅스 서버의 IP만 입력하면 쉽게 접속할 수 있는 전통적인 접속 방식이다. 하지만 전달되는 메시지들이 보안이 되지 않아 문제가 된다. 반면에 SSH는 메시지를 암호화하여 전송하므로 비교적 안전하여 많이 사용하고 있다.

여기서는 MS 윈도우 환경에서 SSH 접속을 지원하는 PuTTY 프로그램을 설치하고, 라즈베리 파이에 접속하여 본다. 먼저, 라즈베리 파이의 설정 프로그램(raspi-config)을 실행하여 메뉴에서 SSH 항목을 활성화(enable)시킨다. 다음은 PuTTY 홈페이지[5]의 Download 링크로부터 putty.exe 파일을 다운로드한다. 다운로드한 putty.exe를 실행하고, 그림 2-1과 같은 창에서 라즈베리 파이 IP를 입력하고 접속을 시도한다.

그림 2-1 **PuTTY 설정 창**

---

5   http://www.chiark.greenend.org.uk/~sgtatham/putty/

처음 접속을 시도할 때는 보안을 위해 공개 키(public key)를 설정하는 화면이 나오고, 'yes'를 선택하면 접속이 되고 로그인 메시지가 나타난다. 로그인 시에는 사용자 ID와 패스워드로 인증 절차를 거친 후, 올바른 경우 우리가 명령을 입력할 수 있는 프롬프트와 커서를 보여 준다. 'login'에는 자신의 아이디를 넣고 'password'에는 알고 있는 비밀번호를 넣는다. 라즈베리 파이의 기본 아이디는 pi이고 패스워드는 raspberry이다.

```
login : pi
password : ********
```

로그인이 완료되면 텍스트 창에서 리눅스 셸(shell)을 사용할 수 있는 상태가 된다. 그리고 다음과 같은 프롬프트(prompt)가 나타난다.

```
pi@raspberrypi ~ $
```

로그인 상태에서 'logout'을 입력하면 시스템에서 나가게 된다. logout 이외에도 'Ctrl + D', 'exit'도 logout과 같은 기능을 한다.

2.1.2 그래픽 모드 접속

이번에는 원격 접속 방법 중 그래픽 모드 접속 방법에 대해 알아보자. 그래픽 모드 접속 방법으로는 리눅스의 X 윈도우 환경을 원격 데스크톱에 나타나게 하여 원격에서 GUI를 직접 사용할 수 있도록 하는 방식이다. 이것을 가능하게 하는 프로그램으로는 VNC Viewer, XRDP, Xmanager, Xming 등과 같은 다양한 프로그램이 있다. 이들은 사실 리눅스 시스템상의 X 윈도우 클라이언트 프로그램을 원격으로 구동시켜 주는 일종의 디스플레이 서버라고 할 수 있다. 이런 통신 방식 중에서 많이 사용하는 방식으로는 잘 알려진 VNC나 윈도우의 원격 데스크톱 프로토콜인 RDP 등이 있다. 여기서는 VNC와 NX에 대해 알아보자.

VNC(Virtual Network Computing)는 그래픽 데스크톱 환경으로 원격 컴퓨터를 제어하는 소프트웨어의 일종이며, 예전부터 오픈소스로 공개되어 많이 사용되어 왔다.

먼저 라즈베리 파이에 VNC 서버를 설치해야 한다. 설치하는 명령은 다음과 같다.

```
$ sudo apt-get install tightvncserver
```

이제 다음 명령을 실행하여 VNC 서버를 구동시켜 보자. 여기서 인자 :1은 VNC 디스플레이 번호를 1로 설정한다는 의미이다. 처음 실행하면 패스워드를 요청한다. 적절한 패스워드를 입력하고 기억해 두자.

```
$ vncserver :1
```

이제 윈도우 등의 다른 컴퓨터에 VNC 뷰어 프로그램을 설치해야 한다. 여기서는 VNC 클라이언트 중 하나인 TightVNC를 설치해 보도록 한다. TightVNC 홈페이지[6]로부터 프로그램을 다운로드하고 설치한다.

그림 2-2 TightVNC 설치 화면

시작 메뉴에서 TightVNC Viewer 프로그램을 찾아 실행하고 'Remote Host' 입력 창에 '<라즈베리 파이 IP 주소>:1'을 입력하고 'Connect' 버튼을 클릭하면 패스워드 입력 창이 나타난다. 서버에서 설정해 놓은 패스워드를 입력하면 라즈베리 파이로 접속되어 VNC 화면에 나타나게 된다.

---

6 http://www.tightvnc.com

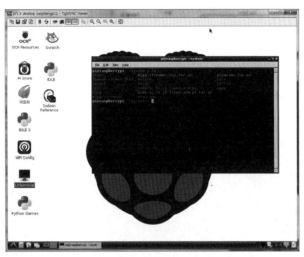

그림 2-3 VNC 접속 화면

그런데 VNC에서 그래픽 처리 속도가 썩 빠르지 않다는 것을 느낄 것이다. 그러므로 속도가 더욱 빠른 NX 방식을 사용해 보기로 하자. NX는 노머신(NoMachine) 사에서 만든 전송 프로토콜로서 이미지 압축 통신 방식을 사용하여 다른 방식에 비해 비교적 빠르게 구동되는 것으로 알려져 있다. NX 방식은 현재 정식 버전과 FreeNX 버전이 있는데, 여기서는 정식 버전 NX를 사용해 보자.

먼저 NoMachine 다운로드 페이지[7]로부터 NX 패키지 중 리눅스용 armv6hf 버전을 라즈베리 파이에 다운로드한다. 주의할 점은 라즈베리 파이 2는 armv7 구조이지만, armv7hf 버전은 우분투 또는 데비안 리눅스를 위한 버전이므로 대신 armv6hf 버전을 다운로드해야 한다.

패키지 파일(예, nomachine_4.6.12_1_armv6hf.deb)이 다운로드되었는지 확인하고 다음과 같은 명령을 실행하여 설치한 다음 재부팅한다.

```
$ sudo dpkg -i nomachine_4.6.12_1_armv6hf.deb
```

NX 프로그램이 설치되면 내부적으로 NX 서버가 실행되고 있으며, 메뉴➡인터넷에 NoMachine 메뉴가 추가된 것을 확인할 수 있다. NoMachine 또는 NoMachine Service 메뉴를 선택하여 다른 서버로 접속을 시도하거나 연결 상태를 확인할 수 있다.

---

7 http://www.nomachine.com/download

이제 MS 윈도우에서 NX 프로그램을 설치해 보자. NoMachine 다운로드 페이지에서 윈도우용 NX 프로그램을 다운로드하고 파일을 클릭하여 설치한다. 설치가 완료되면 바탕화면에 NoMachine 아이콘이 등록된 것을 확인할 수 있다.

아이콘을 클릭하여 NX 프로그램을 실행하면 그림 2-4와 같은 창이 나타난다.

그림 2-4 NX 실행 화면

여기서 'New' 버튼을 누른 다음, 프로토콜은 'NX'를 선택하고, 'Continue' 버튼을 클릭하고, 라즈베리 파이의 호스트 IP 주소를 입력하고, 계속 진행하여 완료되면 새로운 NX 클라이언트 연결 아이콘이 생성된다.

이 아이콘을 클릭하여 인증을 확인하고, 로그인 아이디와 패스워드를 입력하면 라즈베리 파이 화면이 나타날 것이다.

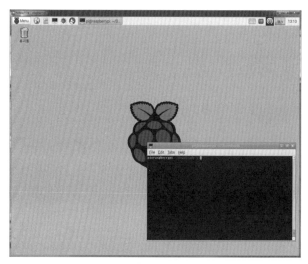

그림 2-5 NX를 통한 라즈베리 파이 접속 화면

셸 프롬프트

앞서 SSH로 접속하여 로그인을 하고 들어가면 아래와 같은 프롬프트(prompt)가 나타난다. 그래픽 모드로 들어가거나 NX로 접속하는 경우에는 LxTerminal을 실행한다.

```
pi@raspberrypi ~ $
```

여기서 pi는 로그인한 사용자 계정, raspberrypi는 현재 접속하고 있는 리눅스 시스템의 호스트 이름, ~는 현재 작업하고자 하는 디렉터리(directory) 위치인 홈 디렉터리를 나타낸다.

이러한 셸(shell) 프롬프트는 %, $ 기호를 주로 사용하여 명령어 부분과 구분시킨다. 하지만 사용자의 목적에 따라 프롬프트의 형태를 자유롭게 바꾸어 사용할 수도 있다.

2.2 리눅스 파일 시스템

본격적으로 리눅스 명령어에 대해 알아보기 전에 리눅스의 파일과 파일 시스템에 대해 알 필요가 있다. 리눅스에서 거의 모든 하드웨어 장치의 처리 단위는 파일이므로 특히 중요하다.

파일은 컴퓨터에서 자료를 저장하는 논리적인 기본 단위로 정의할 수 있는데, 보통 파일의 내용은 물론 이름, 속성 등의 정보를 함께 포함한다고 볼 수 있다. 이러한 파일의 속성은 리눅스의 파일 시스템 내부의 아이노드(inode)라는 블록에 저장한다. 이러한 파일들 중에서 디렉터리는 파일 여러 개를 묶어서 저장하여 관리하는 하나의 특수한 파일이라고 볼 수 있다. 디렉터리는 또 다른 하위 디렉터리(subdirectory)를 포함할 수 있다.

리눅스의 파일 시스템은 이러한 파일과 디렉터리들이 계층적으로 구성된 구조를 가지고 있다. 이런 계층 구조는 MS-DOS나 NTFS 파일 시스템 등과 유사하지만, 하나의 루트(root) 디렉터리만을 가지는 단일한 파일 시스템이라는 점이 다르다. 따라서 여러 하드 디스크의 파티션을 활용하기 위해서는 MS-DOS처럼 드라이브 개념을 사용하기보다는 단일 계층 구조 내의 특정 지점에 마운트(mount)되어 붙도록 허용한다.

디렉터리의 계층 구조로 된 리눅스의 파일 시스템에서 각 파일은 경로(path)로 접근할 수 있다. 이때, 문자 '/'를 각 디렉터리의 이름과 조합하여 사용할 수 있다. 그림 2-6을 살펴보자.

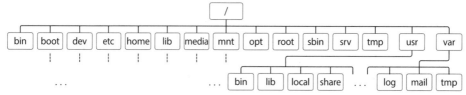

그림 2-6 리눅스 최상위 디렉터리 계층 구조

여기서 최상위 디렉터리인 루트 디렉터리는 '/' 자체이며, 다음 계층 디렉터리는 '/bin', '/dev', '/home' 등으로 표현할 수 있다. 또한, 모든 디렉터리는 '.'(현재 디렉터리), '..'(상위 디렉터리)라는 특수한 디렉터리들을 포함한다.

리눅스의 루트 디렉터리의 바로 아래층 디렉터리들은 특별한 의미를 가진다. 이것은 리눅스 파일 시스템의 표준 경로를 정의한 FHS(Filesystem Hierarchy Standard)에서 찾아볼 수 있다. 표 2-1은 이러한 최상위 디렉터리들의 이름과 설명을 나타낸다.

표 2-1 리눅스 최상위 디렉터리

디렉터리	설명
/bin	ls, mount, rm 등과 같은 기본적인 리눅스 명령어들이 위치함.
/boot	리눅스 커널, 부트로더 설정 파일 등과 같이 시스템을 초기화하는 데 필요한 파일들이 위치함.
/dev	리눅스에서 하드웨어 장치들을 대신하는 디바이스 파일들이 위치함.
/etc	시스템의 모양과 동작을 결정하는 각종 시스템 설정 파일들이 위치함.
/home	여러 사용자들의 홈 디렉터리들이 위치함.
/lib	중요한 동적/공유 라이브러리와 커널 모듈들이 위치함.
/lost+found	파일 시스템의 오류로 인한 비정상적인 파일이 위치함. fsck 명령이 사용하는 디렉터리.
/media	외장하드, 플로피디스크, CD와 같은 외부 장치가 자동으로 마운트되는 위치임.
/mnt	네트워크 파일 시스템과 같은 임시 마운트 장치를 위한 마운트 위치임.
/opt	시스템에 옵션으로 추가하는 패키지들을 저장하는 데 사용됨.
/proc	커널이 프로세스에게 정보를 전달할 수 있도록 만들어진 가상 파일 시스템.
/root	시스템 관리자인 슈퍼 유저(super user)의 홈 디렉터리.
/sbin	슈퍼 유저가 사용할 수 있는 중요한 관리 명령어들이 위치함.
/srv	HTTP(/srv/www/) 또는 FTP와 같은 서비스들의 데이터 디렉터리.
/sys	커널 관점에서 시스템 정보를 획득하거나 설정할 수 있는 가상 파일 시스템.
/tmp	응용 프로그램이 사용하는 임시 파일들이 위치함.
/usr	대부분의 유틸리티, 응용 프로그램 및 설정 파일, 라이브러리 등이 위치함. (/usr/bin: 응용 프로그램, /usr/lib: 라이브러리, /usr/share: 각종 관련 자원 파일, /usr/local: 기타 추가 설치 파일)
/var	빠르게 갱신되거나 변화하는 가변 데이터들이 위치함(/var/log: 시스템 로그 파일들, /var/maili: 메일, /var/www: 웹 서버 파일 ...).

2.3 기본 명령어

리눅스 또는 유닉스를 처음 접할 때 운영체제를 포함한 전체 시스템을 잘 이해하는 좋은 접근 방법으로는 다양한 기능을 실행하는 텍스트 셸 명령어를 학습하는 것이다. 여기서 텍스트 셸은 조개껍데기(shell)라는 말뜻처럼 운영체제를 둘러싼 껍질과 같은 개념을 가진 텍스트 기반의 명령어 해석기를 뜻하며, 초기 유닉스(Unix)부터 지금까지 다양한 종류가 만들어져 사용되어 왔다. 예를 들면, 셸 중에서 가장 역사가 오래된 셸은 Bourne 셸인데, 리눅스에서는 이 Bourne 셸을 확장한 bash(bourne again shell)를 주로 사용한다. 반면에 기존의 유닉스에서는 좀 더 C 언어 문법에 가까운 C 셸 또는 C 셸의 확장판인 TC 셸이 등장하여 보편화되고 있다.

어쨌든 이러한 셸은 리눅스 환경에서 사용자가 입력하는 명령 또는 응용 프로그램을 해석하여 리눅스 운영체제로 전달하여 실행할 수 있도록 하므로 아주 중요하다. 셸 명령어는 보통 다음과 같은 형식으로 구성된다.

```
명령어 [-옵션] 매개 변수...
```

여기서 옵션은 생략이 가능한 매개 변수를 뜻하며, 보통 하이픈(-)을 붙여 일반 매개 변수와 구분한다. 예를 들면, 현재 디렉터리에서 python_games라는 이름의 파일이나 디렉터리 목록을 출력하는 명령은 다음과 같다. 여기서 ls는 명령어, -l은 옵션, python_games는 매개 변수에 해당한다.

```
$ ls -l python_games
```

2.3.1 파일 목록 보기

앞서 소개한 가장 기본 명령어 중 하나인 ls는 파일 시스템에서 현재 디렉터리의 파일 목록을 보여 준다. 이 명령은 -l 옵션을 사용하면 각 파일에 대한 자세한 정보를 볼 수 있는데, 파일 종류 및 권한, 소유자, 그룹, 크기, 날짜, 이름 등의 순으로 보여 준다. 제일 앞에 나오는 파일 종류에 대한 기호로는 (-) 일반 파일, (d) 디렉터리, (l) 링크 파일, (b) 디스크의 같은 블록 형태의 장치, (c) 터미널과 같은 문자 형태의 장치, (p) 이름 붙인 파이프, (s) 세마포어, (m) 공유 메모리 등이 있다.

```
pi@raspberrypi ~ $ ls -l
total 12
drwxr-xr-x    2 pi    pi    4096 7월 18 16:01 Desktop
drwxr-xr-x    2 pi    pi    4096 7월 20 13:47 Downloads
drwxr-xr-x    2 pi    pi    4096 1월 27 20:15 python_games
pi@raspberrypi ~ $ ls -a
.                .bashrc   Downloads       .local        .thumbnails
..               .cache    .gconf          .pki          .Xauthority
.asoundrc        .config   .gstreamer-0.10 .profile      .xsession-errors
.bash_history    .dbus     .gvfs           python_games
.bash_logout     Desktop   .lesshst        .themes
```

표 2-2 **ls 명령어 형식**

일반 형식	ls [-aCxdlstucriFR] (files_name)
옵션	설명
-a	모든 파일(.로 시작하는 숨은 파일 포함)을 출력한다.
-l	각 파일에 대한 종류, 소유자, 권한, 갱신일 등의 자세한 정보를 보여 준다.
-t	최근에 만들어진 파일 순서로 보여 준다.
-R	하위 디렉터리의 내용까지 전부 보여 준다.
-i	파일의 inode 번호를 보여 준다.
-u	액세스(access)한 날짜 순서대로 정렬한다.
-r	정렬된 순서의 역으로 출력한다.

2.3.2 경로와 현재 작업 디렉터리 및 변경

현재 디렉터리는 파일 시스템 내의 한 경로(path)로 표현할 수 있다. 경로는 절대 경로와 상대 경로가 있는데, 절대 경로는 루트 디렉터리부터 특정한 디렉터리까지의 경로를 나타내고, 상대 경로는 현재 디렉터리부터 특정한 디렉터리까지의 경로를 나타낸다. 예를 들면, 로그인한 후에 사용자의 현재 디렉터리는 /home/pi에 위치하게 된다. 만약 현재 디렉터리 아래의 python_games라는 하위 디렉터리를 경로로 표현하고 싶다면 /home/pi/python_games라는 절대 경로 또는 ./python_games라는 상대 경로로 사용하면 된다.

다음 명령을 실행하여 보자. 여기서 pwd(print working directory)는 현재 디렉터리, 즉 현재 작업 디렉터리(working directory)를 출력한다. 또한, cd(change directory)는 현재 작업 디렉터리를 변경하는 명령이다.

```
pi@raspberrypi ~ $ pwd
/home/pi
pi@raspberrypi ~ $ cd ~/python_games
pi@raspberrypi ~/python_games $ pwd
/home/pi/python_games
pi@raspberrypi ~/python_games $ cd /home/pi
pi@raspberrypi ~ $ pwd
/home/pi
```

여기서 ~는 사용자의 홈 디렉터리를 나타낸다. 또한, cd 명령에서 디렉터리 이름을 주지 않고 실행하면 홈 디렉터리로 이동한다. 즉, 'cd /home/pi', 'cd ~', 'cd' 명령은 모두 같다.

2.3.3 파일 처리 명령어

이번에는 파일을 생성하고, 복사하고, 이동하고, 삭제하는 등의 다양한 파일 처리 명령어를 살펴보자.

먼저 리눅스에서 파일(특히, 텍스트 파일)을 생성하는 여러 가지 방법이 있다. touch 명령을 실행하여 빈 파일을 만들거나 cat이나 vi 등의 명령을 사용하여 키보드로부터 파일 내용을 입력하고 저장하여 파일을 만들 수도 있다.

touch 명령은 본래 파일 수정 시간을 갱신하는 명령이지만, 파일이 존재하지 않는 경우 빈 파일을 생성하도록 한다.

```
pi@raspberrypi ~ $ mkdir Test
pi@raspberrypi ~ $ cd Test
pi@raspberrypi ~/Test $ touch catTest.txt
pi@raspberrypi ~/Test $ ls -la catTest.txt
-rw-r--r-- 1 pi pi 0 2월 11일 16:13 catTest.txt
```

cat 명령을 표준 출력 재지향 기호 '>'와 함께 쓰면 키보드로부터 입력받은 내용을 파일로 저장할 수 있다. 여기서 입력을 끝낸 후 Ctrl-D(입력 종료) 키를 입력하여야 파일이 저장되고 셸로 돌아오게 된다.

```
pi@raspberrypi ~ $ cat > catTest.txt
Hello!
Nice to meet you.
^D
pi@raspberrypi ~ $
```

cat 명령의 본래 목적은 파일의 내용을 보여 주는 것이다. 다음과 같이 실행하여 보자.

```
pi@raspberrypi ~ $ cat catTest.txt
Hello!
Nice to meet you.
pi@raspberrypi ~ $ cd
pi@raspberrypi ~ $
```

cp 명령은 파일을 현재의 위치 또는 다른 디렉터리로 복사(copy)한다. 만약 파일이 존재한다면 기존에 있던 파일은 사라지고 새로운 복사본 파일로 바뀐다.

```
pi@raspberrypi ~ $ ls
Desktop  Downloads  python_games Test
pi@raspberrypi ~ $ cp /bin/date Test
pi@raspberrypi ~ $ cd Test
pi@raspberrypi ~/Test $ ls
catTest.txt date
```

표 2-3 **cp 명령어 형식**

일반 형식	cp [-abdfilPprsuvxR] file_name1 file_name2
옵션	설명
-a	가능한 한 원래 파일의 구조와 속성을 그대로 복사한다.
-R	디렉터리를 재귀적(recursive)으로 복사한다.
-b	복사할 때 덮어쓰게 되는 파일은 백업을 만든다.
-P	원본 파일의 소유자, 그룹, 권한, 시간 기록을 그대로 복사한다.
-d	심벌릭 링크(symbolic link)는 심벌릭 링크로 복사한다. 그리고 원본 파일과의 하드 링크 관계를 유지한다.
-f	복사 위치에 존재하는 파일을 제거하고 복사한다.

rm 명령은 파일을 삭제한다. -f 옵션은 강제로 삭제하고, -r 옵션은 하위 디렉터리까지 모두 삭제한다.

```
pi@raspberrypi ~/Test $ ls
catTest.txt  date
pi@raspberrypi ~/Test $ rm date
pi@raspberrypi ~/Test $ ls
catTest.txt
```

표 2-4 rm 명령어 형식

일반 형식	rm [-firv] file 또는 directory
옵션	설명
-f	지울 파일이 있을 경우 강제로 삭제
-i	지울 파일이 있을 경우 지울 것인지 물어 봄
-r	하위 디렉터리에 있는 모든 파일을 삭제
-v	지우는 파일 정보를 출력

mv 명령은 파일을 이동(move)하거나 이름을 변경하는 명령이다. cp와 rm을 연이어 실행하는 것과 같으며 여러 파일을 하나의 디렉터리로 옮기거나 이름을 바꿀 때 쓰이기도 한다.

```
pi@raspberrypi ~/Test $ cd
pi@raspberrypi ~ $ touch mvTest.c
pi@raspberrypi ~ $ ls
Desktop  Downloads  mvTest.c python_games  Test
pi@raspberrypi ~ $ mv mvTest.c Test
pi@raspberrypi ~ $ ls
Desktop  Downloads  python_games Test
pi@raspberrypi ~ $ cd Test
pi@raspberrypi ~/Test $ ls
catTest.txt  mvTest.c
pi@raspberrypi ~/Test $ cp mvTest.c ..; cd ..
pi@raspberrypi ~ $ mv -i mvTest.c Test
mv: overwrite `Test/mvTest.c'? y
pi@raspberrypi ~ $ ls
Desktop  Downloads  python_games  Test
```

표 2-5 mv 명령어 형식

일반 형식	mv [-bfiuv] source dest_dir
옵션	설명
-b	대상 파일이 지워지기 전에 백업 파일을 만든다.
-f	대상 파일의 접근 허가와 관계없이 무조건 파일을 이동한다
-i	대상 파일이 기존 파일이면, 덮어쓸 것인지 물어 본다.
-u	대상 파일보다 원본 파일이 최근의 것일 때 업그레이드한다.
-v	파일 옮기는 과정을 자세하게 보여 준다

mkdir 명령은 디렉터리를 생성하는 명령이다. -p 옵션은 부모 디렉터리가 존재하지 않는 경우에 부모 디렉터리까지 생성한다.

```
pi@raspberrypi ~ $ ls
Desktop  Downloads  python_games  Test
pi@raspberrypi ~ $ mkdir temp
pi@raspberrypi ~ $ ls
Desktop  Downloads  python_games  temp  Test
pi@raspberrypi ~ $ mkdir -p Test/Test2
pi@raspberrypi ~ $ mkdir -p Test3/Test5
pi@raspberrypi ~ $ ls
Desktop  Downloads  python_games  temp  Test  Test3
pi@raspberrypi ~ $ ls Test3
Test5
```

표 2-6 **mkdir 명령어 형식**

일반 형식	mkdir [-mp] directory_name
옵션	설명
-m	새로운 디렉터리의 허가 모드를 지정한 모드로 설정한다.
-p	부모 디렉터리가 존재하지 않는 경우 자동 생성한다.

rmdir 명령은 디렉터리를 삭제한다. -p 옵션은 지정된 부모 디렉터리까지 모두 삭제한다. 그런데 디렉터리 내의 파일이 존재하는 경우 삭제되지 않을 것이다. 이럴 때는 디렉터리 내의 파일을 모두 삭제하든지 아니면 rm -r 명령으로 모든 하위 디렉터리와 파일을 삭제하면 된다.

```
pi@raspberrypi ~ $ ls Test3
Test5
pi@raspberrypi ~ $ rmdir -p Test3/Test5
pi@raspberrypi ~ $ ls Test3
ls: cannot access Test3: No such file or directory
pi@raspberrypi ~ $
```

표 2-7 **rmdir 명령어 형식**

일반 형식	rmdir [-p] directory_name
옵션	설명
-p	지정된 부모 디렉터리까지 모두 삭제한다.

2.4 일반 명령어

2.4.1 도움말 보기

man 명령은 각종 시스템 명령어들의 도움말 또는 매뉴얼을 출력해 준다. 출력되는 매뉴얼들은 정말 자세한 설명을 포함하고 있으므로 꼭 사용해 볼 것을 추천한다.

```
pi@raspberrypi ~ $ man mkdir
MKDIR(1)                     User Commands                        MKDIR(1)
NAME
       mkdir - make directories
SYNOPSIS
       mkdir [OPTION]... DIRECTORY...
DESCRIPTION
       Create the DIRECTORY(ies), if they do not already exist.
       Mandatory arguments to long options are mandatory for short options
       too.
       -m, --mode=MODE
              set file mode (as in chmod), not a=rwx - umask
...
AUTHOR
       Written by David MacKenzie.
REPORTING BUGS
       Report mkdir bugs to bug-coreutils@gnu.org
...
COPYRIGHT
       Copyright © 2011  Free Software Foundation, Inc.  License GPLv3+: GNU
       GPL version 3 or later <http://gnu.org/licenses/gpl.html>.
...
SEE ALSO
       mkdir(2)
...
GNU coreutils 8.12.197-032bb    September 2011                    MKDIR(1)
```

표 2-8 **man 명령어 형식**

일반 형식	man [-s] 파일명1 파일명2
옵션	설명
-section	secton으로 구분해서 매뉴얼을 찾아 보여 준다.

각 섹션의 편성은 다음과 같다.

- 1절 — Commands(명령어)
- 2절 — System Calls(시스템 호출)

- 3절 — Subroutines(라이브러리 함수)

- 4절 — Special files(특수 파일)

- 5절 — File formats and conventions(파일 형식)

- 6절 — Games(게임)

- 7절 — Macro package and language conventions(기타 정보)

- 8절 — Maintenance commands and procedures(보수)

2.4.2 페이지 단위 파일 출력

more 또는 less 명령은 파일의 내용을 페이지 단위로 보여 준다.

```
pi@raspberrypi ~ $ more .bashrc
....
--More--(20%)
pi@raspberrypi ~ $ less .bashrc

....
.bashrc
pi@raspberrypi ~ $
```

표 2-9 **less 명령어 형식**

일반 형식	less file_name
명령	설명
스페이스 바, f	한 번에 한 페이지씩 전방으로 스크롤한다.
리턴	한 번에 한 줄씩 전방으로 스크롤한다.
b	한 번에 한 페이지씩 역방향으로 스크롤한다.
q	프로그램을 종료한다.
/문자열	문자열을 검색한다.

2.4.3 사용자와 권한

유닉스 및 리눅스 시스템에서는 파일에 접근하거나 사용하려면 정보 보호를 위해 먼저 권한 (permission)을 획득하여야 한다. 이러한 권한은 계정에 따라 소유자, 그룹 그리고 기타 모든 사용자의 세 부류의 소유 권한으로 설정할 수 있다. 여기서 소유자는 파일을 소유한 사용자를 뜻하고, 그룹은 파일을 사용할 수 있는 여러 사용자가 가입된 특별 계정을 뜻한다. 리눅스에서 일반 사용자는 자신과 같은 그룹에 기본적으로 가입하지만, 여러 그룹에 추가로 가입할 수도 있다.

또한, 파일은 접근 권한으로 읽기(read), 쓰기(write), 실행(execute)이라는 세 가지 종류의 모드로 구분하여 중복으로 조합해서 설정할 수 있다. 파일의 권한은 세 가지이므로 각 특성을 하나의 비트로 표현하면 조합에 따라 0부터 7까지의 수로 표현할 수 있다. 즉, 표 2-10과 같다.

표 2-10 **파일의 사용 권한**

사용 권한			값(2진수)
읽기	쓰기	실행	
-	-	-	0 (000)
-	-	x	1 (001)
-	w	-	2 (010)
-	w	x	3 (011)
r	-	-	4 (100)
r	-	x	5 (101)
r	w	-	6 (110)
r	w	x	7 (111)

chmod 명령은 파일의 모드를 바꾸어 권한을 제어할 수 있도록 한다. 여기서 설정하는 파일 모드는 두 가지 방법으로 구현할 수 있다. 첫 번째 방법은 앞서 소개한 것처럼 파일의 접근 권한을 8진수로 표현하는 방법이다. 즉, 소유자/그룹/모든 사용자별로 읽기/쓰기/실행 권한을 세 자리의 8진수로 표현하는 것이다. 예를 들면, 755 모드는 소유자는 읽기, 쓰기, 실행이 모두 가능(7)하고, 그룹 사용자는 읽기 및 실행만 가능(5)하고, 기타 모든 사용자도 읽기 및 실행만 가능(5)하다는 의미이다.

두 번째 표현 방법은 숫자를 사용하지 않고 기호 문자를 사용하여 특정 권한을 추가하거나 제거하는 방법이다.

표 2-11 **파일의 소유 권한 및 사용 권한**

구분	기호	의미
소유 권한	s	소유자와 그룹만 허용
	u	소유자 권한
	g	그룹 권한
	o	다른 사용자 권한
	a	소유자, 그룹, 다른 사용자 모두 사용 권한 허가
함수	+	사용 권한 추가
	–	사용 권한 제거
	=	사용 권한 유지
사용 권한	r	읽기 권한
	w	쓰기 권한
	x	실행 권한

다음 예를 살펴보자.

```
pi@raspberrypi ~/Test $ ls -l
합계 8
-rw-r--r-- 1 pi pi   25 8월 27 14:38 catTest.txt
-rw-r--r-- 1 pi pi    0 8월 27 14:03 mvTest.c
drwxr-xr-x 2 pi pi 4096 8월 27 14:24 Test2
-rwxrwxr-x 1 pi pi    0 8월 27 14:23 Test.c
pi@raspberrypi ~/Test $ chmod 725 Test.c
pi@raspberrypi ~/Test $ chmod g+w Test2
pi@raspberrypi ~/Test $ ls -l
합계 8
-rw-r--r-- 1 pi pi   25 8월 27 14:38 catTest.txt
-rw-r--r-- 1 pi pi    0 8월 27 14:03 mvTest.c
drwxrwxr-x 2 pi pi 4096 8월 27 14:24 Test2
-rwx-w-r-x 1 pi pi    0 8월 27 14:23 Test.c
```

표 2-12 **chmod 명령어 형식**

일반 형식	chmod [-cfvR] 모드 파일명(들)
옵션	설명
-c	실제로 파일의 권한이 바뀐 파일만 자세히 기술한다.
-f	파일의 권한이 바뀔 수 없어도 에러 메시지를 출력하지 않는다.
-v	변경된 권한에 대해서 자세히 기술한다.
-R	디렉터리와 파일들의 권한을 재귀적으로 모두 바꾼다.

파일의 소유자와 그룹 자체를 변경할 수도 있다. chown 명령은 파일의 소유자를 변경하고, chgrp는 파일의 그룹을 변경시킨다.

2.4.4 기타 파일 명령어

먼저 ln 명령을 사용하여 두 개의 파일 사이에 링크를 만들어, 하나의 파일을 두 개 이상의 이름으로 접근이 가능하도록 한다. MS 윈도우의 바로가기와 같은 개념인데, 이렇게 하면 파일을 복사하지 않으므로 디스크 공간을 크게 절약할 수 있다.

```
pi@raspberrypi ~/Test $ ln -s catTest.txt Test.txt
pi@raspberrypi ~/Test $ ls -l
합계 8
-rw-r--r-- 1 pi pi   25 8월 27 14:38 catTest.txt
-rw-r--r-- 1 pi pi    0 8월 27 14:03 mvTest.c
drwxrwxr-x 2 pi pi 4096 8월 27 14:24 Test2
-rwx-w-r-x 1 pi pi    0 8월 27 14:23 Test.c
lrwxrwxrwx 1 pi pi   11 8월 27 14:40 Test.txt -> catTest.txt
```

표 2-13 **ln 명령어 형식**

일반 형식	ln [-s] 파일명1 파일명2
옵션	설명
-s	하드 링크 대신 심벌릭 링크를 만든다.

다음으로 find 명령은 원하는 특정 파일을 지정된 디렉터리를 탐색하여 찾는다. find는 매우 강력한 명령으로 특정한 디렉터리들을 순회하면서 이름, 크기, 날짜 등 지정된 조건에 만족하는 파일을 찾는다.

```
pi@raspberrypi pi $ find /bin -name r*
/bin/rm
/bin/rbash
/bin/run-parts
/bin/readlink
/bin/rmdir
/bin/rnano
```

표 2-14 **find 명령어 형식**

일반 형식	find [디렉터리] 탐색 조건
탐색 조건	설명
-name 파일	찾고자 하는 파일의 이름을 정한다. 와일드 카드도 가능하다.
-perm 모드	파일 권한(permission)이 일치되는 것을 찾는다. 원하는 권한은 ls로 볼 수 있는 형태와 같이 지정한다.
-type ?	형태가 같은 파일을 찾는다. 물음표(?) 부분에 디렉터리는 d, 파이프는 p, 심벌릭 링크는 l, 소켓은 s, 블록 파일은 b, 일반 파일은 f 등의 기호를 사용한다.
-links ?	특정 개수의 링크를 가진 파일을 찾는다. 물음표 부분에 링크의 숫자를 표기한다.
-size ?	파일의 크기가 일치하는 것을 탐색한다. 파일 크기는 블록 단위로 물음표 부분에 지정한다. 한 블록은 512바이트로 내정되어 있지만, 블록 숫자 뒤에 단위로 k자를 붙이면 1킬로바이트 크기의 블록 숫자로 간주된다.
-user 사용자	파일 사용자의 ID에 따라 검색한다. 로그인 이름이나 번호 모두 가능하다.
-atime ?	최근 며칠 내에 엑세스한 파일을 검색한다. 날짜 수는 물음표 부분에 명시한다.
-exec 명령	원하는 검색 조건에 맞는 파일을 찾으면 명시된 명령을 실행한다. 명령의 끝은 ;을 사용하여 끝낸다. find가 검색해 낸 파일의 이름을 인수로 사용하고 싶다면 그 위치에 {}를 사용한다.
-newer 파일	어떤 파일보다 최근에 갱신된 모든 파일을 검색한다.

특정한 조건을 가진 파일을 찾는 find와 더불어 많이 사용하는 명령이 grep이다. grep은 파일 내의 정규 표현식(regular expression)을 검색하는 명령이다. 여기서 정규 표현식이란, 특정한 규칙을 가진 문자열의 집합을 표현하는 형식을 뜻한다. 대표적인 정규식에 사용되는 기호들을 살펴보면 다음과 같다. 여기서 규칙의 예를 들면, '^', '$'는 각각 문자열이나 행의 시작과 끝을 나타내고, '.', '*', '+'는 각각 1개의 문자와 일치, 0개 이상의 문자, 1개 이상의 문자를 나타낸다. 그리고 '[ ]'는 문자를 선택하거나 범위를 지정할 때 사용한다. 예를 들면, [a-zA-Z], [0-9]는 각각 영문자와 숫자를 나타낸다.

표 2-15 **정규식에서 사용되는 기호**

기호	내용
*	모든 문자와 대응
.	한 문자와 대응
^	행의 첫 문자와 대응
$	행의 끝 문자와 대응
[ ]	대응되는 해당 범위 지정

위의 정규식 기호를 사용하여 문자열을 나타내 보면 다음과 같다.

표 2-16 **정규식 표현의 예**

기호	내용
A*	A로 시작하는 모든 문자와 대응
A.	A로 시작하면서 다음에 한 문자가 오는 문자열과 대응
^A	행의 첫 문자가 A인 문자와 대응
$A	행의 마지막 문자가 A인 문자와 대응
A[a-c]	A 다음에 문자가 a 또는 b 또는 c가 나오는 문자열과 대응

따라서 grep은 특정한 파일 내에서 이러한 정규 표현식의 패턴을 찾아 화면에 출력해 준다.

```
pi@raspberrypi ~/Test $ grep '[wxy]ou.$' catTest.txt
Nice to meet you.
pi@raspberrypi ~/Test $ ps ax | grep clock
 3378 pts/0    S+     0:00 grep --color=auto clock
```

표 2-17 **grep 명령어 형식**

일반 형식	grep [-vclhnief] 'pattern' file_name
옵션	설명
-i	옵션은 대소문자 구분 없이 찾도록 해 준다.
-l	옵션은 일치하는 줄이 아니라 일치하는 줄이 들어 있는 파일만 보여 준다.
-n	옵션은 일치하는 줄과 그 줄 번호를 같이 보여 준다.

diff 명령은 파일 간의 모든 차이점과 같은 점을 비교하여 보여 준다. 기본 표시 방식은 첫째 파일 줄 번호, 둘째 파일 상태(a: 추가, d: 삭제, c: 변경) 및 줄 수로 표시된다.

```
pi@raspberrypi ~/Test $ cat diffText.txt
Hi!
Nice to meet you.
How are you?
pi@raspberrypi ~/Test $ diff catText.txt diffText.txt
1c1
< Hello!
---
> Hi!
2a3
> How are you?
pi@raspberrypi ~/Test $
```

표 2-18 **diff 명령어 형식**

일반 형식	diff [-uNr] file_name1 file_name2
옵션	설명
-u	통합 정보를 나타낸다.
-N	존재하지 않는 파일도 비교한다.
-r	하위 디렉터리까지 모든 파일을 비교한다.

리눅스에서 파일을 묶거나 압축하는 도구는 여러 가지 종류가 있다. 먼저, tar 명령은 여러 개의 파일을 묶거나 묶인 파일을 푸는 유닉스의 표준 아카이브(archive) 유틸리티이다. 테이프 드라이브부터 일반 파일, 심지어 표준 출력까지 포함하는 대부분의 장치에 대해서 모든 종류의 아카이브를 다룰 수 있도록 발전되었다. GNU tar는 gzip, bzip2, xz 압축을 다룰 수 있는 옵션이 패치되었다.

```
pi@raspberrypi ~/Test $ tar cvfz test.tar.gz *
catTest.txt
diffTest.txt
mvTest.c
Test2/
Test.c
Test.txt
pi@raspberrypi ~/Test $ tar tvfz test.tar.gz
-rw-r--r-- pi/pi          25 2015년 8월 27 14:38 catTest.txt
-rw-r--r-- pi/pi          35 2015년 8월 27 14:42 diffTest.txt
-rw-r--r-- pi/pi           0 2015년 8월 27 14:03 mvTest.c
drwxrwxr-x pi/pi           0 2015년 8월 27 14:24 Test2/
-rwx-w-r-x pi/pi           0 2015년 8월 27 14:23 Test.c
lrwxrwxrwx pi/pi           0 2015년 8월 27 14:40 Test.txt -> catTest.txt
```

표 2-19 **tar 명령어 형식**

일반 형식	tar [-x(c) vtf] files or directories
옵션	설명
-c	새 아카이브 파일을 만든다.
--delete	아카이브에 들어 있는 파일 지우기
-r	파일을 아카이브로 추가한다.
-t	아카이브 내용 목록을 보여 준다.
-u	아카이브 업데이트한다.
-x	아카이브에 들어 있는 파일을 뽑아낸다.
-z	아카이브를 gzip으로 압축한다.

다음으로 gzip은 표준 GNU/UNIX 압축 유틸리티이다. gzip으로 파일을 압축하면 .gz 확장자를 갖는 압축 파일을 생성한다. 파일의 소유권, 권한, 수정 시간 등 속성들은 그대로 보존된다. gzip으로 압축된 파일을 푸는 명령어는 gunzip으로서, gzip -d와 같다.

zcat 필터는 gzip으로 묶인 파일의 압축을 풀어 표준 출력으로 내보내므로 파이프의 입력이나 재지향에서 쓰일 수 있다. 즉, 실제로는 입축 파일에 대해서 동작하는 cat이라고 보면 된다. zcat은 gzip -dc와 같다.

```
pi@raspberrypi ~/Test $ gzip Test.c
pi@raspberrypi ~/Test $ ls
catTest.txt diffTest.txt mvTest.c Test2  Test.c.gz  test.tar.gz  Test.txt
pi@raspberrypi ~/Test $ gzip -d Test.c.gz
pi@raspberrypi ~/Test $ ls
catTest.txt diffTest.txt  mvTest.c  Test2  Test.c  test.tar.gz  Test.txt
```

표 2-20 **gzip 명령어 형식**

일반 형식	gzip [-dfhlr] files or directorys
옵션	설명
-d	압축된 파일을 복구한다.
-f	파일이 링크되어 있거나, 이미 존재되어 있을 경우 강제로 압축한다.
-h	명령어 도움말을 보여 준다.
-l	압축된 파일의 리스트를 보여 준다.
-r	디렉터리 내의 파일들도 모두 처리한다.

리눅스에서는 gzip 말고도 압축 효율이 더 좋은 알고리즘을 사용한 bzip2(bzip2/bunzip2/bzcat), xz(xz/unxz/xzcat) 등의 유틸리티를 제공한다.

2.5 시스템 관리 명령

2.5.1 관리자 모드 실행

먼저 파일 쓰기 권한 등의 문제없이 프로그램을 실행하려면 관리자(root) 모드로 실행할 필요가 있다. 바로 sudo 명령을 사용하면 관리자 모드로 임의의 프로그램을 실행할 수 있다. 이때 사용자의 패스워드를 물어서 보안과 관련된 권한을 획득하도록 한다.

```
$ sudo
...
```

/etc/sudoers 파일을 통해 sudo 명령어의 실행 권한을 설정할 수 있다. 이 파일은 visudo 명령어를 통해 편집한다.

```
$ sudo visudo
```

sudoers 파일의 형식은 다음과 같다.

```
<사용자 또는 %그룹>    <접근 호스트>=(<실행 호스트><명령>)   [<태그>:] <명령 및 옵션>
```

예를 들면, 관리자(root)의 경우 다음과 같이 설정되어 모든 명령을 제한 없이 실행할 수 있다.

```
root    ALL=(ALL:ALL)  ALL
...
pi      ALL=ALL            NOPASSWD: ALL
```

2.5.2 디렉터리 및 파일 시스템 용량 확인

지정된 특정 디렉터리나 파일들이 차지하는 공간을 알려 주는 du 명령에 대해 알아보자. 명령을 실행할 때 디렉터리나 파일을 지정하지 않으면 현재 디렉터리로 간주된다. 공간의 크기는 기본적으로 1킬로바이트(KB, kilobyte) 크기의 블록으로 보고하지만, –b 옵션을 사용하면 바이트(B, byte) 단위로 출력한다.

```
pi@raspberrypi ~ $ du test
4       test/Test2
20      test
pi@raspberrypi ~ $
```

표 2-21 **du 명령어 형식**

일반 형식	du [-sabxL] file or directory	
옵션	설명	
-s	총 합계만을 따진다. 하위 디렉터리의 숫자 등은 나오지 않는다.	
-a	크기가 계산된 각 파일의 크기를 보인다.	
-b	바이트 크기로 출력한다.	
-x	현재 디렉터리에 마운트된 파일 시스템만 검사된다.	
-L	심벌릭 링크 자신의 공간 대신 연결된 파일의 크기를 다룬다.	

du가 디렉터리나 파일이 차지하는 공간을 출력하는 반면, df 명령은 전체 파일 시스템의 공간을 검사하여 보고한다.

```
pi@raspberrypi ~/Test $ df -a
Filesystem      1K-blocks     Used Available Use% Mounted on
rootfs          7513804 3363728   3794580  47% /
/dev/root       7513804 3363728   3794580  47% /
devtmpfs         470416       0    470416   0% /dev
tmpfs             94944     280     94664   1% /run
tmpfs              5120       0      5120   0% /run/lock
proc                  0       0         0    - /proc
sysfs                 0       0         0    - /sys
tmpfs            189880     132    189748   1% /run/shm
devpts                0       0         0    - /dev/pts
/dev/mmcblk0p1    57288   19400     37888  34% /boot
```

표 2-22 **df 명령어 형식**

일반 형식	df [-aikpvtx] 파일 시스템
옵션	설명
-a	0블록을 가진 파일도 보고한다. 기본적으로는 무시한다.
-i	블록 사용 대신 incode 사용 정보를 보고한다.
-v	System V의 df와의 호환을 위한 옵션이다. 무시된다.
-t	특정 형태의 파일 시스템으로 검사를 제한한다.
-x	특정 형태의 파일 시스템 이외의 것으로 검사를 제한한다.

2.5.3 시스템 자원 관리

시스템이 사용하는 자원을 일목요연하게 보여 주는 프로그램이 바로 top이다. 이 프로그램은 현재의 자원 사용량과 프로세스 자원 소비량, 동작 시간 등을 보여 준다.

```
pi@raspberrypi ~ $ top
top - 14:46:08 up 1:06, 3 users, load average: 0.06, 0.11, 0.10
Tasks: 121 total, 1 running, 120 sleeping, 0 stopped, 0 zombie
%Cpu(s): 2.0 us, 0.6 sy, 0.0 ni, 97.4 id, 0.0 wa, 0.0 hi, 0.0 si, 0.0 st
KiB Mem:    949408 total,    475460 used,    473948 free,    25648 buffers
KiB Swap:   102396 total,         0 used,    102396 free,   286416 cached
  PID USER      PR  NI  VIRT  RES  SHR S %CPU %MEM    TIME+  COMMAND
 2594 root      20   0 37684  22m 9060 S  4.0  2.4  0:35.92 Xorg
 2800 pi        20   0 94372  18m  16m S  3.6  2.0  0:19.40 lxterminal
 3417 pi        20   0  5224 2428 2064 R  1.0  0.3  0:00.11 top
 2715 pi        20   0  121m  26m  23m S  0.7  2.9  0:17.55 lxpanel
   34 root      20   0     0    0    0 S  0.3  0.0  0:02.06 kworker/0:1
 2025 nobody    20   0  2024 1468 1352 S  0.3  0.2  0:01.21 thd
 2712 pi        20   0 15232 9892 7992 S  0.3  1.0  0:03.65 openbox
    1 root      20   0  2148 1360 1256 S  0.0  0.1  0:01.97 init
    2 root      20   0     0    0    0 S  0.0  0.0  0:00.00 kthreadd
    3 root      20   0     0    0    0 S  0.0  0.0  0:00.90 ksoftirqd/0
```

상세한 출력 형식은 다음과 같다.

표 2-23 **top 명령어 출력 형식**

줄	설명
1	동작 시간, 로그인 사용자, 부하(load) 평균
2	태스크 – 전체/현재 실행/대기/중단/좀비 프로세스의 수
3	CPU 사용 백분율
4	메모리 사용량 – 전체/현재 사용/빈 공간/버퍼
5	스왑(swap) 공간 사용량 – 전체/현재 사용/빈 공간/캐시
6	프로세스 목록

앞서 소개한 top보다 메모리 할당 상태를 더욱 자세히 보여 주는 명령이 free이다.

```
pi@raspberrypi ~ $ free
             total       used       free     shared    buffers     cached
Mem:        949408     475528     473880          0      25744     286448
-/+ buffers/cache:     163336     786072
Swap:       102396          0     102396
```

표 2-24 **free 명령어 형식**

일반 형식	free [-bkmg] [-lt]
옵션	설명
-b	바이트 단위로 메모리 사용량 표시
-k	킬로바이트 단위로 메모리 사용량 표시
-m	메가바이트 단위로 메모리 사용량 표시
-g	기가바이트 단위로 메모리 사용량 표시
-l	low, high 메모리에 대한 표시 추가
-t	-t: 전체(total) 메모리에 대한 표시 추가

2.5.4 프로세스 관리

top보다 더욱 상세하게 프로세스 목록과 프로세스 통계(process statistics)를 나타내는 명령어가 ps이다. 옵션에 따라 현재 실행 중인 프로세스들을 프로세스 아이디(PID, Process ID)는 물론 사용자 아이디 등으로 구분해서 보여 준다.

```
pi@raspberrypi ~/Test $ ps ax
PID TTY     STAT  TIME  COMMAND
  1 ?        Ss    0:01   init [2]
  2 ?        S     0:00   [kthreadd]
  ............
pi@raspberrypi ~/Test $ ps aux
USER  PID %CPU %MEM  VSZ  RSS TTY     STAT START   TIME COMMAND
root    1  0.0 0.1  2148 1360 ?       Ss    13:39 0:07 init
root    2  0.0 0.0    0    0 ?       S     13:39 0:00 [kthreadd]
```

표 2-25 **ps 명령어 형식**

일반 형식	ps [-auxlujsm]
옵션	설명
-l	긴 형식으로 출력한다.
-u	실행 유저와 실행 시간을 표시한다.
-j	작업 제어(job control) 형식으로 출력한다.
-s	시그널 형식으로 출력한다.
-m	메모리 정보를 보여 준다.
-a	다른 사용자의 프로세스 현황을 보여 준다.
-x	터미널 제어 없이 프로세스 현황 표시한다.

리눅스에서는 셸 명령어를 백그라운드(background) 작업으로 처리할 수 있다. 백그라운드 작업으로 실행되면 셸에서 명령어가 포그라운드(foreground)로 실행하여 표준 입력으로 무언가 입력되길 마냥 기다리는 것이 아니라, 곧바로 셸 프롬프트로 빠져나오게 되어 셸에서 다른 작업을 실행할 수 있게 된다. 하지만 백그라운드에서 작업은 여전히 실행되면서 표준 출력이 작동하므로 언제든지 명령어 출력 결과가 화면에 나타날 수 있다.

백그라운드로 실행하기 위해서 해당 명령어의 끝에 '&' 기호를 덧붙여 실행하면 된다. 다음 예에서 date 명령어는 백그라운드로 실행하여 작업 번호 1과 프로세스 번호 3428을 나타내었으며, 곧바로 실행을 끝마치고 셸로 복귀하였다.

```
$ date &
[1] 3428
Thu Aug 26 14:49:30 KST 2015
[1]+  Done                    date
$
```

한편, 포그라운드로 실행하던 작업도 백그라운드로 바꿀 수 있다. 포그라운드로 작업을 실행하는 도중에 일단 'Ctrl-z'로 잠시 실행을 멈추고 셸로 빠져나온 다음, bg 명령을 실행하면 중단된 작업이 백그라운드로 실행을 재개하게 된다. 반대로 이 작업은 fg 명령어를 실행하면 다시 포그라운드로 전환된다. 다음 예를 살펴보자. 'sleep 100' 명령은 100초 동안 프로그램을 슬립하게 되는데, Ctrl-Z 키로 중단시킨 다음 백그라운드로 전환하고, 다시 포그라운드로 전환하였다.

```
pi@raspberrypi ~ $ sleep 100
<--- Ctrl-Z 입력
[1]+  Stopped                 sleep 100
$ bg
[1]+ sleep 100 &

pi@raspberrypi ~ $ fg
sleep 100
<--- Ctrl-C 입력
pi@raspberrypi ~ $
```

한편, 프로그램은 실행 도중 Ctrl-C 키를 누르면 SIGKILL(kill 시그널)이 프로그램에 전달되어 죽게 된다. 이런 방법 대신 kill 명령을 통해 프로세스를 죽이는 것도 가능하다. 원리는 현재 실행 중인 프로그램에게 시그널이라는 간단한 메시지를 보내는 것이다. 시그널 메시지의 종류를 지정하지 않으면 디폴트 시그널 ID 15번인 SIGTERM(프로세스 종료 시그널)을 보내게 된다. 예를 들면, 시스템의 사용을 마치고 로그아웃할 때는 시그널 ID 1번의 SIGHUP(hang up) 시그널이 시스템으로 전달되며, 이 시그널은 셸에서 실행 중인 모든 프로세스를 종료시키고 로그아웃하게 한다.

```
pi@raspberrypi pi $ sleep 100 &
[1] 3434
pi@raspberrypi pi $ kill -9 3434
```

표 2-26 **kill 명령어 형식**

일반 형식	kill [-signalID] PID
옵션	설명
-signalID	프로세서에게 보낼 시그널을 지정한다.
-l	시그널 종류를 시그널 번호 순서대로 이름으로 나열한다.

이 밖에도 /proc/cpuinfo와 /proc/meminfo 파일은 CPU 및 메모리 정보를 알려 준다.

2.5.5 네트워크 설정

리눅스에서 ifconfig 명령을 통해 시스템에 연결된 모든 네트워크 인터페이스 장치를 확인하고 설정할 수 있다.

```
pi@raspberrypi ~ $ ifconfig -a
eth0      Link encap:Ethernet  HWaddr 00:12:34:56:78:99
          inet addr:192.168.0.2 Bcast:192.168.0.255 Mask:255.255.255.0
          UP BROADCAST MULTICAST  MTU:1500  Metric:1
...
lo        Link encap:Local Loopback
          inet addr:127.0.0.1  Mask:255.0.0.0
...
wlan0     Link encap:Ethernet  HWaddr 00:26:66:4d:b9:1e
...
```

표 2-27 **ifconfig 명령어 형식**

일반 형식	ifconfig [-a] 또는 ifconfig interface options	address
옵션	설명
-a	현재 사용 가능한 모든 인터페이스 출력

그리고 와이파이 무선랜 장치를 사용하는 경우에는 ifconfig 대신 iwconfig 명령을 사용하여 네트워크 인터페이스를 상세하게 확인하고 설정할 수 있다.

그런데 기본적으로 네트워크는 이런 명령 대신에 /etc/network/interfaces 파일을 통해 직접 설정할 수 있다.

코드 2-1 /etc/network/interfaces 파일

```
auto lo
iface lo inet loopback
iface eth0 inet dhcp

auto wlan0
allow-hotplug wlan0
iface wlan0 inet manual
wpa-conf /etc/wpa_supplic
```

여기서 wpa_supplicant.conf 파일은 무선랜 공유기 등을 설정하는 파일이다. 와이파이를 수동으로 설정하는 경우에는 다음과 같은 파일을 수정하여 공유기의 SSID와 KEY를 입력하면 된다.

코드 2-2 /etc/wpa_supplicant/wpa_supplicant.conf 파일

```
ctrl_interface=DIR=/var/run/wpa_supplicant GROUP=netdev
update_config=1

network={
  ssid="<SSID>"
  psk="<WPA KEY>"
}
```

원격 컴퓨터가 네트워크에 잘 연결되어 있는지 점검하는 명령이 ping이다. 즉, ping은 ICMP 프로토콜을 사용하여 특정한 컴퓨터에 주기적으로 네트워크 패킷 메시지를 보내고 응답을 받아 연결 상태를 체크하게 된다.

```
pi@raspberrypi ~ $ ping 192.168.0.11
PING 192.168.0.11 (192.168.0.11) 56(84) bytes of data.
64 bytes from 192.168.0.11: icmp_req=1 ttl=64 time=0.044 ms
64 bytes from 192.168.0.11: icmp_req=2 ttl=64 time=0.032 ms
^C
--- 192.168.0.11 ping statistics ---
2 packets transmitted, 2 received, 0% packet loss, time 999ms
pi@raspberrypi ~ $
```

2.5.6 시간 스케줄 실행

cron은 정해진 시간에 특정한 명령을 실행하도록 해 주는 프로그램이다. cron을 활용하려면 시간 스케줄을 모아 놓은 테이블 파일인 crontab을 수정해야 한다. crontab 명령을 통해 테이블 내용을 확인하거나 수정할 수 있다.

crontab 파일을 확인하는 명령은 다음과 같다.

```
$ crontab -l
```

crontab을 수정하려면 다음과 같은 명령을 실행한다.

```
$ crontab -e
```

실행한 후에 자동으로 시스템 편집기로 들어가게 되는데, 아래와 같은 형식으로 작성해 주면 된다. crontab 테이블의 한 행은 다음과 같은 형식을 가진다.

```
<분> <시> <일> <월> <요일> <명령어>
```

예를 들면, 다음과 같이 설정하면 매일 오전 7시 0분에 python todayweather.py라는 명령을 실행하라는 것이다.

```
0 7 * * * python todayweather.py
```

2.5.7 소프트웨어 패키지 관리

리눅스에서 많이 쓰이는 대표적인 소프트웨어 패키지 파일의 형식은 데비안과 우분투 계열의 deb(확장자가 .deb)와 레드햇(Red Hat) 계열의 rpm(확장자가 .rpm)이다. deb 패키지를 관리하는 프로그램은 dpkg와 apt-get이 있으며, rpm 패키지를 관리하는 프로그램은 rpm과 yum 및 DNF가 있다. 여기서 dpkg는 패키지 파일에 대한 관리 도구이고, apt-get은 원격 서버로부터 패키지를 설치할 수 있도록 하는 도구이다. 각각의 형식은 다음과 같다.

```
dpkg/apt-get [옵션]패키지[파일]
```

예를 들면, vim 패키지를 설치하는 명령을 입력해 보자. 여기서 패키지가 설치되고 나면 다시 설치 명령을 입력하더라도 재설치되지는 않는다는 것을 알 수 있다.

```
pi@raspberrypi ~ $ sudo apt-get install vim
[sudo] password for user:
꾸러미 목록을 읽는 중입니다... 완료
의존성 트리를 만드는 중입니다.
상태 정보를 읽는 중입니다... 완료
....
pi@raspberrypi ~ $ dpkg -p vim
Package: vim
...
pi@raspberrypi ~ $ sudo apt-get install vim
꾸러미 목록을 읽는 중입니다... 완료
의존성 트리를 만드는 중입니다.
상태 정보를 읽는 중입니다... 완료
vim 꾸러미는 이미 최신 버전입니다.
...
```

표 2-28 **dpkg 및 apt-get 명령어 형식**

명령어	설명
dpkg -i 패키지 파일 apt-get install 패키지	패키지를 파일 또는 원격 배포판 서버로부터 설치한다.
dpkg --update-avail 패키지 파일 apt-get install 파일 apt-get upgrade	일부 또는 전체 패키지를 업그레이드한다.
dpkg -r 패키지 apt-get remove 패키지	패키지를 제거한다.
dpkg -p 패키지	패키지 정보를 출력한다.
dpkg -l	설치된 패키지의 목록을 출력한다.
dpkg -L 패키지	패키지의 설치 파일 목록을 출력한다.
dpkg -l 패키지	패키지를 찾는다.

2.6 파일 편집

리눅스/유닉스 시스템 환경에서 텍스트 파일을 편집하는 방법은 여러 가지가 있다. 앞서 소개한 것처럼 cat 명령을 사용하여 파일 편집이 가능하지만, 전용 문서 편집 프로그램을 활용하는 것이 더욱 편리하다.

초기의 유닉스 환경에서는 텍스트의 입력, 수정, 삭제, 삽입 등의 기능을 줄 단위로 편집하는 라인 에디터(line editor)를 사용하였는데, 나중에는 화면 단위로 편집 가능하여 더욱 편리한 스크린 에디터(screen editor)를 주로 사용하였다. 요즘의 보편적인 GUI 환경에서는 GUI 창을 통해 파일을 편집할 수 있는 윈도우 에디터(window editor)도 많이 사용한다.

리눅스의 대표적인 스크린 에디터로는 nano, vim, emacs 등이 있으며, KDE와 GNOME 등과 같은 X 윈도우 GUI 환경에서 주로 사용하는 gedit, kedit, kate와 같은 윈도우 에디터들도 많이 존재한다. 여기서는 라즈베리 파이에서 쉽게 사용할 수 있는 nano와 vim이라는 대표적인 스크린 에디터들에 대해 사용법을 알아본다.

2.6.1 nano 편집기

리눅스를 포함한 유닉스에서는 nano라는 초보자용 문서 편집기를 제공한다. nano의 중요한 특징은 나중에 소개할 vim과 같이 입력 모드와 편집 모드가 나뉘어 있지 않고 MS 윈도우의 메모장과 같이 간단하고 쉽게 사용할 수 있다는 점이다. 이런 이유로 초보자들이 간단히 파일을 편집할 때는 vim보다 쉽게 사용할 수 있다. nano 편집기 실행은 다음과 같이 하면 된다.

```
$ nano  [파일 이름]
```

nano 편집기를 실행하면 다음과 같은 화면을 볼 수 있는데, vi에서와는 다르게 메모장처럼 그냥 입력하고 화살표 키를 사용하여 이동하면 된다. 편집이 끝나면 ^x(CTRL+x)를 눌러 편집한 내용을 저장하고 nano를 빠져나올 수 있다.

그림 2-7 nano 실행 창

nano 화면의 아래쪽에는 단축키들을 살펴볼 수 있다. 주요 단축키들은 표 2-29와 같다.

표 2-29 nano 에디터의 단축키

명령	내용
CTRL+g	도움말 보기
CTRL+o	파일 저장
CTRL+x	nano 빠져나오기
CTRL+a	현재 행의 처음으로 이동
CTRL+e	현재 행의 끝으로 이동
CTRL+y	이전 페이지로 이동(Page-up)
CTRL+v	다음 페이지로 이동(Page_down)
CTRL+w	문자열 찾기
CTRL+d	현재 커서 위치의 한 글자 삭제
CTRL+k	한 라인 삭제
CTRL+u	마지막으로 삭제된 라인 복구

2.6.2 vi 편집기

vi 편집기 또는 vim 편집기는 리눅스를 포함한 유닉스 환경에서 사용하는 대표적인 스크린 에디터이다. 유닉스가 처음 소개된 이후로 현재까지 사용되고 있는 스크린 에디터 가운데 가장 많이 사용하는 편집기 중 하나가 바로 vi(또는 vi를 향상시킨 버전인 vim)이다. vi는 수많은 명령어를 포함하고 있으므로 처음 접하는 사용자들은 어렵다고 생각할 수 있다. 하지만 충분히 익숙해지고 나면 빠르고 강력한 기능에 매료될 것이다. 여기서는 초보자들이 꼭 알아야 할 기본 기능 위주로만 설명하도록 한다.

vim을 시작하려면 먼저 다음 명령을 사용하여 vim 패키지를 완전하게 설치하도록 한다.

```
$ sudo apt-get install vim
```

vi를 실행하여 파일을 편집하려면 먼저 터미널에서 다음과 같은 명령을 입력한다.

```
$ vi [파일 이름]
```

그러면 그림 2-8과 같은 vi 화면을 만나게 될 것이다.

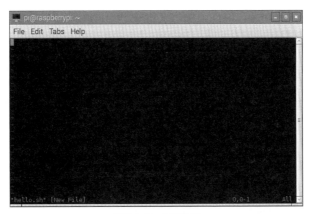

그림 2-8 **vi 실행 창**

이제 키보드의 글자를 입력하면 화면에 글자가 입력되는 것이 아니라 무수한 '삑' 소리를 듣게될 것이다. 이처럼 글자 입력이 곧바로 되지 않는 이유는 vi가 글자를 입력하는 입력 모드와 편집 명령을 입력하는 명령 모드로 나뉘어 있으며, vi는 기본적으로 명령 모드로 실행되기 때문이다. 글자를 입력하려면 명령 모드에서 입력 명령을 실행하여 입력 모드로 전환해야 한다. 입력 모드에서 명령 모드로 전환할 때는 ESC 키를 이용한다.

- **입력 모드:** 사용자가 키보드를 치면 그 내용이 화면에 나타난다. 명령 모드에서 i, a, p 등과 같은 입력 명령을 실행하면 입력 모드로 전환된다(각 명령어들에 대해서는 나중에 자세히 살펴보겠다).
- **편집 명령 모드:** 사용자의 키보드 입력이 화면에 나타나지 않고 각 키에 해당하는 편집명령이 실행된다. 입력 모드에서 ESC 키를 치면 편집 명령 모드로 전환되며, 이때부터는 키보드를 치면 글자가 화면에 나타나지 않고 해당 명령을 실행한다.

이제 vi를 종료해 보자. vi를 종료하는 방법은 몇 가지가 있다. 파일을 저장하고 난 후에 종료하려면 명령 모드에서 다음과 같은 명령을 입력하면 된다. 여기서 w는 편집한 내용을 파일에 저장하는 것을 의미하고, q는 종료를 의미한다.

```
:wq 또는 ZZ
```

그렇지 않고, 편집한 내용을 파일에 저장하지 않고 종료하려면 다음 명령을 입력한다. 여기서 !는 강제 실행을 의미한다.

```
:q!
```

표 2-30 vi 실행 및 종료 명령

명령	내용
vi <파일>	<파일>을 열어 편집 시작
view <파일>	<파일>을 읽기 모드로 시작
:w	저장
:w <파일>	<파일>에 저장
:q	vi 종료
:q!	저장하지 않고 강제 종료
:wq 또는 ZZ	저장 후 종료
:wq!	저장 후 강제 종료
:e <파일>	<파일>을 불러옴

이제 파일에 내용을 입력해 보자. 다시 vi 명령을 실행하여 초기 화면으로 들어간다. 여기서 텍스트를 입력하기 위해서는 명령 모드에서 텍스트 입력 모드로 전환해야 한다. 텍스트 입력 모드로의 전환은 표 2-31과 같은 입력 모드 전환 명령을 사용한다.

표 2-31 텍스트 입력 명령

명령	내용
a	커서의 한 칸 뒤에서 입력을 시작
A	커서가 위치한 행의 마지막부터 입력을 시작
i	커서가 위치한 곳부터 입력을 시작
I	커서가 위치한 행의 맨 앞에서 입력을 시작
o	커서가 위치한 행의 아래 행부터 입력을 시작
O	커서가 위치한 행의 위부터 입력을 시작

예를 들어, 'i'를 입력하면 현재 커서가 위치한 곳부터 텍스트를 입력할 수 있게 된다. 이제 사용자가 키보드에서 내용을 입력하면 그 내용이 화면에 나타난다. 다음 줄로 내릴 때는 enter 키를 치면 되고, 텍스트를 잘못 입력한 경우 백스페이스(back-space) 키를 사용하여 입력한 내용을 지울 수 있다.

텍스트를 전부 다 입력하였으면, 이제 입력 모드에서 편집 명령 모드로 다시 전환해야 편집 명령을 입력할 수 있다. 앞에서 설명한 바와 같이 입력 모드에서 명령 모드로의 전환은 ESC키를 사용하면 된다.

다음은 편집 명령을 살펴보기로 하자. 먼저, 편집할 위치로 커서를 이동시키는 명령에 대해 알아본다. vi에서는 다양한 커서 이동 명령을 제공한다. 가장 간단한 방법은 화살표 키(←, →, ↑, ↓) 또는 (h, l, k, j) 키를 사용하여 커서 위치를 좌, 우, 상, 하로 이동시키는 방법이다. 커서 위치를 원하는 위치로 이동시킨 다음, 앞서 소개한 텍스트 입력 명령을 사용하여 텍스트를 삽입하거나 추가해 보자.

표 2-32 **기본 커서 이동 방법**

명령	내용
←, h	커서를 한 문자 왼쪽으로 이동
→, l	커서를 한 문자 오른쪽으로 이동
↑, k	커서를 한 행 위쪽으로 이동
↓, j	커서를 한 행 아래쪽으로 이동

vi 편집기는 이 밖에도 다양한 커서 이동 방식을 지원한다. 표 2-33에는 표 2-32에서 살펴본 커서 이동 이외에 이동 방법이 설명되어 있다. 이런 방법을 사용하면 커서를 행의 처음과 끝, 단어, 특정 줄, 화면 단위 등의 다양한 방법으로 빠르게 이동시킬 수 있다. 여러분들이 이런 명령을 익숙하게 사용할 수 있으면, vi가 얼마나 편리한지 깨닫게 될 것이다.

표 2-33 **다양한 커서 이동 방법**

명령	내용
0	현재 행의 가장 맨 처음으로 이동
$	현재 행의 가장 마지막으로 이동
w	다음 단어의 처음으로 이동
b	이전 단어의 처음으로 이동
-	이전 행의 처음으로 이동
+	다음 행의 처음으로 이동
)	다음 문장의 처음으로 이동
(	이전 문장의 처음으로 이동
{	다음 문단의 처음으로 이동
}	이전 문단의 처음으로 이동

표 2-34 **화면 단위와 파일의 특정 위치로 커서 이동**(^는 ctrl 표시)

명령	내용
^f	한 화면 아래로 이동
^b	한 화면 위로 이동
^d	반 화면 아래로 이동
^u	반 화면 위로 이동
:0	파일의 처음으로 이동
:$	파일의 마지막으로 이동
:숫자	파일에서 지정한 숫자 번째 행으로 이동

문서를 편집하는 데 있어서 파일의 내용을 수정하거나 삭제하는 등의 편집 기능은 필수적이다. 다음은 문서의 특정한 부분을 삭제, 수정, 복사하는 등의 편집 명령들을 살펴보자. 텍스트 편집 명령들은 주로 다음과 같은 형식을 가진다.

[횟수]<명령><단위>

여기서 횟수는 명령을 몇 번 실행하는지를 나타내는 옵션이다. 횟수를 나타내는 숫자가 없으면 명령은 한 번 실행한다는 것을 의미한다. 명령을 나타내는 키는 종류에 따라 다르다. 편집 내용을 삭제하는 명령은 x, X, d, D가 주로 사용되고, 수정은 r 또는 c, 복사는 y, Y, p, P가 주로 사용된다. 그리고 편집 단위는 문자, w(word 단어), 행(같은 명령키 반복) 등이다. 예를 들면, 10개의 행을 동시에 삭제하기 위해서는 '10dd'라는 명령을 입력하면 된다. 그리고 한 단어를 고쳐 쓸 때는 'cw'를 사용하면 된다.

복사하여 붙여넣기의 예로서 현재 행부터 세 개의 행을 복사하여 붙여 넣으려면, '3Y'를 입력하여 세 개의 행을 버퍼에 복사한 다음, 복사할 위치로 커서를 이동시켜 'p'를 실행하면 된다.

잘라내어 붙여넣기의 경우에는 먼저 삭제 명령을 실행하면 그 내용은 지워지지만, 내부 메모리 버퍼에 저장되고, 붙여 넣을 위치로 이동하여 'p' 명령을 실행하면 삭제한 내용이 현재 위치에 추가된다.

표 2-35 **내용 삭제 명령**

명령	내용
x	커서의 위치에 있는 문자 삭제
X	커서의 왼쪽에 있는 문자 삭제
dd	커서가 위치한 행 삭제
dw	한 단어 삭제
D	커서의 위치부터 오른쪽 내용 삭제

표 2-36 **내용 수정 명령**

명령	내용
r	한 문자 고쳐 쓰기
R	ESC 키를 칠 때까지 계속 고쳐 쓰기
cw	한 단어 고쳐 쓰기
cc	현재 행 고쳐 쓰기
C	커서의 위치부터 현재 행의 마지막까지 고쳐 쓰기

표 2-37 **내용 잘라내기, 복사, 붙여넣기 명령**

명령	내용
yy 또는 Y	커서가 위치한 행을 버퍼에 저장
p	저장된 버퍼의 내용을 커서 위치 다음 행에 붙여 넣음
P	저장된 버퍼의 내용을 커서 위치 앞 행에 붙여 넣음

이외에 꼭 알아 두어야 할 편집 명령어로는 최근 실행한 명령을 취소하는 undo 명령, 마지막 내린 명령어를 반복적으로 실행하는 '.' 반복 명령, 현재의 행과 다음 행을 결합하는 'J' 결합 명령, 블록을 지정하는 'v' 명령 등이 있다.

표 2-38 **그 밖의 편집 명령어**

명령	내용
u	실행한 명령을 되돌림 실행하지 않은 상태로 되돌림(undo)
.	가장 최근에 실행한 명령을 다시 실행함
J	현재 행과 다음 행을 결합
v	블록 지정

다음은 문자열을 찾아서 바꾸는 기능을 살펴보자. 이것은 워드프로세서 등에서 제공하는 찾기 및 바꾸기 기능과 유사하다.

vi에서 문자열을 찾을 때는 '/' 기호를 이용한다. vi 화면에서 '/'를 입력하면 커서가 화면의 가장 아래쪽으로 이동한다. 이때 찾을 문자열을 입력하고 enter 키를 치면, vi는 커서 위치부터 파일의 내용을 검색하여 문자열을 찾으면 그 부분으로 커서를 이동시킨다. 계속해서 다음 번째로 나오는 문자열을 찾으려면 'n' 또는 '/ + enter'를 입력하면 된다. 문자열을 역방향으로 검색하려면 '?'를 입력하고 찾을 문자열을 입력하면 된다. 그리고 찾을 문자열을 입력할 때 완전한 문자열 대신 정규식을 사용해도 된다.

텍스트 편집을 하다 보면 특정한 문자열을 다른 문자열로 일괄적으로 바꾸어야 할 경우가 생긴다. vi에서는 ':s' 명령을 사용하면 된다. 주요 형식은 다음과 같다.

```
:s /원래 문자열/바꿀 문자열 ───────── ①
:s /원래 문자열/바꿀 문자열/g ─────── ②
:1,10 s/원래 문자열/바꿀 문자열/g ─── ③
```

먼저, ①의 형태는 커서가 위치한 현재 라인에서 원래 문자열을 바꿀 문자열로 바꾼다. 다른 행에서는 영향을 주지 않는다.

②는 파일의 모든 행에서 원래 문자열을 찾아 바꿀 문자열로 바꾼다.

③은 문자열 바꾸기 명령이 실행될 행의 범위를 지정한 경우인데, 위에서는 1행부터 10행까지에 있는 문자열을 찾아 바꿀 문자열로 바꾸게 된다.

마지막으로, vi 편집기에서 여러 가지 옵션을 사용하여 사용 환경을 설정할 수 있다. 이때 :set 명령을 사용한다. 먼저, 어떤 값들을 변경할 수 있는지 알아보기 위에 우선 set all 명령을 실행하여 보자.

```
:set all
```

대표적인 옵션 중 하나인 자동 들여쓰기를 하려면 다음 명령을 실행하면 된다.

```
:set autoindent
```

또, 탭 크기를 나타내는 tabstop은 기본적으로 8로 설정되어 있는데, 이 값을 4로 바꾸려면 다음과 같이 하면 된다.

```
:set tabstop=4
```

또, 화면에 줄 번호를 표시하는 number 옵션은 기본 값은 nonumber, 즉 줄 번호를 표시하지 않는다. 화면에 줄 번호를 표시하려면 다음과 같이 하면 된다.

```
:set number
```

이를 다시 해제하려면 다음과 같이 하면 된다.

```
:set nonumber
```

그런데 매번 set 명령으로 사용 환경을 설정하지 않고 한 번 설정한 값을 계속 유지시키려면, 설정한 내용을 <홈 디렉터리>/.vimrc 파일에 저장해 놓으면 된다. 그러면 vi는 구동될 때 항상 위 파일을 참조하여 사용자가 정해 놓은 값으로 구동된다. 예를 들어, 파일의 형식에 따라 구문을 강조하도록 하려면, 다음 내용을 .vimrc 파일에 적어 둔다.

```
syntax on
```

2.7 셸 환경

리눅스에서 사용자가 로그인할 때마다 셸이 실행되면서 사용 환경을 설정하고 구축하게 된다. 이러한 사용자의 셸 환경에 대하여 살펴보자.

2.7.1 셸 환경 설정

리눅스 사용자들은 리눅스에 로그인할 때 자동적으로 실행하는 로그인 셸(login shell)을 가지고 있다. 자신의 로그인 셸은 다음 명령으로 확인할 수 있다.

```
pi@raspberrypi pi $ echo $SHELL
/bin/bash
pi@raspberrypi pi $
```

여기서 'SHELL'은 환경 변수(environment variable)라고 한다. 환경 변수는 리눅스 시스템을 사용하는 사용자가 각자 원하는 형태로 자신의 환경을 설정해 두기 위한 변수이다. 사용자는 이 환경 변수의 값을 변경함으로써 원하는 형태로 환경을 설정할 수 있다. 환경 변수는 사용자가 어떤 셸을 사용하는가에 따라 달라지는데, 대부분은 그 기능이 비슷하므로 변수의 이름으로도 그 내용을 파악할 수 있다. 각 셸에서 공통적으로 사용되는 주요 환경 변수는 표 2-39와 같다.

표 2-39 **공통적으로 사용되는 주요 환경 변수**

환경 변수	설명
USER	로그인한 사용자 이름
LOGNAME	프로세스와 관련된 로그인 사용자 이름
HOME	사용자의 홈 디렉터리
LANG	LC_ALL 등이 지정되지 않았을 때의 로케일 이름
LC_ALL	우선적으로 지정되는 로케일 이름. LC_COLLATE, LC_CTYPE, LC_MESSAGES, LC_MONETARY, LC_NUMERIC, LC_TIME 등을 포함한다.
PATH	실행 파일을 탐색하는 경로/디렉터리들의 목록
PWD	현재 작업 디렉터리
SHELL	사용자의 로긴 셸 파일의 절대 경로
DISPLAY	X 윈도우 디스플레이 장치
EDITOR	기본 편집기
PS1	프롬프트
TERM	터미널 유형
HISTFILE	히스토리 파일
HISTFILESIZE	히스토리 파일 크기
HISTSIZE	히스토리에 저장된 개수
LD_LIBRARY_PATH	동적 로딩/링킹을 위한 라이브러리 경로
TZ	타임 존 정보
COLUMNS	터미널 열 수
LINES	터미널 줄 수

환경 변수의 내용을 확인하기 위해서는 앞에서 살펴본 바와 같이 echo 명령을 사용하면 된다. 이때 주의할 점은 셸 환경에서는 변수 이름 앞에 $를 붙이는데, 이때 $는 변수의 내용이라는 뜻이다. 즉, echo $PATH는 PATH라는 변수의 내용을 출력하라는 뜻이 된다. 예를 들어, 명령어 탐색 경로를 확인하려면 다음과 같이 하면 된다.

```
pi@raspberrypi ~ $ echo $PATH
/usr/local/sbin:/usr/local/bin:/usr/sbin:/usr/bin:/sbin:/bin:/usr/local/games:
/usr/games
pi@raspberrypi ~ $
```

이제 각 셸에서 제공되는 모든 환경 변수들을 화면에 출력해 보자. 환경 변수를 출력하는 명령어는 set, env, export가 있다.

```
pi@raspberrypi ~ $ set
BASH=/bin/bash
BASH_VERSINFO=([0]="4" [1]="2" [2]="37" [3]="1" [4]="release"
[5]="arm-unknown-linux-gnueabihf")
BASH_VERSION='4.2.37(1)-release'
COLUMNS=80
DESKTOP_SESSION=LXDE-pi
DISPLAY=:0.0
EUID=1000
HISTFILE=/home/pi/.bash_history
HISTFILESIZE=2000
HISTSIZE=1000
HOME=/home/pi
HOSTNAME=raspberrypi
HOSTTYPE=arm
LANG=ko_KR.UTF-8
PATH=/usr/local/sbin:/usr/local/bin:/usr/sbin:/usr/bin:/sbin:/bin:/usr/local/games:
/usr/games
PPID=2651
PS1='\[\e]0;\u@\h: \w\a\]${debian_chroot:+($debian_chroot)}\[\033[01;32m\]\u@
\h\[\033[00m\] \[\033[01;34m\]\w \$\[\033[00m\] '
PWD=/home/pi
SHELL=/bin/bash
TERM=xterm
UID=1000
USER=pi
```

환경 변수 값을 설정할 때는 값을 지정하고자 하는 환경 변수에 값을 지정한 다음, export 명령을 사용하여 bash에게 알린다. 예를 들면, PATH 환경 변수에 경로를 추가하고 싶을 때 다음과 같이 실행한다.

```
$ echo $PATH
$ PATH=$PATH:/home/pi/bin
$ export PATH
```

이러한 환경 변수들은 로그인하거나 셸을 실행할 때마다 매번 설정한다면 번거로울 것이다.
다행히, 이런 명령어들을 사용자 환경 파일에 등록해 두면 사용자가 처음 로그인을 할 때, 새
로운 셸을 실행할 때 그리고 로그아웃을 할 때 자동으로 환경 변수들을 설정하게 된다. bash
셸에서는 사용자가 로그인을 할 때 .profile 파일이 실행되고 셸이 실행되면서 .bashrc 파일이
실행된다. 또한, 사용자가 로그아웃을 할 때에는 .bash_logout 파일이 실행된다. 즉, .profile
과 .bash_logout 파일은 사용자가 시스템을 사용하게 될 때 한 번씩 실행되는 것이다. 반면에
.bashrc 파일의 내용은 응용 프로그램이나 사용자에 의해 셸이 실행될 때마다 매번 실행된다.

환경 파일을 설정하고 나서 이러한 파일을 실행하려면 다음과 같이 source 명령이나 .을 사용
하면 된다.

```
pi@raspberrypi ~ $ source .bashrc
```

또는

```
pi@raspberrypi ~ $ . .bashrc
```

2.7.2 히스토리 기능

히스토리(history) 기능이란 사용자가 이전에 사용한 명령들을 기록해 두고, 그 명령을 다시 실
행할 때 히스토리에서 불러 사용할 수 있는 기능이다. 셸 프롬프트에서 위 화살표를 눌러 보
자. 조금 전에 실행한 명령이 나타날 것이다. 계속 누르면 더 예전에 실행한 명령들이 차례로
나타난다. 이제 다음과 같이 history 명령을 실행하여 보자.

```
pi@raspberrypi ~ $ history
1010  ls
1011  ls -al
1012  ls -al |more
1013  vi .bash_history
1014  history
pi@raspberrypi ~ $
```

자신이 사용한 명령의 history를 불러낼 때는 history라는 명령을 사용하는데, 이것과 관련된 환경 변수로 HISTSIZE와 HISTFILESIZE 등이 있다. HISTSIZE는 history 명령을 실행했을 때 화면에 출력해 주는 명령의 개수를 지정한다. 예를 들면, HISTSIZE=10으로 설정하면 이전 명령들의 마지막부터 10개의 내용을 화면에 출력하게 된다. HISTFILESIZE 환경 변수는 .bash_history 파일에 저장해 두는 명령의 개수를 지정한다. 이것을 지정해 두면 다음에 로그인했을 때 이전에 수행한 명령을 불러올 수 있다.

위의 히스토리 중에서 1010번 명령을 재실행하고 싶으면 '!'와 히스토리 번호를 입력한다.

```
pi@raspberrypi ~ $ !1010
ls
Desktop  Downloads  python_games temp Test
pi@raspberrypi ~ $
```

또, '![문자열]'의 형식으로 사용할 수도 있는데, 이는 문자열로 시작하는 가장 최근 명령을 실행하라는 뜻이다. 예를 들어, !h라고 하면 히스토리 중에서 가장 최근에 사용한 명령 가운데 h로 시작하는 명령어를 실행하라는 뜻이 된다. 위의 히스토리 출력을 보면 history 명령이 가장 최근에 사용한 h로 시작하는 명령이므로 history 명령이 실행될 것이다.

```
pi@raspberrypi ~ $ !h
history
1010  ls
1011  ls -al
1012  ls -al |more
1013  vi .bash_history
1014  history
1015  ls -al
1016  ls
1017  ls
1018  history
pi@raspberrypi ~ $
```

2.7.3 메타 문자

이번에는 셸에서 유용하게 많이 쓰이는 메타 문자(meta character)에 대해 알아보자. 유닉스 셸에는 명령어를 효율적으로 처리하도록 도와주는 많은 메타 문자가 쓰인다. 표 2-40은 대표적으로 많이 쓰이는 메타 문자를 정리한 것이다. 이 중에서 특히 많이 쓰이는 |, <, >, & 등의 메타 문자에 대해 알아보자.

표 2-40 메타 문자

문자	의미
>	표준 출력을 파일에 기록하는 출력 재지향(redirection)
>>	표준 출력을 파일 끝에 덧붙이는 출력 재지향
<	파일로부터 표준 입력을 읽는 입력 재지향
*	0개 이상의 문자와 일치하는 파일 치환 대표 문자
?	단일 문자와 일치하는 파일 치환 대표 문자
[...]	대괄호 사이의 어떤 문자와도 일치하는 파일 치환 대표 문자
|	어떤 프로세스의 출력을 다른 프로세스의 입력으로 보내는 파이프 기호
;	명령 실행 순서에 사용
||	이전의 명령이 실패하면 실행하는 조건부 실행
&&	이전의 명령이 성공하면 실행하는 조건부 실행
&	명령어를 백그라운드로 실행
#	# 문자에 뒤따르는 모든 문자들을 주석 처리
$	변수의 값을 표현
`cmd` 또는 $(cmd)	명령을 실행하고 값으로 대치
\	명령 해석을 지연하고 다음 줄로 계속 입력
<<	here 문서 입력 재지향

먼저, 입출력 재지향(redirection)에 대해 알아보자. 셸 명령어는 키보드와 같은 표준 입력을 통해 사용자의 입력을 받아 처리한 다음, 그 결과를 모니터와 같은 표준 출력으로 문자를 출력하는 것이 일반적이다.

셸에서는 이러한 표준 입력과 표준 출력을 임의의 파일로 바꾸어 줄 수 있다. 앞의 표 2-40에서처럼 '>' 기호는 표준 출력을 파일로 재지향하여 저장하도록 하고, '>>'는 표준 출력을 파일의 끝에 추가하여 저장하도록 하며, '<'는 파일을 표준 입력으로 재지향하여 명령어가 파일로부터 입력을 받도록 한다.

다음은 이러한 입출력 재지향 기능을 사용한 예를 보여 준다.

```
pi@raspberrypi ~ $ ls > file.txt
pi@raspberrypi ~ $ cat file.txt
args.sh
....
until.sh
pi@raspberrypi ~ $ echo test.txt >> file.txt
pi@raspberrypi ~ $ cat file.txt
```

```
args.sh
...
test.txt
pi@raspberrypi pi $ grep txt < file.txt
file.txt
score.txt
test.txt
```

다음으로 셸에서는 파이프라인(pipe line) 기능을 통하여 한 명령의 출력을 다른 명령의 입력으로 연결하여 사용할 수 있다. 이때, 두 명령은 '|'를 사용하여 연결한다. 이처럼 여러 명령을 연결함으로써, 보다 복잡하거나 큰 작업을 빠르고 쉽게 구성하여 실행할 수 있다.

그림 2-9 **파이프라인을 통한 명령어 연결**

다음 예는 파이프라인 기능을 보여 준다. 여기서 **tee**는 표준 입력을 받아 그 결과를 파일에 저장하는 동시에 표준 출력으로 보여 주는 기능을 실행하는 명령어이다.

```
pi@raspberrypi ~ $ ls | grep ^f
file.txt
forsum.sh
func.sh
pi@raspberrypi ~ $ ls | grep txt | tee test.txt
file.txt
score.txt
test.txt
pi@raspberrypi ~ $ cat test.txt
file.txt
score.txt
test.txt
```

다음으로 ';' 문자는 한 명령어 줄에서 여러 명령을 순서대로 실행할 수 있도록 한다. 다음 예에서, ls, pwd, whoami 명령어가 순차적으로 실행되는 것을 알 수 있다.

```
pi@raspberrypi ~ $ ls; pwd; whoami
args.sh    case.sh   file.txt    func.sh    local.sh    sign.sh   sum.sh   test.txt
break.sh   diff.sh   forsum.sh   hello.sh   score.txt   skip.sh   test.sh  until.sh
/home/pi
pi
```

` `(악센트 기호) 문자는 한 명령어 문장 안에서 특정한 명령을 해석하고 실행하여 그 출력을 다른 문맥으로 연결시켜 준다. 사용 방법은 ``명령''과 같은데, 요즘은 같은 기능을 실행하는 '$(명령)'이 주로 쓰인다. 예를 들어, `pwd`의 값은 현재 디렉터리 위치를 나타낸다. 이것은 $(pwd)이나 환경 변수 $PWD의 값과 같다. 다음 예를 참고하자.

```
pi@raspberrypi ~ $ echo pwd
pwd
pi@raspberrypi ~ $ echo `pwd`
/home/pi
pi@raspberrypi ~ $ echo $(pwd)
/home/pi
pi@raspberrypi ~ $ echo $PWD
/home/pi
```

셸은 또한 와일드카드(wildcard) 확장을 실행할 수 있다. '*' 기호는 임의의 문자열을 의미하고, '?'는 임의의 한 문자를 의미한다. 또한, '[집합]'을 통하여 집합에 해당하는 문자의 범위를 지정할 수 있다.

다음 예에서, *.txt는 확장자가 txt인 파일, [ab]*는 이름이 a 또는 b로 시작하는 파일, ?o* 는 두 번째 글자가 o인 파일을 가리킨다.

```
pi@raspberrypi ~ $ ls *.txt
file.txt  score.txt  test.txt
pi@raspberrypi ~ $ ls [ab]*
args.sh  break.sh
pi@raspberrypi ~ $ ls ?o*
forsum.sh  local.sh
```

2.8 셸 프로그래밍

앞서 소개한 바와 같이 셸에서는 기존 명령을 확장하여 새로운 기능으로 사용할 수 있다. 하지만 아주 길고 연속적인 명령어들을 실행할 필요가 있는 경우에 이런 명령어들을 일일이 입력하는 것은 너무 비효율적이다. 그러므로 이러한 일련의 명령들을 프로그래밍화하여 파일에 저장하여 실행할 필요가 있다. 이러한 파일을 셸 스크립트 파일 또는 셸 프로그램이라고 한다. 앞서 설명한 .profile 파일들도 일종의 셸 스크립트 파일이다.

이처럼 셸 프로그래밍을 활용하면 다양한 장점을 가진다. 셸 스크립트로 간단한 기능을 구현하면, 매번 C 언어 등으로 프로그래밍하여 컴파일할 필요가 없다. 또한 여러 플랫폼에 셸을 이식하면 실행하거나 확장하기도 쉽다.

2.8.1 기본 셸 스크립트 문법

셸 프로그램은 셸 명령어와 마찬가지이므로 주석문을 위해 '#' 기호를 사용한다. 같은 줄에서 '#' 이후의 모든 내용은 주석문으로 처리되어 실행하지 않는다.

일반 스크립트와 같이 bash 셸 프로그램은 보통 다음과 같은 줄로 시작한다.

```
#!/bin/bash
```

여기서 이 문장은 기본적으로 주석문이지만, 특별한 의미를 가진다. '#!'은 시스템이 이 스크립트를 실행하기 위한 프로그램을 인식하도록 한다. 이 경우에는 '/bin/bash'(bash 실행 파일의 절대경로)와 같이 bash 셸을 가리키므로 이후의 스크립트는 bash 셸 프로그램으로 실행하게 된다. 만약, 다른 스크립트 언어를 구동하는 프로그램(예 /bin/perl, /bin/python 등)이라면 해당 스크립트 언어로 실행된다.

스크립트를 실행하는 가장 일반적인 방법은 스크립트 파일을 실행 가능한 상태로 만든 다음, 직접 실행하는 것이다. 이것은 다음과 같은 단계를 거친다.

```
$ chmod +x 스크립트 파일
$ 스크립트 파일
```

여기서 경로 환경 변수 PATH에 현재 디렉터리('.')가 설정되어 있지 않은 경우에는 현재 디렉터리를 지정하여 './스크립트 파일'과 같이 실행해야 한다. 다음 예를 참고하자.

코드 2-3 'hello, world!'를 출력하는 hello.sh 스크립트 파일

```
#!/bin/bash
#hello.sh
echo "hello, world!"
```

실행 결과는 다음과 같다.

```
$ chmod +x hello.sh
$ ./hello.sh
hello, world!
```

이러한 셸 스크립트 파일을 실행하는 다른 방법으로는 셸 프로그램인 'sh' 또는 '.' 명령어를 사용하는 것이다. 즉, 'sh 스크립트 파일' 또는 '. 스크립트 파일'을 입력하는 것이다. 이 두 명령의 차이점은 'sh'의 경우에는 새로운 하위 셸을 생성하여 실행하는 반면, '.'은 현재 셸에서 실행한다는 점이다. 하위 셸은 거의 독립된 문맥을 생성하여 실행하므로, 'sh' 명령에 의한 스크립트 실행이 끝나면 내부에서 설정되고 변경된 변수들은 모두 없어진다. 반면에 '.' 명령(source 명령어도 같은 기능을 실행한다)은 스크립트 실행이 끝나도 내부 변수 값들이 계속 유지된다.

다음은 그러한 예를 보여 주는데, 여기서 스크립트가 sh를 통해 서브 셸로 실행하면 실행이 끝난 후 해당 문맥이 사라지므로 var 변수는 정의되지 않고, '.'을 통해 현재 셸 문맥에서 실행하면 var 변수는 여전히 남는다.

코드 2-4 셸 변수를 테스트하는 shvar.sh 스크립트 파일

```
#!/bin/bash
var=1
```

실행 결과는 다음과 같다.

```
$ sh shvar.sh
$ echo "var=$var"
var=
$ . shvar.sh
$ echo "var=$var"
var=1
```

bash 셸 스크립트는 다음 장에서 소개할 파이썬처럼 변수, 조건문, 반복문, 함수 등과 같은 프로그래밍에 필요한 기능을 제공한다. 하지만 여기서는 bash 셸 스크립트 대신 파이썬 스크립트를 주로 사용하므로 더 이상 자세하게 다루지는 않을 것이다.

3

파이썬 환경

라즈베리 파이 리눅스 환경에서는 C, C++, 자바(Java), 파이썬(Python) 등 다양한 프로그래밍 언어를 사용할 수 있다. 이번 장에서는 이 책에서 가장 많이 활용하는 파이썬 언어에 대해 학습한다. 구체적으로 파이썬 언어의 문법과 파이썬 모듈 중에서 파이게임(pygame)에 대해서 살펴본다.

3.1 파이썬 개요

파이썬은 1991년에 귀도 반 로섬(Guido Van Rossum)이 만든 프로그래밍 언어이며, 수많은 장점을 가지고 있기 때문에 전 세계에서 가장 폭넓은 사용자를 가진 언어 중 하나이다. 파이썬의 주요한 특징은 다음과 같다.

파이썬은 C, 자바 등과 같은 고급 언어이면서도 인터프리터(interpreter) 언어이다. C나 자바 언어의 경우 프로그램을 작성한 다음에 컴파일러(compiler) 프로그램이 실행 파일로 변환한 다음에 실행할 수 있다. 반면에 파이썬과 같은 인터프리터 방식은 프로그램을 작성한 다음에 곧바로 실행하여 결과를 확인할 수 있다. 더구나 파이썬은 인터프리터를 제공하여 프로그램 전체를 미리 작성할 필요 없이 프로그램 코드를 작성하면서 동시에 실행할 수 있다.

파이썬은 문법적으로 매우 쉽고 직관적이어서 프로그램을 처음 배우는 초보자도 쉽게 익힐 수 있고 이해하기 쉬우며 코드가 간결하다. 뿐만 아니라, 절차적인 프로그래밍 방식 외에도 함수형 프로그래밍 방식도 지원하고 객체 지향적인 클래스도 지원하여, 특정한 기능을 모듈로 패키지화하거나 다른 언어로 된 모듈을 포함하여 확장할 수 있다.

3.2 파이썬 실행

파이썬 프로그램은 파이썬 인터프리터가 실행한다. 파이썬 인터프리터는 보통 텍스트 명령 셸에서 'python'을 입력하여 실행하거나 IDLE와 같은 통합 개발 환경(IDE, Integrated Development Environment)을 통해 실행할 수 있다. IDLE 아이콘을 클릭하여 파이썬 인터프리터를 실행시켜 보자(다음부터 python 2.7 버전 및 IDLE을 기준으로 설명한다. 참고로 python 3.x 버전에서는 문법이 상당 부분 바뀌었다).

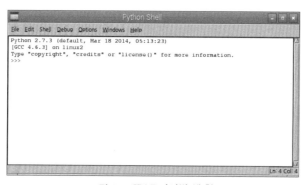

그림 3-1 **IDLE 파이썬 셸 창**

이번에는 IDLE를 사용하는 대신에 텍스트 셸에서 다음과 같이 python을 입력하여 보자. 파이썬 인터프리터가 실행되면 대화형 셸의 프롬프트 '>>>'가 출력된다.

```
$ python
```

여기서 다음과 같이 'Hello World'가 출력하는 명령을 입력시켜 보자(파이썬 3의 경우 print("Hello World") 라고 입력해야 한다).

```
>>> print "Hello World"
Hello World
>>> quit()
$
```

파이썬의 대화형 셸은 유효한 표현식을 입력하는 즉시 그 결과를 출력해 주므로 여러 가지로 유용하다. 예를 들면, 다음의 수학식을 입력하여 계산기로 활용하거나 참 거짓을 판별할 수도 있다.

```
>>> 1 + 2 + 3
6
>>> (0 < 1) and (2 < 3)
True
>>> not (1 == 2)
True
```

프로그램을 여러 번 반복해서 실행하고 싶으면 스크립트 파일로 만들어 실행하면 된다. 예를 들면, 다음과 같이 파일 편집기를 사용하여 hello.py 파일로 만들어 보자.

코드 3-1 Hello World를 출력하는 hello.py 파이썬 스크립트 파일

```
#!/usr/bin/env python
# helloworld.py
print "Hello World"
```

여기서 '#' 기호는 대부분의 스크립트 언어에서처럼 주석문을 나타낸다. 파일의 첫째 줄의 '#!' 주석문은 실행하는 인터프리터를 나타낸다. 여기서는 파이썬 인터프리터를 가리킨다.

파이썬 스크립트를 실행하려면 텍스트 셸에서 다음과 같이 입력하면 된다.

```
$ python hello.py
Hello World
```

3.3 변수와 자료형

3.3.1 변수

파이썬에서 변수는 대부분의 고급 언어처럼 알파벳 문자로 시작하여 숫자를 포함하여 식별자 (이름)로 지정한다. 변수는 '=' 기호를 사용하여 값을 할당한다. 이때, 동적으로 생성되어 값이 할당되므로 미리 자료형을 선언할 필요는 없다. 다음과 같은 코드를 입력해 보자.

```
>>> n = 1
>>> name = 'Kim'
>>> n = n + 2
>>> value = 1.2 * n
>>> print "%f is 1.2 * %d" % (value, n)
3.600000 is 1.2 * 3
```

여기서 변수는 정수, 실수와 같은 숫자는 물론 문자열 등 다양한 자료형을 대입하거나 자료형을 변경시켜 저장할 수 있다는 것을 알 수 있다. 변수는 임의의 식별자, 즉 이름을 사용할 수 있지만, 미리 예약어(keyword)로 정의된 단어는 사용하지 못한다. 파이썬의 예약어는 대략 30여 개인데 다음과 같다.

```
and       as        assert    break     class     continue   def       del
elif      else      except    exec      finally   for        from      global
if        import    in        is        lambda    nonlocal   not       or
pass      print     raise     return    try       while      with      yield
```

다음은 파이썬의 자료형에 대해 알아보자.

3.3.2 상수와 문자열

파이썬은 정수, 실수, 복소수, 부울(bool)상수와 같은 네 종류의 숫자 상수를 지원한다. 부울 상수는 True 또는 False 값을 가진다. 이들 숫자에 대하여 +, − 와 같은 단항 연산과 +, −, *, /, %, **과 같은 덧셈, 뺄셈, 곱셈, 나눗셈 등의 사칙연산과 나머지, 제곱 연산 등을 기본적으로 사용할 수 있다. 더구나 정수에 대해서는 ~, &, |, ^, >>, << 와 같은 반전, AND, OR, XOR, 오른쪽 이동(shift right), 왼쪽 이동(shift left)과 같은 비트 연산도 사용할 수 있다.

```
>>> 1 + 1
2
>>> 1234567L - 2345678L
-1111111L
>>> 4 / 5
0
>>> 4.0 / 5.0
0.8
>>> 24.5+2.5j + 5.3+10.7j
(29.8+13.2j)
>>> 4 ** 2
```

```
16
>>> 40 & 35
32
>>> 35 << 1
70
>>> 60 >> 2
15
```

숫자 연산 말고도 <(작음), >(큼), ==(같음), !=(다름), >=(크거나 같음), <=(작거나 같음)과 같은 비교 연산자들을 사용할 수 있다. 이 연산자들은 두 값을 비교하여 결과가 참이면 True, 거짓이면 False라는 부울 값을 반환한다.

```
>>> 1 > 1
False
>>> 0 < 2
True
>>> 10L == abs(-10)
True
>>> 100.0 != 100
False
```

파이썬은 ' '(단일따옴표), " "(이중따옴표), ''' '''(삼중따옴표)로 둘러싸인 문자열 상수를 지원한다. 이들 문자열(string)은 인덱스 연산자 [ ]를 사용하여 한 문자 또는 부문자열을 추출할 수 있다.

```
>>> a = "Hello World"
>>> a[0]
'H'
>>> a[5:8]
'Wo'
>>> a[:2]
'He'
>>> a[-1]
'd'
>>> a * 2
'Hello WorldHello World'
>>> b = "Goodbye"
>>> a + b
'Hello World Goodbye'
```

문자열에서 가장 중요한 기능 중 하나는 특정한 포맷(형식)으로 쉽게 변환할 수 있다는 점이다. 파이썬에서는 두 가지 방식으로 문자열 포맷을 변환할 수 있다. 첫째는 '포맷 문자열 % 변환 값들'의 형식을 사용하여 포맷 문자열을 변환 값들이 적용된 문자열로 변환할 수 있다.

이때, 포맷 문자열 내에 변환 지정자를 정의하여 변환 값들로 매핑할 수 있도록 한다. 여기서 포맷 문자열 내의 변환 지정자는 %[변경자]<문자>로 표현된다. 여기서 변환 문자는 d(정수), x(16진수), f(부동 소수점), s(문자열), c(문자) 등이 가능하다. 변경자는 없어도 되는 옵션인데, 숫자의 경우에는 출력의 최대 폭을 나타내고 괄호로 둘러싸인 키 값을 지정할 수도 있다.

다음과 같은 예를 실행시켜 보자.

```
>>> i = 30
>>> f = 3.141592
>>> s = "python"
>>> print "i=%d, f=%f, s=%s" % (i, f, s)
i=30, f=3.141592, s=python
>>> p = {'name':'HongGilDong', 'age':30}
>>> print "name=%(name)s age=%(age)d" % p
name=HongGilDong age=30
```

여기서 p는 특정한 키 값에 해당하는 값을 저장하는 사전(dict) 객체를 가리키는 값을 반환하는 자료형이다. 사전에 대해서는 나중에 다시 설명할 것이다.

두 번째 변환 방법은 문자열에 대해 format( ) 함수를 사용하는 것이다. 형식은 포맷 문자열.format(인자들)이다. 여기서 포맷 문자열 내의 변환 지정자의 형식은 {숫자}, {이름}이다. {숫자}인 경우 해당하는 format( )에 지정된 인자들 중 해당 위치의 인자로 대체된다. {이름}인 경우 인자들 중 같은 이름의 키워드를 가진 인자 값으로 대체된다. 다음 예를 살펴보자.

```
>>> print "i={0} f={1} s={2}".format(30, 3.141592, 'python')
i=30 f=3.141592 s=python
>>> print "name={name} age={age}".format(name='HongGilDong',age=30)
name=HongGilDong age=30
```

3.3.3 리스트

앞서 문자열은 문자들이 순서대로 배열된 것이며, 인덱스 연산자로 일부분을 추출할 수 있음을 보았다. 이처럼 순서대로 배열된 객체를 순서열(sequence)이라고 한다. 순서열의 대표적인 사례인 리스트(list)는 임의의 객체들을 순서대로 배열하여 저장한 순서열을 뜻한다. 예를 들어, 다음과 같이 객체 또는 값들을 대괄호로 둘러싸서 리스트를 만들어 실행시켜 보자.

```
>>> numbers = [0, 1, 2, 3]
>>> names = ["Kim", "Lee", "Park", "Choi"]
>>> numbers[0]
0
>>> names[2:]
["Park", "Choi"]
>>> numbers[-1]
3
>>> numbers + names
[0, 1, 2, 3, 'Kim', 'Lee', 'Park', 'Choi']
>>> empty = []
>>> empty
[]
```

리스트에 항목을 추가하려면 append( ) 함수를 사용하고 삽입하려면 insert( ) 함수를 사용한
다. 또, 두 개의 리스트를 연결하려면 + 연산자를 사용하면 된다. 빈 리스트를 생성하려면 []
또는 list( )를 실행한다.

3.3.4 튜플

튜플(tuple)은 리스트와 비슷한 순서열이지만, 리스트와는 달리 생성된 항목을 변경할 수 없다.
튜플은 다음과 같이 요소들을 괄호로 둘러싸서 생성할 수 있다.

```
>>> person = ("Kim", 24, 'male')
>>> a = ( )
>>> a
()
>>> b = (person, )
>>> b
(('Kim', 24, 'male'),)
```

튜플은 리스트처럼 숫자 색인으로 값을 추출할 수 있지만, 다음과 같이 변수들로 반환하는
방식도 가능하다.

```
>>> name, age, gender = person
>>> name
'Kim'
```

3.3.5 집합

집합(set)은 객체들을 순서 없이 모은 것을 뜻한다. 집합은 다음과 같이 set( ) 함수를 사용하여 생성한다. 집합은 순서가 없으므로 리스트와 튜플과는 다르게 숫자 색인으로 추출할 수 없으며, 요소가 중복될 수도 없다.

```
>>> even = set([0,2,4,6,8])
>>> hello = set("Hello")
>>> hello
set(['H', 'e', 'l', 'o'])
```

집합은 합집합, 교집합, 차집합 등의 집합 연산들을 지원하며, add( ), update( ) 함수를 사용하여 요소를 추가하거나 remove( ) 함수를 사용하여 제거할 수도 있다.

```
>>> s = even | hello
>>> p = even & hello
>>> even.add(10)
>>> hello.remove('e')
```

3.3.6 사전

사전(dictionary)은 키(key)로 색인되는 객체들을 저장한 해시 테이블(hash table)을 뜻한다. 사전은 특정한 자료를 빠르게 검색하거나 데이터베이스를 처리할 때 특히 유용하다.

```
>>> d = { }
>>> me = { "name" : "Kim", "age" : 44, "gender" : "male" }
```

사전에서 각 요소에 접근하려면 다음과 같은 키 색인 연산자를 사용하면 된다.

```
>>> myname = me["name"]
>>> me["age"] = 35
```

빈 사전을 생성하려면 {} 또는 dict( )를 실행한다.

3.3.7 기타 자료형

파이썬 프로그램의 모든 데이터는 객체 모델을 적용하여 구현되었다. 따라서 앞서 소개한 기본 자료형들은 물론이며, 앞으로 소개할 함수, 모듈, 파일 등도 모두 객체라고 할 수 있다.

파이썬 객체(object)는 식별(identity), 타입(type), 값(value)과 같은 몇 가지 기본적인 속성을 가진다. 식별이란 객체가 생성된 후 다른 객체와 구별되는 식별자를 말한다. 이것을 통해 'is'와 같은 연산자는 객체들을 구별할 수 있다. 이 값은 id( )와 같은 내장 함수로 알아낼 수 있다.

타입(type)은 객체가 어떤 값을 가지며 어떤 연산이 적용될 수 있는지를 가리킨다. 객체의 형태는 내장 함수 type( )을 사용하여 알아낼 수 있다. 다음과 같은 예를 살펴보자.

```
>>> type(10)
<type 'int'>
>>> type([1,2])
<type 'list'>
>>> type(type(10))
<type 'type'>
```

여기서 특이한 것은 타입 자체가 객체라는 사실이다. 그러므로 특정한 타입의 객체에 대하여 is 구문이나 isinstance( ) 메소드(method)를 통해 타입 검사(type checking)를 수행할 수 있다. 예를 들면, 다음과 같은 코드를 실행시켜 보자.

```
>>> l = [1,2]
>>> if type(l) is list:
...     l.append(3)
>>> if isinstance(l, list):
...     l.append(4)
>>> print l
[1, 2, 3, 4]
```

파이썬의 자료형 중 None 자료형은 null 객체를 나타낸다. 이것은 아무 값이나 속성을 가지지 않으며, boolean 표현식으로는 False 값으로 평가되고, 주로 값을 반환하지 않는 함수나 생략 가능한 인자의 기본 값을 나타낸다.

다음으로 호출 가능한(callable) 객체로는 함수, 클래스, 메소드 등이 있다. 함수나 메소드는 이해하지만, 클래스가 호출 가능하다는 점이 선뜻 이해되지 않을 수도 있는데, 객체를 생성할 때 마치 클래스를 함수처럼 호출하면 클래스 내부에 정의된 초기화 함수 __init__( )이 실행되면서 인스턴스가 생성된다는 사실을 상기하자.

3.4 구문과 프로그램 제어

파이썬에서는 엄격한 들여쓰기를 통해 조건문, 반복문, 함수, 클래스 등의 코드 블록을 구분한다. 이것은 얼핏 불편해 보일 수도 있지만, 익숙해지면 오히려 가독성이 뛰어나다는 것을 느낄 수 있을 것이다. 참고로, 파이썬과 문법적으로 유사한 matlab이라는 공학 프로그래밍 언어에 익숙한 사람은 충분히 쉽게 사용할 수 있을 것이다.

파이썬은 다른 프로그래밍 언어와 마찬가지로 프로그램의 흐름을 제어하는 조건문과 반복문을 사용할 수 있다. 조건문은 if 문과 else 문을 사용할 수 있다. 형식은 다음과 같다.

```
if 표현식:
    if 구문
else 표현식:
    else 구문
```

여기서 표현식(expression)은 논리식을 나타내는데, 이 식의 평가값이 True이면 if 구문을 실행하고, False이면 if 구문을 건너뛰고 else 구문이 있는 경우 실행한다.

예를 들면, 다음과 같이 두 변수 중 큰 값을 출력하는 코드를 살펴보자. 코드를 실행하면 a와 b 중에 큰 값을 출력하게 된다는 것을 알 수 있다.

```
if a > b:
    print "max is %d" % a
else:
    print "max is %d" % b
```

파이썬에서는 switch 문이나 case 문은 존재하지 않는 대신 다중 조건을 위해 다음과 같은 elif 문을 제공한다. 이 경우에는 먼저 if 구문의 표현식1이 True가 아닐 때 elif 구문의 표현식2를 평가하게 된다.

```
if 표현식1:
    if_구문
elif 표현식2:
    elif_구문1
...
else:
    else_구문
```

다음과 같은 프로그램을 실행시켜 보자. i 값에 따라 양수, 제로, 음수인지를 출력하게 된다는 것을 알 수 있다.

```python
if i > 0:
    print "this is positive"
elif i == 0:
    print "this is zero"
else:
    print "this is negative"
```

반복문은 while 문과 for 문을 사용할 수 있다. 먼저, while 문의 형식은 if 문과 같다. 다음과 같은 피보나치 수열(Fibonacci sequence)을 출력하는 프로그램을 살펴보자.

코드 3-2 피보나치 수열을 출력하는 pibonacci.py 스크립트 파일

```python
#!/usr/bin/env python
num = 1
prev = 0
cur = 1
while num < 10:
    next = cur + prev
    print "%2d %d" % (num, next)
    prev = cur
    cur = next
    num += 1
```

프로그램의 실행 결과는 다음과 같다.

```
$ python pibonacci.py
 1 1
 2 2
 3 3
 4 5
 5 8
 6 13
 7 21
 8 34
 9 55
```

앞서 살펴본 while 문 대신 for 문을 사용하여 반복문을 구현할 수도 있다. 그런데 파이썬의 for 문은 C 언어의 for 구문이라기보다 C#의 foreach 구문과 비슷하다. 따라서 for 문은 리스트, 튜플, 문자열과 같은 객체의 모든 원소들에 대해 반복하여 실행할 수 있다.

```
for 변수 in 목록:
    구문
```

예를 들면, 4까지 제곱을 출력하려면 다음과 같이 코드를 실행하면 된다.

```
for i in [0, 1, 2, 3, 4]:
    print "%d ^ 2 = %d" % (i, i*i)
```

그리고 보통 특정한 정수 횟수만큼 반복되는 경우에는 range( ) 함수를 사용하면 된다.

```
for i in range(5) :
    print "%d ^ 2 = %d" % (i, i*i)
c = range(1,6) # c = 1,2,3,4,5
```

반복문을 빠져나가기 위해서는 break 구문을 사용한다.

```
for i in [0, 1, 2, 3, 4]:
    if i % 2 != 0:
        break
    print "%d ^ 2 = %d" % (i, i*i)
```

반복문에서 continue를 사용할 경우 해당 명령 아래의 내용들은 생략 후 다시 반복문의 조건식을 수행하게 된다.

```
for i in [0, 1, 2, 3, 4]:
    if i % 2 != 0:
        continue
    print "%d ^ 2 = %d" % (i, i*i)
```

3.5 함수형 프로그래밍

3.5.1 함수 개요

최근 함수를 다양하게 응용하고 더욱 확장하여 효율적인 프로그램 코드를 작성하도록 도와주는 함수형 프로그래밍 기법이 각광을 받고 있다. 파이썬에서도 함수형 프로그래밍을 위하여 lambda 함수, 클로저(closure), 생성자 등의 다양한 기능을 지원한다.

함수는 다른 스크립트 언어와 마찬가지로 먼저 생성하여 선언한 다음에 호출하여 사용할 수 있다. 함수의 선언은 def 문을 사용하여 이루어진다. 함수의 전체 범위는 들여쓰기로 쓰인 부분이며, 변수에 대한 지역 범위를 가진다. 즉, 함수 내에서 처음 사용된 변수는 함수 바깥에서 사용할 수 없다. 함수를 호출하려면 함수 이름을 쓰고 인자의 목록을 괄호로 둘러싸면 된다.

```
>>> def min(a, b):
...     if a > b:
...         return b
...     else:
...         return a
>>> c = min(10, 20)
>>> print c
```

파이썬은 함수가 여러 인자 값을 반환하도록 할 수 있다. 이때에는 튜플로 반환하고, 함수를 호출할 때 반환된 인자 값을 개별적인 변수에 대입하면 된다.

```
>>> def divide(a, b):
...     return (a/b, a%b)
>>> q, r = divide(3,2)
>>> print q, r
1 1
```

함수 안에서 사용된 지역변수는 함수가 반환되면 메모리에서 사라진다. 반면에 함수 안에서 전역 변수를 참조하거나 값을 수정하려면 global 키워드를 사용한다.

```
>>> m = 0
>>> n = 1
>>> def func():
...     global n
...     m = 0
...     m += 1
...     n += 1
>>> func()
>>> print m, n
0 2
```

3.5.2 중첩 함수와 재귀 함수

함수는 내부에 다른 함수를 가질 수도 있다. 이런 함수를 중첩 함수(nested function)라고 한다.

```
>>> def counter(max):
...     t = 0
...     def output():
...         print "t = %d" % t
...     while t < max:
...         output()
...         t += 1
...
>>> counter(10)
```

자기 자신을 호출하는 함수를 재귀 함수(recursive function)라고 한다. 재귀 함수를 사용하면 코드가 간결해지지만, 언젠가는 탈출 조건을 반드시 만족하도록 만들어야 한다. 왜냐하면 함수는 지역 변수와 같은 내부 상태를 스택(stack)에 저장하는데, 자신을 호출할 때마다 새로운 영역을 할당하므로 계속 호출하게 되면 스택 메모리 할당 범위를 넘어서서 프로그램이 멈추게 되기 때문이다. 그래서 반복 수행하는 횟수/깊이를 디폴트(default)로 1000으로 제한하고 있다.

```
def factorial(n):
    if n <= 1:
        return 1
    else:
        return n * factorial(n - 1)
```

3.5.3 람다 함수

람다(lambda) 함수는 표현식의 형태로 만들어진 간단한 익명 함수를 말한다. 형식은 '람다 인자 : 표현식'이다. 람다 함수는 짧은 콜백(callback) 함수를 등록할 때 유용하게 사용된다.

```
a = lambda x, y : x+y
b = a(1,2)
```

3.5.4 클로저

클로저는 함수의 내용과 함께 함수가 저장된 내부 공간 또는 실행 환경을 제공하는 것을 말한다. 이것을 사용하면 함수의 실행을 늦추거나 내부 상태를 저장하는 데 유용하게 사용할 수 있다.

클로저를 다루기 전에 먼저 다음과 같이 어떤 함수를 인자로 하여 함수를 실행하는 예를 살펴보자.

코드 3-3 함수를 인자로 한 함수를 호출하는 func.py 스크립트 파일

```
#func.py
def func(f):
    return f()
```

이제 다음 스크립트를 실행시켜 보자.

```
>>> import func
>>> def hello():
...     return "Hello World"
>>> print func.func(hello)
```

여기서 hello 함수는 객체로서 저장되어 func 함수의 인자로 사용될 때 곧바로 실행되는 것이 아니라 반환할 때 실행한다. 따라서 내부 문자열을 func 함수로 반환하여 출력할 수 있도록 한다. 다음 예를 살펴보자.

```
>>> a=0
>>> def calc(a):
...     def add(b):
...         return a + b
...     return add
>>> sum = calc(1)
>>> print sum(2)
3
>>> print a
0
```

여기서 calc 함수의 인자로 사용된 변수 a는 전역 변수 a가 아니라 지역 변수이며, 함수가 실행될 때 생성된다. 따라서 내부 함수 add 안의 변수 a는 전역 변수일 것 같지만, 사실은 calc 함수의 지역 변수 a이다. 왜냐하면 calc 함수가 객체로서 저장될 때 인자로 전달된 지역 변수 a를 생성하고 저장하기 때문이다.

```
>>> def counter2(first):
...     t = [first]
...     def increment():
...         t[0] += 1
...         return t[0]
...     return increment
>>> timer = counter2(5)
>>> timer()
6
>>> timer()
7
```

3.5.5 장식자

장식자(decorator)는 다른 함수나 클래스를 포장하는 함수를 말한다. 이렇게 하면 포장된 함수나 클래스를 변경하여 실행할 수 있다. 파이썬에서는 '@' 기호를 사용하여 장식자를 표현한다.

예를 들면, 다음과 같은 코드를 살펴보자.

```
@debug
def incr(x):
    return x + 1
```

이 코드는 사실 다음과 같은 코드를 실행한 것과 같다.

```
def incr(x):
    return x + 1
incr = debug(incr)
```

여기서 일반적으로 장식자 함수는 incr 함수를 포장하는 클로저를 반환한다. 그러므로 위 코드는 incr 함수를 자신을 포장하는 클로저로 대체하게 되므로 incr( ) 함수를 호출하면 본래의 실행 결과가 아니라 포장된 함수가 실행하게 된다.

debug 함수는 다음과 같은 방식으로 작성하면 된다. 여기서 enable_debug 값이 True이면 @debug 장식자가 포함된 함수는 반환 값을 디버그(debug) 메시지로 출력할 것이다.

```
enable_debug = True # or False
def debug(f):
    if enable_debug:
        def callf(*args,**parms):
            value = f(*args,**parms)
            print "debug: %s" % value
            return value
        return callf
    else:
        return f
```

또한 장식자는 하나 이상을 사용할 수 있다. 예를 들면, 아래와 같이 사용해 보자.

```
@foo
@bar
def incr(x):
    return x + 1
```

그러면 앞 코드는 다음과 같이 foo와 bar라는 두 함수를 내포해서 실행한 결과와 같다.

```
def incr(x):
    return x + 1
incr = foo(bar(incr))
```

3.5.6 생성기

생성기(generator)는 말 그대로 반복해서 값들을 생성하는 함수를 말한다. 파이썬에서는 yield 키워드를 사용하여 생성기와 코루틴(coroutine) 객체를 만들 수 있다. 예를 들어, 다음 코드를 실행시켜 보자.

```
>>> def counter3(n):
...     t = 0
...     while t < n:
...         yield t
...         t += 1
...     return
>>> timer = counter3(5)
>>> timer.next()
0
>>> timer.next()
1
```

여기서 처음 'timer=counter3(5)'을 호출하면 counter3( ) 함수를 곧바로 실행하지 않고, 곧바로 반환하고 timer 변수에 대입한다. 즉, 생성기는 yield 구문이 포함된 클로저라고 할 수 있다. 다음 timer.next( ) 함수를 호출하면 실행되는데, yield 구문까지만 진행하고 't' 값을 반환한다. 다시 timer.next( ) 함수를 호출하면 함수의 처음부터 실행되는 것이 아니라 이전 yield 구문 다음 줄부터 실행한다. 따라서 while 반복문에서 t 값을 증가시키고, 다시 yield 구문까지 실행하고 반환하게 된다.

생성기를 for 구문에서 리스트 대신 사용하면 next( ) 함수를 호출하면서 반복하게 된다.

```
>>> for i in counter3(5):
...     print i
...
0
1
2
3
4
```

3.5.7 코루틴

코루틴(coroutine)은 생성기와는 달리 yield 구문을 값을 입력하는 용도로 사용한다. 다음 예를 살펴보자.

```
def handler():
    print "Initialize Handler"
    while True:
        value = (yield)
        print "Received %s" % value

>>> listener = handler()
>>> listener.next()
Initialize handler
>>> listener.send(1)
Received 1
>>> listener.send("message")
Received message
```

여기서 처음 yield 구문까지 실행하는 과정은 생성기와 같은 반면, 다음부터는 send( ) 함수를 호출하여 값을 입력받아 처리하게 된다.

3.5.8 생성기 표현식

리스트의 각 항목을 함수에 대입하여 특정한 동작을 반복할 때는 리스트 내포(comprehension)라는 기능을 사용하면 된다. 예를 들면, 리스트의 항목을 각각 두 배씩 구하고자 할 때 반복문으로 여러 줄을 작성하는 대신 다음과 같이 하면 된다.

```
>>> numbers = [0, 1, 2, 3, 4]
>>> evens = [2*i for i in numbers]
>>> print evens
[0, 2, 4, 6, 8]
```

반면에 생성기 표현식은 리스트 내포와 비슷하지만, 생성기이므로 메모리 상태를 유지한다. 다음 예제를 살펴보자.

```
>>> evens2 = (2*i for i in numbers)
>>> evens2
<generator object <genexpr> at 0xb715ec84>
>>> evens2.next()
0
```

```
>>> evens2.next()
2
```

3.6 클래스와 객체

3.6.1 클래스 개요

파이썬 프로그램의 모든 값은 내부 데이터와 메소드로 구성된 객체이다. 객체가 제공하는 메소드를 알아보려면 dir( ) 메소드를 사용하면 된다.

```
>>> numbers = [10, 20]
>>> dir(numbers)
['__add__', '__class__', ···
···
 'appeld', 'count', ···
```

파이썬에서는 객체 지향 프로그래밍을 지원하기 위해 클래스(class)를 지원한다. 클래스는 객체를 만들기 위한 틀을 말하는데, 예를 들면, 다음과 같이 정의할 수 있다.

```
>>> class Person(object):
...     name = None
...     age = 35
...     def __init__(self, name, age):
...         self.name = name
...         self.age = age
...     def think(self):
...         print "I'm thinking..."
```

3.6.2 인스턴스 생성

여기서 self는 객체 자신을 가리키며 각 메소드는 첫째 인자로 자기 자신, 즉 self를 가진다. 그리고 메소드 이름 앞뒤에 '__'가 붙는 메소드는 특수한 기능을 수행하는 메소드이다. 예를 들면, __init__() 메소드는 객체를 생성한 후에 초기화할 때 자동으로 실행되는 메소드이다.

클래스로부터 객체를 생성하기 위해서는 다음과 같이 클래스 이름을 호출하는 식으로 사용한다. 여기서 메소드를 호출할 때 첫째 매개 변수인 self는 실제 인자로 사용하지 않는다는 점에 주의하자.

```
>>> john = Person("John Doe", 40)
>>> john.name
'John Doe'
>>> john.age
40
```

3.6.3 상속

클래스의 중요한 기능 중 하나는 기존의 클래스를 기반으로 하여 새로운 클래스를 만드는 상속(inheritance) 기능이다. 기존의 상위 클래스의 속성을 모두 상속받으면서 동시에 새로운 속성을 추가로 정의한 클래스, 즉 하위 클래스를 만들 수 있다. 클래스 간의 관계는 클래스 정의문에 상위 클래스를 지정하는 것으로 정해진다. 예를 들면, 다음과 같이 Person 클래스를 상속받은 Man 클래스는 Person 클래스의 name, age 속성과 __init__( ), think( ) 메소드를 가지게 된다.

```
class Man(Person):
    gender = 'male'
```

또한 파이썬의 클래스는 여러 부모 클래스들의 속성을 모두 물려받는 다중 상속 기능도 지원한다. 다중 상속은 클래스 정의문에 상위 클래스들을 콤마(,)로 구분하여 모두 정의하면 된다. 예를 들면, 다음과 같다.

```
class KoreanMan(Man, Korean):
    ...
```

3.7 입출력과 예외

3.7.1 파일 입출력

파이썬에서는 파일로부터 데이터를 읽고 쓰기 위한 파일 객체를 제공하여 C 언어에서처럼 파일 객체를 통하여 파일과 관련된 다양한 연산을 수행할 수 있다. 예를 들면, test.txt 파일을 읽어 화면에 출력하는 프로그램은 다음과 같다.

```
>>> f = open("test.txt")
>>> line = f.readline()
>>> while line:
...     print line
...     line = f.readline()
>>> f.close()
```

파일에 데이터를 쓰려면 write( ) 함수를 사용하면 된다.

```
>>> f = open("out.txt", "w")
>>> f.write("This file is %s" % ("out.txt"))
>>> f.close()
>>>
```

만약 프로그램으로부터 특정한 데이터를 파일에 쓴다면 print 문에서 파일을 지정하는 방법도 있다. 다음 문장은 위와 같은 기능을 수행한다.

```
>>> f = open("out.txt", "w")
>>> print >>f, ("This file is %s" % ("out.txt"))
```

일반 파일 대신 표준 입력 및 표준 출력 스트림에서도 비슷한 방식을 적용할 수 있다. 대화식 표준 입력인 키보드로 입력받는 경우 sys.stdin 파일을 사용하고, 표준 출력인 화면으로 출력하는 경우 sys.stdout 파일을 사용한다.

```
>>> import sys
>>> sys.stdout.write("Enter your name:")
>>> name = sys.stdin.readline()
```

여기서 sys.stdin.readline( ) 대신 raw_input( ) 함수를 사용해도 된다(파이썬 3에서는 input( ) 함수를 사용한다).

3.7.2 pickle 모듈

pickle 모듈은 객체의 내용을 바이트 스트림(byte stream)으로 직렬화하여 파일에 저장할 수 있도록 한다. 사용법은 dump( )와 load( ) 함수를 사용하여 객체를 파일로 저장하거나 불러오면 된다. 예를 들면, 다음 코드가 포함된 프로그램을 작성하고 실행하면 TestObject 객체의 내용이 test.pickle 파일로 저장된다.

```
import pickle
class TestObject(object):
    pass
o = TestObject()
f = open("test.pickle", "wb")
pickle.dump(o,f)
f.close()
```

반대로 다음 프로그램을 실행하면 test.pickle 파일로부터 TestObject 객체를 가져온다.

```
import pickle
class TestObject(object):
    pass
f = open("test.pickle", "rb")
o = pickle.load(f)
f.close()
```

3.7.3 예외 처리

프로그램을 실행하는 도중 오류가 발생하면 관련된 예외(exception)가 발생하여 오류 메시지를 출력하고 프로그램이 종료하게 된다. 오류 메시지는 오류의 종류와 위치를 나타내는 메시지이다.

파이썬에서는 try 구문과 except 구문으로 사용자가 원하는 대로 예외를 처리할 수 있다. 다음예를 살펴보자.

```
>>> try:
...     f = open("test.txt", "r")
... except IOError as e:
...     print e
[Errno 2] No such file or directory: 'test.txt'
```

여기서 test.txt 파일이 존재하는 경우에는 예외가 발생하지 않고 정상적으로 파일을 열어 파일 객체의 반환 값을 변수 f에 저장한다. 반면에 파일이 존재하지 않으면 IOError 예외가 발생하고 예외 처리 구문을 실행하게 된다.

try-except 구문에서 처리해야 할 예외의 종류가 여럿이더라도 가능하다. 다음 코드를 살펴보자. try 구문에서 예외가 발생하면 except 구문에서 순차적으로 예외가 처리된다.

```
try:
    ...
except IOError as e:
    # I/O 오류 처리
    ...
except TypeError as e:
    # Type 오류 처리
    ...
except NameError as e:
    # Name 오류 처리
except Exception:
    # 남은 예외 처리
```

finally 구문은 예외의 발생에 상관없이 반드시 실행해야 할 구문을 처리하는 데 사용한다. 다음 예를 살펴보자. 여기서 try 구문을 실행하다가 예외가 발생하면 예외를 처리한 후에 파일을 닫는 f.close( ) 함수를 반드시 실행하게 된다.

```
f = open("foo","r")
try:
    ...
finally:
    f.close()
```

raise 구문은 임의의 예제를 발생시키는 데 사용한다. 다음과 같이 실행하면 RuntimeError라는 예외가 발생하게 된다.

```
>>> raise RuntimeError("Raise RuntimeError")
Traceback (most recent call last):
  File "<stdin>", line 1, in <module>
RuntimeError: Raise RuntimeError
```

3.7.4 with 구문

예외가 록(lock), 파일, 네트워크 연결과 같이 사용될 때 with 구문을 사용하면 편리하다. with 구문은 파일, 록, 네트워크 연결과 같이 컨텍스트(context) 관리 기능을 가진 객체에 대해 적용할 수 있으며, 이들 객체에 진입하고 빠져나올 때 각각 __enter__(), __exit__() 메소드가 자동적으로 실행된다. 따라서 정상적으로 실행이 완료되거나 예외로 인해 with 구문을 갑작스럽게 빠져나가거나 하는 모든 경우에 __exit__() 메소드가 실행되면서 록/파일/네트워크 연결이 자연스럽게 해제된다. 다음과 같이 파일에 내용을 쓰는 예를 살펴보자.

```
try:
    f=open("test.txt", "a")
    f.write("write.string\n")
    ...
    f.write("end\n")
except IOError as e:
    print e
finally:
    f.close()
```

with 구문을 사용하면 위 코드를 실행하는 것과 동일한 효과를 가지는 간단한 코드로 변환된다.

```
with open("test.txt", "a") as f:
    f.write("write string\n")
    ...
    f.write("end\n")
```

3.8 모듈

대부분의 고급 언어에서는 프로그램의 크기가 커지면 여러 파일로 나누고 컴파일하여 라이브러리(library)로 만들어 활용하게 된다. 파이썬에서도 프로그램이나 스크립트들을 모듈의 형태로 가져와서(import) 사용할 수 있다. 예를 들면, 앞서 표준 입출력을 사용하기 위해 sys 모듈(module)을 가져와서 사용한 적이 있다.

모듈을 생성하려면 관련된 변수, 함수, 클래스, 문장 등을 하나의 파일에 넣으면 된다. 예를 들어, 두 값 중 작은 값을 취하는 min 함수를 정의한 파일을 만들어 보자.

코드 3-4 두 값 중 작은 값을 취하는 함수를 정의한 minimum.py 스크립트 파일

```
# mininum.py
def min(a,b):
    if a > b:
        return b
    else:
        return a
```

모듈을 포함하려면 import 구문을 사용한다. import 구문은 새로운 네임스페이스를 만들어 이 네임스페이스 안에서 모듈 내의 문장을 실행하도록 한다.

```
>>> import minimum
>>> value = minimum.min(10, 20)
```

모듈을 다른 이름으로 변경하고 싶으면 다음과 같이 하면 된다.

```
>>> import minimum as Min
>>> value = Min.min(10, 20)
```

모듈 내의 특정한/전체 변수/함수를 가져오고 싶으면 from 구문을 사용한다.

```
>>> from minimum import min
>>> from maximum import *
```

파이썬 패키지는 전 세계의 개발자들이 만들어 제공한 수많은 유용한 모듈이 포함되어 있다. 표 3-1은 라즈베리 파이에서 많이 사용하는 파이썬 모듈을 모은 것이다.

표 3-1 **라즈베리 파이에서 유용한 대표적인 파이썬 패키지들**

모듈	패키지 명	설명
RPi.GPIO	python-rpi.gpio	라즈베리 파이의 GPIO 핀 접근
WebIOPi	없음	라즈베리 파이를 위한 파이썬 웹 서버 및 GPIO 제어
pygame	python-pygame	게임 프로그래밍 모듈
numpy	python-numpy	수학 및 과학계산용 기본 모듈
scipy	python-scipy	수학 및 과학계산용 모듈
PIL	python-imaging	이미지 처리 모듈
opencv	python-opencv	OpenCV 영상 처리 모듈
Bottle	python-bottle	경량 웹 개발 프레임워크
serial	python-serial	직렬 포트 접근

3.9 파이게임 모듈

3.9.1 파이게임 개요

파이게임(PyGame)은 파이썬으로 비디오 게임을 개발하도록 해 주는 파이썬 라이브러리 모듈이다. 이것은 리눅스에서 오디오, 그래픽, 입력장치 등을 처리해 주는 SDL(Simple DirectMedia

Library) 라이브러리를 활용하여 구현되었다.

파이게임은 라즈비안 배포판에 기본적으로 포함되어 있으며, 파이썬 2.7 버전에서 동작한다.

표 3-2 **파이게임 패키지들**

패키지 명	설명
pygame.BufferProxy	서피스 픽셀의 배열 프로토콜 뷰
pygame.cdrom	CD 오디오 장치 접근 및 제어
pygame.Color	색깔 표현
pygame.cursors	커서 이미지 적재 및 컴파일
pygame.display	디스플레이 이미지(surface) 설정
pygame.draw	선, 타원 등의 도형 그리기
pygame.event	입력 장치와 윈도우 플랫폼으로부터 들어오는 이벤트 처리
pygame.examples	파이게임 모듈로 만든 다양한 예제 프로그램
pygame.font	트루타입 폰트 적재 및 렌더링
pygame.freetype	폰트 개체 적재 및 렌더링을 위한 강화된 모듈
pygame.gfxdraw	안티에일리어싱(anti-aliasing) 그리기 함수들
pygame.image	서피스 이미지 적재, 저장 및 전송
pygame.joystick	조이스틱 장치 처리
pygame.key	키보드 장치 처리
pygame.locals	파이게임 상수들
pygame.mixer	사운드 적재 및 재생
pygame.mouse	마우스 장치 및 디스플레이 처리
pygame.movie	MPEG 영상 재생
pygame.mixer.music	음악 트랙 재생 스트리밍
pygame.Overlay	고급 비디오 오버레이 접근
pygame	파이게임의 최상위 함수들
pygame.PixelArray	이미지 픽셀 데이터 처리
pygame.Rect	사각형 컨테이너
pygame.scrap	네이티브 클립보드 접근
pygame.sndarray	사운드 샘플링 데이터 처리
pygame.sprite	게임 이미지를 표현하기 위한 고급 객체
pygame.Surface	이미지와 화면을 위한 객체 표현
pygame.surfarray	서피스 픽셀 데이터 처리
pygame.tests	파이게임 테스트

패키지 명	설명
pygame.time	시간 및 framerate 처리
pygame.transform	이미지 크기 재설정 및 이동

파이게임을 활용한 프로그램의 기본적인 구조는 간단하다.

```
<초기화>
while True:
    <이벤트 처리>
    <객체 이동, 충돌 등 계산>
    <화면 클리어>
    <모든 객체 그리기>
```

여기서 파이게임 모듈을 초기화하고 메인 윈도우 화면을 생성한 후에 루프를 돌면서 이벤트처리, 객체 이동 및 충돌, 화면 클리어, 갱신된 객체들을 화면에 그리기를 반복하게 된다. 초기화 과정에서는 윈도우 객체(surface)를 생성(주로 pygame.display.set_mode(width, height) 호출)하고 fps(frames per second) 클럭을 생성(주로 pygame.time.Clock( ) 호출)한다. 이벤트 처리 과정에서는 이벤트 큐에 쌓인 이벤트들을 iterable 객체로 획득한 후 순차적으로 처리한다.

따라서 보통 for event in pygame.event.get( ):와 같은 반복문을 사용한다. 객체 이동, 충돌 등 계산 과정에서는 화면 좌표를 이용하여 객체들을 이동시키거나 충돌을 계산하여 처리한다. 나중에 소개하겠지만, 이동하는 객체는 보통 스프라이트(sprite)로 처리한다. 객체 그리기 과정에서는 화면에 나타나는 객체를 모두 그린 후에 화면 갱신(주로 pygame.display.update( ) 호출)하고 fps 속도를 조절(주로 fpsClock.tick(FPS) 호출)한다.

3.9.2 간단한 예제 프로그램들

다음은 라즈비안 패키지에 포함된 파이게임 예제 프로그램을 살펴보자. 홈 디렉터리(home directory)에서 python_games 디렉터리로 이동하자.

```
$ cd ~/python-games
```

이 디렉터리에는 파이게임을 활용한 python 게임 스크립트들이 많이 존재한다. 그중에서 가장 간단한 프로그램인 blankpygame.py의 내용은 다음과 같다.

코드 3-5 빈 화면을 생성하는 blankpygame.py 스크립트 파일

```python
import pygame, sys
from pygame.locals import *

pygame.init()
DISPLAYSURF = pygame.display.set_mode((400, 300))
pygame.display.set_caption('Hello Pygame World!')
while True: # main game loop
    for event in pygame.event.get():
        if event.type == QUIT:
            pygame.quit()
            sys.exit()
```

프로그램을 실행하면 그림 3-2와 같은 창이 나타난다.

```
$ python blankpygame.py
```

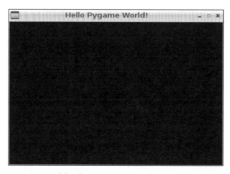

그림 3-2 blankpygame.py 프로그램 실행 창

프로그램의 내용은 다음과 같다. 먼저, 파이게임 및 sys 모듈을 import하고 pygame.locals 패키지 내의 모든 상수를 가져온다. 그리고 파이게임을 초기화한다. 다음 코드는 화면에 윈도우를 하나 생성하는 코드를 나타낸다. 이 윈도우에 대응하는 서피스(surface) 이미지 객체를 DISPLAYSURF 변수에 지정한다. 윈도우의 크기와 타이틀을 지정하게 된다.

초기화 작업이 모두 끝나면 보통 while 문을 사용하여 무한 루프(infinite loop)를 돌며 키보드/마우스 이벤트 등을 처리하고, 동시에 화면을 반복해서 갱신하게 된다. 이 프로그램에서는 사용자가 '종료(Quit)' 버튼을 누를 때까지 이벤트를 기다린다. 만약 '종료' 버튼을 누르면 파이게임을 종료하고 프로그램을 완전히 종료시킨다.

이제 조금 더 복잡한 catanimation.py 프로그램을 살펴보자. 이 프로그램은 고양이 이미지를 읽은 다음, 화면에서 윈도우의 둘레를 이동시키는 애니메이션을 보여 주는 프로그램이다.

코드 3-6 **고양이 이미지를 움직이는 catanimation.py 스크립트 파일**

```
import pygame, sys
from pygame.locals import *

pygame.init()
FPS = 30 # frames per second setting
fpsClock = pygame.time.Clock()

# set up the window
DISPLAYSURF = pygame.display.set_mode((400, 300), 0, 32)
pygame.display.set_caption('Animation')

WHITE = (255, 255, 255)
catImg = pygame.image.load('cat.png')
catx = 10
caty = 10
direction = 'right'

while True: # the main game loop
    DISPLAYSURF.fill(WHITE)
    if direction == 'right':
        catx += 5
        if catx == 280:
            direction = 'down'
    elif direction == 'down':
        caty += 5
        if caty == 220:
            direction = 'left'
    elif direction == 'left':
        catx -= 5
        if catx == 10:
            direction = 'up'
    elif direction == 'up':
        caty -= 5
        if caty == 10:
            direction = 'right'
    DISPLAYSURF.blit(catImg, (catx, caty))
    for event in pygame.event.get():
        if event.type == QUIT:
            pygame.quit()
            sys.exit()
    pygame.display.update()
    fpsClock.tick(FPS)
```

프로그램을 실행하면 다음과 같은 화면이 나타나고 고양이가 움직일 것이다.

```
$ python catanimation.py
```

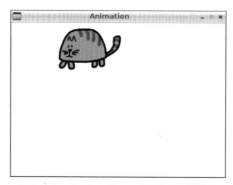

그림 3-3 **catanimation.py 프로그램 실행 창**

이 프로그램에서는 초기화 과정 중에 초당 프레임 수(fps, frame per second)를 조절하기 위해 pygame.time.Clock( ) 객체를 생성하였다. 또한, 흰색(WHITE) 색상 설정과 고양이 이미지(cat. img)을 읽고 크기(catx, caty)와 초기 이동 방향(direction)을 설정하였다.

다음, 주 반복 루프에서는 화면을 흰색으로 채우고, 고양이 이미지가 시계 방향으로 이동할 수 있도록 좌표를 재설정한다. 그런 다음, 고양이 이미지를 그리고, 이벤트를 처리하고, 전체 화면을 갱신한 다음, 설정된 fps 시간을 기다리는 작업을 반복하게 된다.

다음은 마우스로 창에 그리는 프로그램을 만들어 보자. 이 프로그램에서는 마우스 이벤트를 처리하는 방식을 익히게 될 것이다. 다음과 같은 프로그램을 작성한다.

코드 3-7 **그림 그리는 drawing.py 스크립트 파일**

```python
import pygame
from pygame.locals import *

width, height = 500, 500
radius = 0
mouseX, mouseY = 0, 0

pygame.init()
window = pygame.display.set_mode((width, height))
window.fill(pygame.Color(255, 255, 255))

fps = pygame.time.Clock()

while True:
    for event in pygame.event.get():
        if event.type == MOUSEBUTTONDOWN:
```

```
        if event.button == 3:
            window.fill(pygame.Color(255, 255, 255))
    mouseX,mouseY = pygame.mouse.get_pos()
    b = pygame.mouse.get_pressed()
    if b[0] == 1:
        pygame.draw.circle(window,
            pygame.Color(255, 0, 0),
            (mouseX, mouseY), radius, 0)
pygame.display.update()
fps.tick(30)
```

프로그램을 실행한 다음, 창이 나타나면 마우스를 창 위에 두고 왼쪽 버튼을 누른 채로 움직여 보자. 움직이는 모양대로 점이 찍히면서 그려질 것이다. 원리는 마우스 버튼이 눌린 상태를 감지하여 마우스 좌표 위치에 원을 그리게 하는 것이다.

```
$ python drawing.py
```

그림 3-4 **drawing.py 프로그램 실행 창**

다음은 pygame 라이브러리의 mixer 모듈을 활용하여 소리를 내는 프로그램을 만들어 보자.

코드 3-8 **wav 파일을 재생하는 playsound.py 스크립트 파일**

```
import pygame.mixer
from time import sleep

pygame.mixer.init(48000, -16, 1, 1024)
sound = pygame.mixer.Sound("/home/pi/python_games/match2.wav")
channelA = pygame.mixer.Channel(1)
channelA.play(sound)
sleep(2.0)
```

라즈베리 파이 보드의 음성/영상 출력 단자에 3.5mm 스피커 잭을 연결하고, 프로그램을 실행하면 2초 동안 스피커로 소리가 날 것이다.

```
$ python playsound.py
```

볼륨을 조절하려면 다음과 같은 명령을 실행한다. 마지막으로, 숫자 인자를 작게 하면 소리가 작아질 것이다.

```
$ amixer set PCM -- 1000
```

3.9.3 스프라이트를 이용한 슈팅 게임 제작

다음은 파이게임으로 간단한 슈팅 게임을 만들어 보자. 슈팅 게임으로는 오라일리(O'Reilley) 출판사의 《Head First C》에 나오는 Blasteroid를 선택하였다. Blasteroid는 우주선으로 방향과 속도를 조절하면서 운석을 피하거나 총알을 발사하여 파괴시키는 게임이다.

GIT 프로그램을 설치하고 나서 게임의 소스 코드(source code)는 다음과 같은 명령을 실행하여 다운로드한다.

```
$ sudo apt-get install git
$ git clone https://github.com/swkim01/blastpy.git
```

blastpy 프로그램은 스프라이트(sprite) 클래스를 상속받은 우주선(spaceship), 폭탄(blast), 운석 (asteroid)의 총 세 가지 클래스와 주 프로그램으로 구성되어 있다. 움직이는 객체를 표현하는 스프라이트 클래스는 같은 종류의 객체를 여러 개를 만들고 그룹별로 움직이거나 충돌 처리를 하는 데 편리하게 활용할 수 있다.

각 클래스는 초기화 시에 윈도우 객체를 생성하여 그리고, 방향, 속도, 좌표 등을 결정한다. 모든 클래스는 갱신(update) 메소드를 포함하며, 다음 시점에서의 위치와 동작을 갱신한다. 우주선 클래스의 가속(accelerate), 감속(decelerate), 좌회전(turn_left), 우회전(turn_right) 메소드는 키보드 입력에 반응하고, 손상(damage) 메소드는 생명(lives)을 단축시킨다. 폭탄 클래스의 갱신 메소드는 일정한 속도로 좌표를 이동시키며, 발사(firedfrom) 메소드는 우주선의 위치로부터 폭탄을 출발시킨다. 운석 클래스의 갱신 메소드는 객체를 계속 회전시키면서 조금씩 이동한다.

주요 프로그램은 윈도우를 초기화하고, 다음과 같은 코드를 실행하여 객체들을 생성한다. 여기서 생성한 운석과 폭탄은 각각 스프라이트 모듈의 Group 객체에 추가된다.

```
SHIP = SpaceShip(WIDTH, HEIGHT, 0, 0)
ASTEROID_LIST = pygame.sprite.Group()
for i in range(4):
    asteroid = Asteroid(0, WIDTH, HEIGHT)
    ASTEROID_LIST.add(asteroid)
BLAST_LIST = pygame.sprite.Group()
```

다음은 무한 루프를 돌면서 입력한 키보드 키 값을 처리하여 우주선을 움직이거나 폭탄을 발사하고 다음과 같은 함수를 실행한다.

```
moveObjects()
processCollisions()
WINDOW.fill(pygame.Color(0, 0, 0))
drawObjects()
displayScore()
displayShipLivesGameOver()
```

여기서는 객체를 움직이고, 충돌을 처리하고, 모든 객체를 그리고, 점수와 남은 우주선 수를 그린다. moveObjects( ) 함수에서는 각 객체의 갱신 메소드를 실행한다. processCollisions( ) 함수는 스프라이트 모듈의 spritecollide 함수를 호출하여 우주선과 운석 또는 폭탄과 운석이 충돌하는지 검사하고 결과에 따라 처리한다.

```
def processCollisions():
    global TOTAL_SCORE
    #asteroids.collide(SHIP)
    collide_list = pygame.sprite.spritecollide(SHIP, ASTEROID_LIST, True)
    for asteroid in collide_list:
        ASTEROID_LIST.remove(asteroid)
        SHIP.damage()

    #blasts.collide(asteroids)
    for blast in BLAST_LIST:
        hit_list = pygame.sprite.spritecollide(blast, ASTEROID_LIST, True)
        for asteroid in hit_list:
            # asteroid splitted
            if (asteroid.type == 0 or asteroid.type == 1):
                new1 = Asteroid(asteroid.type + 1, WIDTH, HEIGHT)
                new1.x, new1.y = asteroid.x, asteroid.y
                ASTEROID_LIST.add(new1)
```

```
                    new2 = Asteroid(asteroid.type + 1, WIDTH, HEIGHT)
                    new2.x, new2.y = asteroid.x, asteroid.y
                    ASTEROID_LIST.add(new2)
                ASTEROID_LIST.remove(asteroid)
                BLAST_LIST.remove(blast)
                TOTAL_SCORE += ASTEROID_SCORES[asteroid.type]

            if blast.x > WIDTH or blast.x < 0 or blast.y > HEIGHT or blast.y < 0:
                BLAST_LIST.remove(blast)

        if (len(ASTEROID_LIST) == 0):
            for i in range(4):
                asteroid = Asteroid(0, WIDTH, HEIGHT)
                ASTEROID_LIST.add(asteroid)
```

이제 프로그램을 실행하면 그림 3-5와 같은 화면이 나타날 것이다. 게임을 진행하여 원하는
동작을 수행하는지 확인해 보자.

```
$ python blasteroid.py
```

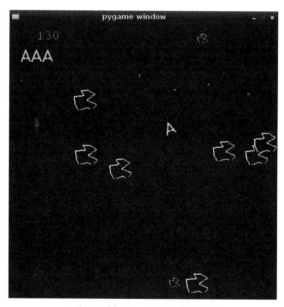

그림 3-5 blastpy 프로그램 실행 창

웹 서버 구축

데이터는 소중한 것이고 시스템 자체보다 오래 지속될 것이다.

– 팀 버너스-리(Tim Berners-Lee), WWW의 창시자

이번 장에서는 라즈베리 파이에서 여러 종류의 웹 서버를 설치하는 방법과 CGI, WSGI, Bottle 웹 서버와 같은 파이썬 모듈을 활용하여 웹 프로그래밍하는 방법에 대해서 다룬다. 아울러 MySQL과 SQLite 데이터베이스를 다루어 Bottle 웹 서버에서 접목하는 방법도 알아본다. 마지막으로, 사물인터넷에 적합한 웹 설계 프레임워크인 Rest API를 활용해 볼 것이다.

4.1 웹 서버 개요

웹 서버는 클라이언트가 브라우저를 통해서 요청하는 데이터를 HTTP 프로토콜을 사용해 제공하는 인터넷 서비스 프로그램이다. 우리가 흔히 인터넷으로 접속하는 사이트들은 모두 이러한 웹 서버 프로그램이 동작하여 접속자에게 웹 페이지를 보여 주게 되는 것이다. 이러한 웹 서버는 글자, 이미지, 동영상 등을 포함한 하이퍼텍스트(hypertext)의 형태로 정보를 전달하므로 효율적인 정보 전달의 수단으로 많이 쓰인다.

라즈베리 파이에서 웹 서버를 사용하려면 고기능의 웹 서버보다는 제한된 자원을 가진 시스템에서 사용할 수 있도록 기능이 최적화된 경량 웹 서버를 탑재하는 것이 바람직하다. 이러한

웹 서버는 제한된 시스템 자원을 사용하여 동작할 수 있어야 한다. 즉, 적은 메모리 양을 사용하거나 CPU 점유율이 낮거나 파일 시스템이 없어도 잘 동작하여야 한다. 또한, 라즈베리 파이와 쉽게 통합하고 설치할 수 있어야 한다. CGI나 서버 측 스크립트 프로그램을 지원하여 웹 페이지를 동적으로 생성할 수 있어야 한다. 부가적으로 SSL과 DAA와 같은 보안 모델을 설정하거나 제거할 수 있으면 더욱 좋다.

이처럼 라즈베리 파이에 웹 서버를 구현하면 라즈베리 파이를 이용하여 만들어진 시스템의 정보를 제공할 수 있는 유용한 도구가 된다. 예를 들면, 가정에서 원격으로 전등 및 전기 기구의 스위치를 조절하거나 웹 캠으로 집안 내부를 감시할 수 있는 원격 제어 및 원격 감시 시스템에 활용할 수 있다.

웹 서버와 웹 브라우저 또는 클라이언트와의 인터페이스에 대한 개념도는 그림 4-1과 같다.

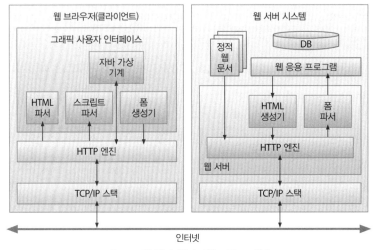

그림 4-1 웹 서버-클라이언트 구조 개념도

여기서 웹 서버 시스템은 보통 HTTP 서버뿐만 아니라 데이터를 저장하기 위한 데이터베이스(DB)와 동적인 웹 콘텐츠를 위한 웹 응용 프로그램 개발을 지원하는 웹 응용 프레임워크를 함께 설치하는 것이 보편적이다.

라즈베리 파이에 사용 가능한 HTTP 서버로는 데스크톱 웹 서버로 많이 사용하는 apache, lighttpd, nginx 등이 있다. 대표적인 웹 서버들 중 몇 가지를 요약하면 표 4-1과 같다.

표 4-1 대표적인 웹 서버 소프트웨어

이름	사용 플랫폼	라이선스	특징
Apache	Unix, Linux, Windows, Mac	APL	- 세계에서 가장 많이 사용하는 HTTP 서버 - Perl, Python, PHP, JSP 등 다양한 언어 지원 및 모듈 기능 - 경량은 아니지만 라즈베리 파이에서 사용 가능
lighttpd	Unix, Linux, Windows, Mac	BSD	- FastCGI, SCGI, HTTP proxy, WebDAV 지원 - OpenSSL을 통한 SSL, TLS 지원
nginx	Unix, Linux, Windows, Mac	BSD	- 동적 웹 페이지를 제공하는 HTTP 서버 - 고부하(동시 10000개 연결 접속)에도 저메모리(~2.5MB) 처리

동적인 웹 콘텐츠를 만들어 내는 웹 응용 프로그램의 개발에 필요한 소프트웨어 프레임워크를 웹 응용 프레임워크라고 한다. 대표적인 웹 응용 프레임워크는 표 4-2와 같다.

표 4-2 대표적인 웹 응용 프레임워크

사용 언어	종류
Java	Struts, Eclipse RAP, Google Web Toolkit, JSF, JBoss Seam, Spring
Javascript	node.js, SproutCore
Perl	Catalyst, Dancer
PHP	Zend Framework
Python	Bottle, CherryPy, Django, Flask, Grok, Pylons, web2py
Ruby	Camping, Ruby On Rails, Sinatra

대표적인 예로 LAMP를 들 수 있는데, 이것은 Linux + Apache + MySQL DB + PHP로 구성된 시스템을 나타낸다. 이 시스템은 안정적인 동작과 다양한 기능을 가진 표준 시스템이지만, 전체적으로 시스템 자원을 많이 사용하고 웹 프로그래밍하기가 어려운 단점을 가진다. 여기서는 Apache 웹 서버 외에도 lighttpd, nginx, bottle 웹 서버를 다룰 것이다. 또한, 데이터베이스로는 MySQL 말고도 SQlite를 사용할 수 있고, PHP 대신 파이썬을 사용할 수도 있으므로 이런 방법에 대해서도 다룬다.

4.2 웹 서버 설치

4.2.1 Apache 웹 서버 설치

그림 4-2 Apache 홈페이지

Apache(아파치) HTTP 서버는 아파치 재단에서 만든 웹 서버이며, 세계에서 가장 많이 사용하는 웹 서버이다. Apache 웹 서버를 설치하는 방법은 비교적 간단하다.

먼저 apt-get을 사용하여 Apache 웹 서버를 설치한다.

```
$ sudo apt-get update
$ sudo apt-get install apache2
```

설치되면 자동으로 Apache 웹 서버가 실행되지만, 수동으로 실행하는 명령은 다음과 같다.

```
$ sudo service apache2 start
```

만약 라즈베리 파이 부팅 시에 Apache 웹 서버를 자동으로 실행하려면 시작 스크립트 실행 명령어인 update-rc.d를 이용하여 다음과 같이 실행시켜 주면 된다.

```
$ sudo update-rc.d apache2 defaults
```

다음으로 Apache 웹 서버의 환경 설정이 필요하다. Apache 웹 서버의 환경 설정은 /etc/apache2 라는 설정 디렉터리의 환경 설정 파일들을 설정하는 것으로 해결된다. 가장 기본적인 Apache 환경 설정은 /etc/apache2/apache2.conf 파일에서 설정하며, 이 파일에는 어떤 디렉터리에 어떤 설정 파일들이 존재하는지 정의되어 있다. 다음으로 mods-enabled와 mods-available 디렉터리 는 Apache 웹 서버가 어떤 모듈을 적재하고 모듈의 설정 정보를 저장하는 곳이다. sites-enabled 와 sites-available 디렉터리는 가상 호스트 설정과 관련된 정보를 저장하는데, 현재 사이트의 중요한 설정 정보를 지정하게 된다. 이 디렉터리의 000-defaults 또는 defaults 파일에 정의된 주요 항목은 표 4-3과 같다.

표 4-3 **Apache 가상 호스트 환경 설정 파일의 항목**

항목/형식	내용
<VirtualHost <ip:port> /> ... </VirtualHost>	웹 서버가 실행되는 가상 호스트의 모든 정보를 저장하는 태그
ServerAdmin	관리자 계정
DocumentRoot	HTML이 시작될 루트(root) 디렉터리
ScriptAlias <path1> <path2>	가상 경로를 스크립트 서비스 디렉터리로 매핑
<Directory <path> > ... </Directory>	디렉터리 접근 정보를 저장하는 태그 Options, AllowOverride, Order, Allow 등 속성 저장
ErrorLog	서버 수행 동안 발생하는 오류 메시지를 저장할 파일
AccessLog	웹 서버를 접속할 때의 정보를 기록하는 파일

이 항목 중에 DocumentRoot 항목에는 기본적으로 /var/www/html 디렉터리가 지정되어 있으므로, 서버가 제공하는 홈페이지 등의 각종 파일들을 이 디렉터리에 두면 된다. 예를 들면, 서버의 기본 홈페이지인 /var/www/html/index.html 파일의 내용은 다음과 같다.

코드 4-1 **기본 index.html 홈페이지 파일**

```html
<html><body><h1>It works!</h1>
<p>This is the default web page for this server.</p>
<p>The web server software is running but no content has been added, yet.</p>
</body></html>
```

웹 페이지를 수정하거나 접근하기 위해서 웹 서버의 홈 디렉터리인 /var/www 디렉터리 소유 자를 www-data로 바꾼 다음, 현재 사용자인 pi를 www-data 그룹에 추가해 준다.

```
$ sudo chown -R www-data:www-data /var/www
$ sudo chmod -R 775 /var/www
$ sudo usermod -a -G www-data pi
```

아니면 /var/www 디렉터리의 소유자를 pi로 바꾸어 준다.

```
$ sudo chown -R pi /var/www
$ sudo chmod -R 775 /var/www
```

웹 브라우저를 실행하여 http://localhost/ 주소로 접속해 본다. 앞서 언급한 /var/www/html/
index.html 파일 내용이 출력될 것이다.

그림 4-3 Apache 웹 서버를 통한 라즈베리 파이 로컬 웹 페이지 접속 화면

다른 컴퓨터에서도 웹 브라우저에서 http://<라즈베리 파이 IP>/ 주소로 접속하면 마찬가지로
홈페이지 내용이 출력되어야 한다.

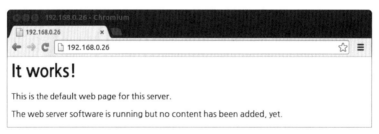

그림 4-4 Apache 웹 서버를 통한 원격 웹 페이지 접속 화면

4.2.2 lighttpd 웹 서버 설치

lighttpd는 유튜브, 위키피디아 등 수많은 사이트들이 사용하는 경량 웹 서버이다. 홈페이지는
http://www.lighttpd.net이다.

lighttpd 웹 서버를 설치하는 과정도 apache 웹 서버와 마찬가지로 간단하다.

```
$ sudo apt-get install lighttpd
```

lighttpd 웹 서버의 환경 설정 파일들은 /etc/lighttpd라는 설정 디렉터리에 존재한다. 가장 기본적인 lighttpd 환경 설정 파일은 /etc/lighttpd/lighttpd.conf 파일이며, 웹 서버와 관련된 옵션들을 다음 예와 같이 설정할 수 있다. 또한, conf-enabled와 conf-available 디렉터리에 추가 설정 파일을 둘 수 있다.

```
...
server.document-root        = "/var/www"
server.upload-dirs            = ( "/var/cache/lighttpd/uploads" )
server.errorlog                = "/var/log/lighttpd/error.log"
server.pid-file                 = "/var/run/lighttpd.pid"
server.username          = "www-data"
server.groupname         = "www-data"
server.port                  = 80
```

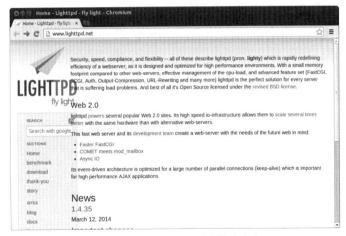

그림 4-5 lighttpd 웹 서버 홈페이지

lighttpd 웹 서버는 설치되면 자동으로 실행되지만, 수동으로 실행하는 명령은 다음과 같다.

```
$ sudo service lighttpd start
```

4.2.3 Node.js 웹 서버 설치

Node.js는 웹 브라우저에서 동작하는 자바스크립트 기술을 웹 서버 측에 구현한 소프트웨어 플랫폼이다. 웹클라이언트에 사용하는 자바스크립트를 서버에도 활용하여 코드의 일관성을 유지할 수 있고, 단일 스레드이지만 비동기적으로 동작시켜 유연성이 크고 모듈을 쉽게 추가할 수 있어서 확장성이 높으므로 최근에 폭발적인 인기를 얻고 있다. 홈페이지는 http://nodejs.org이다.

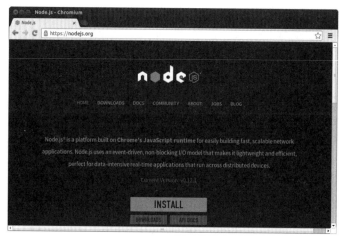

그림 4-6 Node.js 웹 서버 홈페이지

Node.js를 라즈베리 파이에 설치하는 방법은 다음과 같다. 먼저, 라즈베리 파이 2는 ARMv7 구조이므로 다음과 같이 Node.js 및 NPM(Node Package Manager) 패키지를 간편하게 설치한다.

```
$ curl -sL https://deb.nodesource.com/setup | sudo bash -
$ sudo apt-get install nodejs
```

라즈베리 파이 1은 ARMv6 구조이므로 다음과 같이 특정한 사이트에서 빌드된 패키지를 다운로드받아 설치하면 된다.

```
$ wget http://node-arm.herokuapp.com/node_0.10.36_armhf.deb
$ sudo dpkg -i node_0.10.36_armhf.deb
```

설치한 후에 버전을 확인하는 명령은 다음과 같다.

```
$ node -v
```

간단한 테스트 명령은 다음과 같다.

```
$ node -e 'console.log("Hello World!");'
Hello World!
```

웹 서버를 테스트하려면 다음과 같은 파일을 작성한다.

코드 4-2 간단한 웹 서버를 구현한 example.js 스크립트 파일

```
var http = require('http');
http.createServer(function (req, res) {
  res.writeHead(200, {'Content-Type': 'text/plain'});
  res.end('Hello World\n');
}).listen(1337, '127.0.0.1');
console.log('Server running at http://127.0.0.1:1337/');
```

다음과 같이 프로그램을 실행하고 웹 브라우저를 열어 http://127.0.0.1:1337/ 주소로 접속해 본다.

```
$ node example.js
Server running at http://127.0.0.1:1337/
```

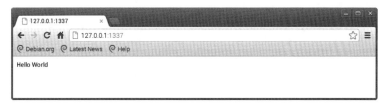

그림 4-7 Node.js 웹 서버를 통한 로컬 웹 페이지 접속 화면

4.2.4 Bottle 웹 응용 프레임워크 설치

Bottle은 빠르고 가벼운 파이썬 웹 프레임워크이다. 이 소프트웨어는 동적인 URL 및 CGI, WSGI 등은 물론 MySQL, SQLite 데이터베이스 및 Cork 보안 모듈 등을 지원한다. 홈페이지 는 http://www.bottlepy.org/이다.

그림 4-8 **Bottle 웹 서버 홈페이지**

Bottle 웹 프레임워크는 python-bottle 패키지를 설치하면 된다.

```
$ sudo apt-get install python-bottle
```

최신 버전을 설치하려면 다음과 같은 명령을 실행한다.

```
$ sudo apt-get install python-setuptools
$ sudo easy_install pip
$ sudo pip install bottle
```

다음과 같이 webserver.py를 작성한다.

코드 4-3 **간단한 웹 서버를 구현한 webserver.py 스크립트 파일**

```
from bottle import route, run

@route('/<name>')
def index(name='World'):
    return 'Hello %s!' % name

run(host='localhost', port=8080)
```

다음과 같이 웹 서버 프로그램을 실행한다.

```
$ python webserver.py
Bottle server starting up (using WSGIRefServer())...
Listening on http://localhost:8080/
Use Ctrl-C to quit.
```

이제 웹 브라우저를 실행하여 http://localhost:8080으로 접속해 본다. Bottle에 대해서는 4.4절에서 상세하게 설명할 것이다.

4.2.5 PHP 설치

PHP는 동적 웹 페이지를 만들기 위해 1995년 라스무스 레도프(Rasmus Lerdorf)에 의해 설계된 프로그래밍 언어이다. 보통 Apache와 같이 PHP 처리 기능을 가진 웹 서버가 HTML 문서 내의 PHP 코드를 처리하였으나, 근래에는 HTML 문서와 PHP 코드를 분리하여 처리하는 경향이 있다.

PHP를 설치하는 방법도 해당하는 패키지를 설치하는 것으로 완료된다.

```
$ sudo apt-get install php5
```

다음 명령을 실행하여 MySQL과 연동하는 패키지를 설치한다.

```
$ sudo apt-get install php5-mysql
```

이제 다음과 같은 내용을 가진 /var/www/html/phpinfo.php 파일을 작성한다.

코드 4-4 /var/www/html/phpinfo.php 파일

```
<?php phpinfo(); ?>
```

웹 서버를 재실행한 후에 http://localhost/phpinfo.php로 접속해 본다.

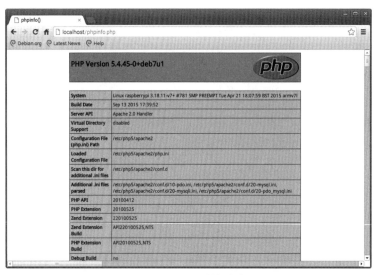

그림 4-9 **PHP 실행 화면**

4.3 파이썬 웹 프로그래밍

4.3.1 HTML 개요

HTML은 하이퍼텍스트 기능을 가진 html 문서를 만드는 언어이다. html 문서는 흔히 태그 (tag)로 구성되는데, 태그는 보통 시작 부분 <tag>와 끝부분 </tag>로 구성된 형식이다. 모든 문서는 <html>로 시작해서 </html>로 끝나며, 문서의 내부는 head와 body 두 부분으로 구성된다. HTML 형식에 대한 상세한 설명은 이 책의 범위를 벗어나므로 생략한다. 다음은 간단한 html 문서의 내부를 보여 준다.

```html
<html>
  <head>
    <title>Raspberrypi Webserver</title>
  </head>
  <body>
    <H1>Embedded Webserver</H1><br/>
    Helo World!
  </body>
</html>
```

4.3.2 CGI 개요

웹 서버에 있는 HTML 문서의 경우 웹 브라우저로 정보를 수동적으로 보여 주기만 하므로, 동적으로 변화하기는 힘들다. 이런 부분을 보완하여 웹 서버와 외부 응용 프로그램 사이를 연결하는 표준 규약을 CGI(Common Gateway Interface)라고 한다. CGI는 표준 입출력을 통해 동적인 정보 변경이 가능하며, C/C++, Unix Shell, Perl, Tcl, Python, JavaScript 등의 프로그램들과 연동이 가능하다.

CGI의 동작은 그림 4-10과 같다. 웹 브라우저로부터 입력한 요청 내용을 웹 서버로 전달하면 웹 서버에서는 CGI를 통해 적절한 프로그램을 실행한다. 그리고 원하는 결과 데이터를 생성하여 응답하고, 다시 웹 서버를 통해 웹 브라우저로 전달하게 된다.

그림 4-10 **CGI 동작 과정**

CGI는 가장 단순한 방법으로는 HTML 형식의 FORM 태그를 통해 실행시킬 수 있다. FORM 태그의 형식은 다음과 같다.

```
<FORM ACTION="URL" METHOD=...> ... </FORM>
```

여기서 ACTION은 웹 서버가 실행시킬 CGI 프로그램의 이름을 나타내고, METHOD는 웹 브라우저로부터 웹 서버로 전송하는 방식을 나타내는데, GET과 POST의 두 종류가 있다. GET 방식은 환경 변수 QUERY_STRING으로 입력 값을 전달하며, POST 방식은 표준 입력 (stdin)으로부터 정보를 전달한다.

FORM 내부를 구성하는 입력 태그로부터 입력받은 내용을 웹 서버로 질의 내용을 전달하게 된다. 입력 태그의 형식은 다음과 같다.

```
<INPUT TYPE=... NAME=... SIZE=... VALUE=...>
```

여기서 NAME은 입력 요소를 구분하는 이름이고, SIZE는 크기, VALUE는 초기 값을 나타낸다. TYPE은 구성 가능한 입력 태그의 종류인데, 텍스트, 패스워드, 푸시 버튼, 라디오/체크 버튼 등 다양한 종류가 가능하다.

HTML FORM 태그를 통해 CGI 프로그램을 요청하면 관련된 입력 값들이 전달된다. GET 방식은 환경 변수 QUERY_STRING으로 입력 값을 전달하며, POST 방식은 표준 입력(stdin)으로부터 정보를 전달한다. 표준 입력으로 전달될 때는 'name=value&...'와 같이 & 기호로 구분된다. CGI와 관련된 환경 변수들은 표 4-4와 같다.

표 4-4 **HTTP/CGI 환경 변수**

이름	설명
CONTENT_TYPE	질의 데이터 타입
CONTENT_LENGTH	질의 데이터 길이
HTTP_ACCEPT	클라이언트가 수락한 MIME 타입
HTTP_COOKIE	키와 값으로 구성된 지속 쿠키 값
HTTP_REFERER	참조하는 URL
HTTP_USER_AGENT	요청하는 사용자 정보. 보통 클라이언트 웹 브라우저 이름
PATH_INFO	전달된 추가 경로 정보
QUERY_STRING	질의 문자열
REMOTE_ADDR	원격 클라이언트 IP 주소
REMOTE_HOST	원격 클라이언트 호스트 이름
REQUEST_METHOD	요청 메소드('GET' 또는 'POST')
SCRIPT_NAME	CGI 스크립트 프로그램 이름
SERVER_NAME	서버 호스트 이름
SERVER_PORT	서버 호스트 포트
SERVER_PROTOCOL	서버 프로토콜
SERVER_SOFTWARE	서버 소프트웨어 이름과 버전

이제 Apache 웹 서버에서 파이썬 CGI 스크립트를 실행하여 보자. 먼저, Apache 환경을 CGI가 가능하도록 설정해야 한다. /etc/apache2/sites-available/000-default.conf 파일을 수정하여 CGI 스크립트를 실행할 수 있는 디렉터리를 /var/www/cgi-bin/으로 수정한다.

코드 4-5 **/etc/apache2/sites-available/default 설정 파일 수정**

```
...
        ScriptAlias /cgi-bin/ /var/www/cgi-bin/
        <Directory "/var/www/cgi-bin">
                AllowOverride None
                Options +ExecCGI -MultiViews +SymLinksIfOwnerMatch
                Order allow,deny
                Allow from all
        </Directory>
...
```

Apache 웹 서버에서 CGI 모듈을 활성화하고 재실행한 후에 CGI 스크립트 디렉터리를 생성하고, 소유 권한을 설정한다.

```
$ sudo a2enmod cgi
$ sudo service apache2 restart
$ mkdir -p /var/www/cgi-bin
$ sudo chmod 775 /var/www/cgi-bin
$ sudo chown www-data:www-data /var/www/cgi-bin
```

이제, 사용자 아이디와 비밀번호를 입력받아 로그인하는 기능을 CGI 스크립트로 처리하도록 구현해 보자. 먼저, 로그인 화면을 구성하는 HTML 문서를 작성한다.

코드 4-6 로그인 화면을 구성하는 /var/www/html/login.html 페이지 파일

```
<html>
  <head>
    <title>Login Form Example</title>
  </head>
  <body>
    <H1>Login Form Example</H1><br/>
    <form name="LoginForm" method="POST" action="/cgi-bin/login.py">
      User Id: <input type="text" name="loginid" size=10>
      Password: <input type="password" name="password" size=10>
      <br/>
      <input type="submit" name="send" value="Send">
    </form>
  </body>
</html>
```

파이썬 CGI 프로그램에서는 먼저 CGI 관련 모듈을 포함시킨다. CGI 관련 모듈은 cgi 및 cgitb가 있다. cgi 모듈은 FORM으로 입력된 내용을 처리하여 동적인 웹 페이지를 생성하는 데 사용된다. cgitb 모듈은 예외가 발생한 경우에 처리하여 결과를 보고하기 위해 사용된다. 참고로, CGI 스크립트에서 예외 처리를 활성화하려면 프로그램 시작 부분에 다음 코드를 추가한다.

```
import cgitb
cgitb.enable()
```

다음은 환경 변수나 표준 입력으로 들어온 질의 문자열(query string)을 읽어서 처리할 수 있도록 해 주는 FieldStorage( ) 객체를 생성한다. 질의 문자열을 구분하여 처리하고 난 후에는 동적인 웹 콘텐츠를 출력시켜 준다. 출력하는 내용은 HTTP 헤더와 HTML 데이터로 구성된다. 앞서 구성한 로그인 기능을 처리하는 CGI 스크립트를 작성한다.

코드 4-7 로그인 기능을 구현한 /var/www/cgi-bin/login.py 스크립트 파일

```python
#!/usr/bin/python
# Import modules for CGI handling
import cgi, cgitb
# Create instance of FieldStorage
form = cgi.FieldStorage()
# Get data from fields
login_id = form.getvalue('loginid')
password  = form.getvalue('password')
print "Content-type:text/html\r\n\r\n"
print "<html>"
print "<head>"
print "<title>Hello - Login CGI Program</title>"
print "</head>"
print "<body>"
print "<h2>Hello %s</h2>" % (login_id)
print "</body>"
print "</html>"
```

이제 웹 브라우저를 통해 http://localhost/login.html 주소로 접속하고 사용자와 패스워드를 입력하고 클릭하여 출력 화면을 관찰한다.

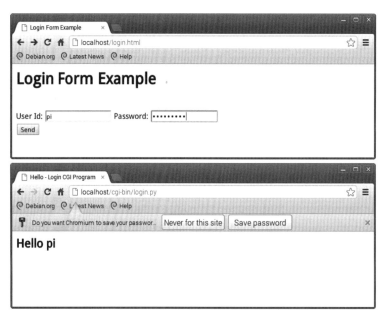

그림 4-11 **CGI로 구현한 웹 서버 로그인 접속 화면**

다음은 오늘 날짜와 시간을 알려 주는 예제를 구현해 보자. 먼저, HTML 파일을 작성한다.

코드 4-8 날짜와 시간을 알려 주는 /var/www/html/date.html 페이지 파일

```
<html>
  <head>
    <title>Date CGI Example</title>
  </head>
  <body>
    <center>
      <H3> Practice for Linking HTML and CGI</H3>
    </center>
    <hr size=3>
    Click "Date of Today" link to see the time of today!<br/>
    <ul>
      <li><a href=/cgi-bin/date.py>Date of Today </a>
    </ul>
  </body>
</html>
```

다음은 날짜/시간 정보를 알려 주는 CGI 스크립트를 작성한다.

코드 4-9 날짜/시간을 알려 주는 /var/www/cgi-bin/date.py 스크립트 파일

```
#!/usr/bin/python
# Import modules for CGI handling
import time, datetime
print "Content-type:text/html\r\n\r\n"
print "<html>"
print "<head>"
print "<title>Date CGI Program</title>"
print "</head>"print "<body>"
print "<h2>Date: %s</h2>" % time.ctime()
time_format = "%a, %d %b %Y %H:%M:%S %Z"
print "<h2>Date: %s</h2>" % (datetime.datetime.now().strftime(time_format))
print "</body>"
print "</html>"
```

마찬가지로 웹 브라우저를 통해 http://localhost/date.html로 접속해 본다.

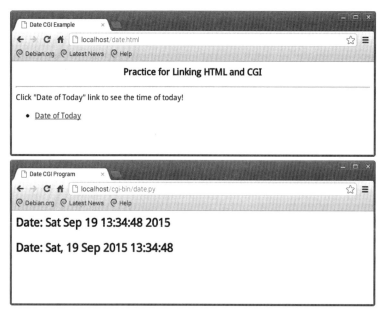

그림 4-12 **CGI로 구현한 날짜/시간 정보 화면**

4.3.3 AJAX

앞서 CGI 프로그램에서는 FORM 구문 페이지를 통해 웹 서버에 요청한 결과를 새로운 페이지로 응답받아 출력하였다. 하지만 이런 방식 대신에 처음의 FORM 구문 페이지를 바꾸지 않고 요청 결과를 함께 출력하여야 할 때가 있다. 이런 기능을 구현하려면 클라이언트 웹 브라우저 측에서 웹 서버에 비동기적으로 자료를 요청한 다음, 응답 결과를 곧바로 출력하도록 처리할 수 있어야 한다. 이것을 가능하게 하는 기술이 바로 웹 브라우저 안에서 처리되는 자바스크립트(javascript) 기술과 XMLHttpRequest 요청을 접목한 AJAX(Asynchronous Javascript and XML)이다. AJAX는 클라이언트 측 기술이지만, 자주 사용하므로 반드시 알아 두어야 한다.

앞서 구현한 날짜와 시간을 알려 주는 예제에 적용해 보자. 먼저, 다음과 같은 HTML 파일을 작성한다.

코드 4-10 **날짜와 시간을 알려 주는 /var/www/html/date2.html 페이지 파일**

```
<!DOCTYPE html>
<html>
<head>
    <title>AJAX Example</title>
    <script>
    function getDate() {
```

```
            var date = document.getElementById("date");
            var request = new XMLHttpRequest();
            request.open("GET", "/cgi-bin/date2.py", true);
            request.onreadystatechange = function() {
                if (request.readyState == 4 && request.status == 200) {
                    date.innerHTML = request.responseText;
                }
            };
            request.send();
        }
    </script>
</head>
<body>
<input type="button" value="Get Date" id="GetDate" onclick="getDate();"/>
<H2>Date: <span id="date"> None </span></H2>
</body>
</html>
```

다음은 요청을 처리할 CGI 프로그램 date2.py를 작성한다.

코드 4-11 **날짜/시간을 알려 주는 /var/www/cgi-bin/date2.py 스크립트 파일**

```
#!/usr/bin/python
# Import modules for CGI handling
import  time
print "Content-type:text/xml\r\n\r\n"
print "<?xml version='1.0'?>"
print "<date>%s</date>" % time.ctime()
```

웹 브라우저를 통해 http://localhost/date2.html로 접속해 본다.

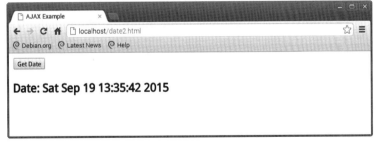

그림 4-13 **AJAX로 구현한 날짜/시간 정보 화면**

4.3.4 WSGI 인터페이스

한편, 2003년에 파이썬 커뮤니티에서 웹 서버와 파이썬 웹 응용 프로그램 간의 이식성을 높이기 위해 표준 인터페이스를 정의한 WSGI(Web Server Gateway Interface) 사양이 제안되었다. 이 제안을 따르는 웹 서버 또는 파이썬 웹 프레임워크가 점차 널리 사용되고 있다.

WSGI 웹 응용 프로그램은 두 개의 인자를 가지는 함수나 호출 가능한 객체를 구현하는 부분이 포함되어야 한다. 여기서 두 인자 중 첫째인 environ은 사전 자료형으로서 앞서 소개한 CGI 환경 변수와 표 4-5의 추가적인 환경 설정 정보들을 검색할 수 있어야 한다.

표 4-5 **WSGI environ 변수**

environ 변수	설명
wsgi.version	WSGI 버전을 나타내는 튜플
wsgi.url_scheme	URL 형식을 나타내는 문자열(예 "http", "https")
wsgi.input	입력 스트림을 나타내는 객체, FORM 자료나 업로드 자료를 포함
wsgi.errors	오류 출력을 쓰기 위한 파일 객체
wsgi.multithread	다른 스레드가 해당 응용 프로그램을 동시에 실행하면 True를 나타냄
wsgi.multiprocess	다른 프로세스가 해당 응용 프로그램을 동시에 실행하면 True를 나타냄
wsgi.run_once	응용 프로그램을 한 번만 실행하면 True를 나타냄

둘째 인자 start_response는 start_response(status, headers) 형식을 가지는 함수 또는 호출 가능한 객체로서 응용 프로그램이 응답을 시작할 때 사용한다. status는 '200 OK', '404 Not Found' 등과 같은 상태 정보를 나타내는 문자열이고, headers는 응답에 포함할 HTTP 헤더의 (이름, 값) 쌍들(예 'Content-Type', 'text.html')을 나타내는 튜플의 리스트를 나타낸다. 예를 들면, Hello World를 출력하는 WSGI 함수는 다음과 같다.

```python
def application(environ, start_response):
    status = '200 OK'
    output = 'Hello World'
    response_headers = [('Content-type', 'text/plain'),
                        ('Content-Length', str(len(output)))]
    start_response(status, response_headers)
    return [output]
```

WSGI를 설치하는 방법은 Apache 같은 기존의 웹 서버에서 WSGI 기능을 사용하도록 WSGI 지원 모듈을 설치하는 방법과 독립적인 파이썬 WSGI 서버를 구동시키는 두 가지 방법이 있다.

먼저 Apache 웹 서버를 사용할 때는 다음과 같은 WSGI 지원 모듈을 설치한다(예전에는 mod_python 모듈을 사용하였다).

```
$ sudo apt-get install libapache2-mod-wsgi
```

CGI와 마찬가지로 /etc/apache2/sites-available/000-default.conf 파일을 수정하여 WSGI 스크립트를 실행할 수 있는 디렉터리를 지정한다.

코드 4-12 /etc/apache2/sites-available/000-default.conf 설정 파일 수정

```
...
        WSGIScriptAlias /wsgi/ /var/www/wsgi-scripts/
        <Directory /var/www/wsgi-scripts>
            Order allow,deny
            Allow from all
        </Directory>
...
```

Apache 웹 서버를 재실행하고 wsgi-scripts 디렉터리를 생성하고 권한을 설정해 준다.

```
$ sudo service apache2 restart
$ mkdir -p /var/www/wsgi-scripts
$ sudo chmod 775 /var/www/wsgi-scripts
$ sudo chown www-data:www-data /var/www/wsgi-scripts
```

WSGI 스크립트 파일을 wsgi-scripts 디렉터리에 두고 웹 서버를 통해 WSGI 스크립트를 실행시켜 본다. 여기서 CGI 처리를 위해 파이썬 기본 패키지에 이미 포함된 wsgiref 모듈 내의 CGIHandler라는 CGI 처리기 객체를 사용하였다.

코드 4-13 WSGI를 이용한 hellowsgi.cgi CGI 스크립트 파일

```
#!/usr/bin/env python

def application(environ, start_response):
    status = '200 OK'
    output = '<H2>Hello World!</H2>'
    response_headers = [('Content-type', 'text/html'),
                        ('Content-Length', str(len(output)))]
    start_response(status, response_headers)
    return [output]

from wsgiref.handlers import CGIHandler
CGIHandler().run(application)
```

그림 4-14 **WSGI 및 CGI로 구현한 웹 서버 접속 화면**

반면에 Apache와 같은 별도의 웹 서버를 사용하지 않고 파이썬으로 만든 독립적인 WSGI 서버를 구동시킬 수도 있다. WSGI 서버를 위해 파이썬 기본 패키지에 이미 포함된 참조 모듈인 wsgiref를 사용하면 된다.

다음과 같은 스크립트를 작성하고 실행한 다음 웹 브라우저로 접속해 본다.

코드 4-14 **WSGI 서버를 이용한 wsgitest.py 스크립트 파일**

```python
#!/usr/bin/env python

def application(environ, start_response):
    status = '200 OK'
    output = '<H2>Hello WSGI!</H2>'
    response_headers = [('Content-type', 'text/plain'),
                        ('Content-Length', str(len(output)))]
    start_response(status, response_headers)
    return [output]

if __name__ == '__main__':
    from wsgiref.simple_server import make_server
    server = make_server('localhost', 8008, application)
    server.serve_forever()
```

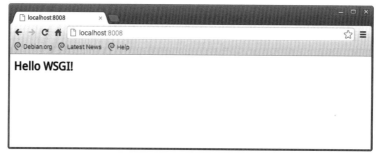

그림 4-15 **파이썬 wsgiref 모듈을 이용한 웹 서버 접속 화면**

4.4 Bottle 웹 응용 프레임워크

4.4.1 Bottle 개요

Bottle 웹 응용 프레임워크는 파이썬에서 웹 서버 및 웹 응용 프로그램 기능을 구현하는 데 도와주는 모듈이다. 물론 Flask, Django, CherryPy 등 다른 수많은 파이썬 웹 응용 모듈이 있지만, Bottle은 특히 문법이 간결하고 HTTP REST API를 거의 완벽하게 구현해 준다. 다만, 싱글 스레드 WSGI 서버로 동작하므로 서버 부하가 클 때에는 성능이 떨어지게 된다. 하지만 이럴 때에는 싱글 스레드 서버 대신 Paste, CherryPy 등의 멀티 스레드 서버 모듈이나 비동기 처리 모듈 등으로 교체하여 Bottle과 함께 사용할 수 있다.

4.4.2 기본 기능

다음과 같은 스크립트를 작성해 보자.

코드 4-15 Bottle을 이용한 간단한 bottletest.py 웹 서버 스크립트 파일

```python
from bottle import route, run

@route('/')
def hello_world():
    return 'Hello World!'

run(host='localhost', port=8080, debug=True)
```

다음 명령으로 프로그램을 실행하고 웹 브라우저에서 http://localhost:8080/hello 주소로 접속해 보자.

```
$ python bottletest.py
```

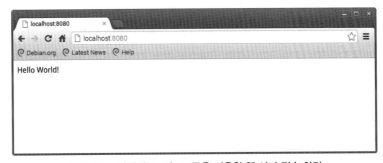

그림 4-16 파이썬 Bottle 모듈을 이용한 웹 서버 접속 화면

여기서 route( ) 장식자는 특정한 함수 코드를 URL 경로와 결합하도록 한다. 웹 브라우저가 특정 URL을 요청할 시에 해당하는 함수가 실행하고 반환되는 값을 웹 브라우저로 되돌려 준다. run( ) 함수는 빌트인된 기본 WSGI 웹 서버를 실행하고 무한 루프를 돌면서 서버 요청을 기다린다. 이 함수의 인자로는 서버 호스트 주소, 포트 번호, 디버그 모드 등을 지정할 수 있다. 스크립트 실행을 중단하려면 Ctrl-C 키를 치면 된다.

Bottle은 기본 웹 응용 프로그램 외에도 경로 추가, 동적 경로, GET/POST/PUT/DELETE 등 다양한 HTTP 요청 방식, 정적 파일, 템플릿 등의 기능을 지원한다.

앞서 작성한 파일의 앞부분을 수정하여 다음과 같이 만들어 보자.

```
from bottle import route, run, request, response, static_file, error, abort, get, post

@route('/')
@route('/hello')
def hello_world():
    return 'Hello World!'
```

이 스크립트 코드에서는 / 주소와 /hello 주소가 같은 페이지를 출력하도록 route 장식자를 사용하여 경로를 쉽게 추가할 수 있다. 스크립트를 실행하고 http://localhost:8080/ 또는 http://localhost:8080/hello 경로로 접속해 보자.

다음, 여기서는 <name>과 같은 형식을 사용하면 하나 이상의 임의의 문자열을 대응시켜 경로를 사용할 수 있다. 즉, /hello/kim, /hello/lee 등 이런 식으로 임의의 문자열을 포함한 주소의 요청을 처리할 수 있어 동적 경로로 활용할 수 있다.

```
@route('/hello/<name>')
def hello_name(name):
    return 'Hello %s!' % name
```

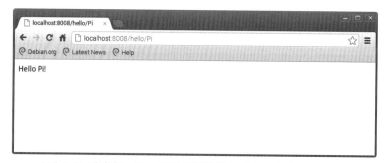

그림 4-17 파이썬 bottle 모듈을 이용한 웹 서버의 동적 경로 접속 화면

앞서 소개한 <name>과 같은 동적 경로 형식에서 <name:filter> 또는 <name:filter:config>와 같은 와일드카드 형식을 사용할 수 있다. 여기서 Filter는 ':int', ':float', ':path'는 물론 ':re'가 올 수 있다. re는 정규 표현식(regular expression)을 의미하며 형식은 <name:re:정규 표현식>과 같다. 위의 코드 예를 보면, 경로는 /static 디렉터리 아래의 png 확장자를 가진 임의의 파일을 가리키게 된다. 여기서 static_file 함수는 이미지 파일과 같은 정적인 일반 파일에 접근할 수 있도록 하는 기능을 가진다.

```python
@route('/object/<id:int>')
def callback(id):
    assert isinstance(id, int)
@route('/show/<name:re:[a-z]+>')
def callback(name):
    assert name.isalpha()
@route('/static/<filename:re:.*.png>')
def static(filename):
    return static_file(filename, root='/home/pi/python-games/')
```

다음은 로그인 기능을 구현해 보자.

```python
@get('/login')
def login():
    return '''
        <form action="/login" method="post">
            Username: <input name="username" type="text" />
            Password: <input name="password" type="password" />
            <input value="Login" type="submit" />
        </form>
    '''

def check_login(username, password):
    if username=="aaa" and password=="pass":
        return True
    else:
        return False

@post('/login') # or @route('/login', method='POST')
def do_login():
    username = request.forms.get('username')
    password = request.forms.get('password')
    if check_login(username, password):
        return "<p>Your login information was correct.</p>"
    else:
        return "<p>Login failed.</p>"

run(host='localhost', port=8008)
```

여기서 route 장식자 대신 HTTP 프로토콜인 GET, POST 등을 사용할 수 있다. 이것은 @route(<주소>, method='<메소드>') 형식을 대체할 수 있다.

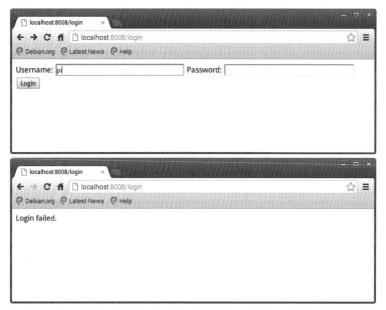

그림 4-18 파이썬 Bottle 모듈을 이용한 웹 서버의 로그인 접속 화면

4.4.3 재접속과 오류 처리 기능

Bottle은 특정한 주소로 접속하였을 때 다른 주소로 연결시켜 주는 재접속(redirect) 기능을 지원한다. 예를 들면, 다음 코드를 추가하면 /hi 주소로 접속하였을 때 /hello로 재접속시킬 것이다.

```
@route('/hi')
def hi():
    redirect("/hello")
```

Bottle에서는 HTTP 요청과 관련된 오류가 발생할 때 오류에 대한 응답 상태 정보를 포함한 기본적인 오류 페이지를 출력한다. 표 4-6은 HTTP 프로토콜에서 많이 사용하는 응답 상태 코드들을 나타낸다.

표 4-6 **HTTP 응답 상태 코드**

코드	상태	설명
200	OK	클라이언트의 요청을 정상적으로 수행하였을 때 사용한다. 응답 보디(body)에는 요청과 관련된 내용을 넣어 준다.
201	Created	클라이언트가 요청한 리소스 생성이 성공적으로 수행되었을 때 사용한다.
202	Accepted	클라이언트 요청이 비동기적으로 처리될 때 사용한다. 응답 보디에 처리 시간 등의 정보를 넣어 준다.
204	No Content	클라이언트의 요청을 정상적으로 수행하였을 때 사용한다. 200과 다르게 204는 응답 보디가 없을 때 사용한다. 예를 들어, DELETE와 같은 요청 시에 사용한다.
301	Moved Permanantly	클라이언트가 요청한 리소스에 대한 URI가 변경되었을 때 사용한다. 응답 시 Location header에 변경된 URI를 적어 준다.
400	Bad Request	클라이언트의 요청이 부적절할 때 사용한다. 요청 실패 시 가장 많이 사용될 상태 코드로서 응답 보디에 요청이 실패한 이유를 넣어 준다.
401	Unauthorized	접근 권한을 가지지 않은 리소스를 요청했을 때 사용한다. 예를 들어, 로그인(login)하지 않은 사용자가 로그인 시에만 요청 가능한 리소스를 요청했을 때 응답한다.
403	Forbidden	사용자 인증 상태와 관계없이 응답하고 싶지 않은 리소스를 클라이언트가 요청했을 때 사용한다. 그러나 해당 응답 코드 대신 400을 사용할 것을 권고한다.
404	Not Found	클라이언트가 요청한 리소스가 존재하지 않을 때 사용하는 응답이다.
405	Method Not Allowed	클라이언트가 요청한 리소스에서는 사용 불가능한 Method를 이용했을 때 사용하는 응답이다. 예를 들어, 읽기 전용 리소스에 DELETE Method를 사용했을 때 응답한다.
500	Internal Server Error	서버에 뭔가 문제가 있을 때 사용한다.
504	Service Not Available	현재 서버에 과부하가 걸려 있거나 유지 보수를 위해 접근이 거부될 때 사용한다.

그런데 Bottle에서는 error 장식자를 사용하면 특정한 오류에 대해 사용자가 별도의 오류 페이지를 출력하도록 설정할 수 있다. 예를 들면, 다음 코드를 추가하고 http://localhost:8080/notexisted와 같은 페이지를 접속해 보자.

```
@error(404)
def error404(error):
    return "That page is not existed"
```

그림 4-19 파이썬 Bottle 모듈을 이용한 웹 서버의 오류 페이지 출력 화면

또한, abort() 함수를 사용하면 오류 페이지에 사용자가 설정한 메시지를 출력할 수 있다. 예를 들면, 다음과 같은 코드를 추가한 다음, http://localhost:8080/wrong으로 접속하면 오류 메시지를 볼 수 있다.

```
@route('/wrong')
def wrong():
    abort(401, "Sorry. Access denied.")
```

그림 4-20 파이썬 Bottle 모듈을 이용한 웹 서버의 사용자 설정 오류 페이지 화면

4.4.4 쿠키 기능

앞서 응답 상태 정보는 Response 객체에 포함되어 사용자에게 전달된다. 이 정보들 중에서 쿠키(cookie)는 사용자 측의 웹 브라우저 프로파일에 저장하여 다음 HTTP 요청 시에 Request 객체에 전달하여 서버가 감지할 수 있도록 한다. 쿠키 기능은 브라우저가 닫힐 때까지 유지되므로 서버와 클라이언트 간에 서버와 클라이언트 간의 지속적인 연결을 위해 유용하게 사용할 수 있다. 예를 들면, 위 코드 중 hello 페이지를 다음과 같이 고쳐 보자.

```
@route('/hello')
def hello_again():
    if request.get_cookie("visited"):
        return "Welcome back! Nice to see you again"
    else:
        response.set_cookie("visited", "yes")
        return "Hello! Nice to meet you"
```

이제 http://localhost 주소로 처음 접속하였을 때와 다시 접속하였을 때 출력이 다르게 나타날 것이다.

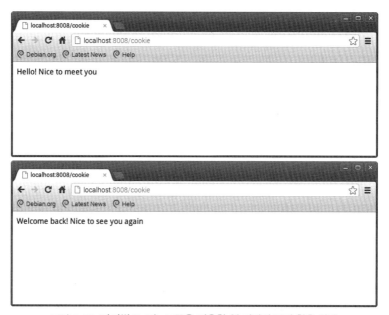

그림 4-21 **파이썬 Bottle 모듈을 이용한 웹 서버의 쿠키 활용 화면**

그런데 쿠키 정보는 암호화되지 않은 채로 전송되므로 대단히 위험하다. 보완책으로 암호화된 키를 함께 보내 검증하는 방법을 사용하기도 하지만, 근본적인 해결책은 되지 못한다. 그래서 로그인/패스워드 검증과 같은 보안 접속이 필요한 경우 쿠키보다는 서버의 세션 기능을 활용하는 것이 바람직하다. 그런데 Bottle에서는 세션 기능이 따로 없으므로 세션과 보안 인증을 위해 beaker와 cork라는 플러그인을 활용하여야 한다.

4.4.5 템플릿 기능을 통한 MVC 지원

Bottle은 템플릿 기능을 통해 MVC(Model View Controller) 패턴을 지원한다. 여기서 MVC 패턴은 GUI나 웹 응용 프로그램에서 많이 사용하는 소프트웨어 패턴을 말하는데, 소프트웨어를 Model, View, Controller의 세 부분으로 구분하여 사용자 인터페이스를 다른 부분과 분리함으로써 서로의 영향 없이 수정할 수 있도록 해 준다. 여기서 모델(Model)은 표시하고 수정할 데이터를 나타내고, 컨트롤러(Controller)는 사용자 동작에 반응하여 필요하면 모델의 데이터를 수정하고 나타내는 부분을 알려 주는 기능을 담당하며, 뷰(View)는 사용자에게 보여 주는 역할을 담당한다. 보통 뷰 부분을 템플릿으로 구현하게 된다.

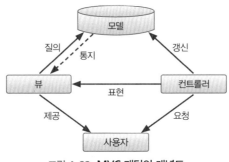

그림 4-22 **MVC 패턴의 개념도**

파이썬에서 제공하는 기존의 문자열 포맷 및 템플릿 모듈의 기능은 다음 예제 코드를 실행하면 알 수 있다.

```
>>> template = "<html><body><h1>Hello %s!</h1></body></html>"
>>> print template % "Reader"
<html><body><h1>Hello Reader!</h1></body></html>
>>> from string import Template
>>> template = Template("<html><body><h1>Hello ${name}</h1></body></html>")
>>> print template.substitute(dict(name='Dinsdale'))
<html><body><h1>Hello Dinsdale!</h1></body></html>
```

템플릿 모듈을 사용하여 특정한 문자열을 딕셔너리(Dictionary)를 통해 대치할 수 있다는 것을 알 수 있다. 그런데 Bottle에는 기존의 템플릿 모듈 대신 내장된 Simple Template Engine이라는 템플릿 엔진을 사용한다. 예를 들면, 다음 코드와 같이 사용할 수 있다.

```
>>> from Bottle import template
>>> template("Hello {{name}}!", name='World')
u'Hello World!'
```

이 예제에서처럼 템플릿 내의 {{ .. }} 표현을 사용하여 특정한 단어를 대치시킬 수 있다. 뿐만 아니라, %로 시작하거나 <% … %> 블록을 통해 내장된 파이썬 코드를 실행시킬 수 있다. 다음 예제 코드를 test.tpl 파일로 만들어 보자.

코드 4-16 Bottle 템플릿을 활용한 간단한 test.tpl 템플릿 파일

```
<h2>
% name = person
{{name}}'s Friends
</h2>
<ul>
  % for name in friends:
    <li>{{name}}</li>
  % end
</ul>
```

template( ) 메소드는 템플릿 코드를 직접 입력하는 대신 .tpl로 끝나는 템플릿 파일을 지정할 수 있다. 그러면 ./views/ 디렉터리 및 Bottle.TEMPLATE_PATH에 정의된 경로에서 지정된 템플릿 파일을 찾는다.

이 예제에서는 person과 friends에 대한 단어를 대치시키고 내장 파이썬 코드를 실행하면 아래와 같이 실행 결과를 나타낼 수 있다.

```
>>> from bottle import template
>>> template('test', person="Kim", friends=["Lee", "Park"])
u"<h2>\nKim's Friends\n</h2>\n<ul>\n    <li>Lee</li>\n    <li>Park</li>\n</ul>\n"
>>>
```

이러한 템플릿은 route 함수에서 유용하게 사용할 수 있다. 예를 들면, 'Hello {{name}}!'의 내용을 가진 hello_template.tpl 파일을 만들고 앞서 구현한 프로그램에서 다음 내용으로 수정한다.

```
from Bottle import template
...
@route('/hello')
@route('/hello/<name>')
def hello(name='World'):
    return template('hello_template', name=name)
```

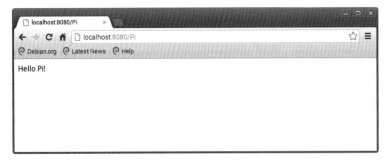

그림 4-23 파이썬 Bottle 모듈의 템플릿을 활용한 웹 서버 접속 화면

template( ) 메소드를 실행하여 render하는 대신에 view( ) 장식자를 사용할 수도 있다.

```
@route('/hello')
@route('/hello/<name>')
@view('hello_template')
def hello(name='World'):
    return dict(name=name)
```

마지막으로, Bottle은 기본적으로 싱글 스레드 WSGI 서버로 동작하므로 서버 부하가 클 때에는 성능이 떨어지게 된다. 하지만 이럴 때에는 싱글 스레드 서버 대신 Paste, CherryPy 등의 멀티 스레드 서버 모듈이나 비동기 처리 모듈 등으로 교체하여 Bottle과 함께 사용할 수 있다.

4.5 MySQL 데이터베이스

데이터베이스는 다양한 종류의 논리적으로 연관된 데이터를 지정하고 색인을 통해 검색할 수 있는 데이터 저장소를 말한다. 이러한 데이터베이스는 데이터들 간의 관계를 테이블 형식으로 표현하는 관계형 데이터 모델을 주로 사용하며, 복잡하고 큰 데이터를 관리하기 위해서는 RDBMS와 같은 관계형 데이터베이스 관리 시스템을 사용하는 것이 바람직하다. 이러한 관계형 데이터베이스 관리 시스템은 여러 사용자가 데이터베이스에 접근하고 데이터를 공유하는 것은 물론 효율적인 데이터 관리를 가능하게 한다. 대표적인 RDBMS로는 Oracle, MS SQL 등과 리눅스/유닉스에서 사용 가능한 대표적인 오픈소스 RDBMS로는 MySQL, PostgreSQL, SQLite 등이 있다. 여기서는 MySQL과 SQLite을 사용하는 방법에 대해 알아보자.

4.5.1 MySQL 소개 및 설치

MySQL은 MySQL AB 사가 관리하고 지원하는 SQL 데이터베이스 관리 시스템이다. 또한, 이중 라이선스를 채택하여 오픈소스 GPL 라이선스를 적용하여 자유롭게 사용할 수도 있지만, 이외의 경우에는 지적재산권 라이선스 적용을 받는다. MySQL은 C, C++, Java, C#, PHP, Python, Perl, Rubi, Delphi 등의 다양한 언어를 지원한다. 특히, MySQL 데이터베이스는 LAMP, MAMP, WAMP(Linux/Mac/Windows+Apache+MySQL+PHP/Python/Perl) 플랫폼을 구성하여 웹 응용 프로그램에 많이 적용된다.

MySQL을 설치하는 방법은 MySQL 홈페이지(http://www.mysql.com) 또는 배포판의 패키지 관리자를 통해 각 플랫폼용 MySQL 패키지들 또는 소스 코드를 다운로드하여 설치하는 것이다. 라즈베리 파이에서 설치 가능한 패키지들은 표 4-7에 나타나 있다.

표 4-7 데비안 MySQL 패키지들

데비안 패키지	설명
mysql-server	MySQL의 SQL 데몬 서버를 포함하는 패키지
mysql-client	MySQL의 클라이언트 프로그램들을 포함하는 패키지
mysql-common	MySQL의 여러 프로그램이 사용하는 공유 라이브러리 등을 포함하는 패키지
python-mysqldb	파이썬으로 MySQL 서버와 통신하는 프로그램을 개발할 때 필요한 패키지
libmysqlclientxx-dev	C 언어로 MySQL 서버와 통신하는 프로그램을 개발할 때 필요한 헤더 파일과 라이브러리를 포함하는 패키지
mysql-workbench/gmysqlcc	MySQL을 효율적으로 관리하는 GUI 도구를 포함하는 패키지들

예를 들면, 라즈비안에 MySQL을 설치하려면 패키지 관리자를 통해 상위 네 개의 패키지를 설치한다.

```
$ sudo apt-get install mysql-server mysql-client mysql-common libmysqlclient-dev
```

이때 라즈비안 스트레치(Stretch) 버전인 경우에는 MySQL 대신 MariaDB가 설치되며 root 패스워드를 묻지 않는다. 스트레치 버전이 아닌 경우에는 MySQL 서버의 루트 사용자 패스워드 설정 화면이 나타나면 적절한 패스워드를 입력하고 설치를 마친다(여기서 루트 사용자는 시스템의 root가 아니라 MySQL 서버의 관리자인 또 다른 root를 의미한다).

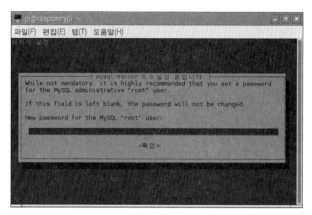

그림 4-24 MySQL 설치 화면

MySQL이 설치되면서 자동으로 초기 데이터베이스를 생성하고 "/etc/mysql/my.cnf"의 설정 파일을 참고하여 SQL 데몬인 mysqld 서버 프로그램을 실행한다. 실제 데이터베이스가 저장되는 디렉터리는 /var/lib/mysql 디렉터리로 설정된다.

MySQL 설치가 되었으면 잘 설치되었는지 점검해 보자. 먼저, 한글 처리를 위해 설정 파일을 수정할 필요가 있다. /etc/mysql/my.cnf 파일을 편집하여 다음 내용을 추가한다. 또한, 바인드 주소를 적절하게 편집한다.

코드 4-17 **/etc/mysql/my.cnf 설정 파일 편집**

```
[mysqld]
...
#character-set-client-handshake = false --> 주석처리
init_connect = 'SET collation_connection = utf8_general_ci'
init_connect = 'SET NAMES utf8'
character-set-server = utf8
collation-server = utf8_general_ci
bind-address        = <IP 주소>
...
[mysql]
default-character-set = utf8
...
```

MySQL은 다양한 유틸리티 프로그램들이 함께 설치된다. 대표적으로 많이 쓰이는 명령 프로그램들은 다음 표와 같다.

표 4-8 **MySQL 프로그램**

실행 파일	설명
mysqld	MySQL 서버(SQL 데몬)로서 MySQL에 접속하기 위해 항상 실행되어야 한다.
mysqld_safe	서버 시동 스크립트이며, 내부적으로 mysqld를 구동시킨다.
mysql_install_db	MySQL 데이터베이스를 초기화하고 생성하는 스크립트로서 설치된 후 처음 한 번만 실행된다.
mysql	SQL 문장을 수행하는 명령어 처리기로서, 대화식과 비대화식 질의 처리가 가능하다.
mysqladmin	MySQL 데이터베이스의 생성, 삭제, 권한 설정 등으로 관리하는 프로그램이다.
mysqldump	MySQL 데이터베이스를 파일로 덤프(dump)하는 프로그램이다.
mysqlimport	텍스트 파일들을 개별적인 테이블로 입력하고 저장하는 프로그램이다.
mysqlshow	MySQL 데이터베이스, 테이블, 열(column), 인덱스에 대한 정보를 표시하는 프로그램이다.
myisamchk	MySQL의 테이블을 검사, 최적화, 이상상태를 수정하는 프로그램이다.

여기서 mysqlshow를 제외한 프로그램들에서 공통적으로 사용되는 옵션은 표 4-9와 같다.

표 4-9 **MySQL 프로그램의 주요 옵션**

옵션	설명
-h 호스트	호스트 컴퓨터를 지정한다(로컬 호스트일 때는 생략).
-u 사용자	사용자를 지정한다.
-p [패스워드]	패스워드를 지정하지 않으면 따로 입력받는다.

위의 명령 프로그램들 중 mysqld, mysqld_safe, mysql_install_db는 초기화 또는 MySQL 서버의 구동/정지 시에 사용된다. MySQL 서버는 보통 리눅스 시스템이 시동하면서 자동적으로 실행되지만, 나중에 수동으로 재실행하고자 할 때는 다음과 같이 실행하면 된다.

```
pi@raspberrypi ~$ sudo mysqld_safe --user=mysql &
```

또는 다음과 같이 실행한다.

```
pi@raspberrypi ~$ sudo /etc/init.d/mysql restart
```

MySQL 서버의 상태 점검은 mysqladmin 프로그램으로 확인할 수 있다. 다음과 같이 실행시켜 보자.

```
pi@raspberrypi ~$ mysqladmin -u root -p version
Enter password:
mysqladmin  Ver 8.41 Distrib 5.0.67, for debian-linux-gnu on i486
Copyright (C) 2000-2006 MySQL AB
This software comes with ABSOLUTELY NO WARRANTY. This is free software,
and you are welcome to modify and redistribute it under the GPL license

Server version          5.0.67-0ubuntu6
Protocol version    10
Connection              Localhost via UNIX socket
UNIX socket             /var/run/mysqld/mysqld.sock
Uptime:                 4 days 23 hours 6 min 21 sec

Threads: 1  Questions: 539  Slow queries: 0  Opens: 25  Flush tables: 1
Open tables: 18  Queries per second avg: 0.001
pi@raspberrypi ~$
```

4.5.2 MySQL 사용

MySQL 서버에 접속하여 MySQL 데이터베이스를 사용하는 방법은 "mysql" 클라이언트 프로그램을 통해 SQL 문장을 실행하는 방법과 MySQL 바인딩 라이브러리를 사용하는 응용 프로그램 내에서 직접 MySQL 서버와 접속하여 데이터베이스를 사용하는 방법이 있다. 두 번째 경우는 다음 절에서 상세히 다루기로 한다. 먼저, MySQL 클라이언트 프로그램의 명령어 실행 형식은 다음과 같다.

```
mysql -u 사용자 -p [데이터베이스 명]
```

root 권한으로 다음과 같이 실행시켜 보자. 이제 접속된 상태에서는 SQL 질의어를 사용할 수 있다.

```
pi@raspberrypi ~$ sudo -u root -p
Enter password:
Welcome to the MySQL monitor.  Commands end with ; or \g.
Your MySQL connection id is 43
Server version: 5.5.35-0+wheezy1 (Debian)

Copyright (c) 2000, 2013, Oracle and/or its affiliates. All rights reserved.

Oracle is a registered trademark of Oracle Corporation and/or its
affiliates. Other names may be trademarks of their respective
owners.

Type 'help;' or '\h' for help. Type '\c' to clear the current input statement.

mysql>
```

4.5.3 SQL 개요

MySQL과 같은 관계형 데이터베이스는 모든 데이터들을 테이블의 형태로 나타내어 저장한다. 테이블은 여러 개의 레코드를 담아 자료를 행(row)과 열(column)로 구성한다. 각 행은 한 줄 단위의 데이터 묶음을 말한다. 각 열은 이러한 대상 데이터들을 항목별로 구별하기 위한 속성을 나타내며, 필드(field)라고 부르기도 한다.

데이터베이스에서 데이터들을 구별하는 속성을 키(key)라고 한다. 한 테이블에서 키는 여러 개가 될 수 있는데, 사용하기 가장 편리한 것을 주 키(primary key)로 하는 것이 좋다.

SQL(Structured Query Language)은 관계형 데이터베이스에서 데이터의 검색, 갱신, 관리 등의 기능을 수행하기 위해 표준화된 데이터베이스 질의어 규약이자 표준 프로그래밍 언어이다. SQL 구문은 테이블을 생성(create table), 삭제(drop table), 수정(alter table)하는 DDL(Data Definition Language) 구문, 데이터를 추가(insert), 삭제(delete), 수정(update), 검색(select)하는 DML(Data Manipulation Language) 구문, 데이터베이스를 관리하는 DCL(Data Control Language) 구문 등으로 구성된다.

4.5.4 MySQL 자료형

데이터베이스에 저장되는 데이터의 자료형은 데이터베이스의 종류마다 이름과 유형이 다르다. 자료형은 기본적으로 숫자형, 문자형, 바이너리형, 날짜형 등이며, 고정된 크기를 가지는 유형과 가변 크기를 가지는 유형이 있다. 예를 들면, 가변형 문자열은 길이를 고정하지 않으므로 관리에 유리할 수 있다. 날짜 기간 검색 등을 위해서는 날짜형을 반드시 사용해야 한다.

다음은 MySQL에서 사용하는 대표적인 자료형을 요약한 것이다.

표 4-10 **MySQL 숫자 자료형**

자료형	설명	크기
TINYINT(size)	매우 작은 정수	1바이트
SMALLINT(size)	작은 정수	2바이트
MEDIUMINT(size)	중간 크기 정수	3바이트
INT(size)	정수	4바이트
BIGINT(size)	큰 정수	8바이트
FLOAT(size)	작은 부동 소수점 소수	4바이트
DOUBLE(size)	부동 소수점 소수	8바이트
DECIMAL(size)	고정 소수점 소수	최대 8바이트

표 4-11 MySQL 시간 자료형

자료형	설명	형식
DATE	날짜	YYYY-MM-DD
DATETIME	날짜와 시간	YYYY-MM-DD HH:MM:SS
TIMESTAMP	타임스탬프('1970-01-01 00:00:01'부터 2038년까지)	YYYY-MM-DD HH:MM:SS
TIME	시간	HH:MM:SS
YEAR	연도(2 또는 4 디짓)	YYYY(1901-2155, 0000)

표 4-12 MySQL 문자 자료형

자료형	설명	크기
CHAR	단일 문자	1바이트
CHAR(size)	고정 길이 문자열	최대 255문자
VARCHAR(size)	가변 길이 문자열	최대 65535문자
TINYBLOB	작은 문자 데이터를 처리하는 자료형	최대 255문자
BLOB/TEXT	이진 데이터를 처리하는 자료형	최대 65535문자
MEDIUMBLOB	이진 데이터를 처리하는 중용량 자료형	최대 16M문자
LONGBLOB	이진 데이터를 처리하는 대용량 자료형	최대 4G문자
ENUM	하나의 값을 가지는 문자 객체	2바이트
SET	하나 이상의 값을 가지는 문자 객체	최대 64문자

4.5.5 데이터베이스 생성 및 선택

MySQL을 본격적으로 사용하기 위해서 우선 이미 만들어져 있는 데이터베이스를 확인하고 새로운 데이터베이스를 생성해 보자.

MySQL 서버가 관리하는 모든 데이터베이스를 출력하는 SQL 구문은 다음과 같다.

표 4-13 MySQL의 SHOW DATABASES

SHOW DATABASES	모든 데이터베이스 출력
형식	SHOW DATABASES
기능	SHOW DATABASES 구문은 MySQL 서버가 관리하는 모든 데이터베이스를 출력한다.

이제, MySQL 클라이언트 프로그램을 실행하여 서버에 접속한 후 다음과 같은 SQL 구문을 실행시켜 보자.

```
mysql> SHOW DATABASES;
+--------------------+
| Database           |
+--------------------+
| information_schema |
| mysql              |
+--------------------+
2 rows in set (0.00 sec)

mysql>
```

위 결과를 통해, 시스템 관리를 위해 꼭 필요한 몇 개의 데이터베이스가 이미 만들어져 있다는 것을 알 수 있다. 여기서 "information_schema" 데이터베이스는 데이터베이스 자체의 정보를 나타내는 메타데이터(metadata)에 대한 데이터베이스이다. "mysql" 데이터베이스는 호스트 및 사용자를 관리하는 데이터베이스이다.

다음은 새로운 데이터베이스를 생성하거나 삭제하는 데 사용하는 SQL 문의 형식을 보여 준다.

표 4-14 **MySQL의 CREATE|DROP DATABASE 구문**

[CREATE|DROP] DATABASE	데이터베이스 생성 또는 삭제
형식	CREATE DATABASE 데이터베이스 명 DROP DATABASE 데이터베이스 명
기능	CREATE DATABASE 구문은 새로운 MySQL 데이터베이스를 생성한다. DROP DATABASE 구문은 MySQL 데이터베이스를 삭제한다.

DROP DATABASE 구문을 사용하여 데이터베이스를 삭제하게 되면 복구할 수 없으므로 주의해서 사용하여야 한다.

다음으로, 사용 중인 데이터베이스를 변경하고자 할 때는 USE 문을 사용한다.

표 4-15 **MySQL의 USE DATABASE 구문**

USE DATABASE	데이터베이스를 변경
형식	USE 데이터베이스 명
기능	사용하는 데이터베이스를 변경한다.

이제, 다음과 같은 SQL 문을 실행하여 "test"라는 이름의 데이터베이스를 생성, 확인한 다음 사용하도록 설정해 보자.

```
mysql> CREATE DATABASE test;
Query OK, 1 row affected (0.00 sec)

mysql> SHOW DATABASES;
+--------------------+
| Database           |
+--------------------+
| information_schema |
| mysql              |
| test               |
+--------------------+
3 rows in set (0.00 sec)

mysql> USE test;
Database changed
mysql>
```

4.5.6 테이블 생성

데이터베이스가 준비되면 그 안에 특정한 테이블을 생성하여 자료를 저장할 수 있다.

데이터베이스 내의 모든 테이블을 출력하는 SQL 구문은 다음과 같다.

표 4-16 **MySQL의 SHOW TABLES 구문**

SHOW TABLES	모든 테이블 출력
형식	SHOW TABLES
기능	SHOW TABLES 구문은 선정된 MySQL 데이터베이스 내의 모든 테이블을 출력한다.

다음은 특정한 형식의 테이블을 생성하거나 삭제하는 SQL 질의문에 대한 형식을 보여 준다.

표 4-17 **MySQL의 CREATE|DROP TABLE 구문**

[CREATE|DROP] TABLE	테이블 생성 또는 삭제

형식	CREATE TABLE 테이블 명 (
	열(column) 명 데이터형(크기) [NULL|NOT NULL] [AUTO_INCREMENT]
	               [PRIMARY KEY]
	    [, ...]
	  또는 [, PRIMARY KEY (열 [, ...])]
	)
	DROP TABLE 테이블 명

기능	CREATE TABLE 구문은 선정된 데이터베이스에 테이블을 생성한다. DROP TABLE 구문은 해당하는 테이블을 완전히 삭제한다.

테이블을 생성할 시에 각 열에 대한 자료형과 추가적인 옵션을 설정할 필요가 있다. 옵션으로는 자동적으로 값을 증가시키는 AUTO_INCREMENT, NULL 값이 저장 가능한지 불가능한지를 지정하는 NULL|NOT NULL, 열의 값을 기본 키(primary key)로 설정하는 PRIMARY_KEY 등의 매크로가 있다.

다음은 특정 테이블에서 열 또는 필드의 정보를 가져오는 SQL 문의 형식을 나타낸다.

표 4-18 **MySQL의 DESC|SHOW COLUMNS 구문**

DESC|SHOW COLUMNS	테이블의 열(column) 정보 출력
형식	DESC 테이블 명 SHOW COLUMNS FROM 테이블 명
기능	DESC 또는 SHOW COLUMNS 구문은 해당하는 테이블의 열에 대한 정보를 출력한다.

이제 다음과 같은 SQL 문을 실행하여 설정된 "test" 데이터베이스에 학생의 정보를 저장하는 "student" 테이블을 생성하고 열 정보를 함께 출력해 보자.

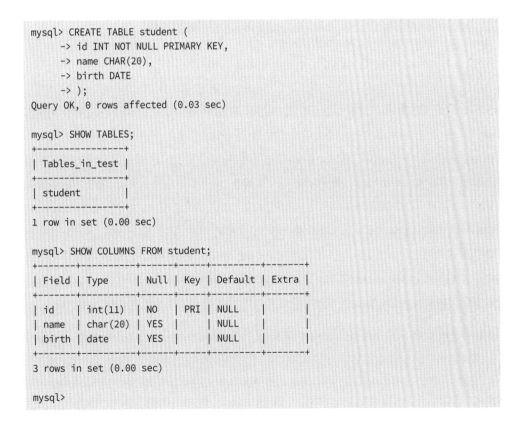

```
mysql> CREATE TABLE student (
    -> id INT NOT NULL PRIMARY KEY,
    -> name CHAR(20),
    -> birth DATE
    -> );
Query OK, 0 rows affected (0.03 sec)

mysql> SHOW TABLES;
+----------------+
| Tables_in_test |
+----------------+
| student        |
+----------------+
1 row in set (0.00 sec)

mysql> SHOW COLUMNS FROM student;
+-------+----------+------+-----+---------+-------+
| Field | Type     | Null | Key | Default | Extra |
+-------+----------+------+-----+---------+-------+
| id    | int(11)  | NO   | PRI | NULL    |       |
| name  | char(20) | YES  |     | NULL    |       |
| birth | date     | YES  |     | NULL    |       |
+-------+----------+------+-----+---------+-------+
3 rows in set (0.00 sec)

mysql>
```

4.5.7 테이블에 데이터 추가 및 검색

SQL 문을 사용하여 생성된 테이블에 데이터를 추가하거나 검색할 수 있다.

다음은 테이블에 데이터를 추가하는 SQL 문이다.

표 4-19 MySQL의 INSERT 구문

INSERT	테이블에 데이터 추가
형식	INSERT INTO 테이블 명(삽입할 필드 명…) VALUES(필드에 넣을 값…)
기능	테이블에 지정된 필드의 데이터를 추가한다.

여기서 데이터는 지정된 필드의 순서에 따라 차례대로 입력되며, 특정한 필드를 지정하지 않으면 전체 필드에 대한 데이터를 디폴트로 입력하여야 한다.

다음은 테이블의 데이터를 검색하는 가장 중요하고 많이 쓰이는 SELECT 구문이다.

표 4-20 MySQL의 SELECT 구문

SELECT	테이블 데이터 검색
형식	SELECT 필드 명 FROM 테이블 명 WHERE 조건
기능	테이블에 특정한 조건의 필드에 해당하는 데이터를 검색한다.

본 SQL 문에서는 검색 시에 특정한 조건을 지정할 수 있고, 원하는 필드의 데이터만을 가져오도록 할 수 있다. 검색 조건에는 연산자와 함수를 사용할 수 있다. 연산자로는 비교(=, !=, >, <, >=, <=), 논리 (!, &&, ||, XOR), 비트(&, |, ~, ^, <<, >>), 사칙(+, -, *, /, %), 정규 표현식(REGEXP) 연산 등이 있다. 함수로는 흐름 제어(CASE, IF, NULLIF, IFNULL), 문자(ASCII, CONCAT, CHAR, HEX, LENGTH, STRCMP, SUBSTR 등), 숫자(ABS, MIN, MAX, SIN, EXP, MOD 등), 시간(CURDATE, CURTIME, DAY, TIME 등), 랜덤(RAND 등), 캐스트(CAST) 함수 등이 있다. 보다 자세한 설명은 MySQL 홈페이지의 참조 매뉴얼을 참고하기 바란다. 검색 조건의 예로서, 앞서 생성한 테이블에서 검색할 조건으로 name="홍길동"으로 지정하면 이름이 "홍길동"인 항목만 검색하게 된다. 또 검색할 필드로 name, birth만 지정하면 이름과 생일만 검색하여 출력 집합에 저장한다.

이제 다음과 같은 SQL 구문을 실행시켜 보자. 본 실행 예제는 앞서 생성된 "student" 테이블에 두 개의 데이터를 입력하고 있다. 첫째 데이터는 전체 필드에 대한 하나의 데이터를 사용하였으며, 둘째 데이터는 id와 name 필드에 대해서만 데이터를 입력하고 있다. 각각의 데이터를 추가한 후 SELECT 문을 사용하여 데이터를 검색하고 출력하고 있다. 최종적으로, 입력되지 않은 필드 데이터에 대해 NULL을 표시하는 것을 알 수 있다.

```
mysql> insert into student values(1,'Hong GilDong', '85.01.01');
Query OK, 1 row affected (0.00 sec)

mysql> select * from student;
+----+-------------+------------+
| id | name        | birth      |
+----+-------------+------------+
|  1 | Hong GilDong | 1985-01-01 |
+----+-------------+------------+
1 row in set (0.01 sec)

mysql> insert into student(id, name) values(2,'Im GgukJung');
Query OK, 1 row affected (0.00 sec)

mysql> select * from student;
+----+-------------+------------+
| id | name        | birth      |
+----+-------------+------------+
|  1 | Hong GilDong | 1985-01-01 |
|  2 | Im GgukJung | NULL       |
+----+-------------+------------+
2 rows in set (0.00 sec)

mysql>
```

4.5.8 테이블 데이터 수정 및 삭제

SQL 문을 사용하여 테이블에 저장된 데이터를 수정하거나 삭제할 수 있다.

다음은 테이블의 데이터를 수정하는 SQL 구문이다.

표 4-21 **MySQL의 UPDATE 구문**

UPDATE	테이블 데이터 수정
형식	UPDATE 테이블 명 SET 필드 명1 = 수정할 값1, 필드 명2 = 수정할 값2 … WHERE 조건
기능	테이블의 데이터를 특정 조건에 따라 수정한다.

여기서 수정할 필드 데이터를 동시에 여러 개 적용할 수 있다.

다음은 특정한 조건에 맞는 테이블의 데이터를 삭제하는 SQL 구문이다.

표 4-22 **MySQL의 DELETE 구문**

DELETE	테이블 데이터 삭제
형식	DELETE FROM 테이블 명 WHERE 조건
기능	특정한 조건에 맞는 테이블의 데이터를 삭제한다.

예를 들면, 앞서 사용한 테이블에 대한 delete 구문의 조건으로 name="홍길동"을 사용한다면 이름이 홍길동인 학생의 정보를 삭제할 것이다.

이제 다음과 같은 SQL 문을 실행하여 이미 저장되어 있는 데이터를 수정하거나 특정한 필드를 삭제시켜 보자. 여기서는 student 테이블에 학생을 추가 및 삭제하고 특정 아이디를 가진 학생의 생일을 바꾸어 보았다.

```
mysql> insert into student values(3,'Jang GilSan', '771025');
Query OK, 1 row affected (0.00 sec)

mysql> update student set birth='730505' where id=2;
Query OK, 1 row affected (0.01 sec)
Rows matched: 1  Changed: 1  Warnings: 0

mysql> select * from student;
+----+--------------+------------+
| id | name         | birth      |
+----+--------------+------------+
|  1 | Hong GilDong | 1985-01-01 |
|  2 | Im GgukJung  | 1973-05-05 |
|  3 | Jang GilSan  | 1977-10-25 |
+----+--------------+------------+
3 rows in set (0.00 sec)

mysql> delete from student where name='Jang GilSan';
Query OK, 1 row affected (0.01 sec)

mysql> select * from student;
+----+--------------+------------+
| id | name         | birth      |
+----+--------------+------------+
|  1 | Hong GilDong | 1985-01-01 |
|  2 | Im GgukJung  | 1973-05-05 |
+----+--------------+------------+
2 rows in set (0.00 sec)

mysql>
```

4.5.9 테이블 구조 변경

SQL 문을 사용하여 테이블의 필드를 추가, 삭제, 수정, 활성화, 비활성화시켜 테이블의 구조를 변경할 수 있다.

다음은 테이블의 구조를 변경하는 SQL 구문의 형식을 보여 준다.

표 4-23 **MySQL의 ALTER TABLE 구문**

ALTER TABLE	테이블 구조 수정
형식	ALTER TABLE 테이블 명 [ADD/MODIFY/CHANGE/DROP/RENAME/ENABLE/DISABLE] (필드 명 데이터형)
기능	테이블의 구조 또는 필드를 변경한다.

ALTER TABLE 구문은 테이블의 구조를 변경하여 열을 추가, 삭제, 수정할 수 있도록 한다. 내부적으로는 원본 테이블을 임시 테이블에 복사하여 구조를 변경하고, 원본을 삭제하고, 임시 테이블을 원본으로 대체한다.

ALTER TABLE 구문에서 사용하는 기능 키워드들은 각각 ADD는 열의 추가, MODIFY 또는 CHANGE는 열의 삭제, RENAME은 테이블 이름 변경, ENABLE/DISABLE 인덱스 키의 변경 가능/불가능을 위해 사용된다. 그리고 하나의 구문 안에서 콤마(,)로 여러 기능 키워드들을 구분하여 동시에 수행시킬 수 있다.

이제 다음과 같은 SQL 문을 실행시켜 앞서 생성한 테이블에서 열을 추가하거나 수정해 보자. 여기서는 학생들의 자료에 성별(gender)을 추가하고, id의 속성을 자동 증가로 변경하여 보았다.

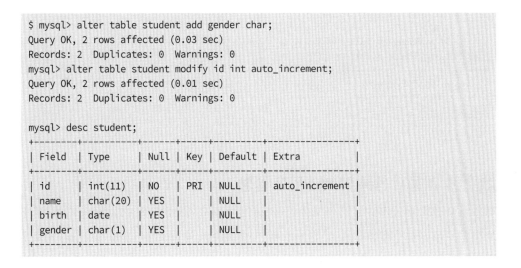

```
$ mysql> alter table student add gender char;
Query OK, 2 rows affected (0.03 sec)
Records: 2  Duplicates: 0  Warnings: 0
mysql> alter table student modify id int auto_increment;
Query OK, 2 rows affected (0.01 sec)
Records: 2  Duplicates: 0  Warnings: 0

mysql> desc student;
+--------+----------+------+-----+---------+----------------+
| Field  | Type     | Null | Key | Default | Extra          |
+--------+----------+------+-----+---------+----------------+
| id     | int(11)  | NO   | PRI | NULL    | auto_increment |
| name   | char(20) | YES  |     | NULL    |                |
| birth  | date     | YES  |     | NULL    |                |
| gender | char(1)  | YES  |     | NULL    |                |
+--------+----------+------+-----+---------+----------------+
```

```
4 rows in set (0.00 sec)

mysql> select * from student;
+----+-------------+------------+--------+
| id | name        | birth      | gender |
+----+-------------+------------+--------+
|  1 | Hong GilDong | 1985-01-01 | NULL  |

|  2 | Im GgukJung  | 1973-05-05 | NULL  |
+----+-------------+------------+--------+
2 rows in set (0.00 sec)

mysql> update student set gender='M' where id<=2;
Query OK, 2 rows affected (0.02 sec)
Rows matched: 2  Changed: 2  Warnings: 0

mysql> select * from student;
+----+-------------+------------+--------+
| id | name        | birth      | gender |
+----+-------------+------------+--------+
|  1 | Hong GilDong | 1985-01-01 | M     |
|  2 | Im GgukJung  | 1973-05-05 | M     |
+----+-------------+------------+--------+
2 rows in set (0.00 sec)

mysql> insert into student values(3,'Hwang JinEee', '800515');
ERROR 1136 (21S01): Column count doesn't match value count at row 1
mysql> insert into student values(3,'Hwang JinEee', '800515', 'F');
Query OK, 1 row affected (0.00 sec)

mysql> select * from student;
+----+-------------+------------+--------+
| id | name        | birth      | gender |
+----+-------------+------------+--------+
|  1 | Hong GilDong | 1985-01-01 | M     |
|  2 | Im GgukJung  | 1973-05-05 | M     |
|  3 | Hwang JinEee | 1980-05-15 | F     |
+----+-------------+------------+--------+
3 rows in set (0.00 sec)

mysql>
```

4.5.10 사용자 등록 및 패스워드 설정

다음은 MySQL 데이터베이스에 새로운 사용자를 등록하고 패스워드를 변경하는 방법을 알아보자. 새로운 사용자의 등록 및 삭제는 mysql 데이터베이스의 user 테이블에 사용자의 자료를 등록하고 삭제하는 것과 같다. 이러한 명령의 수행은 다음 SQL 문으로 이루어진다.

표 4-24 **MySQL의 CREATE|DROP USER 구문**

[CREATE|DROP] USER	사용자 생성 또는 삭제
형식	CREATE USER 사용자 명 [IDENTIFIED BY 패스워드] DROP USER 사용자 명
기능	CREATE USER 구문은 새로운 사용자를 생성하고 MySQL 데이터베이스에 등록한다. DROP USER 구문은 사용자를 MySQL 데이터베이스에서 삭제한다.

그런데 사용자의 등록은 데이터베이스의 사용 권한과 관련되므로, 아래와 같은 또 다른 방식으로도 구현할 수 있다. MySQL에서는 GRANT 또는 REVOKE 구문으로 사용자를 등록하는 동시에 권한을 설정하거나 박탈할 수 있다.

표 4-25 **MySQL의 GRANT|REVOKE 구문**

GRANT|REVOKE	권한 설정 또는 박탈
형식	GRANT 권한 ON 객체 TO 사용자 [IDENTIFIED BY 패스워드] [WITH GRANT OPTION] REVOKE 권한 ON 객체 FROM 사용자
기능	GRANT 구문은 사용자에게 지정된 객체에 대한 지정된 권한을 부여한다. REVOKE 구문은 사용자에게 지정된 권한을 박탈한다.

위 문장에서 권한으로는 앞서 소개된 SQL 질의어인 CREATE, DROP, INSERT, SELECT, UPDATE, DELETE, ALL 등을 설정하거나 지정할 수 있다.

다음, SQL 문을 실행시켜 새로운 사용자를 등록해 보자. 여기서는 먼저 mysql 데이터베이스의 user 테이블을 확인한 다음, 새로운 'user'라는 이름의 사용자를 등록한다. 이 사용자는 모든 객체에 대해 모든 SQL 질의어를 실행할 수 있는 권한을 가진다. 사용자의 패스워드는 UPDATE 질의어를 사용하여 user 테이블의 password 필드를 변경함으로써 바꿀 수 있다.

```
mysql> use mysql;
Database changed
mysql>  select user, host, password from user;
+-----------------+-------------+----------------+
| user            | host        | password       |
+-----------------+-------------+----------------+
| root            | localhost   | *F49CCE16EA7A  |
| root            | raspberry   | *F49CCE16EA7A  |
| root            | 127.0.0.1   | *F49CCE16EA7A  |
| root            | ::1         | *F49CCE16EA7A  |
| debian-sys-maint | localhost  | *1715E61305EE  |
+-----------------+-------------+----------------+
5 rows in set (0.00 sec)
```

```
mysql> grant all privileges on *.* to 'pi'@'localhost' identified by 'raspberry' with
grant option;
Query OK, 0 rows affected (0.00 sec)

mysql> select user, host from user;
+------------------+------------+
| user             | host       |
+------------------+------------+
| root             | 127.0.0.1  |
| root             | ::1        |
| debian-sys-maint | localhost  |
| pi               | localhost  |
| root             | localhost  |
| root             | raspberrypi |
+------------------+------------+
6 rows in set (0.01 sec)

mysql> flush privileges;
Query OK, 0 rows affected (0.01 sec)

mysql> show grants for 'pi'@'localhost';
+----------------------------------------------------------------+
| Grants for pi@localhost                                        |
+----------------------------------------------------------------+
| GRANT ALL PRIVILEGES ON *.* TO 'pi'@'localhost' IDENTIFIED BY PASSWORD
'*F49CCE16EA7A' WITH GRANT OPTION |
+----------------------------------------------------------------+
1 row in set (0.00 sec)

mysql> update user set password=password('raspberry') where user='pi';
Query OK, 0 rows affected (0.01 sec)
Rows matched: 1  Changed: 0  Warnings: 0

mysql>
```

4.6 파이썬 MySQL 프로그래밍

4.6.1 파이썬 MySQL 모듈 설치

MySQL은 C, 파이썬, 펄, PHP 등의 다양한 프로그래밍 언어에서 처리할 수 있는 커넥터 또는
라이브러리를 제공한다. 여기서는 MySQL을 파이썬 프로그램에 적용하는 방법에 대해 다룬
다. 그러기 위해서는 우선 MySQL 클라이언트 프로그램 개발을 위한 패키지를 설치하여야 한
다. 파이썬을 위한 MySQL 클라이언트 패키지를 설치하는 명령은 다음과 같다.

```
$ sudo apt-get install python-mysqldb
```

MySQL 서버 접속 및 오류 처리

파이썬에서 MySQL 데이터베이스를 사용하려면 보통 2단계를 거친다. 먼저, MySQL 데이터베이스 서버에 접속한 다음 SQL 질의를 실행하여 결과를 얻기 위한 Cursor 객체를 정의한다. 그런 다음 SQL 질의를 실행하여 결과를 활용한다.

MySQL 데이터베이스 서버에 접속하고 해지하는 등의 메소드는 표 4-26과 같다.

표 4-26 **파이썬 MySQL 데이터베이스 연결 함수**

	데이터베이스 연결
형식	connect(dsn="hostname:DBNAME",user=<id>,password=<passwd>) conn.close( ) conn.commit( ) conn.rollback( ) conn.cursor( )
기능	• connect 함수는 데이터베이스에 연결하고 성공하면 Connection 객체를 반환한다. • close 함수는 데이터베이스 서버와의 연결을 닫는다. • commit 함수는 모든 트랜잭션을 데이터베이스에 적용한다. 데이터베이스가 트랜잭션을 지원하지 않으면 아무 일도 하지 않는다. • rollback 함수는 아직 결정되지 않고 기다리는 트랜잭션이 있으면 시작 지점으로 데이터베이스를 되돌린다. • cursor 함수는 이 연결을 사용하는 커서 객체를 생성하고 반환한다.

여기서 connect 메소드의 인자로는 데이터베이스 이름으로 사용하는 dsn 변수는 연결할 서버의 호스트 주소와 데이터베이스 이름의 조합으로 구성하고, 사용자 및 패스워드 등을 추가 인자로 가진다. commit과 rollback 메소드는 데이터베이스에 변경된 사항을 반영하거나 취소하는 기능을 나타낸다.

다음으로, MySQL 커서 연산에 대해 알아보자. Cursor는 특정한 검색 결과로 생성된 결과 집합 또는 일련의 데이터에 순차적으로 접근할 때 현재의 위치를 포함하는 데이터 요소를 말한다. MySQL 데이터베이스를 검색하고 그 결과 집합을 처리하려면 Cursor 객체를 생성한 다음 연산을 수행하여야 한다. 파이썬 MySQL 모듈에서 커서와 관련된 메소드는 표 4-27과 같다.

표 4-27 파이썬 MySQL 커서 함수

MySQL 커서 연산	
형식	cur.callproc(procname [, parameters]) cur.close( ) cur.execute(query [, parameters]) cur.executemany(query [, parametersequence]) cur.fetchone( ) cur.fetchmany([size]) cur.fetchall( ) cur.nextset( ) cur.setinputsize(size) cur.setoutputsize(size [, column])
기능	• callproc 함수는 인자로 주어진 저장된 함수를 실행한다. • close 함수는 커서를 닫는다. • execute 함수는 질의문을 실행한다. • executemany 함수는 질의문을 반복해서 실행한다. • fetchone 함수는 execute, executemany 함수가 생성한 결과 집합에서 다음 행을 반환한다. • fetchmany 함수는 결과 집합의 행들의 목록을 반환한다. • fetchall 함수는 결과 집합의 남은 행들의 목록을 반환한다. • nextset 함수는 결과 집합에서 남은 행을 버리고, 다음 결과 집합으로 넘어간다. • setinputsize 함수는 커서에게 execute 함수에 전달된 인자에 대한 정보를 준다. • setoutputsize 함수는 결과 집합들에 있는 특정 열의 버퍼 크기를 설정한다.

여기서 커서의 속성은 다음과 같다.

표 4-28 파이썬 MySQL 커서 속성

커서 속성	
cur.arraysize	결과 집합에서 기본적인 행의 수. fetchmany( ) 메소드에 사용됨
cur.description	현재 결과 집합에 있는 각 열에 대한 정보를 제공하는 순서열
cur.rowcount	execute( ) 메소드가 만든 최종 결과 집합에서 행의 수

다음 프로그램은 MySQL 연결 핸들을 생성하여 데이터베이스 서버와 연결하는 예를 보여 준다.

코드 4-18 MySQL 데이터베이스 서버와 연결하는 mysqltest.py 스크립트 파일

```
import MySQLdb

db = MySQLdb.connect ("localhost", "pi", "raspberry", "test")
cur = db.cursor()
cur.execute("select * from students")
while True:
    student = cur.fetchone()
```

```
    if not student: break
    print student

cur.close()
db.close()
```

프로그램을 실행하면 localhost의 MySQL 데이터베이스 서버에 특정한 사용자 및 DB에 연결한다. 현재의 DB에 대한 커서 객체를 생성하고 students 테이블로부터 모든 결과를 가져온 다음, 하나씩 불러와 출력하게 된다. 프로그램의 실행 예는 다음과 같다.

```
pi@raspberrypi ~$ python mysqltest.py
(1L, 'Hong GilDong', datetime.date(1985, 1, 1), 'M')
(2L, 'Im GgukJung', datetime.date(1973, 5, 5), 'M')
(3L, 'Hwang JinEee', datetime.date(1980, 5, 15), 'F')
```

4.6.3 SQL 질의 실행 및 결과 집합 처리

이제 다양한 조건을 사용하여 SQL 질의문을 처리해 보자.

다음 프로그램은 간단한 SQL 질의문에 대해 처리하는 예를 보여 준다.

코드 4-19 SQL 질의문을 처리하는 **studenttest.py 스크립트 파일**

```
import MySQLdb

db = MySQLdb.connect ("localhost", "pi", "raspberry", "test")
cur = db.cursor()
cur.execute("update student set gender='M' where id<=2")
cur.execute("select * from students")
d = cur.description
print d[0][0], d[3][0], d[1][0]

while True:
    student = cur.fetchone()
    if not student: break
    print student[0], student[3], student[1]

cur.close()
db.close()
```

이 프로그램의 실행 결과는 다음과 같다.

```
pi@raspberrypi ~$ python studenttest.py
id gender name
1 M Hong GilDong
2 M Im GgukJung
3 F Hwang JinEee
pi@raspberrypi ~$
```

4.6.4 SQL 질의 결과 집합 처리

다음은 DB에 새로운 항목을 삽입하고 딕셔너리 커서(dictionary cursor)로 결과 집합을 처리해보자. 새로운 항목을 추가하거나 제거하는 등 데이터베이스에 변경 사항이 존재하는 경우에 반드시 commit( ) 메소드를 호출하여야 결과가 반영된다. 기본 커서는 결과 집합을 튜플의 튜플로 반환하는 반면에 딕셔너리 커서는 결과 집합을 사전으로 넘겨주므로 검색이 용이하다.

다음 프로그램은 앞서 작성한 student 테이블에 학생을 추가하고 딕셔너리 커서를 생성하여 테이블의 데이터 결과 집합을 읽어 출력하는 예제 프로그램이다.

코드 4-20 SQL 질의에 대한 결과 집합을 출력하는 dictcursor.py 스크립트 파일

```
import MySQLdb

db = MySQLdb.connect ("localhost", "pi", "raspberry", "test")
cur = db.cursor(MySQLdb.cursors.DictCursor)
cur.execute("insert into student values(%d, %s, %s, %c)", (4, "JangGilSan", "771028", 'M'))
db.commit()

cur.execute("select * from students")
d = cur.description
print d[0][0], d[3][0], d[1][0]

while True:
    student = cur.fetchone()
    if not student: break
    print student["id"], student["gender"], student["name"]

cur.close()
db.close()
```

프로그램의 실행 결과는 다음과 같다.

```
pi@raspberrypi ~ $ python dictcursor.py
id gender name
1 M Hong GilDong
2 M Im GgukJung
3 F Hwang JinEee
4 M Jang GilSan
```

다음 프로그램은 SELECT 문을 사용하여 다양한 조건에 따라 테이블을 검색하는 예제 프로그램이다.

코드 4-21 다양한 SQL 질의를 처리하는 resultset.py 스크립트 파일

```python
import MySQLdb

def displayResult(cur, condition):
    cur.execute("select * from students where %s", condition)
    print "The students where %s are as follow." % condition
    rows = cur.fetchall()
    for row in rows:
            print "%2d %20s, %10s %c" % row

db = MySQLdb.connect ("localhost", "pi", "raspberry", "test")
cur = db.cursor(MySQLdb.cursors.DictCursor)
displayResult(cur, "gender='M'")
displayResult(cur, "birth < '19800101'")

cur.close()
db.close()
```

프로그램의 실행 결과는 다음과 같다.

```
pi@raspberrypi ~ $ python resultset.py
The students where gender='M' are as follow.
  1         Hong GilDong, 1985-01-01 M
  2         Im GgukJung, 1973-05-05 M
  4         Jang GilSan, 1977-10-28 M
The students where birth < 19800101 are as follow.
  2         Im GgukJung, 1973-05-05 M
  4         Jang GilSan, 1977-10-28 M
```

4.7 SQLite

SQLite 데이터베이스는 MySQL과 마찬가지로 SQL 데이터베이스 시스템이지만, 서버를 구동하는 방식이 아니라 파일이나 메모리에 데이터베이스를 두고 프로그램을 통해 직접 접근하도록 한 가벼운 데이터베이스이다. 이것은 구글(Google) 안드로이드(Android) 시스템에도 기본적으로 탑재되는 등 여러 분야에서 많이 사용하고 있다. 또한, 파이썬의 기본 모듈로서 sqlite3 모듈이 이미 포함되어 있어 따로 설치할 필요가 없다.

4.7.1 SQLite 설치

SQLite 데이터베이스를 사용하는 방법은 'sqlite3' 클라이언트 프로그램을 통해 SQL 문장을 실행하는 방법과 SQLite 모듈을 사용하는 파이썬 스크립트 내에서 직접 SQLite 데이터베이스 파일을 사용하는 방법이 있다.

먼저, SQLite의 클라이언트 셸로 접근하려면 sqlite3 패키지를 설치하여야 한다. 다음 명령을 실행하여 sqlite3 패키지를 설치한다.

```
pi@raspberrypi ~$ sudo apt-get install sqlite3
```

먼저, SQLite3 클라이언트 프로그램의 명령어 실행 형식은 다음과 같다.

```
sqlite3 [데이터베이스 명]
```

현재 생성되어 있는 root 계정으로 다음과 같이 실행시켜 보자.

```
pi@raspberrypi ~ $ sqlite3 test.db
SQLite version 3.7.7 2011-06-23 19:49:22
Enter ".help" for instructions
Enter SQL statements terminated with a ";"

sqlite>
```

이제 위와 같이 접속된 상태에서는 SQL 질의어를 사용할 수 있다.

4.7.2 SQLite 사용

SQLite 데이터베이스의 기본 사용법은 앞서 소개한 MySQL과 비슷하지만, 몇 가지 차이점이 있다. 먼저, 데이터베이스 연결과 관련된 함수들은 표 4-29와 같다.

표 4-29 **파이썬 SQLite 데이터베이스 연결 함수**

데이터베이스 연결	
형식	connect(database[,timeout,detect_types,isolation_level]) register_converter(typename, func) register_adapter(type, func) complete_statement(s) enable_callback_tracebacks(flag)
기능	• connect 함수는 데이터베이스에 연결하고 성공하면 Connection 객체를 반환한다. • register_converter 함수는 새로운 타입으로 변환하는 함수를 등록한다. • register_adapter 함수는 주어진 타입을 파이썬 지원 타입으로 바꾸는 함수를 등록한다. • complete_statement 함수는 인자 문자열이 완전한 SQL 구문이면 True를 반환한다. • enable_callback_tracebacks 함수는 사용자 정의 함수(converter, adapter, aggregate 등)에서 예외를 처리하는 방식을 결정한다.

여기서 connect 함수의 첫째 인자 database는 데이터베이스 파일 이름을 나타낸다. 그런데 파일 이름 대신 ':memory:'이 사용되면 파일이 아니라 메모리(RAM)에 존재하는 데이터베이스를 나타낸다. 이런 데이터베이스는 프로그램이 종료되면 없어진다. 둘째 인자 timeout은 데이터베이스가 다중 연결로 사용 중일 때 다른 연결에서 갱신하고 있으면 록(lock)이 걸려 언제까지 기다렸다 해제할 것인지를 결정한다. 기본 timeout 시간은 5초이다. SQLite는 본래 TEXT, INTEGER, REAL, BLOB, NULL 타입을 지원한다. 셋째 인자 detect_types는 결과를 반환할 때 새로운 타입을 감지할 것인지를 결정한다. 기본 값은 0이며 감지하지 않는다. 넷째 인자 isolation_level은 삽입이나 갱신 시에 시작되는 트랜잭션의 동작을 결정한다. 이 값은 'DEFERRED'(트랜잭션 시작 후 첫째 연산까지 록 획득하지 않음), 'EXCLUSIVE'(트랜잭션 시작 후 커밋까지 다른 연결 허용 않음), 'IMMEDIATE'(트랜잭션 시작 후 커밋까지 다른 연결 쓰기는 안 되지만 읽기는 허용) 중 하나이다.

SQLite DB와 연결한 후에 사용하는 Connection 객체와 관련된 함수는 표 4-30과 같다.

표 4-30 파이썬 SQLite Connection 객체 함수

Connection 객체	
형식	c.close( ) c.commit( ) c.rollback( ) c.cursor( ) c.create_function(name, num_params, func) c.create_aggregate(name, num_params, aggregate_class) c.create_collation(name, func) c.execute(query [, parameters]) c.executemany(query [, parametersequence]) c.executescript(query) c.interrupt( ) c.set_authorizer(auth_callback) c.set_progress_handler(handler, n) c.row_factory c.text_factory c.total_changes
기능	• close, commit, rollback, cursor 함수의 기능은 mysql과 같다. • create_function 함수는 SQL 문에서 사용 가능한 사용자 정의 함수를 생성한다. • create_aggregate 함수는 SQL 문에서 사용 가능한 사용자 정의 집계 함수를 생성한다. • create_collation 함수는 SQL 문에서 사용 가능한 사용자 정의 대조 함수를 생성한다. • execute 함수는 cursor 객체를 생성하고, 질의문을 실행한다. • executemany 함수는 cursor 객체를 생성하고, 질의문을 반복해서 실행한다. • executescript 함수는 cursor 객체를 생성하고, executescript 함수를 실행한다. • interrupt 함수는 현재 실행 중인 질의를 중단한다. • set_autorizer 함수는 열에 접근할 때 실행하는 콜백 함수를 등록한다. • set_progress_handler 함수는 매 n개 명령을 실행할 때 수행하는 콜백 함수를 등록한다. • row_factory는 각 결과 행의 내용을 나타내는 객체를 생성하도록 하는 함수이다. 사전 커서를 만들 때에도 사용한다. • text_factory는 데이터베이스의 텍스트 값을 나타내는 객체를 생성하는 함수이다. • total_changes 는 수정된 행의 수를 나타내는 정수

SQLite에서도 MySQL과 마찬가지로 데이터베이스를 검색하고 그 결과 집합을 처리하려면 Cursor 객체를 생성한 다음 여러 가지 연산을 수행하게 된다.

파이썬으로 SQLite 데이터베이스를 처리하는 예제를 실습해 보자. 먼저, SQLite 데이터베이스 파일을 생성하는 간단한 프로그램을 만들어 본다. 여기서는, 학생의 이름, 생일, 성별을 콤마 (,)로 구분된 데이터 열로 표현한 csv 형식의 텍스트 파일을 읽어 SQLite 데이터베이스 파일로 저장하는 프로그램을 작성하여 실행시킬 것이다.

학생 데이터를 포함한 csv 파일은 다음과 같이 작성한다.

코드 4-22 학생 데이터를 저장한 student.csv 파일

```
Hong GilDong,850101,M
Im GgukJung,730505,M
Hwang JinEee,800515,F
Jang GilSan,771028,M
```

다음은 SQLite 데이터베이스 입력 프로그램을 작성한다. 프로그램 코드는 'test.db' SQLite 데이터베이스 파일을 만들어 학생 데이터를 표현하는 테이블을 생성하고, csv 파일로부터 데이터를 읽어 한 줄씩 테이블에 입력하도록 동작한다.

코드 4-23 csv 파일로부터 데이터를 읽어 DB 테이블에 입력하는 importcsv.py 파일

```
from sys import argv
import csv
import sqlite3

conn = sqlite3.connect('test.db')
c = conn.cursor()

if len(argv) < 2:
    print "Please provide a name of a csv file. ex: python importcsv.py myfile.csv"
    exit(1)
else:
    csvfile = argv[1]

c.execute("CREATE TABLE student (id INT PRIMARY KEY, name TEXT, birth DATE,
gender CHAR )")
student = csv.reader(open(csvfile, 'rb'), delimiter=',', quotechar='"')
index = 0
for row in student:
    index = index + 1
    print "%s %s" % (index, row)
    c.execute("INSERT INTO student VALUES (?, ?, ?, ?)", (index, row[0], row[1],
row[2]))

conn.commit()
conn.close()
```

다음과 같이 프로그램을 실행하면 test.db 파일이 생성된 것을 확인할 수 있다.

```
$ python importcsv.py student.csv
```

다음은 test.db 파일에 대한 커서를 생성하여 테이블 내용을 읽어 출력하는 프로그램을 작성한다. 네 번째 줄에서 DB 객체의 row_factory 항목을 sqlite3.Row로 설정하면 딕셔너리 커서가 구현된다.

코드 4-24 커서를 생성하여 DB 테이블 내용을 출력하는 sqlitetest.py 파일

```python
import sqlite3
db = sqlite3.connect('test.db')
db.row_factory = sqlite3.Row
cur = db.cursor()
query = cur.execute('SELECT * FROM student')
for row in query.fetchall():
    print row["id"], row["name"], row["gender"]
cur.close()
db.close()
```

프로그램을 실행한 결과는 다음과 같다.

```
$ python sqlitetest.py
(1, u'Hong GilDong', 850101, u'M')
(2, u'Im GgukJung', 730505, u'M')
(3, u'Hwang JinEee', 800515, u'F')
(4, u'Jang GilSan', 771028, u'M')
```

마지막으로, INSERT 구문을 사용하여 학생 데이터를 추가하는 예제 스크립트를 작성해 보자.

코드 4-25 커서를 생성하여 DB 테이블에 데이터를 추가하는 sqlitetest2.py 파일

```python
import sqlite3, sys

db = None
try:
    db = sqlite3.connect('test.db')
    cur = db.cursor()
    students=[(5,"Il JiMae", 880429, 'M'),(6,"Mae Chang", 810606, 'F')]
    cur.executemany("INSERT INTO student(id, name, birth, gender)
VALUES(?, ?, ?, ?)", students)
    db.commit()

except sqlite3.Error,e:
    # rollback on error
    if db:
      db.rollback()
    print "Error %s:" % e.args[0]
    sys.exit(1)

finally:
    if db:
        db.close()
```

여기서 새로운 데이터를 데이터베이스 파일에 쓸 때 실패할 수 있으므로 try-except 구문으로 예외 처리를 하고 있다는 것을 알 수 있다.

다음 명령을 입력하여 프로그램을 실행하면 데이터가 추가된 것을 확인할 수 있다.

```
$ python sqlitetest2.py
(1, u'Hong GilDong', 850101, u'M')
(2, u'Im GgukJung', 730505, u'M')
(3, u'Hwang JinEee', 800515, u'F')
(4, u'Jang GilSan', 771028, u'M')
(5, u'Il JiMae', 880429, u'M')
(6, u'Mae Chang', 810606, u'F')
```

4.7.3 웹 서버를 통한 데이터베이스 제어

웹 서버를 통해 데이터베이스를 제어해 보자. 그렇게 하려면 웹 서버와 데이터베이스를 연동시켜야 한다. 여기서는 Bottle 웹 서버와 SQLite 데이터베이스를 연동시킬 것이다.

먼저, 다음 명령을 실행하여 bottle-sqlite 플러그인을 설치한다.

```
$ pip install bottle-sqlite
```

이제 다음과 같은 프로그램을 작성한다.

코드 4-26 Bottle과 SQLite를 연동하는 bottlesqlite.py 스크립트 파일

```
from bottle import *
from bottle_sqlite import SQLitePlugin

sqlite = SQLitePlugin(dbfile='test.db')
install(sqlite)

@route('/show/<item>')
def show(item, db):
    row = db.execute("SELECT * from student where name like ?", ('%'+item+'%',))
    if row:
        return template('showitem', items=row)
    return HTTPError(404, "Page not found")

run(host='192.168.0.30', port=8008)
```

다음은 showitem.tpl 템플릿 파일을 작성한다.

코드 4-27 DB 테이블 항목을 보여 주는 showitem.tpl 템플릿 파일

```html
<html>
<head>
<title>Bottle-Sqlite Test</title>
</head>
<body>
<div style="padding-top:20px;">
<table border>
<tr>
  <th>Id</th>
  <th>Name</th>
  <th>Birthday</th>
  <th>Gender</th>
</tr>
% for item in items:
  <tr>
  % for column in item:
    <td>{{column}}</td>
  % end
  </tr>
% end
</table>
</div>
</body>
</html>
```

다음과 같이 bottle 웹 서버 스크립트를 실행한다.

```
$ python bottlesqlite.py
```

이제 웹 브라우저에서 http://<ip 주소>:<포트 번호>/show 또는 http://<ip 주소>:<포트 번호>/show/Im 주소로 접속해 보자. 웹 브라우저에 데이터베이스의 전체 항목 또는 검색된 항목을 출력하는 것을 볼 수 있다.

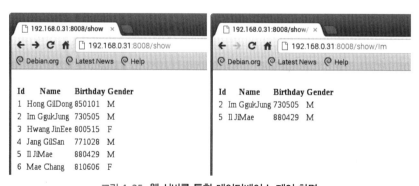

그림 4-25 웹 서버를 통한 데이터베이스 제어 화면

4.8 REST API 설계

4.8.1 REST API 개요

이제 데이터베이스를 활용하여 새로운 웹 서비스를 제작해 보자. 웹 서비스 API를 구현하려면 어떤 방식으로 서비스를 요청하고, 응답 형식은 어떻게 할지에 대해 결정하여야 한다. 여기서는 사물인터넷을 비롯한 다양한 웹 서비스에서 각광받고 있는 REST(REpresentational State Transfer) 방식을 사용할 것이다. REST는 로이 필딩(Roy Fielding)이 2000년에 고안한 웹 서비스 구조이다. 이 방식은 복잡한 세션 처리 대신 단순하면서도 일관된 인터페이스를 통해 특정한 리소스에 대한 URI 주소를 지정하고 데이터를 전송하는 방식이다.

REST API를 설계하려면 몇 가지 설계 원칙을 지켜야 한다. 먼저, REST에서는 인터넷의 리소스를 인터넷 주소와 같은 URI(Uniform Resource Identifier)로 표현해야 한다. URI의 예는 다음과 같다.

```
http://www.myhome.net/sensor/1
```

여기서 중요한 것은 리소스를 표현할 때 소문자를 사용하고 확장자를 사용하지 않는다는 것이다. 이것은 대문자를 쓰면 헷갈리므로 소문자를 써야 한다는 의미이고, 확장자를 쓰는 대신 Accept 헤더를 이용하여 확장자에 맞는 파일 형식을 파싱하여 응답하여 유연성을 높일 수 있다는 뜻이다. 예를 들면, HTTP 요청에 대한 응답은 XML, JSON, CSV와 같은 텍스트 형식이나 JPG와 같은 이미지 형태로 전해 주는 것이 일반적이다. 예를 들면, XML 형식의 응답을 원하는 경우와 GET/tasks/1.xml의 확장자 형태로 요청하도록 구현하는 경우에 다른 형식을 요청할 때는 다른 리소스인 것처럼 혼동이 된다. 따라서 같은 리소스를 요청하는 경우에는 리소스 주소를 구분하는 대신에 다음과 같이 헤더의 Accept 필드에 응답에 대한 형식을 지정하여 서버가 이해할 수 있도록 하면 된다.

```
GET /tasks/1 HTTP/1.1
Host: myhome.net
Accept: application/xml
```

또 하나의 중요한 원칙은 URI에 동사(verb)를 사용하지 않는 것이다. 보통 리소스에 대한 요청은 CRUD(생성 Create, 읽기 Read, 갱신 Update, 삭제 Delete) 형태로 주로 사용하며, 이러한 리소스에 대한 동작이나 요청은 보통 다음과 같은 네 가지 HTTP 요청 방식을 사용한다(불행하게도

이 중에서 PUT과 DELETE는 웹 브라우저에서 지원하지 않는 경우가 많다. 이 부분에 대해서는 나중에 다룰 것이다).

표 4-31 **REST API 요청 명령**

요청 명령	설명
GET	리소스에 대한 정보를 획득한다.
POST	리소스를 생성한다.
PUT	리소스를 수정하거나 갱신한다.
DELETE	리소스를 삭제한다.

그런데 이러한 CRUD 기능에 대한 동사 술어를 URI에 사용하면 리소스를 요청하는지 행위를 요청하는지 헷갈릴 수 있다. 다음과 같은 예를 보면 쉽게 이해할 수 있다.

```
GET /tasks/13/delete HTTP/1.1
POST /recipes/write HTTP/1.1
GET /delete?id=55 HTTP/1.1
GET /motor?action=GoForward HTTP/1.1
```

특히, 마지막 예처럼 쿼리(query)문은 행위를 지정하는 용도로 사용하는 것이 아니라 리소스의 검색 범위를 제한하는 용도로 사용해야 한다. 예를 들면, 다음과 같다.

```
GET /family/address?name=John HTTP/1.1
```

4.8.2 REST API를 이용한 스케줄 관리 프로그램

이번에 다루어 볼 프로그램은 스케줄 관리 프로그램이다. 이것은 REST API를 통해 자신의 스케줄을 DB에 입력하고 조회하고 수정하는 간단한 파이썬 웹 프로그램이다.

스케줄 DB에 저장할 형식은 스케줄 이름, 설명, 데드라인, 상태의 네 가지 항목을 열(column)로 가진다. 여기서 스케줄 이름, 설명, 데드라인은 해야 할 일의 제목, 내용, 기간을 나타낸다. 상태는 스케줄이 완료되었는지 아닌지를 나타낸다. 필요한 REST API는 표 4-32와 같다.

리소스 URL	메소드	인자	설명
/schedule	GET		모든 스케줄 조회
/schedule	POST	이름, 설명, 데드라인	새로운 스케줄 생성
/schedule/<idnum>	GET		특정 스케줄 조회
/schedule/<idnum>	DELETE		특정 스케줄 삭제
/schedule/<idnum>/name	PUT	이름	특정 스케줄 이름 수정
/schedule/<idnum>/description	PUT	설명	특정 스케줄 설명 수정
/schedule/<idnum>/deadline	PUT	데드라인	특정 스케줄 데드라인 수정
/schedule/<idnum>/complete	PUT	상태	특정 스케줄 상태 수정
/schedule/done	GET		스케줄 완료 수 및 비율

프로그램 소스 코드는 다음 명령을 실행하여 다운로드할 수 있다.

```
$ git clone https://github.com/swkim01/rest.git
$ cd rest
```

스케줄을 저장하는 csv 파일은 다음과 같은 형식으로 만든다.

```
<스케줄이름>,<스케줄내용>
```

예를 들면, 다음과 같다.

코드 4-28 스케줄 관리 프로그램을 위한 schedule.csv 샘플 스케줄 파일

```
"Program schedule","make schedule program"
"Study","Study for final exams"
"Report","Make reports of major classes"
```

스케줄 파일로부터 SQLite DB 파일을 만드는 importcsv.py 스크립트를 실행하여 DB 파일을 초기화한다.

```
$ python importcsv.py schedule.csv
```

sqlite3 클라이언트 셸을 실행하여 기본 스케줄이 잘 입력되었는지 확인한다.

```
$ sqlite3 schedule.db
SQLite version 3.8.6 2014-08-15 11:46:33
Enter ".help" for usage hints.
sqlite> select * from schedule;
1|Program schedule|2014-12-14 02:01:43.177975|python programming|0
2|Study|2014-12-15 02:01:43.178468|Study form final exams|0
3|Report|2014-12-16 02:01:43.178568|Make reports of major classes|0
sqlite>
```

다음은 위에서 언급한 REST API를 구현하여 스케줄을 관리하는 schedule.py 서버 프로그램을 살펴보자. 이 프로그램은 클라이언트가 REST API를 통해 서버에 스케줄 자료를 요청하면 Bottle 및 SQLite 플러그인으로 데이터베이스 처리하여 JSON 형식으로 응답 메시지를 보내 주도록 구현하였다. 그리고 JSON 데이터 처리를 위해 JSON 파이썬 모듈의 dumps 함수를 사용하였다. 다음 프로그램 코드는 전체 스케줄을 요청하는 부분을 보여 준다.

코드 4-29 **REST API를 통해 스케줄을 관리하는 schedule.py 서버 프로그램**

```python
import json
from bottle import *
from bottle_sqlite import SQLitePlugin

def get_schedules(db):
  row = db.execute('SELECT * from schedule').fetchall()
  if row:
    #return template('home', schedules=row)
    results = []
    for data in row:
        results.append(dict(data))
    return json.dumps(results)
  return null

@route('/schedule', method='GET')
def schedules(db):
    response.content_type = 'application/json'
    return get_schedules(db)
...
```

스케줄 서버 프로그램을 실행한다.

```
$ python schedule.py
```

이제 웹 서버에 HTTP REST API 요청을 해 보자. 웹 서버에 HTTP 요청을 보내는 방법은 여러 가지가 있는데, CURL 프로그램이나 Postman, REST Client와 같은 크롬 웹 브라우저 플러그 인을 주로 많이 사용한다. 여기서는 CURL 명령을 사용해 보자.

CURL은 텍스트 기반의 명령 라인에서 다양한 프로토콜로 데이터를 전송하는 프로그램이 다. 지원하는 프로토콜은 HTTP, HTTPS, FTP, SFTP, Telnet, LDAP, IMAP, POP3, SMTP, RTSP 등 많은데, 여기서는 HTTP 프로토콜을 주로 사용할 것이다. CURL 프로그램의 명령어 형식은 표 4-33과 같다.

표 4-33 **CURL 프로그램의 명령 옵션**

일반 형식	curl [-aCxdlstucriFR] URL
옵션	설명
-d 또는 --data \<data>	특정한 데이터를 POST 요청으로 보낸다.
-G	GET 요청으로 보낸다. -d \<data>는 모두 URL에서 '?' 뒤에 추가된다.
-H 또는 --header \<header>	추가적인 헤더 정보를 지정한다.
-X 또는 --request \<command>	특정한 요청 방법을 지정한다. PUT, DELETE와 같은 요청 방식을 사용할 수 있다.

다음 주소로 GET 요청 명령을 실행하면 전체 스케줄을 JSON 형식으로 받아 온다.

```
$ curl http://<IP 주소>:8008/
[{"description": "make schedule program", "deadline": "2014-12-13 17:02:50.261344",
"id": 1, "complete": 0, "name": "Program schedule"}, {"description":
"Study form final exams", "deadline": "2014-12-14 17:02:50.261824", "id": 2,
"complete": 0, "name": "Study"}, {"description": "Make reports of major classes",
"deadline": "2014-12-15 17:02:50.261923", "id": 3, "complete": 0, "name": "Report"}]
```

새로운 스케줄을 추가하려면 다음 명령과 같이 POST 요청으로 실행하면 된다.

```
$ curl http://<IP 주소>:8008/schedule -H "Content-Type: application/json"
-X POST -d '{"name": "Reading", "description": "Read a novel", "deadline": 10}'
{"description": "Read a novel", "deadline": "2014-12-23 17:02:05", "id": 4,
"complete", 0, "name": "Reading"}
```

또한 PUT 요청을 통해 기존의 스케줄을 변경할 수도 있다.

```
$ curl http://<IP 주소>:8008/schedule/1/description -X PUT -d '{"description":
"파이썬 프로그래밍하기"}'
{"description": "파이썬 프로그래밍하기", "deadline": "2014-12-13 17:02:50.261344", "id": 1,
"complete": 0, "name": "Program schedule"}
```

다음은 웹 브라우저로 접속할 수 있도록 웹 페이지를 만들어 구동시켜 보자. 웹 페이지를 세
련되게 보이도록 하기 위해 부트스트랩(bootstrap) 2.3.2 버전을 사용하였다. 부트스트랩 코드는
스케줄 관리 프로그램의 소스 코드에는 이미 포함되어 있다. 만약 없다면 부트스트랩 홈페이
지[8]로부터 부트스트랩 프로그램을 다운로드하고 압축을 푼다.

```
$ wget http://maczniak.github.io/bootstrap/assets/bootstrap.zip
$ unzip bootstrap.zip
```

웹 서버 스크립트는 다음과 같은 기능이 구현되어 있다. 총 세 개의 웹 페이지를 통해 전체 및
특정 스케줄을 조회하거나 완료 비율을 볼 수 있다. 또한, 특정 스케줄의 설명 내용과 완료 상
태를 수정할 수 있다.

표 4-34 **스케줄 관리 웹 서버를 위한 웹 페이지 URL**

웹 페이지 URL	메소드	템플릿	설명
/	GET	home.tpl	모든 스케줄 조회
/page/<idnum>	GET	scheduleitem.tpl	특정 스케줄 조회
/page/done	GET	done.tpl	스케줄 완료 수 및 비율
/page/<idnum>/description	POST		특정 스케줄의 설명 수정
/complete/<idnum>	GET		특정 스케줄의 완료 상태 토글

스케줄의 설명과 완료 상태 수정을 위해 웹에서 구현이 불가능한 PUT 요청을 POST와 GET
요청으로 대체하였다. POST 요청의 경우에는 FORM 형식에서 http_method=PUT 인자를 통
해 PUT 요청을 인식하여 처리하도록 한다. 다음은 프로그램 내용을 보여 준다.

---

8   http://maczniak.github.io/bootstrap/index.html

코드 4-30 웹을 통해 스케줄을 관리하는 *schedulewww.py* 웹 서버 프로그램

```python
from bottle import route, run, request, install, static_file, template, redirect
#from bottle import *
from bottle_sqlite import SQLitePlugin
from schedule import *

@route('/css/bootstrap.css')
def serve_bootcss():
    return static_file("bootstrap.css", root='./css')

@route('/img/<filename>')
def serve_image(filename):
  return static_file(filename, root='./img/')

@route('/')
def home(db):
  #row = db.execute('SELECT * from schedule').fetchall())
  row = json.loads(get_schedules(db))
  if row:
    return template('home', schedules=row)
  return "Ack! We have encountered an error..."

def toggle(db, column, numid):
  # Toggle a boolean from 0 to 1 or 1 to 0
  statusstr = 'SELECT %s from schedule where id=?' % column
  statusquery = db.execute(statusstr, [numid]).fetchone()
  status = statusquery
  print status
  if status[0] == 0:
    updatestr = 'UPDATE schedule set %s=1 where id=?' % column
  elif status[0] == 1:
    updatestr = 'UPDATE schedule set %s=0 where id=?' % column
  row = db.execute(updatestr, [numid])
  db.commit()
  print updatestr, numid, row
  return

@route('/complete/<idnum>')
def finish(idnum, db):
  # Toggle a schedule's finish/absent status
  toggle(db, "complete", idnum)
  redirurl = "/page/" + str(idnum)
  redirect(redirurl)

@route('/page/done')
def all_done(db):
  schedules_complete = db.execute('SELECT * from schedule where complete=1').fetchall()
  schedules_uncomplete = db.execute('SELECT * from schedule where complete=0').fetchall()
  countquery = db.execute('SELECT count(*) from schedule').fetchone()
  count = countquery[0]
```

```python
    complete_count = len(schedules_complete)
    uncomplete_count = len(schedules_uncomplete)
    # Calc percent completed
    percentage = float(complete_count) / float(count)
    percentage = percentage * 100
    percentage = int(percentage)
    return template('done', percentage=percentage, complete=complete_count,
uncomplete=uncomplete_count)

@route('/page/<idnum>/description', method='POST')
def submit_description(idnum, db):
  description = request.forms.get('description')
  http_method = request.forms.get('http_method')
  if http_method == "PUT":
    put_data(db, idnum, column='description', data=description)
  redirurl = "/page/" + str(idnum)
  redirect(redirurl)

@route('/page/<idnum>')
def scheduleone(idnum, db):
  row = db.execute('SELECT * from schedule where id=?', [idnum]).fetchone()
  # Set previous and next links
  if int(idnum) >= 1:
    prevlink = int(idnum) - 1
  # Need to find number of schedules to find the last link
  countquery = db.execute('SELECT count(*) from schedule').fetchone()
  count = countquery[0]
  if int(idnum) == count:
    nextlink = "done"
  else:
    nextlink = int(idnum) + 1
  if row:
    return template('scheduleitem', schedule=row, prevlink=prevlink, nextlink=nextlink)
  return HTTPError(404, "Page not found")

if __name__ == "__main__":
  sqlite = SQLitePlugin(dbfile='schedule.db')
  install(sqlite)
  run(host='192.168.0.30', port=8008)
```

프로그램을 실행하고 http://<IP 주소>:<포트> 주소로 접속해서 잘 동작하는지 살펴본다.

```
$ python schedulewww.py
```

그림 4-26 웹 서버를 통한 스케줄 관리 화면

5

GUI 프로그래밍

(제록스 사용자 인터페이스에 대해) 10분 내에 앞으로 모든 컴퓨터가
결국 이렇게 동작할 거라는 게 제게는 분명했죠.

– 스티브 잡스(Steve Jobs), 애플 사의 창립자.

이번 장에서는 리눅스의 그래픽 윈도우 시스템인 X 윈도우, 파이썬 Tkinter GUI 라이브러리,
리눅스의 대표적인 GUI 프레임워크인 Qt에 대해 알아본다. 아울러 파이썬 Qt 모듈인 PySide
와 빠른 GUI 제작을 위한 Qt Quick 프레임워크를 사용하여 프로그래밍하는 방법에 대해서
살펴볼 것이다.

5.1 그래픽 윈도우 시스템 개요

오늘날 컴퓨터 사용자는 그래픽 사용자 인터페이스(GUI)를 통하여 컴퓨터를 자유롭게 조작하
고, 시각적으로 편리하게 사용할 수 있다. 이것을 가능하게 해 주는 시스템 소프트웨어가 그래
픽스 시스템(graphics system)이다.

그래픽스 시스템은 그림 5-1과 같이 보통 여러 모듈 계층으로 나뉜다. 제일 아래층에 있는 디
스플레이 하드웨어와 입력 장치는 커널(kernel) 내에 위치하는 디바이스 드라이버(device driver)
와 인터페이스(interface)하며 입출력 동작을 수행한다. 다음은 기본적인 그래픽 렌더링 처리

등을 담당하는 그래픽 윈도우 라이브러리가 위치하고, 상위에는 버튼 등의 복잡한 컨트롤 또는 위젯(widget) 객체들을 지원하는 툴킷(toolkit)이 차지한다. 최상위의 GUI 응용 프로그램은 실행하면서 하부의 그래픽스 시스템과 연동하여 동작하게 된다.

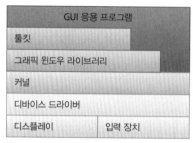

그림 5-1 **그래픽 윈도우 시스템**

5.1.1 X 윈도우 개요

유닉스 및 리눅스에서 주로 사용하는 그래픽 윈도우 시스템은 X 윈도우이다. X 윈도우는 본래 1980년대 중반 MIT(Massachusetts Institute of Technology)에서 유닉스 워크스테이션 환경을 위한 GUI 시스템으로 개발되었다. 1992년에는 상당히 안정화된 X11R6 버전을 발표하여 많은 각광을 받았으나, 이후 큰 소프트웨어적인 변화가 없었다. 한편, 당시에 PC에 X 윈도우를 이식하려는 XFree86 프로젝트가 만들어지고, PC 가격이 떨어지고, 동시에 리눅스가 등장하여 XFree86 서버를 채택함으로써 다시 활발한 개발 및 개선이 이루어졌다. 이후에도 투명 윈도우, 확대/축소, 3D를 지원하는 등의 보다 진보적인 특성을 포함하게 되었다.

X 윈도우 시스템은 계층적인 서버-클라이언트 구조를 가지며, 서버가 직접 그래픽 처리 등을 담당하고, 클라이언트는 키보드 및 마우스 등의 입력 이벤트에 대한 처리나 터미널 변경 등을 서버에 요청한다. 그림 5-2는 이러한 X 윈도우 시스템의 구조를 보여 준다.

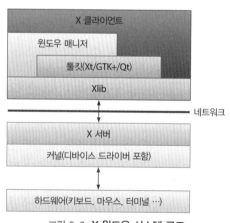

그림 5-2 **X 윈도우 시스템 구조**

1 X 서버

X 서버는 디스플레이 디바이스 드라이버를 포함하는 커널과 통신하며 클라이언트로부터의 그래픽 처리 요청을 실제로 처리하는 프로그램이다. 또한, 키보드나 마우스로부터의 사용자 입력 요청을 X 클라이언트로 전달하는 역할도 담당한다.

2 Xlib 라이브러리

Xlib 라이브러리는 X 클라이언트 프로그램이 사용하는 GUI 그래픽 라이브러리이다. 이것은 윈도우 생성, 이동, 크기 조정, 폰트, 커서, 점/선/타원/사각형 등의 도형 그리기 등의 저수준의 그래픽 처리와 관련된 작업을 수행한다. 하지만 이런 그래픽 처리 작업을 디스플레이에 직접 나타내는 것이 아니라, X 프로토콜이라는 네트워크 프로토콜을 생성하여 서버로 전송하도록 한다.

그러나 버튼 등의 고급 GUI 소프트웨어를 만드는 데 Xlib와 같은 저수준 그래픽 라이브러리를 직접 사용하기는 힘들므로 아래와 같은 그래픽 윈도우 툴킷이 필요하게 된다.

3 툴킷

툴킷은 버튼, 스크롤 바(scroll bar), 풀다운 메뉴 등의 고급 GUI 객체인 위젯을 제공하는 라이브러리이다. 따라서 X 서버와 클라이언트 간의 통신과 Widget GUI 객체에 대한 처리를 담당한다. X 개발 초기에는 MIT에서 개발한 Athena 위젯이라는 Xt 라이브러리가 기본적으로 제공되었다. 이후에, 다양한 기능을 가진 위젯들을 포함하는 툴킷 라이브러리들이 많이 개발되었다. X 윈도우용으로는 1990년대 초만 해도 개방형 시스템 재단(OSF, Open System Foundation)에서 개발한 Motif와 AT&T에서 개발한 OpenLook이 대표적인 것들이었는데, 이들 둘 다 상용이었으므로 오픈소스 리눅스에는 적합하지 않았다. 리눅스에서는 객체 지향적이면서도 더욱 진보된 상용 툴킷인 Digia 사의 Qt와 GNU에서 개발한 GTK+가 대표적으로 유명하다. 이 외에도 WxWidgets, Tcl/Tk, FLTK와 같은 툴킷은 물론 Tkinter, PySide, PyQt 등과 같은 파이썬 GUI 모듈들이 있다.

4 X 클라이언트

X 클라이언트는 X 윈도우를 GUI로 사용하는 프로그램이다. X 클라이언트는 X 서버가 보내는 마우스나 키보드 등의 사용자 입력 이벤트를 기다리고, 내부적으로 이를 처리한 후 다시 필요한 그래픽 처리를 서버에 요청하는 방식으로 동작한다.

5 윈도우 매니저

윈도우 매니저는 X 클라이언트 중 하나이나, 특별한 기능을 담당한다. 이것은 전체 디스플레이 윈도우에서 데스크톱 화면을 나누어 워크스페이스를 늘리거나, 각 윈도우의 주변 프레임, 최소화, 최대화, 닫기 아이콘, 제목 표시줄 등을 관리하거나, 각각의 윈도우를 이동하는 등의 기능을 담당한다.

5.1.2 X 윈도우의 특징

X 윈도우는 소스가 공개된 오픈소스 그래픽 라이브러리 및 사용자 환경이며, X 프로토콜이라는 네트워크 프로토콜을 사용하여 서버-클라이언트 구조로 설계함으로써 네트워크 투명성과 장치 독립성을 제공하게 된다. 아울러 서버-클라이언트의 독립적인 구조로 인해 모듈성과 확장성도 뛰어나게 되었다. 게다가 Xlib와 고유 툴킷인 Xt Athena 위젯들은 기본적인 기능만을 제공하고, 세부적인 많은 윈도우 자원들은 정해지지 않았으므로 다양한 기능을 추가한 사용자 인터페이스를 적용할 수 있다. 또한, 21세기에 들어와서도 이미지 합성, 폰트 설정 지원, OpenGL의 3D 가속 기능을 활용하는 등 계속 발전해 나가고 있다.

하지만 이런 여러 가지 장점에도 불구하고 X 윈도우의 소스 코드가 너무 오래되어 복잡하고 무겁고 느렸으며, 표준 툴킷이 없음으로 해서 개발자들의 혼란을 가져오기도 했다. 최근에는 X 윈도우 서버의 기능을 커널의 하드웨어 렌더링으로 대체하는 Wayland라는 그래픽 서버 프로그램이 개발되어 많은 관심을 받고 있다.

5.2 Tkinter 파이썬 GUI 프로그래밍

Tk GUI 툴킷은 본래 Tcl 스크립트 언어를 위한 GUI 프로그램을 간편하고 빠르게 구현하기 위해 개발되었다. 이러한 Tcl/Tk GUI 툴킷 라이브러리 계층 위에 파이썬 모듈로 구현된 것이 Tkinter(TK Interface) 모듈이다. 따라서 Tkinter는 파이썬으로 GUI 프로그램을 개발하기 쉽도록 하며, 라즈비안에는 파이썬과 더불어 기본적으로 탑재되어 있다.

Tkinter를 사용한 간단한 예제는 다음과 같다.

코드 5-1 Tkinter를 활용하여 간단한 메시지를 출력하는 hellotk.py 스크립트

```
from Tkinter import *

tk = Tk()
Label(tk, text='Hello TK').pack()
tk.mainloop()
```

다음과 같이 프로그램을 실행한다.

```
$ python hellotk.py
```

그림 5-3 hellotk.py 프로그램 실행 창

이 프로그램의 구조를 살펴보면 먼저 Tkinter 모듈의 모든 내용을 import한 다음, 루트 윈도 우를 나타내는 Tk 루트 위젯을 생성한다. 여기서 위젯은 그래픽 화면에 나타낼 수 있는 그래 픽 컴포넌트를 나타낸다. 다음은 이 윈도우의 '자식' 위젯으로 레이블 위젯을 생성한다. 레이블 위젯은 단순히 text 인자로 지정한 문자열 또는 아이콘 등의 이미지를 출력하는 위젯이다. 참 고로 Tkinter 모듈에서 사용 가능한 다양한 위젯들이 있다.

표 5-1 Tkinter 위젯들

위젯/클래스	설명	위젯/클래스	설명
Button	버튼 출력	Menubutton	메뉴 버튼 출력
Canvas	선/사각형/타원 등을 그리는 영역	Message	여러 줄의 텍스트 출력
Checkbutton	체크 버튼 출력	Radiobutton	라디오 버튼 출력
Entry	한 줄 입력 창 출력	Scale	고급 비디오 오버레이 접근
Frame	여러 위젯을 포함하거나 패딩으로 사용	Scrollbar	스크롤 바 출력
Label	레이블 출력	Text	여러 줄의 텍스트 출력
Listbox	리스트 박스 목록 출력	Toplevel	Frame과 비슷, 최상위 창
Menu	메뉴 출력	tkMessageBox	메시지 박스를 출력
BitmapImage	비트맵 이미지 클래스	PhotoImage	사진 이미지 클래스
tkFileDialog	파일 선택 박스 출력	tkColorChooser	색깔 선택 박스 출력

이 위젯의 pack 메소드는 주어진 문자열의 내용에 맞추어 위젯의 크기를 조절하고, 화면에 나타나도록 한다. 마지막으로, 루트 위젯의 mainloop( ) 함수를 호출하여 프로그램을 종료할 때까지 처리할 이벤트들을 기다린다. 이러한 루프를 이벤트 루프(event loop)라고 하는데, GUI 프로그램에서 특정한 사건이 발생하기를 기다렸다가 사건이 발생하면, 관련 코드를 실행하는 작업을 반복적으로 처리하게 된다. 이런 방식을 이벤트 구동(event-driven) 방식이라고 한다. 정리하면, 사용자가 키보드나 마우스를 통해 입력할 때마다 윈도우 시스템은 이벤트를 발생시키고, 발생한 이벤트에 대해서는 프로그램에서 정의한 적절한 함수로 처리하고, 이벤트가 발생하지 않을 때는 이벤트가 발생하기를 체크하면서 계속 기다리게 된다.

따라서 Tkinter GUI 프로그램의 구성은 다음 단계로 이루어진다.

1. Tk 루트 윈도우 위젯 생성 및 속성 설정

2. 자식 위젯들 생성, 속성 설정, 콜백 함수 설정

3. 위젯들을 루트 위젯에 적절하게 배치

4. 이벤트 루프 구동

여기서 콜백(callback) 함수는 특정한 위젯 내에서 특정한 이벤트가 발생하였을 때 실행되는 함수를 말한다. 예를 들면, 버튼을 클릭하였을 때 커맨드 이벤트가 발생하는데, 이때 특정한 함수가 실행되도록 지정할 수 있다. 다음과 같은 프로그램을 작성해 보자.

코드 5-2 이벤트를 처리하는 tkevent.py 스크립트 파일

```
from Tkinter import *

root = Tk()
root.title("Callback and Event Test")
root.geometry("100x100+300+300")

def callback():
    print "button clicked"

button = Button(root, text="Click me!", width=10, command=callback)
button.pack(padx=10, pady=10)
root.mainloop()
```

여기서 루트 위젯의 타이틀, 크기 및 위치(geometry)를 지정하였다. 크기 및 위치의 형식은 '<넓이>×<높이>+<화면 내의 가로축 위치>+<화면 내의 세로축 위치>'이다. 버튼 위젯을 생성할 때 command 인자에는 버튼 클릭 시 실행할 콜백 함수를 지정한다. 버튼을 루트 위젯에 배치할 때 가로축, 세로축 간격(픽셀)을 각각 padx, pady 인자로 지정하였다. 프로그램을 실행하면 다음과 같은 윈도우가 나타날 것이다. 버튼을 클릭하면 콜백 함수가 실행된다.

```
$ python tkevent.py
button clicked
...
```

그림 5-4 **tkevent.py 프로그램 실행 창**

이제 GUI 위젯에 표시된 숫자나 문자열을 동적으로 변경하는 방법에 대해 알아보자. Tkinter 는 값이 바뀔 때마다 위젯이 변경되도록 하는 특별한 변수를 제공한다. 바로 StringVar, IntVar, DoubleVar 등이 그것이다. StringVar는 문자열, IntVar는 정수, DoubleVar는 실수 값을 저장한다.

예를 들면, 현재 지역의 온도 값을 출력하는 프로그램을 만드는 사례를 생각해 보자. 온도 값 은 기상청 홈페이지로부터 웹으로 가져오면 된다. 프로그램 코드는 먼저 urllib 파이썬 모듈을 import하고, 기상청 홈페이지로부터 현재 날씨 정보를 HTML 문서로 가져와서 구문을 분석 하여 원하는 도시에 대한 온도 정보를 추출하는 함수를 만들어야 한다. 참고로 기상청 홈페이 지 주소는 http://www.kma.go.kr/weather/observation/currentweather.jsp이다.

다음은 GUI 화면을 구성하면 되는데, 여기서는 온도 값을 Label 위젯, 도시를 콤보 박스 (combo box) 형태의 OptionMenu 위젯, 화면을 갱신하는 Refresh Button으로 나타낸다. 다음 과 같은 프로그램을 작성해 보자.

코드 5-3 현재 날씨 정보를 가져와서 보여 주는 weather.py 스크립트

```python
#-*- coding: utf-8 -*-
try:
    from urllib.request import urlopen #python 3
except ImportError:
    from urllib2 import urlopen #python 2
from Tkinter import *

def get_weather(city):
    page = urlopen("http://www.kma.go.kr/weather/observation/currentweather.jsp")
    text = page.read().decode("euckr")
    text = text[text.find(">"+city):]
    for i in range(5):
        text = text[text.find("<td>")+1:]
    start = 3
    end = text.find("</td>")
    tempV.set(u'온도: '+text[start:end])
    print(text[start:end])

def refresh(*args):
    get_weather(cities.get())

app = Tk()
app.title("현재 기온")
app.geometry("200x150+200+200")
Label(app, text="도시: ").pack(side="left")
city_list = ["서울", "부산", "대구", "광주", "제주"]
cities = StringVar()
cities.set(city_list[0])
cities.trace("w", refresh)
OptionMenu(app, cities, *city_list).pack(side="right")
tempV = StringVar()
tempV.set("온도: ")
Label(app, textvariable=tempV).pack(pady=40, side="top")
Button(app, text="Refresh", command=refresh).pack(pady=40, side="bottom")
app.mainloop()
```

여기서 온도 값은 tempV라는 StringVar( ) 변수를 생성하였고, Label 위젯의 text 인자 대신 textvariable 인자로 설정하여 tempV 값이 바뀔 때마다 Lable 위젯도 갱신될 것이다. 도시들은 리스트로 만들어 OptionMenu에 표시하지만, 선택되는 값은 cities라는 StringVar( )로 생성하여 변경시키도록 하였다. StringVar는 set( ) 함수를 통해 변수 값을 설정할 수 있고, trace( ) 함수를 통해 변수 값을 읽거나('r') 쓸('w') 때 특정한 함수가 실행하도록 설정할 수 있다. 여기서는 cities 값을 도시 목록의 첫째 항목으로 초기화하고, 값이 바뀔 때마다 refresh 함수가 실행되도록 하였다.

프로그램을 실행하면 그림 5-5와 같은 화면이 나타난다. 도시를 바꾸어 보거나 refresh 버튼을 클릭해 본다. 도시를 변경할 때마다 온도 값이 바뀌는 것을 확인할 수 있을 것이다.

```
$ python weather.py
```

그림 5-5 weather.py 프로그램 실행 창

다음은 mp3나 wav와 같은 사운드 파일을 연주하는 사운드 플레이어를 만들어 보자. 앞서 3장에서 다룬 pygame.mixer 패키지를 사용하여 사운드 파일을 연주하거나 정지시킬 수 있다. 프로그램에서는 GUI 구성을 위해 MusicPlayer라는 클래스를 정의하고 사운드 파일을 선택하는 버튼, 연주하는 버튼, 정지하는 버튼 등 세 개의 버튼과 볼륨 값을 조절하는 슬라이더바(sliderbar)로 GUI를 구성한다. tkFileDialog라는 파일 선택 대화 상자 위젯을 사용하여 사운드 파일을 선택하도록 구현한다. 볼륨 조절은 Scale이라는 슬라이더바 위젯을 사용하여 구현한다. 다음과 같은 프로그램을 작성해 보자.

코드 5-4 음악 파일을 재생하는 soundplayer.py 스크립트 파일

```python
import pygame.mixer
from Tkinter import *
import tkFileDialog

class MusicPlayer(Frame):
    def __init__(self, root):
        Frame.__init__(self, root)
        button_opt = {'side': LEFT, 'padx': 5, 'pady': 5 }
        Button(self, text="Load", command=self.askopenfile).pack(**button_opt)
        Button(self, text="Play", command=self.playfile).pack(**button_opt)
        Button(self, text="Stop", command=self.stopfile).pack(**button_opt)
        self.volume=DoubleVar()
        self.volume.set(1.0)
        Scale(self, variable=self.volume, from_=0.0, to=1.0,
                    resolution=0.1, command=self.changevolume,
                    orient=HORIZONTAL).pack(**button_opt)

    def askopenfile(self):
        self.filename = tkFileDialog.askopenfilename(initialdir="/home/pi")
```

```
            if self.filename.endswith('.mp3'):
                pygame.mixer.music.load(self.filename)
            else:
                self.track = pygame.mixer.Sound(self.filename)

    def playfile(self):
        if self.filename.endswith('.mp3'):
            pygame.mixer.music.play()
        elif self.track != None:
            self.track.play(loops=-1)

    def stopfile(self):
        if self.filename.endswith('.mp3'):
            pygame.mixer.music.stop()
        elif self.track != None:
            self.track.stop()

    def changevolume(self, v):
        if self.filename.endswith('.mp3'):
            pygame.mixer.music.set_volume(self.volume.get())
        elif self.track != None:
            self.track.set_volume(self.volume.get())

def shutdown():
    pygame.mixer.stop()
    tk.destroy()

if __name__ == "__main__" :
    pygame.mixer.init(48000, -16, 1, 1024)
    tk = Tk()
    tk.title("Music Player")
    tk.geometry("300x100+300+300")
    panel = MusicPlayer(tk)
    panel.pack()
    tk.protocol("WM_DELETE_WINDOW", shutdown)
    tk.mainloop()
```

여기서 주의할 점은 사운드 파일의 형식이 mp3 파일이냐 wav 파일이냐에 따라 다르게 처리한다는 점이다. 그리고 볼륨 값은 DoubleVar 변수로 생성하고, Scale 위젯의 variable 인자로 지정하여 값이 변경될 때마다 자동으로 changevolume 함수가 실행되어 실제 사운드 볼륨이 바뀌도록 구현하였다.

프로그램을 실행하고 사운드 파일을 선택하여 Play해 보자. 또, 볼륨을 조절하고 Stop해 보자.

```
$ python soundplayer.py
```

그림 5-6 soundplayer.py 프로그램 실행 창

5.3 Qt/PySide 프로그래밍

5.3.1 Qt 개요

Qt는 본래 C++ 언어로 만들어진 GUI 툴킷 라이브러리이며, MS 윈도우, 리눅스, 맥 OS 등 다양한 플랫폼에서 동작하도록 만들어졌다. 특히, 리눅스의 대표적인 데스크톱 환경 중 하나인 KDE의 GUI 기반 라이브러리로 사용되고 있다. Qt는 처음에 노르웨이 트롤테크(Trolltech) 사에서 개발되었으나, 현재는 노키아(Nokia)를 거쳐 디지아(Digia) 사에서 관리하고 있다.

Qt의 주요 특징은 다음과 같다. Qt는 C++를 기반으로 구현되어 객체 지향 프로그래밍이 가능하며, 시그널과 슬롯이라는 이벤트 처리 방식을 제공한다. 또한, 풍부한 GUI 위젯과 유니코드(Unicode) 및 i18n 등의 다양한 언어를 지원하며, SQL 데이터베이스, XML 파싱, 네트워크 연결, 멀티미디어 처리, 스레드 관리 등 다양한 기능을 포함하고 있다. Qt GUI 프로그램을 개발하는 데 필요한 프로그래밍 도구로는 Qt Designer GUI 생성 프로그램과 Qt Creator 통합 개발 환경이 대표적이다. Qt는 처음에 C++로 만들어졌지만, PySide나 PyQt와 같은 파이썬 바인딩 라이브러리가 있고, Qt Quick/QML이라는 절차 언어 개발 방식도 지원한다.

Qt를 구성하는 세부적인 요소들은 표 5-2와 같다. 이 중에서도 특히, QtCore, QtGui 라이브러리에 대해 좀 더 자세히 살펴보자.

표 5-2 **Qt 내부 라이브러리들**

라이브러리	설명
QtCore	GUI를 제외한 기본 클래스들
QtGui	대부분의 GUI 클래스 포함
QtNetwork	UDP, TCP, FTP, HTTP 등 네트워크 관련 클래스들
QtSql	오픈소스 SQL DB와 통합된 클래스들
QtXml	XML 파서를 통해 SAX와 DOM 인터페이스 구현
QtMultimedia	멀티미디어 지원
QtUiTools	실행 시간 GUI 생성 지원
QtDeclarative	QML 기반의 절차 언어 지원
QtWebkit	웹 브라우저 엔진 지원
QtTest	Unit 테스트 지원

1 QtCore 라이브러리

QtCore 라이브러리는 Qt에서 사용하는 GUI 부분을 제외한 핵심 클래스들을 제공한다. 이것은 이벤트 루프, 시그널 및 슬롯 매커니즘, 유니코드, 스레드, 매핑된 파일, 공유 메모리, 정규 표현식 그리고 사용자 및 응용 프로그램 설정 등을 포함한다.

2 QtGui 클래스 라이브러리

QtGui 클래스 라이브러리는 버튼, 스크롤 바, 메뉴 등의 풍부한 GUI 위젯들을 제공한다. Qt 라이브러리의 두 가지 중요한 특징은 객체 지향 방식을 지원한다는 점과 이벤트 기반으로 동작한다는 것이다.

Qt 라이브러리는 C++ 언어로 작성되어 GUI 위젯 객체들이 객체 지향 방식을 따르며, 계층 구조를 이루어 상속(inheritance)과 다형성(polymorphism)을 지원한다.

Qt 위젯들은 QWidget 객체의 인스턴스들이며, 계층 구조에 의해 QWidget으로부터 상속받는다. 예를 들면, GUI 응용 프로그램에서 라벨을 나타내는 QLabel 위젯은 그림 5-7에서처럼 QFrame으로부터 상속받고, QFrame은 QWidget으로부터 상속받는다.

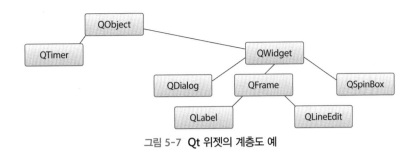

그림 5-7 **Qt 위젯의 계층도 예**

여기서 모든 위젯은 자식 위젯들을 포함할 수 있으며, 자식 위젯들은 부모 위젯 영역 안에 표시하게 된다. 또한, 여러 자식 위젯들을 적절한 위치에 배치하는 효율적인 방법으로써 패킹 상자(packing box)라는 위젯을 사용하는데, 자세한 사용법은 나중에 참고하자.

5.3.2 Qt 및 PySide 프로그램 개발 환경

Qt 응용 프로그램을 개발하기 위해서는 Qt 개발 환경을 설치하여야 한다. Qt 개발 환경은 Qt 홈페이지(http://qt.digia.com)로부터 다운로드하거나 라즈비안에서는 libqt4-core, libqt4-gui, libqt4-dev와 같은 Qt 개발과 관련된 기본 패키지들, Qt Designer GUI 빌더 패키지인 qt4-designer 패키지, QML/Qt Quick 개발을 위한 qt4-qmlviewer 패키지 등을 설치하면 된다. 추가 옵션으로 Qt 4 버전부터 통합 개발 환경을 제공하므로 리눅스는 물론 MS 윈도우 등에서 Qt Creator SDK만 설치할 수 있다.

참고로 2015년 6월 현재 Qt 5.4 버전까지 개발되었는데, 라즈비안에서는 소스 코드를 직접 빌드하여야 한다. 그리고 Qt 추가로 임베디드 시스템용의 Qt 소스 코드가 필요하면 Qt 홈페이지로부터 Qt mobility 소스 코드를 다운로드할 수 있다.

라즈비안에서는 다음과 같은 apt-get 명령어를 사용하여 기본적인 Qt 개발 패키지들을 설치해 보자.

```
$ sudo apt-get install libqt4-core libqt4-gui libqt4-dev
$ sudo apt-get install qt4-designer qt4-qmlviewer
```

다음은 PySide에 대해 알아보자. PySide는 Qt 라이브러리를 파이썬에서 사용할 수 있도록 하는 파이썬 라이브러리이다. 특히 PySide는 LGPL 라이선스를 적용하여 라이선스 제약 없이 사용할 수 있다. 반면에 PySide와 거의 같은 기능을 가진 PyQt 라이브러리는 독점 라이선스가 적용되어 상용 프로그램을 개발할 때는 라이선스 문제를 고려해야 한다.

PySide를 라즈비안에 설치하려면 다음 명령을 실행하여 pyside 관련 패키지들을 설치하면 된다.

```
$ sudo apt-get install python-pyside pyside-tools
```

참고로 2015년 6월 현재 PySide는 1.2.2 버전까지 개발되어 있는데, 라즈비안에 설치하려면 소스 코드를 빌드해야 한다. 설치하는 방법은 다음과 같다.

그 전에, 앞에서 PySide 정식 버전을 설치하였다면 다음 명령으로 제거해야 한다.

```
$ sudo apt-get remove python-pyside pyside-tools
```

다음으로, PySide를 설치하기 위한 의존 패키지들을 설치한다.

```
$ sudo apt-get install build-essential git cmake libqt4-dev libphonon-dev
python2.7-dev libxml2-dev libxslt1-dev qtmobility-dev
```

다음은 소스 코드를 다운로드하고 압축을 해제한다.

```
$ wget https://pypi.python.org/packages/source/P/PySide/PySide-1.2.2.tar.gz
$ tar xvzf PySide-1.2.2.tar.gz
```

소스 디렉터리로 이동하여 소스 코드를 빌드하고 설치한다.

```
$ cd PySide-1.2.2
$ sudo python2.7 setup.py install --qmake=/usr/bin/qmake-qt4
```

여기서 Can't find '/usr/bin/pyside_postinstall.py' 오류 메시지가 나타나면 /usr이 아니라 /usr/local에 설치되었기 때문이므로 다음 명령을 실행시켜 준다.

```
$ sudo python /usr/local/bin/pyside_postinstall.py -install
```

설치가 완료되었으면 파이썬 셸에서 PySide 버전을 확인한다.

```
$ python
Python 2.7.8...
>>> import PySide
```

```
>>> print PySide.__version__
'1.2.2'
```

5.3.3 Qt/PySide 프로그래밍 기초

Qt/PySide GUI 응용 프로그램은 다양한 방법으로 개발할 수 있다. 가장 간단한 방법은 소스 코드를 직접 작성한 다음, 파이썬 인터프리터로 실행하는 방법이다. 또 다른 방법으로는 Qt Designer 또는 Qt Creator를 사용하여 사용자 인터페이스 파일을 제작하고, 이것을 활용하는 방법과 QML/Qt Quick 스크립트를 작성하고, 이것을 활용하는 방법이 있다. 이 책에서는 나중에 Qt Designer 및 QML/Qt Quick 개발 방법에 대해서 다룰 것이다.

Qt/PySide를 이용한 GUI 프로그래밍에 대해 알아보자. 먼저, 다음과 같은 간단한 프로그램을 작성한다.

코드 5-5 pyside 모듈을 사용하여 간단한 메시지를 출력하는 helloside.py 스크립트

```
#!/usr/bin/env python
import sys
from PySide import QtCore, QtGui

app = QtGui.QApplication(sys.argv)
label = QtGui.QLabel("Hello World")
label.show()
app.exec_()
sys.exit()
```

프로그램을 실행하면 그림 5-8과 같은 GUI 창이 나타날 것이다.

```
$ python helloside.py
```

그림 5-8 helloside.py 프로그램 실행 창

여기서 QLabel 생성 인자로 HTML 태그도 사용할 수 있다. 프로그램 코드를 다음과 같이 수정하면 약간 다른 모습으로 실행될 것이다.

```
label = QtGui.QLabel("<font >Hello World</font>")
```

그림 5-9 **helloside.py 프로그램 실행 창**

이제 전체 프로그램 코드를 살펴보면 앞서 소개한 Tkinter를 활용한 GUI 프로그램과 구조가 상당히 비슷하다는 것을 알 수 있다. 주 윈도우와 위젯들을 생성하고, 화면에 나타내고, 이벤트 루프(여기서는 app.exec_())에 들어가는 것도 마찬가지이다. 이것은 GUI 프로그램은 이벤트 구동 방식으로 구성되기 때문이다.

하지만 위젯과 GUI 구성이 복잡하면 클래스를 활용하여 객체 지향 프로그래밍 방식을 활용하여 구현하는 것이 바람직하다. 따라서 Qt/PySide를 이용한 GUI 프로그램은 보통 다음과 같은 단계를 가진다.

1. 주요 윈도우 클래스 정의

2. 위젯 생성, 속성 설정 및 계층 구성

3. 시그널 및 슬롯 연결 등록

4. main 코드/함수 작성 및 GUI 구동

이러한 각각의 단계에 대하여 Tkinter에서 다루었던 것과 비슷하게 'Click me!'를 버튼에 출력하는 예제 프로그램을 통해 자세하게 알아보자.

1 주요 윈도우 클래스 정의

먼저, 주요 윈도우 클래스 정의 단계에서는 그래픽 사용자 인터페이스의 구성과 구성 요소들 간의 연결 관계를 고려하여 생성자와 메소드들을 포함한 클래스들을 정의하여야 한다. 예를 들면, 주 윈도우에 버튼을 표시하고 클릭하면 메시지를 출력하는 프로그램을 만들어 보자. 먼저, 다음과 같은 코드를 작성한다.

코드 5-6 **버튼을 나타내고 동작시키는 buttonwindow.py 스크립트 파일**

```
import sys
from PySide import QtCore, QtGui

class ButtonWindow(QtGui.QWidget):
    def __init__(self, msg):
        QtGui.QWidget.__init__(self)
```

여기서 ButtonWindow 클래스는 QtGui 패키지의 QWidget 클래스로부터 확장한 클래스이다. 앞서 살펴본 것처럼 QWidget은 모든 GUI 위젯의 부모 클래스이다. 다음으로 객체 초기화 메소드 __init__() 함수를 정의하고 QWidget의 초기화 메소드를 호출하였다.

2 위젯 생성, 속성 설정 및 계층 구성

이번 단계는 그래픽 사용자 인터페이스를 설계하는 단계이다. 여기서는 초기화 메소드에 다음과 같은 코드를 추가한다.

```
self.setWindowTitle("Button Window")
self.setGeometry(300, 200, 200, 200)
self.button = QtGui.QPushButton(msg, self)
self.button.setGeometry(50, 30, 70, 30)
```

이 부분에서는 먼저 주 윈도우의 제목, 위치 및 크기 등의 속성을 설정하였다. setWindowTitle() 메소드를 통해 윈도우의 제목을 설정하고, setGeometry() 메소드를 통해 전체 스크린에서 x, y 좌표가 (300, 200) 픽셀 위치에 넓이, 높이가 (2000, 200) 크기로 설정한다는 것을 알 수 있다. 다음은 내부에 인자로 받은 msg 문자열이 쓰인 PushButton 위젯을 생성한다. PushButton 위젯의 setGeometry() 메소드를 통해 내부 윈도우의 (50, 30) 픽셀 위치에 (70, 20) 크기로 설정한다는 것을 알 수 있다.

3 시그널과 슬롯 연결 등록

이 단계에서는 Qt의 이벤트 구동 방식인 시그널 및 슬롯 방식을 적용한다. 즉, Qt에서는 어떤 위젯 영역 내에서 이벤트가 발생하면 위젯에 의해 Qt 시그널이 발생되고, 이 시그널과 연결된 일종의 콜백 함수인 슬롯을 호출한다. 이것을 시그널 슬롯 방식이라고 한다. 시그널 슬롯 방식과 기존의 콜백 함수 방식의 다른 점은 기존의 콜백 함수는 특정한 이벤트와 바로 연결되지만, 시그널 슬롯 방식은 은 C++로 구현되어 빠르게 처리되고 시그널을 특정한 객체 내의 슬롯 함수와 연결하는 객체 지향 구조를 가진다는 점이다.

시그널-슬롯 함수의 사용법은 다음과 같다. 프로그래머는 미리 특정한 시그널을 처리할 슬롯 함수를 만들고, connect() 함수를 이용하여 시그널과 슬롯 함수를 연결한다.

예컨대, 버튼을 누르면 clicked 시그널이 발생하는데, 다음 코드를 통해서 clicked() 시그널과 hello()라는 슬롯 함수를 연결하여 사용자가 버튼을 클릭하면 hello() 함수가 호출되도록 할 수 있다.

```
QtCore.QObject.connect( button, QtCore.SIGNAL('clicked()'), QtCore.SLOT('hello()'))
```

그런데 이런 형식은 파이썬의 단순한 형식과는 어울리지 않으므로 PySide에서는 다음과 같은 방식으로 보다 이해하기 쉽게 구성할 수 있다.

```
button.clicked.connect(hello)
```

앞의 ButtonWindow 클래스에 다음 코드를 추가하자.

```
        self.button.clicked.connect(self.hello)

    def hello(self):
        print 'Hello World'
```

4 main 코드/함수 작성 및 GUI 구동

이제 main 코드 또는 함수를 작성하여 주요 윈도우의 인스턴스 객체를 생성하고 윈도우를 화면에 표시하고 프로그램을 실행하는 과정이 필요하다. 앞의 코드에 다음과 같은 코드를 추가해 보자.

```
if __name__ == "__main__" :
    app = QtGui.QApplication(sys.argv)
    bw = ButtonWindow("Click me!")
    bw.show()
    sys.exit(app.exec_())
```

여기서 main 코드는 주로 QApplication 객체로 Qt 응용 프로그램을 초기화한 다음, 주 윈도우를 나타내는 ButtonWindow의 객체를 생성한다. 그리고 show( ) 메소드를 호출하여 윈도우 위젯을 화면에 나타낸다.

마지막으로, QApplication 객체의 exec_ 메소드를 호출하여 이벤트 루프에 들어가게 된다. 이벤트 루프에서는 무한 루프를 돌면서 X 윈도우 이벤트 및 시그널을 탐지한 후, 해당 이벤트 또는 시그널에 대해 연결된 슬롯 함수를 호출하고, 실행이 끝나면 다시 이벤트 및 시그널에 대한 처리를 계속한다.

이 프로그램을 실행하면 주 윈도우를 하나 생성하고, 그 위에 'Click me!'라고 쓰인 버튼을 생성하고 화면에 표시한다. 사용자가 마우스로 버튼을 누르면 Clicked 시그널이 발생하고 연결된 슬롯 함수 hello( )가 실행되어 메시지를 출력하게 된다.

프로그램의 실행 결과는 다음과 같다. 버튼을 클릭할 때마다 clicked 시그널과 연결된 슬롯 함수 hello( )가 실행되어 'Hello World' 메시지가 콘솔로 출력되는 것을 확인할 수 있다.

```
$ python buttonwindow.py
```

그림 5-10 **buttonwindow.py 프로그램 실행 창**

5.3.4 Qt/PySide 위젯

Qt는 사용자 인터페이스용으로 사용하기 편리하면서도 풍부한 다양한 위젯을 제공한다. 이번 절에서는 대표적인 Qt 위젯들을 소개한다.

1 QMainWindow 위젯

QMainWindow 위젯은 모든 Qt 응용 프로그램의 주요 프레임워크를 제공하며, 다른 위젯의 부모 클래스로서 동작할 수 있다. 그리고 상단의 메뉴 바 및 툴바, 중앙의 위젯 도킹 영역, 하단의 상태 바(status bar) 영역으로 구성할 수 있다.

QMainWindow 위젯과 관련된 주요 함수는 다음과 같다. 메뉴 바, 상태 바 등에 대한 예제는 나중에 다룰 것이다.

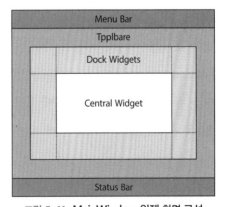

그림 5-11 **MainWindow 위젯 화면 구성**

표 5-3 **MainWindow 위젯 주요 함수**

QMainWindow 위젯 주요 함수	
형식	from PySide.QtGui import QMainWindow QMainWindow ([parent = None[, flags = 0]]) #생성자 addDockWidget (area, dockwidget) addToolBar (toolbar) setCentralWidget (widget) setCorner (corner, area) setWindowIcon (icon) menuBar( ) setMenuBar (menubar) setStatusBar (statusbar) restoreState (state[, version = 0]); saveState ([version = 0])
기능	• QMainWindow 생성자는 윈도우 위젯을 생성하고 초기화한다. • addDockWidget 함수는 도킹되는 위젯을 추가한다. • addToolBar 함수는 툴바를 추가한다. • setCentralWidget 함수는 중앙 위젯을 추가한다. • setCorner 함수는 윈도우의 테두리를 설정한다. • setIconSize 함수는 윈도우의 아이콘 크기를 설정한다. • menuBar 함수는 윈도우의 메뉴 바를 생성하고 반환한다. • setMenuBar 함수는 메뉴 바를 설정한다. • setStatusBar 함수는 상태 바를 설정한다. • restoreState, saveState 함수는 상태를 저장하고 불러온다.
반환 값	대부분은 반환 값이 없지만, menuBar 함수는 제대로 처리되면 메뉴 바를 반환하고, restoreState는 true, saveState는 상태 값의 배열을 반환.

2 배치 컨테이너

GUI 프로그램을 설계할 때 위젯들을 적절한 위치에 배치하여야 한다. 이처럼 위젯들을 적절한 위치에 배치하도록 하는 객체를 배치 컨테이너(layout container)라고 한다. Qt GUI 패키지의 배치 컨테이너로는 QLayout, QBoxLayout, QGridLayout, QFormLayout 위젯 등이 있다. QLayout 클래스는 QObject로부터 파생된 클래스이며, 자동으로 크기를 조절한다. 하지만 사용하기에 불편하므로, QBoxLayout 등의 파생 클래스를 사용하는 것이 바람직하다.

QBoxLayout은 내부 위젯을 수평 또는 수직으로 배치하는 클래스이며, 여러 개의 위젯들을 내부에 수평 또는 수직으로 배치할 수 있다. 보통은 QBoxLayout 대신 각각 수직/수평 방향으로 위젯을 저장할 수 있는 컨테이너 객체인 QVBoxLayout과 QHBoxLayout 파생 클래스를 주로 활용한다.

아울러 2차원 격자로 배치할 수 있는 QGridLayout과 라벨과 입력 위젯을 나타내는 QFormLayout 파생 클래스를 활용하는 것이 적합할 수도 있다. 여기서 QGridLayout은 여러 셀들이 합쳐질 수 있다는 점에 주의하자.

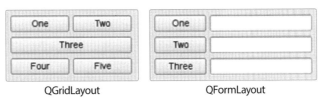

그림 5-12 **QGridLayout 및 QFormLayout 위젯 배치**

다음 프로그램은 QHBoxLayout과 QVBoxLayout 위젯을 사용하여 세 개의 레이블 위젯을 계층적으로 적절하게 배치한 예를 보여 준다. 이 예제에서는 먼저 QVBoxLayout에 Top, Bottom 위젯을 수직으로 배치하고, QHBoxLayout에 앞서 생성한 QVBoxLayout과 Right 위젯을 수평으로 배치한다.

코드 5-7 레이아웃을 사용하여 위젯을 배치하는 layoutwindow.py 스크립트 파일

```python
#!/usr/bin/python
import sys
from PySide import QtCore, QtGui

class LayoutWindow(QtGui.QWidget):
    def __init__(self):
        QtGui.QWidget.__init__(self)
        self.setWindowTitle("Layout Window")
        hbox = QtGui.QHBoxLayout(self)
        vbox = QtGui.QVBoxLayout()
        label1 = QtGui.QLabel("Top", self, 0)
        label2 = QtGui.QLabel("Bottom", self, 0)
        label3 = QtGui.QLabel("Right", self, 0)
        vbox.addWidget(label1)
        vbox.addWidget(label2)
        hbox.addLayout(vbox)
        hbox.addWidget(label3)
        self.resize(150, 100)

if __name__ == "__main__" :
    app = QtGui.QApplication(sys.argv)
    lw = LayoutWindow()
    lw.show()
    sys.exit(app.exec_())
```

프로그램의 실행 결과는 다음과 같다.

```
$ python layoutwindow.py
```

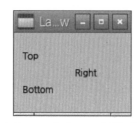

그림 5-13 **layoutwindow.py 프로그램 실행 창**

3 이벤트 처리

다음은 이벤트를 처리하는 방법에 대해 알아보자. Qt 위젯 클래스는 키보드의 키를 입력하고 마우스를 누르거나 드래그하는 등의 다양한 입력 이벤트를 처리하는 메소드를 제공한다. PySide 프로그램에서는 이러한 이벤트 처리 메소드를 재정의하여 원하는 이벤트 처리를 할 수 있다. 대표적인 이벤트 처리 함수는 표 5-4와 같다.

표 5-4 **이벤트 처리 함수**

이벤트 처리 함수	설명
actionEvent	위젯의 동작이 변경되었을 때 실행된다.
changeEvent	위젯의 상태가 변경되었을 때 실행된다.
closeEvent	위젯이 닫혔을 때 실행된다.
enterEvent	마우스가 위젯의 안으로 들어갔을 때 실행된다.
keyPressEvent	키보드의 키를 눌렀을 때 실행된다.
mouseDoubleClickEvent	마우스를 더블 클릭하였을 때 실행된다.
mouseMoveEvent	마우스를 누른 채 움직일 때 실행된다.
mousePressEvent	마우스를 누를 때 실행된다.
mouseReleaseEvent	마우스를 뗄 때 실행된다.
paintEvent	위젯을 다시 그릴 때 실행된다.

다음 예제는 비어 있는 윈도우에 마우스로 점을 찍으며 그림을 그리는 프로그램이다. 이 프로그램에서는 QPainter 클래스를 사용하여 화면에 점을 찍으며 그림을 그리게 된다. QPainter 클래스는 Qt 위젯에 점, 선, 도형, 글자, 이미지 등을 그리는 함수를 제공한다. 여기서는 마우스를 누른 채로 움직일 때 점의 좌표를 리스트에 등록하고, paintEvent 메소드에서 QPainter. drawPoint( ) 메소드를 사용하여 등록된 모든 점을 그리도록 구현하였다. 아울러, ESCAPE

키를 누르거나 마우스를 더블 클릭하면 프로그램을 종료하도록 하였다.

코드 5-8 이벤트를 처리하는 eventwindow.py 스크립트 파일

```python
#!/usr/bin/python
import sys
from PySide import QtCore, QtGui

class EventWindow(QtGui.QWidget):
    def __init__(self):
        QtGui.QWidget.__init__(self)
        self.setWindowTitle("Event Window")
        self.setGeometry(300, 300, 300, 300)

    def keyPressEvent(self, event):
        if event.key() == QtCore.Qt.Key_Escape:
            self.close()

    def mouseDoubleClickEvent(self, event):
        self.close()

    points = []

    def mouseMoveEvent(self, event):
        print "x=", event.x(), ", y=", event.y()
        self.points.append((event.x(), event.y()))
        self.update()

    def paintEvent(self, event):
        painter = QtGui.QPainter()
        painter.begin(self)
        painter.setPen(QtGui.QPen(QtCore.Qt.red, 10, QtCore.Qt.SolidLine,
QtCore.Qt.RoundCap))
        for p in self.points:
            painter.drawPoint(p[0], p[1])
        painter.end()

if __name__ == "__main__" :
    app = QtGui.QApplication(sys.argv)
    ew = EventWindow()
    ew.show()
    sys.exit(app.exec_())
```

프로그램을 실행하고 마우스를 누른 채로 움직여 그림을 그려보자.

```
$ python eventwindow.py
```

그림 5-14 **eventwindow.py 프로그램 실행 창**

5.3.5 Qt 기본 위젯들

Qt에서 제공하는 기본 위젯들을 정리하면 표 5-5와 같다.

표 5-5 **Qt 위젯 클래스**

위젯/클래스	설명	위젯/클래스	설명
QCheckBox	체크 버튼 출력	QPushButton	푸시 버튼 출력
QComboBox	팝업 리스트 & 버튼인 콤보 박스 출력	QRadioButton	라디오 버튼 출력
QDateEdit	날짜 입력 위젯 출력	QScrollArea	스크롤 영역 출력
QDateTimeEdit	날짜 및 시간 입력 위젯 출력	QScrollBar	수직 또는 수평 스크롤 바 출력
QDial	다이얼 위젯 출력	QSizeGrip	크기 재설정 위젯 출력
QDoubleSpinBox	더블 스핀 박스 출력	QSlider	수직 또는 수평 슬라이더 출력
QFocusFrame	여러 위젯을 포함하거나 패딩 사용	QSpinBox	스핀 박스 출력
QLCDNumber	LCD 숫자 위젯 출력	QTabBar	탭 바 출력
QLabel	레이블 출력	QTabWidget	탭 바 및 페이지 영역 출력
QLineEdit	한 줄 입력 창 출력	QTimeEdit	시간 편집 위젯 출력
QMenu	메뉴 출력	QToolBox	툴 박스 출력
QProgressBar	진행 상태 표시 프로그레스 바 출력	QToolButton	툴 버튼 출력

이 중에서 버튼과 콤보 박스 위젯들에 대해 알아보자. 버튼 위젯은 사용자가 클릭하여 특정한 동작을 유발하도록 하는 위젯이다. 버튼의 종류는 크게 명령(command) 버튼과 상태(state) 버튼으로 나뉘는데, 명령 버튼은 사용자가 클릭하면 특정한 동작을 수행하는 버튼이고, 상태 버튼은 사용자가 클릭할 때마다 버튼의 상태 값을 변경시키는 것이 가능한 버튼이다. Qt 버

튼의 기본 클래스는 QAbstractButton이며, 명령 버튼은 QPushButton 클래스가 담당하고, 상태 버튼은 다시 QCheckBox와 QRadioButton으로 파생된다. QCheckBox은 체크 모양이 토글(toggle)되며, QRadioButton은 여러 개의 버튼을 그룹으로 묶어 그중 하나만을 선택하도록 할 수 있다.

일반 버튼과 달리 상태 버튼은 클릭할 때마다 자신의 상태가 계속 '활성(active)' 상태와 '비활성(disactive)' 상태를 번갈아 변경한다. QCheckBox와 QRadioButton과 같은 상태 버튼은 isChecked() 메소드를 사용하여 현재의 버튼 상태를 획득할 수 있다. QRadioButton이면 QButtonGroup 클래스를 사용하여 버튼 그룹을 생성하고, addButton() 메소드를 사용하여 라디오 버튼을 추가하면 여러 버튼 중 하나만을 선택하는 그룹 기능을 사용할 수 있다.

한편, 콤보 박스(QComboBox) 위젯은 제한이 없는 개수의 항목 중에서 하나를 선택할 수 있는 위젯이다. 이것은 QLineEdit, QPushBotton, 드롭다운(drop-down) 메뉴의 기능을 혼합한 것과 같다. QComboBox 클래스의 addItem, addItems, insertItem, insertItems 메소드를 사용하여 리스트 항목을 추가할 수 있고, currentIndex, currentText 메소드를 사용하여 현재 선택된 항목을 추출할 수 있다.

다음 프로그램은 앞서 소개한 명령 버튼, 체크 박스, 라디오 버튼, 콤보 박스를 모두 포함한 예제 프로그램이다.

코드 5-9 다양한 버튼을 나타내고 동작시키는 **buttonwindow.py** 스크립트 파일

```python
#!/usr/bin/python
import sys
from PySide import QtCore, QtGui

class ButtonWindow(QtGui.QWidget):
    def __init__(self):
        QtGui.QWidget.__init__(self)
        self.setWindowTitle("Button Window")
        self.setGeometry(300, 200, 200, 200)
        vbox = QtGui.QVBoxLayout(self)
        vbox.setContentsMargins(QtCore.QMargins(5,5,5,5))
        vbox.setSpacing(10)
        self.checkbox = QtGui.QCheckBox("CheckButton", self)
        self.checkbox.setObjectName("checkbox")
        vbox.addWidget(self.checkbox)

        buttongroup = QtGui.QButtonGroup()
        self.radiobutton1 = QtGui.QRadioButton("RadioButton1", self)
        self.radiobutton1.setObjectName("radio1")
        buttongroup.addButton(self.radiobutton1)
        vbox.addWidget(self.radiobutton1)
```

```
            self.radiobutton2 = QtGui.QRadioButton("RadioButton2", self)
            self.radiobutton2.setObjectName("radio2")
            buttongroup.addButton(self.radiobutton2)
            vbox.addWidget(self.radiobutton2)

            self.button = QtGui.QPushButton("OK", self)
            self.button.setObjectName("button")
            vbox.addWidget(self.button)
            self.button.clicked.connect(self.clicked)

            self.combo = QtGui.QComboBox(self)
            self.combo.setObjectName("combo")
            self.combo.addItem("Apple")
            self.combo.addItem("Banana")
            self.combo.addItem("Grapes")
            vbox.addWidget(self.combo)
            self.combo.activated[str].connect(self.activated)

            self.resize(350, 200)

    def printState(self, button):
        if button.isChecked():
            print button.objectName(), "is checked"
        else :
            print button.objectName(), "is not checked"

    def clicked(self):
        self.printState(self.checkbox)
        self.printState(self.radiobutton1)
        self.printState(self.radiobutton2)

    def activated(self, text):
        print self.combo.objectName(), "is", text

if __name__ == "__main__" :
    app = QtGui.QApplication(sys.argv)
    bw = ButtonWindow()
    bw.show()
    sys.exit(app.exec_())
```

이 프로그램을 실행하고 버튼과 콤보 박스를 동작시켜 보자.

```
$ python buttonwindow.py
checkbox is checked
radio1 is checked
radio2 is not checked
combo is Banana
```

그림 5-15 **buttonwindow.py 프로그램 실행 창**

대화 상자

대화 상자(dialog box)는 사용자와 대화하듯이 질의 및 응답을 주고받거나 중요한 이벤트를 사용자에게 알리는 임시적인 팝업 윈도우를 말한다. 대화 상자의 종류는 크게 모달(modal) 대화 상자와 넌모달(nonmodal) 대화 상자로 구분된다. 모달 대화 상자는 사용자의 응답을 받기 전에는 대화 상자 외에 다른 모든 작동을 차단하는 방식이고, 넌모달 대화 상자는 대화 상자를 일반적인 윈도우처럼 처리하여 대화 상자가 동작하는 도중에 다른 윈도우도 응답을 받을 수 있다.

Qt의 기본적인 대화 상자 위젯은 QDialog이다. 이것은 모달 및 넌모달 대화 상자를 위한 메소드를 제공한다. 또한, 몇 가지 시그널과 슬롯을 포함하고 있는데, 특히 accept와 reject 슬롯을 사용하여 대화 상자를 닫고 그 결과를 반환할 수 있다.

표 5-6은 대화 상자 위젯에 대한 주요 함수를 나타낸다.

표 5-6 **QDialog 대화 상자 위젯 함수 주요 함수**

형식	from QtGui import QDialog QDialog ([parent = None[, flags = 0]]) # 생성자 setModal (modal) exec ( ) show ( )
기능	• QDialog 함수는 대화 상자 위젯을 생성한다. • setModal 함수는 대화 상자가 모달인지 아닌지 설정한다(디폴트는 모달). • exec 함수는 대화 상자를 화면에 표시하고 사용자 응답을 받을 때까지 대기한다. • show 함수는 대화 상자를 화면에 나타낸다.
반환 값	exec 함수는 대화 상자의 결과를 반환하고, 나머지 함수는 반환 값이 없다.

프로그래밍하는 방법은 QWidget과 비슷한 방식으로 QDialog 클래스를 상속하는 전용 클래스를 만들고 대화 상자 인터페이스를 만들기 위해 위젯을 추가하고, 시그널 슬롯을 연결한다. 예를 들면, 사용자의 이름을 입력받는 대화 상자는 다음과 같이 구성할 수 있다.

코드 5-10 대화 상자를 나타내고 동작시키는 dialogwindow.py 스크립트 파일

```python
from PySide import QtCore, QtGui

class DialogWindow(QtGui.QDialog):
    def __init__(self):
        QtGui.QDialog.__init__(self)
        self.setWindowTitle("Dialog Window")
        vbox = QtGui.QVBoxLayout(self)
        hbox1 = QtGui.QHBoxLayout()
        hbox2 = QtGui.QHBoxLayout()
        self.ok = QtGui.QPushButton("OK", self)
        self.cancel = QtGui.QPushButton("Cancel", self)
        vbox.addLayout(hbox1)
        vbox.addLayout(hbox2)
        hbox1.addWidget(QtGui.QLabel("Enter your name", self))
        self.lineedit=QtGui.QLineEdit(self)
        hbox1.addWidget(self.lineedit)
        hbox2.addWidget(self.ok)
        hbox2.addWidget(self.cancel)

        self.ok.clicked.connect(self.accept)
        self.cancel.clicked.connect(self.reject)
```

여기서 QLineEdit 위젯은 한 줄에 텍스트를 입력할 수 있는 위젯이다. 사용자는 키보드 등으로 글자를 입력할 수 있으며, 편집 기능을 포함하므로 텍스트 부분을 선택하거나, 자르거나, 입력을 취소하거나 반복할 수 있다. 또한, OK 버튼과 Cancel 버튼의 Clicked 시그널을 각각 accept와 reject 슬롯 함수와 연결하였다.

이제 위 프로그램에 다음과 같은 주요 코드를 추가해 보자. 프로그램을 실행하면 대화 상자와 세부 위젯들을 생성하고, 대화 상자의 exec_() 메소드를 호출하여 대화 상자를 활성화하고, 대화 상자가 처리될 때까지 다른 프로그램 부분의 실행을 중지하고, 사용자의 응답을 받을 때까지 대기하도록 한다. 다음으로, 사용자가 버튼을 누르면 누른 버튼에 해당하는 슬롯에 따라 QDialog:Accepted 또는 QDialog::Rejected 값을 반환하므로 이 값에 따라 다르게 동작시키도록 프로그래밍하면 된다.

```
if __name__ == "__main__" :
    app = QtGui.QApplication(sys.argv)
    dg = DialogWindow()
    result = dg.exec_()
    if result == QtGui.QDialog.Accepted:
        print "Your name is", dg.lineedit.text()
    elif result == QtGui.QDialog.Rejected:
        print "Input canceled"
```

프로그램을 실행시켜 보자. 입력창에 이름을 입력하고 OK 또는 Cancel 버튼을 클릭한다.

```
$ python dialogwindow.py
Your name is 홍길동
```

그림 5-16 dialogwindow.py 프로그램 실행 창

참고로, 넌모달 대화 상자는 대화 상자를 다른 윈도우와 마찬가지로 독립적으로 동작하도록 처리하여 사용자가 즉시 응답할 필요가 없도록 한다. 이때 넌모달 대화 상자는 부모 윈도우 위에 위치하고, 작업 표시줄 항목을 공유하며, accept 또는 reject 슬롯이 호출될 때 자동으로 대화 상자가 숨겨진다. 사용 방법은 setModal(false)로 설정하고 일반 위젯처럼 show( ) 함수를 호출하면 된다.

다음은 기타 대화 상자에 대해 알아보자. Qt는 일반 대화 상자 외에도 유용한 기능을 가진 표준 대화 상자들을 제공한다. 다음은 유용한 표준 대화 상자들이다.

표 5-7 대화 상자 위젯

대화 상자 위젯	설명
QColorDialog	색을 설정하는 대화 상자
QFileDialog	파일 또는 디렉터리를 선택하는 대화 상자
QFontDialog	폰트를 선택하는 대화 상자
QInputDialog	사용자로부터 값을 입력받는 대화 상자
QMessageBox	사용자에게 알리거나 질의를 하고 응답을 받는 모달 대화 상자
QPageSetupDialog	프린터에서 페이지 옵션에 대한 설정 대화 상자
QPrintDialog	프린터 설정에 대한 대화 상자
QPrintPreviewDialog	프린터 출력을 위한 페이지 레이아웃을 보고 설정하는 대화 상자
QProgressDialog	진행 동작에 대한 대화 상자

위 대화 상자 중에서도 QMessageBox 위젯은 매우 간단한 대화 상자로서 아이콘과 제목, 구성할 수 있는 1~3개의 버튼을 포함하여 사용자에게 긴급한 정보나 질의를 하는 기능을 수행한다. QMessageBox 대화 상자는 종류에 따라 about, aboutQt, information, warning, critical, question 메소드를 호출하여 생성한다. 생성 시에는 QMessageBox에 표시되는 표준 버튼들을 정의할 수 있는데, 예를 들면 QMessageBox::Ok, QMessageBox::Cancel, QMessageBox::Yes, QMessageBox::No, QMessageBox::Abort, QMessageBox::Retry 등의 버튼들을 조합할 수 있다.

다음으로 QInputDialog는 사용자로부터 값을 입력받는 대화 상자이다. 이것은 QLineEdit/QComboBox 위젯과 OK 및 Cancel 버튼으로 구성되어 텍스트, 드롭다운 리스트, 정수/실수 값의 입력이 가능하다. QInputDialog는 각각 getText, getItem, getInteger, getDouble과 같은 메소드를 호출하여 QLineEdit, QComboBox, 정수 입력, 실수 입력 위젯을 포함하는 대화 상자를 생성하고 입력된 결과 값을 반환받게 된다.

앞서 구현한 프로그램의 주요 코드를 다음과 같이 수정한 다음 실행시켜 보자.

```
if __name__ == "__main__" :
    app = QtGui.QApplication(sys.argv)
    dg = DialogWindow()
    if dg.exec_() == QtGui.QDialog.Accepted:
        result = QtGui.QMessageBox.information(dg, "Query", "Are you sure?",
                QtGui.QMessageBox.Yes | QtGui.QMessageBox.Default,
                QtGui.QMessageBox.No)
        if result == QtGui.QMessageBox.No:
            text = QtGui.QInputDialog.getText(dg, "Question",
                    "Write your name again.", QtGui.QLineEdit.Normal)
```

이전 프로그램과의 차이점은 이제 첫 대화 상자의 OK 버튼을 누르면 확인하는 QMessageBox 가 나타나고, No 버튼을 누르면 이름을 재입력하는 QInputDialog가 나타나는 점이다.

그림 5-17 대화 상자 프로그램 실행 창

5.3.7 메뉴, 툴바 및 상태 바 위젯

Qt에서는 메뉴, 툴바 및 상태 바를 만드는 데 필요한 여러 가지 위젯을 제공한다. 이들은 표 5-8에 나오는 바와 같다.

표 5-8 Qt 메뉴 위젯

위 젯	설명
QMenuBar	개별 메뉴들을 포함하는 컨테이너인 메뉴 바
QMenu	메뉴 아이템들을 포함하는 컨테이너인 메뉴
QAction	메뉴 중에서 사용자가 선택할 아이템
QToolBar	개발 아이템을 포함하는 컨테이너인 툴바
QStatusBar	메시지를 출력하는 상태 바

메뉴를 만드는 방법은 비교적 간단하다. 즉, 메뉴 및 툴바를 구성하기 위해 필요한 메뉴 바, 메뉴와 메뉴 아이템에 대해 각각을 생성하는 함수를 호출하여 만들고 계층적으로 구성하는 것이다. 여기서 툴바를 추가할 때는 addToolBar, 메뉴 바나 메뉴에 서브메뉴를 추가할 때에 는 addMenu, 메뉴나 툴바에 메뉴 아이템을 추가할 때는 addAction, 상태 바를 지정할 때는 setStatusBar 함수를 사용하면 된다.

메뉴 아이템을 생성할 때는 숏컷(shortcut) 키, 상태 팁(statusTip) 메시지, 선택 시에 실행할 함수 를 지정한다. 숏컷 키는 키를 나타내는 QKeySequence 클래스에 정의된 표준 숏컷이나 키를 나타내는 특정한 문자열을 지정하면 된다. 예를 들면, 'Ctrl+N'은 Ctrl 키와 N 키를 동시에 누 른다는 것을 의미한다.

다음 프로그램은 파일을 읽어 출력하는 예제 프로그램이다. 여기서 QMainWindow를 상속한 위젯을 생성하고, 메뉴, 툴바, 상태 바 등을 표시한다. Open 메뉴를 선택하면 QFileDialog 위젯을 사용하여 파일을 선택하는 창을 표시하고, 파일을 선택하면 해당하는 파일 내용을 QTextEdit 위젯에 나타낸다. QTextEdit 위젯은 여러 줄의 텍스트를 나타내고 편집할 수 있는 위젯이다.

코드 5-11 메뉴를 나타내고 동작시키는 menuwindow.py 스크립트 파일

```python
#!/usr/bin/python
import sys
from PySide import QtCore, QtGui

class MenuWindow(QtGui.QMainWindow):
    def __init__(self):
        QtGui.QMainWindow.__init__(self)
        self.setWindowTitle("Menu Window")
        self.setGeometry(300, 200, 300, 300)

    def setMenus(self):
        self.statusBar = QtGui.QStatusBar()
        self.setStatusBar(self.statusBar)
        self.fileMenu = self.menuBar().addMenu("&File")
        self.editMenu = self.menuBar().addMenu("&Edit")
        self.helpMenu = self.menuBar().addMenu("&Help")
        self.newAction = QtGui.QAction(QtGui.QIcon('filenew.png'), "&New", self,
                            shortcut=QtGui.QKeySequence.New, statusTip="Create New File",
                            triggered=self.newFile)
        self.openAction = QtGui.QAction("&Open", self,
                            shortcut=QtGui.QKeySequence.Open, statusTip="Open File",
                            triggered=self.openFile)
        self.saveAction = QtGui.QAction("&Save", self,
                            shortcut=QtGui.QKeySequence.Save, statusTip="Save File")
        self.exitAction = QtGui.QAction(QtGui.QIcon('application-exit.png'),
"E&xit", self,
                            shortcut="Ctrl+Q", statusTip="Exit Application",
                            triggered=self.close)
        self.fileMenu.addAction(self.newAction)
        self.fileMenu.addAction(self.openAction)
        self.fileMenu.addAction(self.saveAction)
        self.fileMenu.addSeparator()
        self.fileMenu.addAction(self.exitAction)
        self.aboutAction = QtGui.QAction("&About", self,
                        statusTip="About Program",
                        triggered=self.aboutProgram)
        self.helpMenu.addAction(self.aboutAction)
        self.toolbar = self.addToolBar('Exit')
        self.toolbar.addAction(exitAction)

        self.textedit = QtGui.QTextEdit(self)
```

```
            self.setCentralWidget(self.textedit)

    def newFile(self):
        self.textedit.setText('')

    def openFile(self):
        self.filename, self.filtername = QtGui.QFileDialog.getOpenFileName(self)
        self.textedit.setText(open(self.filename).read())

    def aboutProgram(self):
        QtGui.QMessageBox.about(self, "About This Program",
                    "This program tests menus and file dialog")

if __name__ == "__main__" :
    app = QtGui.QApplication(sys.argv)
    mw = MenuWindow()
    mw.setMenus()
    mw.show()
    sys.exit(app.exec_())
```

프로그램을 실행하기 전에 아이콘 파일들을 시스템 공유 디렉터리에서 현재 디렉터리로 복사하자.

```
$ cp /usr/share/icon/gnome/16x16/filenew.png .
$ cp /usr/share/icon/gnome/16x16/application-exit.png .
```

프로그램의 실행 결과는 다음과 같다.

```
$ python menuwindow.py
```

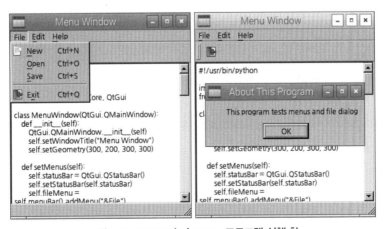

그림 5-18 menuwindow.py 프로그램 실행 창

5.3.8 모델/뷰 위젯

Qt의 모델/뷰 클래스는 테이블이나 리스트와 같은 데이터를 목록이나 트리를 나타내기 위한 것이다. 특히, 이것은 4장에서 소개한 소프트웨어 패턴인 MVC 패턴을 참고하여 만들어졌다. GUI 프로그래밍에서 MVC 패턴이나 모델/뷰 구조는 데이터와 뷰를 분리하는 기법이다. 여기서 모델은 데이터를 저장하며, 다른 요소에게 데이터를 공급한다. 뷰는 실제로 데이터의 항목들이 나타나는 부분이다. 델리게이트(Delegate)는 각각의 데이터 항목들을 실제로 그리며, 때로는 모델과 통신하며 데이터를 편집하는 등의 상호작용을 담당하는 컨트롤러이다. 이들 모델/뷰/델리게이트는 시그널과 슬롯으로 서로 통신한다.

이런 모델/뷰 구조를 사용하면, 프로그래밍이나 소프트웨어 관리를 모듈화하는 장점 외에도 같은 자료에 대해 여러 개의 뷰 또는 컨트롤러를 수행할 수 있게 된다. 예를 들면, 문서 편집기에서 하나의 뷰는 문서의 목차를 보여 주고, 다른 뷰는 전체 문서 내용을 보여 주는 것이다. 한쪽 뷰의 내용이 수정되어 반영되면 다른 쪽 뷰도 내용이 변경된다. 이것은 특히 웹 프로그래밍에서 많이 사용된다.

Qt는 리스트 및 트리 등의 데이터를 저장하기 위한 모델 객체를 제공한다. 대표적인 모델 객체들은 표 5-9와 같다.

표 5-9 **Qt 모델 객체**

객체/위젯	설명
QAbstractItemModel	모든 아이템 모델의 부모
QAbstractListModel	리스트의 데이터를 표현하는 모델
QAbstractTableModel	테이블의 데이터를 표현하는 모델
QStringListModel	QString 아이템들의 단순한 리스트
QStandardItemModel	계층 구조의 다중 수준 데이터 저장
QFileSystemModel	디렉터리와 파일 정보
QSqlQueryModel, QSqlTableModel, QSqlRelationalTableModel	DB 자료

여기서 QSqlQueryModel은 읽기 전용으로 SQL 질의를 하기 위한 모델이고, QSqlTableModel은 단일 테이블에 데이터를 읽고 쓰기 위한 모델이며, QSqlRelationalTableModel은 외부 키(foreign key)를 지원하는 모델이다. 그리고 QStandardItem 클래스는 QStandardItemModel에서 사용하는 표준 아이템 항목을 나타내며, 문자열, 아이콘, 체크 박스를 포함할 수 있다. QStandardItem 객체는 각각 새로운 열과 행을 추가하는 appendColumn, appendRow 함수를 사용할 수 있다.

Qt는 뷰를 위해 리스트 뷰나 트리 뷰를 나타내는 여러 클래스들을 제공한다. 표 5-10은 이들에 대한 목록을 나타낸다.

표 5-10 **Qt 뷰 객체**

객체/위젯	설명
QAbstractItemView	모든 뷰 위젯의 부모
QListView	리스트 뷰를 나타내는 클래스
QTableView	테이블 뷰를 나타내는 클래스
QTreeView	트리 뷰를 나타내는 클래스

이러한 뷰 클래스들은 setModel 함수를 사용하여 모델을 뷰에 지정할 수 있다.

마지막으로, 델리게이트는 모델/뷰 사이에서 정보를 주고받으며, 데이터 항목을 그리는 역할을 담당한다. Qt는 다음과 같은 델리게이트 클래스를 제공한다.

표 5-11 **Qt 델리게이트 객체**

객체/위젯	설명
QAbstractItemDelegate	모든 델리게이트의 부모
QStyledItemDelegate	디폴트 델리게이트
QItemDelegate	아이템 편집 기능을 제공하는 표준 델리게이트

다음은 간단한 리스트 뷰에 대한 예제를 구현해 보자. 먼저, 다음과 같은 코드를 작성한다.

코드 5-12 **리스트를 나타내고 동작시키는 listwindow.py 스크립트 파일**

```python
#!/usr/bin/python
import sys
from PySide import QtCore, QtGui

class ListWindow(QtGui.QWidget):
    def __init__(self, model):
        QtGui.QWidget.__init__(self)
        self.setWindowTitle("List Window")
        self.setGeometry(300, 200, 200, 200)
        listview = QtGui.QListView(self)
        self.model = model
        listview.setModel(model)

    def setList(self, model):
        for i in range(5):
            model.appendRow(QtGui.QStandardItem("This row number is {}".format(i)))
```

```
if __name__ == "__main__" :
    app = QtGui.QApplication(sys.argv)
    model = QtGui.QStandardItemModel()
    lw = ListWindow(model)
    lw.setList(model)
    lw.show()
    sys.exit(app.exec_())
```

프로그램 코드는 주 윈도우에 QListView 위젯을 추가하고, 미리 생성한 QStandardItemModel을
리스트 뷰의 모델로 설정한다. 다음은 모델에 appendRow 함수를 호출하여 QStandardItem을
다섯 개 생성한다. 프로그램의 실행 화면은 그림 5-19와 같다.

```
$ python listwindow.py
```

그림 5-19 **listwindow.py** 프로그램 실행 창

다음은 SQL 데이터베이스와 연동하는 프로그램을 다루어 보자. Qt에서 데이터베이스를 사용
하려면 관련된 패키지를 설치해야 한다. SQLite를 사용하려면 libqt4-sql-sqlite 패키지를 설치
하고, MySQL을 사용하려면 libqt4-sql-mysql 패키지를 설치한다. 여기서는 SQLite를 사용하
므로 다음과 같은 명령을 실행한다.

```
$ sudo apt-get install libqt4-sql-sqlite
```

Qt에서 SQL 데이터베이스와 연결하려면 QSqlDatabase 클래스를 사용하고, addDatabase 함
수를 호출하여 연결 객체를 생성한다. 그런 다음 데이터베이스 명, 사용자 명, 패스워드 등을
설정한다. 예를 들면, 앞서 4장에서 구현한 학생 정보를 담은 SQLite 데이터베이스 파일인 test.
db와 연동하기 위해 다음과 같은 코드를 작성해 보자.

코드 5-13 DB 테이블을 나타내고 동작시키는 **sqlitewindow.py** 스크립트 파일

```python
#!/usr/bin/python
import sys
from PySide import QtCore, QtGui, QtSql

def connectDB():
    db = QtSql.QSqlDatabase.addDatabase('QSQLITE')
    db.setDatabaseName('test.db')
    if not db.open():
        return False
    return True
```

여기서 connectDB 함수를 호출하면 SQLite 데이터베이스 test.db 파일과 연동되어 True를 반환하고, 만약 연결되지 않으면 False를 반환할 것이다.

SQL 데이터베이스와 연동되면 SQL 질의문을 실행하여 데이터베이스에 데이터를 추출, 삽입, 삭제, 수정할 수 있다. Qt에서는 QSqlQuery 객체를 생성한 다음, exec_() 메소드를 호출하여 SQL 질의문을 실행하면 된다. 예를 들면, 다음 문장을 실행하면 test.db에 새로운 항목이 추가된다.

```python
sql = QtSql.QSqlQuery()
sql.exec_("""INSERT INTO student(id,name,birth,gender) VALUES (7, 'Kim SatGat',
750104, 'M')""")
```

그런데 이미 파이썬 및 Bottle에서 데이터베이스를 처리하는 모듈에 대해서 다루었으므로 여기서는 더 이상 다루지는 않는다.

앞서 Qt에서 SQL 데이터베이스를 처리하는 모델로 QSqlQueryModel, QSqlTableModel, QSqlRelationalTableModel을 소개하였는데, 여기서는 테이블에 SQL 데이터베이스를 읽고 쓸 수 있는 모델인 QSqlTableModel을 소개한다. 먼저, 앞서 작성한 프로그램에 다음과 같은 코드를 추가해 보자.

```python
def initModel(model):
    model.setTable("student")
    model.setEditStrategy(QtSql.QSqlTableModel.OnManualSubmit)
    model.select()

    model.setHeaderData(0, QtCore.Qt.Horizontal, "id")
    model.setHeaderData(1, QtCore.Qt.Horizontal, "name")
    model.setHeaderData(2, QtCore.Qt.Horizontal, "birth")
    model.setHeaderData(3, QtCore.Qt.Horizontal, "gender")
```

```
if __name__ == "__main__" :
    app = QtGui.QApplication(sys.argv)
    if not connectDB():
        print "Error opening to db"
        sys.exit(1)

    model = QtSql.QSqlTableModel()
    initModel(model)
```

여기서 QSqlTableModel을 사용하려면 QSqlTableModel 객체를 생성한 다음, 테이블, 필터, 편집 방식 등을 설정한 다음, select( ) 함수를 호출하여 질의 결과를 가져온다. 가져온 결과 집합은 record( ) 함수를 호출하여 추출할 수 있다. setEditStrategy( ) 함수는 편집 방식을 결정하는데, 설정할 수 있는 방식은 표 5-12와 같다.

표 5-12 **QSqlTableModel 설정 상수**

상수	설명
QSqlTableModel.OnFieldChange	모델의 변화를 즉각 데이터베이스에 적용한다.
QSqlTableModel.OnRowChange	한 행의 변화를 다른 행을 처리할 때 적용한다.
QSqlTableModel.OnManualSubmit	submitAll( ) 또는 revertAll( ) 함수를 호출할 때까지 변경된 내용을 캐시한다.

마지막으로, 모델의 setHeaderData( )는 테이블의 헤더 값을 설정하는 함수이다. 프로그램을 실행하면 다음과 같다.

```
$ python sqlitewindow.py
<PySide.QtSql.QSqlRecord( 4)
 " 0:" QSqlField("id", int, generated: yes, typeID: 1) "1"
 " 1:" QSqlField("name", QString, generated: yes, typeID: 3) "Hong GilDong"
 " 2:" QSqlField("birth", QString, generated: yes, typeID: 1) "850101"
 " 3:" QSqlField("gender", QString, generated: yes, typeID: 3) "M" at 0x1bb2eb8>
...
```

다음은 데이터베이스 내용을 테이블 뷰에 출력하기 위한 코드를 추가해 보자. 다음과 같은 코드를 initModel 함수와 main 코드 사이 및 마지막 부분에 추가하자.

```
...
class SqliteWindow(QtGui.QWidget):
    def __init__(self, model):
        QtGui.QWidget.__init__(self)
        self.setWindowTitle("Sqlite Window")
        self.setGeometry(300, 200, 480, 200)
```

```
            vbox = QtGui.QVBoxLayout(self)
            hbox = QtGui.QHBoxLayout()
            label = QtGui.QLabel("Query Filter", self)
            self.queryedit = QtGui.QLineEdit(self)
            table = QtGui.QTableView(self)
            self.model = model
            table.setModel(model)
            hbox.addWidget(label)
            hbox.addWidget(self.queryedit)
            vbox.addLayout(hbox)
            vbox.addWidget(table)
            self.queryedit.returnPressed.connect(self.sendQuery)
        def sendQuery(self):
            text = self.queryedit.text()
            self.model.setFilter(text)
            self.model.select()

if __name__ == "__main__" :
    app = QtGui.QApplication(sys.argv)
    if not connectDB():
        print "Error opening to db"
        sys.exit(1)

    model = QtSql.QSqlTableModel()
    initModel(model)
    sw = SqliteWindow(model)
    sw.show()
    sys.exit(app.exec_())
```

여기서 QLineEdit 위젯은 SQL 질의 필터(query filter)를 입력하기 위한 것이다. 즉, SQL SELECT 구문에서 WHERE 이후의 질의 조건에 해당하는 문장을 말한다. 이 문장을 입력하고 모델의 setFilter( ) 함수를 통해 지정하면 질의 조건에 맞는 결과를 얻게 된다.

프로그램을 실행한 다음 질의 필터 입력 창에 여러 가지 조건을 입력해 보자.

```
$ python sqlitewindow.py
```

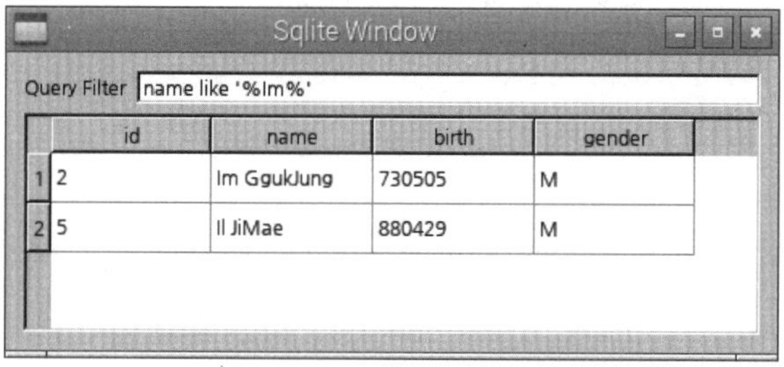

그림 5-20 **sqlitewindow.py** 프로그램 실행 창

5.4 Qt Designer를 이용한 프로그래밍

5.4.1 Qt Designer 개요

Designer는 Qt 라이브러리를 이용한 그래픽 사용자 인터페이스 파일을 생성하는 소프트웨어 도구이다. 프리뷰(preview) 기능을 통해 생성한 UI를 미리 확인해 볼 수 있고, 생성된 UI는 XML 파일의 형태로 저장되므로 응용 프로그램에서 활용하기 쉬워 개발자는 GUI 응용 프로그램을 빠르게 개발할 수 있게 된다. Qt Designer를 사용하려면 먼저 다음과 같은 명령을 실행하여 설치해야 한다.

```
$ sudo apt-get install qt4-designer
```

Designer를 실행하면 하나의 통합된 창 안에 상위에 메뉴(파일, 편집, 보기, 도움말 등)와 툴바(열기, 저장, 옵션, 코드 빌드)가 위치하고, 아래에는 크게 세 부분으로 나뉜 세부 창들이 표시된다.

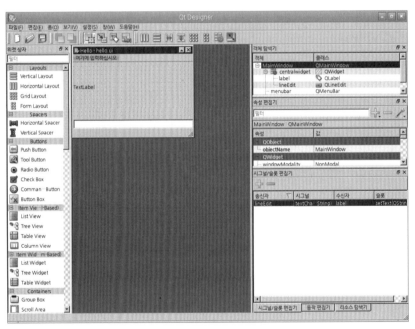

그림 5-21 **Qt Designer 실행 창**

왼쪽에 있는 팔레트(Palette) 창은 다양한 Qt 클래스 및 위젯들을 선택할 수 있는 기능을 가진다. 가운데 창은 실제로 위젯들이 표시되는 작업 창이다. 오른쪽 창은 세 개의 세부 창으로 나뉜다. 위쪽 창은 보통 '위젯 트리(Widget Tree)' 창인데 특정 최상위 창에 대한 하위 트리에 속한 위젯들에 대한 목록을 보여 준다. 가운데 창은 선택된 위젯에 대한 '속성 편집(Properties Edit)' 기능을 가져 선택한 위젯에 대한 속성을 편집할 수 있다. 아래쪽 창은 시그널에 대한 슬롯 함수를 설정하거나 메뉴 액션 편집기 및 리소스 탐색기 기능을 가진다.

5.4.2 UI 제작

Designer를 사용하여 사용자 인터페이스를 파일(.ui xml 파일)을 생성하려면 다음 4단계를 거치게 된다.

1. 적절한 폼(form) 윈도우 위젯과 객체 선택

2. 객체들을 폼 윈도우 위에 배치

3. 시그널과 슬롯을 연결

4. 윈도우를 프리뷰(preview)

상세한 설명은 앞으로 예제 프로그램을 통해 차근차근 알아보기로 하고, 사용자 인터페이스를 제작해 보자. Qt Designer를 실행하면 폼 윈도우 선택 창이 나타난다. 여기서 MainWindow를 선택한 후 '생성(Create)' 버튼을 선택한다. 그러면 가운데 작업 창은 물론, 오른쪽에도 위젯 트리와 속성 설정 창에 최상위 창이 하나 생성되었다는 것을 확인할 수 있다.

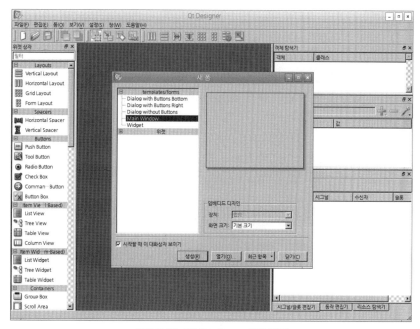

그림 5-22 **Qt Designer** 초기 화면

다음은 '속성 편집기(Property Editor)' 창에서 속성 값을 확인하고 변경해 보자. 먼저, 'Object Inspector' 창에서 'MainWindow'를 선택한 다음, 속성 편집기 창에서 WindowTitle 속성을 'Hello'로 변경한다. 그리고 minimumSize 속성을 (300,200)으로 설정하고 실제 창의 크기가 변하는지를 살펴본다.

이제 위젯들을 추가해 보자. 왼쪽 '위젯 상자(Widget Box)' 창에서 Display Widgets, Input Widgets 목록에서 각각 label와 LineEdit를 끌어와서 'Hello' 창에 추가해 보자.

그림 5-23 **위젯 추가 화면**

속성 설정이 끝났으면 이제 시그널과 슬롯 함수를 연결해 보자. 본 예제에서 사용하는 연결할 시그널은 lineEdit 위젯의 textChanged 시그널이다. lineEdit의 textChange 시그널은 사용자가 lineEdit 창에 입력하면 그 내용이 label 위젯에 나타나도록 하기 위한 것이다.

이제 Signal/Slot Editor 창에서 '+' 버튼을 클릭하여 새로운 항목을 추가하자. 다음은 추가된 Signal/Slots 항목을 선택하고, Sender에는 lineEdit 위젯, Signal은 textChanged(QString)을 선택하고, Receiver는 label 위젯, Slot은 setText(QString)으로 선택한다. 추가된 내용은 다음 화면과 같다.

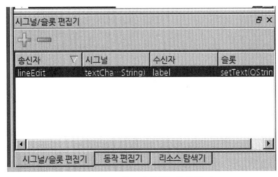

그림 5-24 **시그널 슬롯 편집 화면**

이제 지금까지 했던 내용을 확인하고 저장해 보자. Designer 상단의 Form 메뉴에서 Preview 항목을 눌러 UI 결과를 미리 실행하여 확인해 볼 수 있다. 마지막으로, 저장 버튼을 클릭하여 'hello.ui' 파일로 프로젝트 UI 내용을 저장한다. 이어서 프로그램을 종료한다. 이제 현재 디렉터리에 hello.ui 파일이 저장되어 있다는 것을 확인할 수 있다.

다음 코드는 생성된 hello.ui 파일의 일부분을 보여 준다.

```xml
<?xml version="1.0" encoding="UTF-8"?>
<ui version="4.0">
 <class>MainWindow</class>
 <widget class="QMainWindow" name="MainWindow">
  <property name="geometry">
   <rect>
...
  <widget class="QWidget" name="centralwidget">
   <widget class="QLabel" name="label">
    <property name="geometry">
     <rect>
      <x>0</x>
      <y>0</y>
      <width>301</width>
      <height>121</height>
     </rect>
    </property>
    <property name="text">
     <string>TextLabel</string>
    </property>
   </widget>
...
 <connections>
  <connection>
   <sender>lineEdit</sender>
   <signal>textChanged(QString)</signal>
   <receiver>label</receiver>
   <slot>setText(QString)</slot>
   <hints>
...
  </connection>
 </connections>
</ui>
```

5.4.3 정적 UI 프로그램 처리

Designer를 사용하여 생성된 UI 파일을 사용하여 응용 프로그램을 개발하는 방법은 두 가지가 있다. 첫째는 uic 도구를 사용하여 UI 파일로부터 UI 소스 코드를 생성한 다음, GUI 프로그램을 만드는 방법이고, 둘째는 응용 프로그램이 실행하면서 UI 파일을 읽어 사용자 인터페이스를 동적으로 구성하는 방법이다.

먼저, 정적으로 UI를 미리 처리하는 방식으로 프로그램을 구현해 보자. 앞서 설치한 pyside-tools 패키지에 있는 pyside-uic 프로그램을 사용하여 미리 제작한 hello.ui 파일을 hello.py 파이썬 파일로 변환시켜 보자.

```
$ pyside-uic hello.ui -o hello.py
```

hello.py 파일은 다음과 같은 MainWindow 클래스를 포함하고 있을 것이다.

```
$ cat hello.py
...
from PySide import QtCore, QtGui

class Ui_MainWindow(object):
    def setupUi(self, MainWindow):
...
```

이제 위젯을 생성하고 화면에 출력하여 처리하는 프로그램을 작성해 보자.

코드 5-14 **UI 소스 코드를 구동하는 helloui.py 스크립트 파일**

```
import sys
from PySide import QtCore, QtGui
from hello import *

class ControlMainWindow(QtGui.QMainWindow):
    def __init__(self, parent=None):
        super(ControlMainWindow, self).__init__(parent)
        self.ui = Ui_MainWindow()
        self.ui.setupUi(self)

if __name__ == "__main__":
    app = QtGui.QApplication(sys.argv)
    mySW = ControlMainWindow()
    mySW.show()
    sys.exit(app.exec_())
```

여기서 hello.py를 import하고 Ui_MainWindow 객체를 생성하여 UI를 만들고 처리한다는 것을 알 수 있다.

프로그램을 실행하면 다음과 같은 화면이 나타날 것이다. QLineEdit 입력 창에 글자를 입력하면 레이블 위젯에 글자가 출력되는 것을 확인할 수 있다.

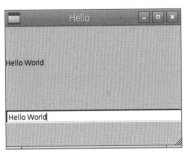

그림 5-25 **helloui.py 프로그램 실행 창**

5.4.4 동적 UI 프로그램 처리

이제 실행 시간에 UI 폼을 동적으로 생성하여 처리하는 방법에 대해 알아보자. 이 방법에서는 QtUiTools 패키지의 QUiLoader 클래스를 활용하여 xml UI 파일을 읽고 파싱하여 위젯들을 동적으로 생성하여 인터페이스를 만들어 낸다.

예를 들면, 앞서 구현한 hello.ui 파일을 적재하여 동적으로 UI를 생성하는 다음 프로그램을 작성해 보자.

코드 5-15 **동적으로 UI를 처리하는 hellouiload.py 스크립트 파일**

```
import sys
from PySide import QtCore, QtGui, QtUiTools

if __name__ == "__main__":
    app = QtGui.QApplication(sys.argv)
    loader = QtUiTools.QUiLoader()
    ui = loader.load('./hello.ui')
    ui.show()
    sys.exit(app.exec_())
```

프로그램을 실행하면 앞서 정적으로 UI를 처리한 것과 같은 실행 결과를 얻는다.

```
$ python hellouiload.py
```

5.4.5 채팅 프로그램 제작

다음은 Designer를 사용하여 채팅 프로그램을 만들어 보자. 여러 사용자가 인터넷을 통해 서로 메시지를 주고받으려면 채팅 서버와 클라이언트로 프로그램을 구성하는 것이 일반적이다. 채팅 서버는 클라이언트로부터의 접속을 기다리며 클라이언트가 접속을 요청하면 허가하고, 이후부터 클라이언트로부터의 메시지를 다른 클라이언트에게 전송해 주게 된다.

채팅 서버는 보통 연결 지향의 인터넷 프로토콜인 TCP(Transmission Control Protocol) 서버로 구성한다. TCP 프로토콜은 어떤 호스트가 원격 호스트와 네트워크 연결을 상호 보장함으로써 신뢰성이 보장된 데이터를 전송할 수 있도록 한다. 서버 프로그램은 파이썬 소켓(socket) 모듈을 사용하여 구현할 수도 있지만, 여기서는 QtNetwork 패키지의 QTcpServer 클래스를 활용하여 TCP 서버로 구성한다.

반면, 클라이언트는 서버로 접속을 요청하고 접속이 허가되면 이후에는 서버를 통해 다른 클라이언트와 메시지를 주고받을 수 있게 된다. 여기서 채팅 클라이언트는 PySide GUI 프로그램을 구성한다.

먼저, 다음과 같은 서버 프로그램을 만들어 보자.[9]

코드 5-16 채팅 서버를 구현한 talkserver.py 스크립트 파일

```python
#!/usr/bin/env python
#-*-coding: utf-8-*-

import random
from PySide import QtCore, QtNetwork

class Server(QtNetwork.QTcpServer):
    def __init__(self, parent=None):
        super(Server, self).__init__(parent)
        self.newConnection.connect(self.newClient)
        self.clients = {}

    def newClient(self):
        socket = self.nextPendingConnection()
        socket.readyRead.connect(self.readData)
        socket.disconnected.connect(self.disconnectClient)
        self.clients[socket] = {}
        self.clients[socket]["name"] = u"손님-%d" % random.randint(1, 100)
```

9　서버 프로그램은 https://github.com/Mulix/pyside-chat/blob/master/server-console.py을 참고하였다.

```
    def disconnectClient(self):
        socket = self.sender()
        self.sendAll(u"<em>%s 님이 나가셨습니다.</em>" % self.clients[socket]["name"])
        self.clients.pop(socket)

    def readData(self):
        socket = self.sender()
        line = socket.readLine().data().decode("utf-8")
        cmd, value = line.split(" ", 1)
        if cmd == "login":
            if self.Exist(value):
                name = self.clients[socket]["name"]
                self.send(socket, u"<em>이름이 이미 존재합니다. 자동으로 설정합니다...</em>")
            else:
                name = value
                self.clients[socket]["name"] = name
            self.sendAll(u"<em>%s 님이 들어왔습니다.</em>" % name)
        elif cmd == "msg":
            message = "<%s> : %s" % (self.clients[socket]["name"], value)
            self.sendAll(message)

    def send(self, socket, message):
        socket.write(message.encode("utf-8"))

    def sendAll(self, message):
        for c in self.clients:
            self.send(c, message)

    def Exist(self, name):
        for c in self.clients:
            if name == self.clients[c]["name"]:
                return True

if __name__ == '__main__':
    import sys, signal
    signal.signal(signal.SIGINT, signal.SIG_DFL)
    app = QtCore.QCoreApplication(sys.argv)
    serv = Server()
    port = 8080
    serv.listen(port=port)
    print("The server is running with port %d" % port)
    sys.exit(app.exec_())
```

여기서 main 코드에서는 QTcpServer 클래스를 상속한 Server 객체를 생성하고, 특정한 포트로 클라이언트가 접속하기를 listen하며 기다린다. Server 객체에서는 클라이언트로부터 새로운 연결 요청이 왔을 때 발생하는 newConnection 시그널을 newClient()라는 슬롯 함수에 연결하여 새로운 연결을 처리한다. newClient 함수에서는 nextPendingConnection ( )함수를 통해 클라이언트와 연결된 소켓을 획득한다. 소켓이 데이터를 수신할 때 발생하는 readyRead 시그널은 readData( ) 함수와 연동하고, 연결이 끊어질 때 발생하는 disconnected 시그널은 disconnectClient( ) 함수에서 처리하도록 하였다. readyData 함수에서는 수신 데이터를 처리하여 클라이언트가 접속(login)을 요청하는 메시지이면 클라이언트의 이름을 사전에 등록하고, 채팅 메시지이면 등록된 모든 클라이언트에게 메시지를 방송(브로드캐스트)한다. disconnectClient 함수에서는 사전에서 해당하는 클라이언트를 제거하고, 등록된 모든 클라이언트에게 해당 클라이언트가 접속을 끝내고 나갔다는 메시지를 방송한다.

이제 다음 명령을 입력하여 서버를 실행한다.

```
$ python talkserver.py
The server is running with port 8080
```

다음은 클라이언트 프로그램을 만들어 보자. 여기서는 Designer를 실행하여 주 윈도우와 접속 대화 상자에 대한 UI를 만들 것이다.

먼저, 주 윈도우의 UI를 제작해 보자. Designer를 실행하고 새로운 폼으로 'Main Window'를 선택하고 '생성(Create)' 버튼을 클릭한다. MainWindow의 objectName을 'TalkWindow'로 바꾸자. 다음은 위젯을 다음과 같이 배치한다. 필요하면 QVBoxLayout과 QHBoxLayout을 사용하는 것도 좋은 방법이다.

그림 5-26 채팅 클라이언트 UI 편집 창

제일 상위의 푸시 버튼은, text는 'Connect'로 objectName은 'connectButton'으로 수정한다. 다음, 아래 TextEdit의 objectName은 'talkMain'으로 수정한다. 그 다음, LineEdit의 objectName은 'messageEdit'로 수정한다. 마지막, 제일 아래 푸시 버튼의 text는 'Send'로 objectName은

'sendButton'으로 수정한다. 편집이 끝나면 'talk.ui' 파일로 저장한다.

다음은 Connect 대화 상자의 UI를 제작해 보자. Designer를 실행하고, 새로운 폼으로 'Dialog with Buttons Bottom'을 선택하고, '생성(Create)' 버튼을 클릭한다. 주 윈도우의 UI와 마찬가지로 위젯을 다음과 같이 배치한다. 필요하면 QGridLayout을 사용하는 것도 좋은 방법이다.

그림 5-27 채팅 클라이언트 연결 대화 상자 UI 편집 창

상단의 LineEdit의 objectName은 순서대로 'host', 'port', 'name'으로 수정하고, 기본 값도 입력해 본다. 편집이 끝나면 'connect.ui' 파일로 저장한다.

다음은 이 파일들을 pyside-uic 프로그램을 사용하여 파이썬 코드로 변환시켜 보자.

```
$ pyside-uic talk.ui -o talk.py
$ pyside-uic connect.ui -o connect.py
```

이제 클라이언트 GUI 프로그램을 작성한다.

코드 5-17 채팅 클라이언트를 구현한 talkui.py 스크립트 파일

```python
#!/usr/bin/env python
# -*- coding: utf-8 -*-
import sys
from PySide import QtCore, QtGui, QtNetwork
from talk import *
from connect import *

class ConnectWindow(QtGui.QDialog):
    def __init__(self, parent=None):
        super(ConnectWindow, self).__init__(parent)
        self.ui = Ui_Dialog()
        self.ui.setupUi(self)

class TalkMainWindow(QtGui.QMainWindow):
    def __init__(self, parent=None):
        super(TalkMainWindow, self).__init__(parent)
```

```
            self.ui = Ui_TalkWindow()
            self.ui.setupUi(self)
            self.ui.connectButton.clicked.connect(self.connect)

            self.socket = QtNetwork.QTcpSocket(self)
            self.socket.readyRead.connect(self.readData)
            self.socket.error.connect(self.displayError)
            self.connectState = False

    def connect(self):
        if not self.connectState:
            cw = ConnectWindow()
            if cw.exec_() == QtGui.QDialog.Accepted:
                self.socket.connectToHost(cw.ui.server.text(), int(cw.ui.port.text()))
                if self.socket.waitForConnected(1000):
                    self.name = cw.ui.name.text()
                    self.send("login %s" % self.name)
                    self.ui.sendButton.clicked.connect(self.sendClick)
                    self.ui.messageEdit.returnPressed.connect(self.sendClick)
                    self.ui.messageEdit.setFocus()
                    self.ui.connectButton.setText("Disconnect")
                    self.connectState = True
        else:
            self.socket.disconnectFromHost()
            self.ui.connectButton.setText("Connect")
            self.connectState = False

    def readData(self):
        message = self.socket.readLine().data().decode("utf-8")
        self.ui.talkMain.append(message)

    def send(self, message):
        self.socket.write(message.encode("utf-8"))

    def sendClick(self):
        self.send("msg %s" % (self.ui.messageEdit.text()))
        self.ui.messageEdit.clear()
        self.ui.messageEdit.setFocus()

    def displayError(self):
        QtGui.QMessageBox.information(self, "Connection", "Error during connection")

    def closeEvent(self, event):
        self.socket.disconnectFromHost()

if __name__ == "__main__":
    app = QtGui.QApplication(sys.argv)
    tmw = TalkMainWindow()
    tmw.show()
    sys.exit(app.exec_())
```

여기서 main 코드에서는 QMainWindow 클래스를 상속한 주 윈도우 객체를 생성하고 UI를 구성한다.

주 윈도우 객체에서는 내부 요소인 QTcpSocket 소켓 객체를 생성한 다음, connectButton 의 clicked 시그널을 connect() 슬롯 함수와 연결하고, 소켓 객체의 readyRead 시그널을 readData() 함수에서 처리하도록 하고, 연결이 끊어질 때 발생하는 disconnected 시그널은 disconnectClient() 함수에서 처리하도록 하였다.

connect 함수에서는 접속 대화 상자를 만들고, 서버 주소, 포트, 이름을 입력받아 서버에 접속을 요청한다. 여기서 connectToHost 함수를 호출하여 접속을 요청하고 나서 waitForConnected 함수를 호출하여 접속이 허가될 때까지 대기하게 된다. 허가되면 LineEdit 위젯 등으로 입력한 메시지가 서버로 전달되도록 하고, 반대로 서버로부터 오는 메시지는 TextEdit 위젯에 나타내도록 한다. 마지막으로, 창을 닫으면 소켓의 disconnectFromHost 함수를 호출하여 접속을 해제한다.

이제 프로그램을 실행하고 서버와 연결하고 나서 메시지를 입력해 보자.

```
$ python talkui.py
```

그림 5-28 **talkui.py 프로그램 실행 창**

실행 시간에 UI 폼을 동적으로 생성하여 처리하도록 프로그램을 만들어 보자.

```python
#!/usr/bin/env python
# -*- coding: utf-8 -*
import sys
from PySide import QtCore, QtGui, QtNetwork, QtUiTools

class ConnectWindow(object):
    def __init__(self, uifile):
        loader = QtUiTools.QUiLoader()
        self.ui = loader.load(uifile)
        self.server = self.ui.findChild(QtGui.QWidget, "server")
        self.port = self.ui.findChild(QtGui.QWidget, "port")
        self.name = self.ui.findChild(QtGui.QWidget, "name")

class TalkMainWindow(object):
    def __init__(self, uifile):
        loader = QtUiTools.QUiLoader()
        self.ui = loader.load(uifile)
        self.connectButton = self.ui.findChild(QtGui.QWidget, "connectButton")
        self.talkMain = self.ui.findChild(QtGui.QWidget, "talkMain")
        self.messageEdit = self.ui.findChild(QtGui.QWidget, "messageEdit")
        self.sendButton = self.ui.findChild(QtGui.QWidget, "sendButton")

        self.connectButton.clicked.connect(self.connect)
        self.ui.closeEvent = self.closeEvent

        self.socket = QtNetwork.QTcpSocket(self.ui)
        self.socket.readyRead.connect(self.readData)
        self.socket.error.connect(self.displayError)

    def connect(self):
        cw = ConnectWindow("connect.ui")
        if cw.ui.exec_() == QtGui.QDialog.Accepted:
            self.socket.connectToHost(cw.server.text(), int(cw.port.text()))
            if self.socket.waitForConnected(1000):
                self.name = cw.name.text()
                self.send("login %s" % self.name)
                self.sendButton.clicked.connect(self.sendClick)
                self.messageEdit.returnPressed.connect(self.sendClick)
                self.messageEdit.setFocus()

    def readData(self):
        message = self.socket.readLine().data().decode("utf-8")
        self.talkMain.append(message)

    def send(self, message):
        self.socket.write(message.encode("utf-8"))

    def sendClick(self):
        self.send("msg %s" % (self.messageEdit.text()))
        self.messageEdit.clear()
        self.messageEdit.setFocus()
```

```
    def displayError(self):
        QtGui.QMessageBox.information(self.ui, "Connection", "Error during connection")

    def closeEvent(self, event):
        self.socket.disconnectFromHost()

if __name__ == "__main__":
    app = QtGui.QApplication(sys.argv)
    tmw = TalkMainWindow("talk.ui")
    tmw.ui.show()
    sys.exit(app.exec_())
```

여기서 정적인 UI 생성 방법과의 차이점은 주 윈도우 및 접속 대화 상자 UI 파일을 동적으로 적재하고, findChild 함수를 사용하여 UI 객체 내의 내부 위젯을 참조하는 코드가 추가되는 점이다. 이제 프로그램을 실행하면 앞서 정적으로 UI를 처리한 것과 같은 실행 결과를 얻는다.

```
$ python talkuiload.py
```

5.5 Qt Quick을 이용한 프로그래밍

5.5.1 Qt Quick 개요

기존의 UI 개발 방식은 위젯 API를 직접 사용하거나 Designer로부터 XML 파일을 생성해야 하므로 절차가 복잡하고 형식이 번거롭다는 단점이 있었다. 그래서 GUI를 쉽고 빠르게 제작할 수 있는 새로운 UI 응용 프레임워크인 Qt Quick(Quick User Interface Creation Kit)을 개발하게 되었다.

이것은 QML(Qt Meta/Modeling Language)이라는 절차적인(declarative) 언어를 사용하여 간단한 스크립트로 UI를 손쉽게 만들어 내는 방법이다. QML 스크립트는 자바스크립트, 특히 HTML5의 CSS 형식과 비슷하며, 이러한 절차적인 언어를 해석하는 QtDeclarative 모듈을 통해 UI로 변환된다.

Qt Quick을 사용하면 UI 디자인과 프로그램을 분리할 수 있으므로 앞서 설명한 MVC 패턴을 활용하거나 체계적인 프로그램 개발에 유리한 장점을 가진다. Qt Quick은 Qt Creator 통합개발 환경에서도 지원하지만, 여기서는 다루지 않고 대신 직접 QML 코드를 텍스트 파일로 작성하는 방법을 설명할 것이다.

5.5.2 QML 문법

QML로 작성된 스크립트를 미리 GUI로 확인하기 위해서는 qmlviewer라는 프로그램이 필요하다. 다음 명령을 실행하여 qmlviewer를 설치한다. qmlviewer는 QML GUI를 확인할 수 있는 기능 외에도 QML을 디버깅하거나 결과를 그림 파일로 저장하는 기능도 가지고 있다.

```
$ sudo apt-get install qt4-qmlviewer
```

먼저, 다음과 같은 간단한 QML 파일을 만들어 보자.

코드 5-19 간단한 메시지를 출력하는 hello.qml 파일

```
import QtQuick 1.1

Rectangle {
  width: 200
  height: 200
  color: "red"
  Text {
    x: 10; y: 10
    text: "Hello World"
  }
}
```

QML 문법은 의외로 간단하다. 첫째 줄의 import 구문은 외부 패키지들을 가져오는 구문이다. Qt 4.8 버전은 QtQuick 1.1 구문을 사용하고, Qt 5 버전이면 QtQuick 2.0을 사용한다. 그리고 주석문은 '// 라인 끝까지'와 '/* ... */' 형식이 가능하다.

```
import QtQuick 1.1              // QtQuick 모듈을 가져옴
import "folderName"             // 폴더의 내용을 가져옴
import "script.js" as Script    // 자바스크립트 파일을 가져옴 (QtQuick2)
```

QML 구성 요소인 객체와 속성들은 다음과 같이 구성하면 된다. 예를 들면, 위 코드는 Rectangle 아이템과 width 등의 속성을 지정하였다.

```
<이름> {
  <속성>: <값>
...
}
```

QML의 기본 구성 요소인 객체, 즉 아이템의 기본 종류는 다음과 같다.

표 5-13 **QML 기본 객체**

객체형	설명
Item	기본 객체형
Rectangle	사각형 형
Image	비트맵 이미지를 표시하는 형
BorderImage	배경 이미지를 표시하는 형
AnimatedImage	움직이는 GIF와 같은 이미지를 표시하는 형
AninamtedSprite	일련의 프레임을 연속으로 애니메이션하는 형
SpriteSequence	일련의 프레임으로 저장된 다중 애니메이션을 나타내는 형
Text	텍스트를 표시하는 형
Window	최상위 창을 표시하는 형

여기서 Item 객체형은 GUI를 구성하는 기본 객체형이다. 아이템은 기본적으로 중첩이 가능하며, 여러 아이템을 모아 새로운 아이템을 만들 수도 있다. 위 예제에서는 사각형 영역을 나타내는 Rectangle과 글자를 표시하는 Text 객체형을 사용하였다.

속성들은 값으로 저장할 수 있는데, 사용 가능한 값의 종류는 표 5-14와 같다.

표 5-14 **QML 속성**

기본형	설명	확장형	설명
int	정수형	date	날짜 값
bool	부울형, true or false	point	x, y 좌표 속성을 가지는 값
real	실수형(예 -2.5)	rect	x, y, width, height 속성을 가지는 값
double	double형(예 3.1415)	size	width, height 속성을 가지는 값
string	문자열	color	ARGB 색깔 값
url	리소스 위치를 표시	font	QFont 속성을 가지는 폰트 값
list	객체 리스트	vector2d	x, y 속성을 가지는 vector2d형
var	일반 속성형	vector3d	x, y, z 속성을 가지는 vector3d형
enumerate	열거형	vector4d	x, y, z, w 속성을 가지는 vector4d형
matrix4×4	4×4 행렬형	quaternion	scalar, x, y, z 속성을 가지는 쿼터니언형

이제 Qmlviewer를 통해 QML로 만든 UI를 확인해 보자.

```
$ qmlviewer hello.qml
```

그림 5-29 hello.qml UI 화면

다음은 중첩된 요소로 구성된 조금 복잡한 예제를 다루어 보자. 다음 코드를 작성한다.

코드 5-20 여러 사각형을 출력하는 coffee.qml 파일

```
import QtQuick 1.1
Rectangle {
    width: 100
    height: 100
    color: "grey"
    Text {
        anchors.centerIn: parent
        text:  "<공지사항>"
    }
    Rectangle {
        width: 50
        height: 80
        color: "darkgrey"
        Text {
            text: "월요일 10시는"
        }
    }
    Rectangle {
        width: 25
        height: 40
        color: "lightgrey"
        Text {
            anchors.verticalCenter: parent.verticalCenter
            text: "커피타임!"
        }
    }
}
```

여기서 각각 다른 색깔의 사각형이 3중으로 중첩된다. 속성 중 anchors는 QML에서 아이템들을 정렬할 수 있는 속성을 제공한다. 예를 들면, 왼쪽, 오른쪽, 위, 아래, 수직 중심, 수평 중심을 left, right, top, bottom, verticalCenter, horizontalCenter 속성으로 설정할 수 있다. 또한, 왼쪽, 오른쪽, 위, 아래쪽의 위젯 간격을 leftMargin, rightMargin, topMargin, bottomMargin 속성으로 설정할 수 있다.

Qmlviewer 로 실행한 결과는 다음과 같다.

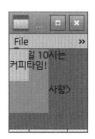

그림 5-30 **coffee.qml UI 화면**

그리고 각 요소들의 앞뒤 순서는 위젯의 부모-자식 관계뿐만 아니라 스크린을 바라보는 방향을 z축으로 놓았을 때 값으로 설정할 수 있다. 위젯 영역을 벗어나는 부분은 clip 속성으로 자를 수도 있다. 위 프로그램을 다음과 같이 일부분을 수정하여 실행시켜 보자.

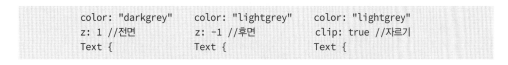

```
color: "darkgrey"          color: "lightgrey"          color: "lightgrey"
z: 1 //전면                z: -1 //후면                clip: true //자르기
Text {                     Text {                      Text {
```

그림 5-31 **coffee.qml 수정 UI 화면**

Qt Quick 패키지는 내부 요소들을 각각 수평, 수직, 격자, 순서대로 배치하는 Row, Column, Grid, Flow 등의 Positioner 객체를 제공한다. 예를 들면, 다음과 같이 Column Positioner를 사용하여 아이템들을 수직으로 배치해 보자.

코드 5-21 아이템을 수직으로 배치하는 column.qml 파일

```qml
import QtQuick 1.1
Rectangle {
    id: root
    width: 100; height: 60
    Column {
        Rectangle {
            width: 100; height: 20
            color: "grey"
            Text {
                anchors.horizontalCenter: parent.horizontalCenter
                text:  "<공지사항>"
            }
        }
        Rectangle {
            width: 100; height: 20
            color: "darkgrey"
            Text {
                anchors.horizontalCenter: parent.horizontalCenter
                text: "월요일 10시는"
            }
        }
        Rectangle {
            width: 100; height: 20
            color: "lightgrey"
            Text {
                anchors.horizontalCenter: parent.horizontalCenter
                text: "커피타임!"
            }
        }
    }
}
```

Qmlviewer로 실행한 결과는 그림 5-32와 같다.

그림 5-32 column.qml UI 화면

Repeater를 사용하면 반복되는 항목을 손쉽게 생성할 수 있다. 다음 코드를 작성해 보자.

코드 5-22 아이템을 반복하여 생성하는 items.qml 파일

```
import QtQuick 1.1

Column {
    Repeater {
        model: 5
        Text {
            text: "item" + index
        }
    }
}
```

Qmlviewer로 실행한 결과는 그림 5-33과 같다.

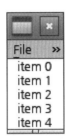

그림 5-33 items.qml UI 화면

QML에서도 Qt C++의 시그널 슬롯처럼 사용자 입력은 물론 마우스/키보드 이벤트를 처리할
수 있다. Qt Quick에서 입출력 이벤트를 처리하는 객체형은 표 5-15와 같다.

표 5-15 QML 입출력 이벤트 처리 객체

타입	설명
MouseArea	마우스 입력 영역 설정
Keys	키 입력을 처리하는 속성을 추가
KeyNavigation	화살표 키와 같은 키 방향 지원
FocusScope	키보드 포커스 변경
Flickable	'flicked'를 처리하는 surface 제공
PinchArea	핀치 제스처 처리를 위한 영역 설정
MultiPointTouchArea	다중 터치 포인트 처리를 위한 영역 설정
Drag	아이템의 드래그 및 드롭 이벤트를 처리
DropArea	드래그 및 드롭 이벤트 처리 영역 설정
TextInput	키보드 입력 처리를 제공
TextEdit	텍스트 편집 가능한 영역 제공

여기서 마우스 이벤트는 MouseArea, Drag, DropArea, MultiPointTouchArea 등으로 처리한다. 예를 들면, MouseArea는 마우스 이벤트를 처리하는 영역에 대한 객체형인데, onPressed, onClicked, onReleased 등과 같은 속성으로 마우스 이벤트를 처리한다.

앞서 작성한 column.qml 파일을 편집하여 다음 내용을 삽입해 보자.

```
$ nano column.qml
...
                text: "<공지사항>"
        }
        MouseArea {
            anchors.fill: parent
            onClicked: {
                consol.log("mouse clicked!");
                Qt.quit();
            }
        }
...
                text: "월요일 10시는"
        }
        MouseArea {
            anchors.fill: parent
            onPressed: parent.color = "lightgrey"
            onReleased: parent.color = "darkgrey"
        }
...
```

여기서 QML에서는 자바스크립트 코드를 실행할 수 있으므로 console.log( ) 함수를 통해 화면으로 문자열을 출력하거나 Qt.quit( ) 함수를 통해 UI 출력을 종료할 수 있다.

이제 Qmlviewer로 실행시켜 보자. 여기서 '월요일 10시는'이라고 쓰인 영역을 누르고 뗄 때마다 버튼처럼 배경색이 바뀌는 것을 확인할 수 있다. 또, '공지사항'이 쓰인 영역을 마우스로 클릭하면 다음과 같이 출력하면서 종료할 것이다.

```
$ qmlviewer column.qml
mouse clicked!
```

그림 5-34 수정된 column.qml UI 실행 화면

5.5.3 QML을 이용한 PySide GUI 프로그램

앞에서 Qt Quick/QML을 이용한 UI 제작 방법에 대해 살펴보았다. 그런데 QML UI만으로는 시스템의 다양한 기능을 활용할 수 없으며, 복잡한 GUI 프로그램을 만들기가 어렵다. 따라서 기존의 Qt/PySide 프로그램과 QML을 접목하여 활용할 필요가 있다.

먼저, 다음과 같은 프로그램을 만들어 보자.

코드 5-23 QML을 처리하는 qml.py 스크립트 파일

```python
#!/usr/bin/env python
#-'''- coding: utf-8 -'''-
import sys
from PySide import QtCore, QtGui, QtDeclarative

app = QtGui.QApplication(sys.argv)
view = QtDeclarative.QDeclarativeView()
url = QtCore.QUrl('hello.qml')
view.setSource(url)
view.show()
sys.exit(app.exec_())
```

여기서 QDeclarativeView 클래스는 QML UI 파일을 불러와서 Qt 내부 객체로 적재하게 된다. 다음 명령을 입력하여 프로그램을 실행시켜 보자.

```
$ python qml.py
```

그림 5-35 qml.py 프로그램 실행 창

다음은 Qt/PySide와 QML 사이에 속성을 전달하고 함수를 호출하거나 시그널을 수신하는 방법에 대해 알아보자.

먼저, Qt/PySide에서 QML UI의 요소 및 속성에 접근하거나 함수를 호출할 수 있다. 사례를 위해 텍스트 입력과 버튼을 구현한 간단한 QML UI를 제작해 보자. 다음 파일을 작성한다.

코드 5-24 텍스트 입력과 버튼을 구현한 input.qml 파일

```qml
import QtQuick 1.1

Rectangle {
  id: root
  width: 100; height: 40

  Column {
    Rectangle {
      id: input
      width: 100; height: 20
      TextInput {
        id: textinput
        objectName: "textinput"
        anchors.fill: parent
        text: "홍길동"
        focus: true
      }
    }
    Rectangle {
      id: button
      width: 100; height: 20
      color: "lightgrey"
      Text {
        anchors.horizontalCenter: parent.horizontalCenter
        text: "입력"
      }
      MouseArea {
        id: buttonMouseArea
        objectName: "inputbutton"
        anchors.fill: parent
        onPressed: parent.color = "darkgrey"
        onReleased: parent.color = "lightgrey"
      }
    }
  }
  function clear() {
    textinput.text = ' '
  }
}
```

여기서 TextInput 객체형은 QtGui 모듈의 LineEdit처럼 한 줄의 텍스트 입력 영역을 나타낸다. 앞서 구현한 것처럼 버튼 기능을 구현하기 위해 MouseArea 객체형을 사용하였다. 마지막으로, clear 함수를 정의하였다.

이제 QML UI를 구동할 파이썬 스크립트를 작성해 보자.

코드 5-25 input.qml의 텍스트 입력과 버튼을 처리하는 input1.py 스크립트 파일

```python
#!/usr/bin/env python
#-'''- coding: utf-8 -'''-
import sys
from PySide import QtCore, QtGui, QtDeclarative

def Print(s):
    print s

def Clear(root, text):
    Print("accepted textinput: "+text)
    QtCore.QMetaObject.invokeMethod(root, "clear", QtCore.Qt.DirectConnection)

if __name__ == "__main__":
    app = QtGui.QApplication(sys.argv)
    view = QtDeclarative.QDeclarativeView()
    url = QtCore.QUrl('input.qml')
    view.setSource(url)

    root = view.rootObject()
    inputButton = root.findChild(QtCore.QObject,"inputbutton")
    inputButton.clicked.connect(lambda: Print("clicked button"))
    textinput = root.findChild(QtCore.QObject,"textinput")
    textinput.accepted.connect(lambda: Clear(root, textinput.property('text')))

    view.show()
    sys.exit(app.exec_())
```

PySide에서 QDeclarativeView 객체의 rootObject( ) 함수를 사용하여 최상위 QML 객체에 접근할 수 있다. 뿐만 아니라 findChild 함수를 사용하여 특정한 객체 ID를 가진 QML 객체에 접근할 수 있다. 다음은 버튼의 clicked 이벤트와 텍스트 입력의 accepted 이벤트를 발생하면 슬롯 함수를 실행하도록 연결시켰다. Clear 함수를 호출할 때 textinput이라는 QML 객체의 'text' 속성에 접근하기 위해 property( ) 함수를 사용하였다. Clear 함수에서는 QML 객체의 clear( ) 함수를 실행하기 위해 QtCore.QMetaObject 클래스의 invokeMethod( ) 정적 함수를 호출하였다.

프로그램을 실행하고 텍스트 입력 창에 이름을 입력하고 엔터키를 치거나 입력 버튼을 클릭해 보자.

```
$ python input1.py
accepted textinput: 홍길동
accepted textinput:
clicked button
```

이제 반대로 기존의 Qt/PySide 객체와 속성을 QML UI의 요소로 임베딩(embedding)하여 새로운 QML 요소를 정의하거나 생성해 보자. 이전의 예제를 조금 수정하여 이런 방식으로 똑같은 기능을 구현할 것이다. 다음과 같은 파일을 작성한다.

코드 5-26 텍스트 입력과 버튼을 구현한 input2.qml 파일

```
import QtQuick 1.1

Rectangle {
  id: root
  width: 100; height: 40
  property variant widgets

  Column {
    Rectangle {
      id: input
      width: 100; height: 20
      TextInput {
        id: textinput
        objectName: "textinput"
        anchors.fill: parent
        text: "홍길동"
        focus: true
        onAccepted: { con.textEnter(root, text); }
      }
    }
    Rectangle {
      id: button
      width: 100; height: 20
      color: "lightgrey"
      Text {
        anchors.horizontalCenter: parent.horizontalCenter
        text: "입력"
      }
      MouseArea {
        id: buttonMouseArea
        objectName: "inputbutton"
        anchors.fill: parent
        onPressed: parent.color = "darkgrey"
        onReleased: parent.color = "lightgrey"
        onClicked: { con.buttonClick(root); }
      }
    }
```

```
  }
  Component.onCompleted: {
    widgets = {
      'button': button,
      'textinput': textinput
    }
    con.init(root)
  }
}
```

여기서 이전의 코드와 다른 점은 'root' Rectangle 속성으로 property variant 키워드를 사용하여 widgets 변수를 정의하고, TextInput과 MouseArea의 onAccepted와 onClicked 속성을 추가하고, 마지막으로 Component.onCompleted, 즉 UI 요소 생성이 완료되었을 때 widgets 목록을 설정하고 con.init 함수를 실행하는 부분이다.

이제 다음과 같은 프로그램을 작성한다.

코드 5-27 input2.qml의 텍스트 입력과 버튼을 처리하는 input2.py 스크립트 파일

```python
#!/usr/bin/env python
#-'''- coding: utf-8 -'''-
import sys
from PySide import QtCore, QtGui, QtDeclarative

def Print(s):
    print s

class Controller(QtCore.QObject):
    def __init__(self):
        QtCore.QObject.__init__(self)

    @QtCore.Slot(QtCore.QObject, str)
    def textEnter(self, root, text):
        Print("accepted textinput: "+text)
        widgets = root.property('widgets')
        widgets['textinput'].setProperty('text', '')

    @QtCore.Slot(QtCore.QObject)
    def buttonClick(self, root):
        Print("clicked button")

if __name__ == "__main__":
    app = QtGui.QApplication(sys.argv)
    view = QtDeclarative.QDeclarativeView()
    url = QtCore.QUrl('input2.qml')
    view.setSource(url)
```

```
ctx = view.rootContext()
con = Controller()
ctx.setContextProperty("con", con)

view.show()
sys.exit(app.exec_())
```

QDeclarativeView 객체의 rootContext( ) 함수를 사용하여 QML 컨텍스트(context)를 획득하고, setContextProperty( ) 함수를 통해 생성한 파이썬 Controller 객체를 QML에서 con이라는 이름으로 등록한다. Controller 클래스에서는 textEnter( )와 buttonClick( ) 함수를 QtCore.Slot( ) 장식자와 함께 슬롯 함수로 등록하면 QML에서 호출할 수 있게 된다. textEnter 함수에서는 QML의 widgets 변수를 통해 textinput 아이템과 text 속성에 접근할 수 있게 된다. 프로그램을 실행하고 이전 예제와 똑같이 실행되는지 확인한다.

```
$ python input2.py
```

5.5.4 QML을 이용한 채팅 프로그램 제작

마지막으로, QML UI와 PySide 프로그램으로 채팅 클라이언트를 구현해 보자. QML UI를 위한 qml 파일은 총 세 개로 이루어져 있다. 버튼 아이템을 위한 Button.qml, 채팅 서버 연결 및 오류 메시지 출력을 위한 대화 상자 아이템을 위한 Dialog.qml, 기본 채팅 화면을 나타내는 talk.qml이다.

Button 아이템은 Rectangle 영역에서 clicked( ) 시그널을 정의하고 MouseArea에서 클릭하였을 때 시그널을 발생하도록 한다.

코드 5-28 **Button 아이템을 구현한 Button.qml 파일**

```
import QtQuick 1.1

Rectangle {
  id: button
  width: parent.width; height: 20
  property alias label: buttonLabel.text
  property color buttonColor: "darkgrey"
  signal clicked()

  Text {
    id: buttonLabel
```

```
    anchors.horizontalCenter: parent.horizontalCenter
  }
  MouseArea {
    id: buttonMouseArea
    objectName: "buttonMouseArea"
    hoverEnabled: true
    anchors.fill: parent
    onClicked: button.clicked()
  }
  color: buttonMouseArea.pressed ? Qt.darker(buttonColor, 1.5) : buttonColor
}
```

Dlalog 아이템은 대화 상자를 표현하며 창이 열리고 닫힐 때 서서히 나타나고 사라지도록 애니메이션 효과를 추가하였다.

코드 5-29 Dialog 아이템을 구현한 Dialog.qml

```
import QtQuick 1.1

Rectangle {
  id: page
  width: 200
  //height: 100
  signal closed
  signal opened
  function forceClose() {
    if (page.opacity == 0)
      return;
    page.closed();
    page.opacity = 0;
  }
  function show() {
    page.opened();
    page.opacity = 1;
  }
  opacity: 0
  visible: opacity > 0
  Behavior on opacity {
    NumberAnimation { duration: 500 }
  }
  property alias page: page
}
```

채팅 클라이언트를 위한 QML UI 파일인 talk.qml 파일을 작성한다. Connect와 Error를 위한 두 개의 대화 상자 및 연결 버튼, 대화창, 입력창, 전송 버튼이 표시되는 주 윈도우를 포함하고, 각 요소를 widgets 변수 목록에 등록하여 PySide에서 활용하도록 하였다.

```
import QtQuick 1.1

Rectangle {
    id: root
    width: 300
    height: 300
    property variant widgets

    Dialog {
        id: connect; objectName: "connect";
        height: 100; anchors.centerIn: parent; z: 50

    Column {
        anchors.centerIn: connect
        anchors.fill: parent
        spacing: 5

        Rectangle {
            width: parent.width; height: 20
            color: "darkgrey"

            Text {
                id: serverLabel
                text: "Server:"
                width: 50; height: 20
            }
            TextInput {
                id: serverinput
                objectName: "serverInput"
                width: parent.width-50; height: 20
                anchors.left: serverLabel.right
                text: "localhost"
                focus: true
            }
        }
        Rectangle {
            width: parent.width; height: 20
            color: "darkgrey"

            Text {
                id: portLabel
                text: "Port:"
                width: 50; height: 20
            }
            TextInput {
                id: portinput
                objectName: "portInput"
                width: parent.width-50; height: 20
                anchors.left: portLabel.right
```

```
            text: "8080"
            focus: true
          }
        }
  Rectangle {
      width: parent.width; height: 20
      color: "darkgrey"

      Text {
          id: nameLabel
          text: "Name:"
          width: 50; height: 20
        }
      TextInput {
          id: nameinput
          objectName: "nameInput"
          width: parent.width-50; height: 20
          anchors.left: nameLabel.right
          text: "홍길동"
          focus: true
        }
    }
  Row {
      width: parent.width; height: 20
      spacing: 10

      Button {
          id: okButton
          width: parent.width/2-5
          objectName: "okButton"
          buttonColor: "darkgrey"
          label: "OK"
          onClicked: { con.connect(root); connect.page.forceClose(); }
        }
      Button {
          id: cancelButton
          width: parent.width/2-5
          objectName: "cancelButton"
          buttonColor: "darkgrey"
          label: "Cancel"
          onClicked: connect.page.forceClose();
        }
    }
  }
}
Dialog {
  id: error; objectName: "error";
  height: 50; anchors.centerIn: parent; z: 100

  Column {
```

```
        anchors.centerIn: error
        anchors.fill: parent
        spacing: 5

        Text {
          id: errorLabel
          text: "Error during connection!"
          width: 50; height: 20
        }
        Button {
          id: okErrorButton
          objectName: "okErrorButton"
          buttonColor: "darkgrey"
          label: "OK"
          onClicked: { error.page.forceClose(); }
        }
      }
    }
  }

  Column {
    anchors.centerIn: root
    anchors.fill: parent

    Button {
      id: connectButton
      objectName: "connectButton"
      buttonColor: "darkgrey"
      label: "Connect"
      onClicked: connect.show()
    }
    Rectangle {
      width: parent.width; height: parent.height-40
      anchors.horizontalCenter: parent.horizontalCenter
      color: "lightgrey"
      TextEdit {
        id: textedit
        anchors.fill: parent
        anchors.horizontalCenter: parent.horizontalCenter
        textFormat: TextEdit.PlainText
      }
    }
    Flow {
      width: parent.width; height: 20
      TextInput {
        id: textinput
        objectName: "textInput"
        width: parent.width-50; height: 20
        focus: true
        onAccepted: con.send(root, text)
      }
```

```
        Button {
            id: sendButton
            objectName: "sendButton"
            width: 50; height: 20
            buttonColor: "darkgrey"
            label: "Send"
            onClicked: con.send(root, textinput.text)
        }
    }
}
Component.onCompleted: {
    widgets = {
        'server': serverinput,
        'port': portinput,
        'name': nameinput,
        'textedit': textedit,
        'textinput': textinput,
        'error': error
    }
    con.init(root)
}
}
```

이제 QML UI와 연동하고 채팅 서버와 연결하는 파이썬 스크립트를 작성한다. 여기서는 QML 에서 Qt/PySide 객체와 함수를 접근하는 방식을 적용하였다.

코드 5-31 QML을 이용하여 채팅 클라이언트를 구현한 **talkqml.py** 스크립트 파일

```python
#!/usr/bin/env python
#-'''- coding: utf-8 -'''-
import sys
from PySide import QtCore, QtGui, QtDeclarative, QtNetwork

class Controller(QtCore.QObject):
    def __init__(self, ctx):
        QtCore.QObject.__init__(self)
        self.text=""
        self.socket = QtNetwork.QTcpSocket(ctx)
        self.socket.readyRead.connect(self.readData)
        self.socket.error.connect(self.displayError)

    @QtCore.Slot(QtCore.QObject)
    def init(self, root):
        self.root = root

    @QtCore.Slot(QtCore.QObject, str)
    def send(self, root, text):
        self.sendmessage("msg %s" % (text))
```

```python
        widgets = root.property('widgets')
        widgets['textinput'].setProperty('text', '')

    @QtCore.Slot(QtCore.QObject)
    def connect(self, root):
        widgets = root.property('widgets')
        server=widgets['server'].property('text')
        port=widgets['port'].property('text')
        self.socket.connectToHost(server, int(port))
        if self.socket.waitForConnected(1000):
            self.name = widgets['name'].property('text')
            self.sendmessage("login %s" % self.name)

    def readData(self):
        message = self.socket.readLine().data().decode("utf-8")
        self.text += message + '\r\n'
        widgets = self.root.property('widgets')
        widgets['textedit'].setProperty('text', self.text)

    def sendmessage(self, message):
        self.socket.write(message.encode("utf-8"))

    def displayError(self):
        widgets = self.root.property('widgets')
        QtCore.QMetaObject.invokeMethod(widgets['error'], "show",
                                        QtCore.Qt.DirectConnection)

    def closeEvent(self, event):
        self.socket.disconnectFromHost()

if __name__ == "__main__":
    app = QtGui.QApplication(sys.argv)
    view = QtDeclarative.QDeclarativeView()
    url = QtCore.QUrl('talk.qml')

    ctx = view.rootContext()
    con = Controller(ctx)
    ctx.setContextProperty("con", con)
    view.setSource(url)
    view.show()
    sys.exit(app.exec_())
```

프로그램을 실행하고 Connect 버튼을 눌러 서버와 연결한 다음 채팅을 해 보자.

```
$ python talkqml.py
```

실행 화면은 다음과 같다.

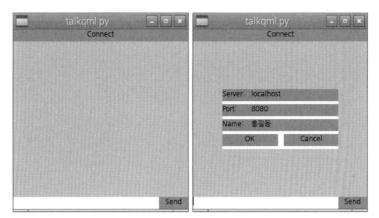

그림 5-36 **talkqml.py** 프로그램 실행 창

참고 자료

[1] An Introduction to Tkinter, http://effbot.org/tkinterbook/

[2] Pyside Qt 위키페이지, https://wiki.qt.io/Pyside

6

하드웨어 제어

생산 도구가 모든 사람에게 주어질 때 모든 사람은 생산자가 된다.

– 크리스 앤더슨, 《롱테일 경제학》 중에서

라즈베리 파이의 장점 중 하나는 각종 센서, 모터, 카메라 등 수많은 장치들을 직접 연결할 수 있다는 점이다. 이번 장에서는 GPIO 포트를 통해 LED, 푸시 버튼, 센서, LCD 등을 연결하고 주로 파이썬으로 프로그래밍하여 이들을 제어하는 방법에 대해서 알아본다.

6.1 GPIO 개요

컴퓨터와 주변 장치를 연결하기 위해서는 버스(bus)와 입출력 포트와 같은 입출력 인터페이스가 필요하다. ISA, PCI, PCMCIA, VME, SCSI, USB 등은 버스이고, 직렬 포트, 병렬 포트, PS2, VGA 포트 등은 입출력 포트의 예이다. 하지만 일반 컴퓨터는 외부에 범용 입출력 핀들을 직접 제공하지 않기 때문에 표준화된 포트를 통하지 않고는 간단한 전자장치라도 직접 연결할 수 없다. 반면에 라즈베리 파이는 일반 PC처럼 다양한 외부 입출력 포트를 지원하지는 않지만 LED, 모터, 센서 등의 전자 장치를 쉽게 연결할 수 있는 범용 입출력 핀들을 제공하고 있다. 이처럼 라즈베리 파이와 같은 임베디드(embedded) 시스템의 CPU IC 칩에서 외부 장치와 연결하도록 제공하는 수많은 입출력 핀들을 GPIO(General Purpose Input/Output)라고 한다.

6.1.1 GPIO 구조 개요

CPU가 다양한 외부 기기와 연결하기 위해서는 많은 입출력 포트가 필요하다. GPIO는 이런 기능을 구현하는 하나의 방법이며, CPU가 일반적인 용도로 사용할 수 있는 많은 디지털 입출력 포트 핀들을 제공한다. GPIO 인터페이스의 각 핀들은 입력 또는 출력으로 프로그래밍할 수 있으며, 하드웨어 제어를 위한 신호들을 생성하거나 하드웨어로부터 들어오는 신호를 받기 위해 사용할 수 있다. 하지만 단순한 디지털 입출력뿐만 아니라 다른 기능과 함께 사용되는 사례가 많으므로 모두 사용 가능하지는 않다. 또한, GPIO 핀들은 칩 외부에 바로 배선이 가능하고 LED를 구동할 정도의 전력을 공급한다.

GPIO는 특별한 기능을 가진 수십 개의 32비트 레지스터를 이용하여 제어할 수 있다. 라즈베리 파이의 BCM2835 CPU에는 총 41개의 GPIO와 관련된 제어 레지스터가 있다. ARM CPU는 종류에 따라 보통 수십 개에서 수백 개의 GPIO 포트를 지원하는데, 라즈베리 파이의 CPU인 BCM2835는 52개의 GPIO 포트를 지원한다. 그런데 그중에서 외부로 연결할 수 있는 포트 핀은 제한되어 있다.

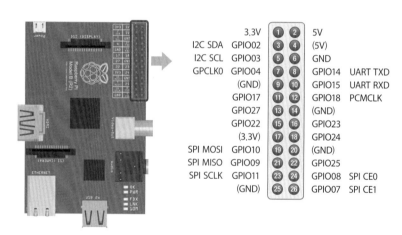

그림 6-1 라즈베리 파이 1 모델 B의 GPIO 핀 맵

라즈베리 파이 2의 GPIO 확장 포트의 핀 맵은 그림 6-2와 같다.

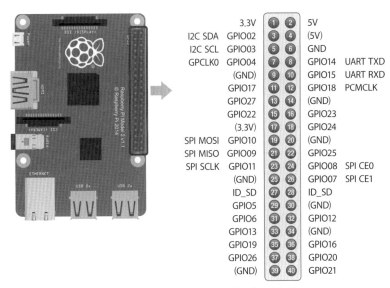

	3.3V	①	②	5V	
I2C SDA	GPIO02	③	④	(5V)	
I2C SCL	GPIO03	⑤	⑥	GND	
GPCLK0	GPIO04	⑦	⑧	GPIO14	UART TXD
	(GND)	⑨	⑩	GPIO15	UART RXD
	GPIO17	⑪	⑫	GPIO18	PCMCLK
	GPIO27	⑬	⑭	(GND)	
	GPIO22	⑮	⑯	GPIO23	
	(3.3V)	⑰	⑱	GPIO24	
SPI MOSI	GPIO10	⑲	⑳	(GND)	
SPI MISO	GPIO09	㉑	㉒	GPIO25	
SPI SCLK	GPIO11	㉓	㉔	GPIO08	SPI CE0
	(GND)	㉕	㉖	GPIO07	SPI CE1
	ID_SD	㉗	㉘	ID_SD	
	GPIO5	㉙	㉚	(GND)	
	GPIO6	㉛	㉜	GPIO12	
	GPIO13	㉝	㉞	(GND)	
	GPIO19	㉟	㊱	GPIO16	
	GPIO26	㊲	㊳	GPIO20	
	(GND)	㊴	㊵	GPIO21	

그림 6-2 라즈베리 파이 2 모델 B의 GPIO 핀

여기서 전원과 관련된 핀은 3.3V 출력 2핀, 5V 출력 2핀이 있고 GND 8핀을 합해서 모두 11개의 핀이 있다. 라즈베리 파이는 3.3V에서 구동하지만, 아두이노(Arduino)와 같이 5V로 구동되는 외부 장치와 연결하기 위해 5V 출력 핀(output pin)도 제공한다. 그 외 GPIO 핀은 총 17~28핀인데, 모든 GPIO 핀들은 3.3V에서 구동되고, 5V에서는 구동되지 않는다는 점을 주의해야 한다. 모두 17~28개의 GPIO 핀은 일반 디지털 입출력 용도로 사용될 수도 있지만, 특정한 핀은 UART, SPI, I2C 인터페이스용으로 사용할 수도 있다. 그러므로 UART 2핀, I2C 2핀, SPI 5핀을 사용할 수 있다. 라즈베리 파이 1 모델 B에는 위의 GPIO 확장 포트 말고도 확장 포트 바로 아래에는 3.3V, 5V, GPIO 28·29·30·31번 핀, GND를 제공하는 8핀 포트가 있다.

아울러, 라즈베리 파이에서 GPIO 포트를 사용할 때 주의해야 할 몇 가지 사항이 있다. 먼저, 라즈베리 파이는 내부적으로 3.3V 전원으로 동작되므로 GPIO 핀들도 3.3V 정도로 동작시켜야 한다. 만약 5V 신호를 사용하고 싶으면 레벨 컨버터(level converter)와 같은 회로를 추가로 구성해 주어야 한다.

6.1.2 GPIO 실습에 필요한 부품

GPIO를 사용하여 간단한 실습을 하려면 몇 가지 기본적인 하드웨어 부품이 필요하다. 예를 들면, 온라인 부품 가게에서 흔히 판매하는 라즈베리 파이 스타터 키트(starter kit)에는 다음과 같은 부품이 포함되어 있다.

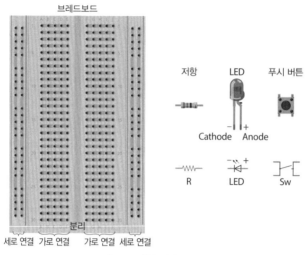

그림 6-3 **기본 실습 부품들**

❶ **브레드보드:** 브레드보드(breadboard)는 납땜을 하지 않고도 전자 회로를 간단하게 구성하여 시제품을 만들 수 있는 프로토타이핑(prototyping) 하드웨어이다. 브레드보드는 수많은 구멍이 천공된 플라스틱과 아래에 납으로 연결된 금속 부분이 결합된 형태이다. 플라스틱 구멍에 전선을 끼우면 아래의 가로 또는 세로로 연결된 금속 부분과 연결되어 전원이 인가되면 전류가 흐르게 된다.

브레드보드는 보통 열의 수와 크기에 따라 다양한 종류가 있는데, 일반적으로 세로로 VCC와 GND가 연결된 전원 연결 부분과 가로로 연결된 회로 연결 부분으로 나뉜다.

❷ **저항:** 저항은 전류의 흐름을 일정하게 방해하는 수동 소자이다. 저항은 아주 미세한 크기로 만들어지는 칩(chip) 저항부터 일반적인 탄소 피막 저항과 저항의 값을 바꿀 수 있는 가변 저항 등 다양한 종류가 있다.

일반적으로 많이 쓰이는 탄소 피막 저항은 외부 피막에 그려진 색 띠로 저항 값과 정밀도 등을 쉽게 알 수 있다. 하나의 저항은 보통 네 개의 색 띠를 가지는데, 첫 번째 및 두 번째는 저항 값, 세 번째는 10의 거듭제곱, 네 번째는 정밀도를 나타낸다.

표 6-1 **저항 표준 색상 및 코드**

색상	흑	갈	적	등	황	녹	청	자	회	백	금	은
값	0	1	2	3	4	5	6	7	8	9		
제곱	1	10	100	10^3	10^4	10^5	10^6	10^7	10^8	10^9		
오차											5%	10%

예를 들면, 색 띠가 주황색, 주황색, 갈색, 은색이라면 저항 값은 33 × 10 = 330옴(Ω)이고 정밀도는 10%이다.

❸ **LED:** LED(Light Emitting Diode)는 전기가 흐르면 빛을 내도록 만들어진 다이오드이며, 연결 상태를 표시할 때 주로 사용한다. 주의할 점은 극성이 있으므로 두 핀 중 긴 쪽을 양극(+), 짧은 쪽을 음극(-)에 올바르게 연결해야만 빛을 낸다.

❹ **푸시 버튼 스위치:** 푸시 버튼 스위치는 눌렀을 때 스위치 아래의 금속판에 의해 회로를 연결하고, 떼었을 때 회로를 차단하는 단순한 장치이다.

❺ **GPIO 확장 커넥터 모듈 및 연결 케이블:** GPIO 확장 커넥터 모듈과 연결 케이블을 사용하면 GPIO 포트와 브레드보드 구멍 사이에 일일이 전선으로 연결할 필요 없이 손쉽게 연결할 수 있다.

❻ **점퍼 와이어(전선):** 여기에 추가로 장치들을 연결할 때 필요한 점퍼 와이어(jumper wire)가 다수 필요하다.

6.1.3 라즈베리 파이 인터페이스 보드

현재까지 라즈베리 파이의 GPIO 포트를 통해 입출력 기능을 확장할 수 있는 다양한 인터페이스 보드가 출시되어 있다. 이 중에서 대표적인 몇 가지 인터페이스 보드에 대해 알아보자.

1 PiFace Digital 인터페이스 보드

먼저 PiFace Digital 인터페이스 보드는 영국 맨체스터 대학(University of Manchester)에서 개발한 제품으로서 입출력 확장에 유용한 제품이다. 이 제품은 각각 8개의 디지털 입력, 출력, LED, 네 개의 스위치, 두 개의 릴레이를 장착하고 있다. 또한, 관련된 파이썬 라이브러리를 제공하여 홈페이지(http://www.piface.org.uk/)로부터 다운로드할 수 있다.

그림 6-4 **PiFace 디지털 인터페이스 보드**

2 Gertboard 확장 보드

Gertboard 확장 인터페이스 보드는 브로드컴(Broadcom) 사의 거트 반 루(Gert van Loo)가 설계하였으며, 12개의 입출력, LED 및 세 개의 푸시 버튼 외에도 Atmega328 MCU, SPI AD 및 DA 컨버터, 모터 컨트롤러를 장착하고 있어 마이크로컨트롤러 제어기로도 활용할 수 있다.

그림 6-5 Gertboard 인터페이스 보드

3 다양한 프로토타이핑 보드

이 밖에 PCB 만능 기판 형태로 제공하여 간단한 회로를 납땜하여 연결할 수 있는 다양한 프로토타이핑 보드가 있다. 대표적인 프로토타이핑 보드로는 Humble Pi, Pi Plate, 멀티파이(국내 제품) 등이 있다.

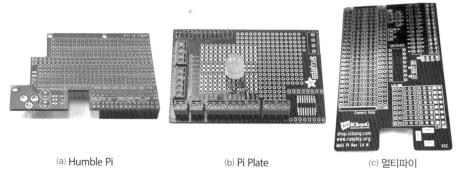

(a) Humble Pi   (b) Pi Plate   (c) 멀티파이

그림 6-6 다양한 프로토타이핑 보드

4 WaveShare DVK512 보드

다음으로, 이 책에서 실습에 활용한 웨이브셰어(WaveShare) 사에서 만든 DVK512 보드가 있다. 이 보드는 8개의 I/O, SPI, I2C 포트, 각각 네 개의 LED 및 스위치, Char LCD 인터페이스는 물론, PCF8563 RTC 칩을 장착하여 실시간 클럭(clock)을 사용할 수 있고, CP2102 USB-UART 칩을 장착하여 USB 포트를 통해 외부 장치와 연결할 수 있다.

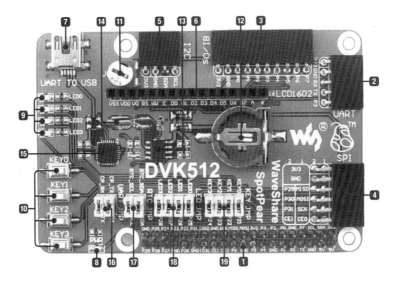

1 라즈베리 파이와 연결하는 핀 헤더

2 UART 인터페이스: RS232, RS485 등과 같은 UART 모듈 연결용

3 8 I/Os 인터페이스: 8 푸시 버튼과 같은 입출력 모듈 연결용

4 SPI 인터페이스: AT45DBXX 데이터플래시와 같은 SPI 모듈 연결용

5 I2C 인터페이스: PCF8563 RTC 모듈과 같은 I2C 모듈 연결용

6 캐릭터 LCD 인터페이스: LCD1602 같은 캐릭터 LCD 연결용

7 USB 커넥터: 온보드 CP2102 USB-to-UART 변환기용

8 전원 표시등

9 사용자 LED

10 사용자 키 버튼

11 가변 저항: LCD1602의 콘트라스트 조절용

12 RTC 배터리 홀더

13 PCF8563: 온보드 RTC 칩

14 32.768K 크리스탈: RTC 크리스탈

15 CP2102: 온보드 USB-to-UART 칩

16 CP2102 점퍼

17 RTC 점퍼

18 사용자 LED 점퍼

19 사용자 키 버튼 점퍼

그림 6-7 DVK512 보드

출처 http://www.waveshare.com/product/mini-pc/raspberry-pi/expansions/dvk512.htm

또한, 웨이브셰어 사에서 제공하는 다양한 키트와 인터페이스 보드를 활용하여 DVK512 보드와 연결할 수 있다. 예를 들면, 액세서리 A 키트에는 3.5인치 터치 스크린 TFT LCD, PCF8591 AD/DA 보드, L3G4200D 자이로 보드, LSM303DLHC 가속도/지자기 보드, 부저/조이스틱/One-Wire/적외선 수신기 연결이 가능한 Mix 보드, 전압 레벨 컨버터 보드, DS18B20 One Wire 온도 센서, 적외선 수신 칩, 리모컨 등이 포함되어 있다. 이 부품들에 대한 사용 방법도 이 책에서 소개할 것이다.

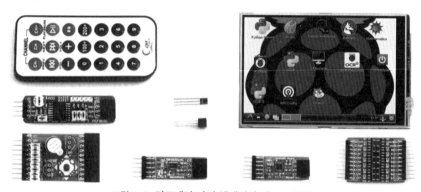

그림 6-8 라즈베리 파이 액세서리 키트 A 부품

출처 http://ko.aliexpress.com/item/Raspberry-Pi-Accessories-3-5-Raspberry-pi-LCD-Screen-Raspberry-pi-Expansion-Board-Modules-Development-Kit/32423688503.html?isOrig=true#extend

기타 이 책에서 실습에 활용한 장치로는 MCP3008 ADC 칩과 16x2 Character LCD 장치를 들 수 있다.

6.1.4 GPIO 제어 소프트웨어

라즈베리 파이에서는 GPIO 포트를 제어할 수 있는 다양한 방법이 개발되어 있다. 이런 방법들에 대해 살펴보자.

먼저, 리눅스 커널은 디바이스 드라이버를 통해 하드웨어에 접근하고 제어할 수 있도록 하며, 다양한 시스템 호출 함수를 사용자에게 제공하고 있다. 따라서 GPIO를 제어하는 디바이스 드라이버를 만들어 리눅스 커널에 탑재하고, 응용 프로그램에서 GPIO를 제어하는 함수를 호출하도록 하면 된다. 그런데 이런 방식은 리눅스 커널의 소프트웨어 구조를 잘 알아야 한다. 또 프로그램이 복잡하므로 쉽게 개발하여 사용하기 힘들다. 다행히 리눅스 커널의 GPIO 드라이버는 Sysfs라는 가상 파일 시스템 구조를 통해 응용 프로그램에서 GPIO를 효율적으로 사용할 수 있도록 하고 있다.

하지만 이런 방법도 구현하기는 쉬운 반면에 프로그램으로 바꾸기는 쉽지 않다. 그래서 GPIO를 제어하는 가장 쉬운 방법은 전 세계의 여러 개발자들이 만든 GPIO 제어 소프트웨어를 활용하여 프로그램을 만들어 사용하는 것이다.

표 6-2 **GPIO 제어 소프트웨어**

소프트웨어	프로그래밍언어	특징
wiringPi	C/C++	C/C++/루비 등 다양한 바인딩 제공
bcm2835	C/C++	GPIO와 SPI 인터페이스 제공
RPi.GPIO	파이썬	기본 파이썬 GPIO 제어 모듈
RPIO	파이썬	소프트웨어 PWM이 개선된 파이썬 GPIO 모듈
ScratchGPIO	스크래치	기본 스크래치 GPIO 제어 모듈
Pi4J	자바	자바 GPIO 제어 모듈
WebIOPI	파이썬/웹/자바스크립트	GPIO에 대한 웹 인터페이스 제공

6.2 GPIO 디지털 입출력 제어

6.2.1 LED 출력 실습

라즈베리 파이에 LED를 연결하여 출력하는 회로를 만들어 보자.

먼저, 다음과 같이 회로를 구성한다. 여기서 LED에 흐르는 전류가 너무 크면 LED가 망가지거나 라즈베리 파이에도 좋지 않은 영향을 끼칠 수 있으므로 반드시 LED와 별도의 저항을 직렬로 GPIO 핀에 연결해야 한다. LED는 종류에 따라 허용하는 전류가 다르지만, 대략 1~20mA의 전류로 동작한다. 라즈베리 파이의 GPIO 핀이 허용하는 전류가 3mA이므로, 3.3V의 전압이 공급될 때 LED 자체의 저항을 고려하여 대략 330~1K 옴의 저항을 직렬로 추가적으로 연결하여야 회로가 안전하다.

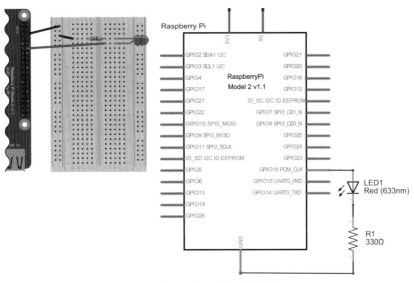

그림 6-9 **GPIO LED 회로 구성**

1 Sysfs를 통한 GPIO 제어

Sysfs는 리눅스 시스템에서 탑재된 장치와 드라이버에 대한 정보를 커널로부터 사용자에게 제공하는 가상 파일 시스템이다. 따라서 Sysfs 내의 파일을 제어함으로써 실제 하드웨어 장치를 제어할 수 있게 된다.

Sysfs를 사용하려면 리눅스 커널에 GPIO 디바이스 드라이버가 포함되어야 하는데, 라즈비안 커널에는 이미 GPIO 드라이버가 포함되어 있다. Sysfs 내에서 GPIO와 관련된 디렉터리는 /sys/class/gpio이다. 여기에는 GPIO 핀에 접근을 허용하거나 접근을 제거하기 위한 두 개의 파일과 GPIO 제어기를 나타내는 gpiochipN 디렉터리가 있다.

```
/sys/class/gpio/export
/sys/class/gpio/unexport
/sys/class/gpio/gpiochipN
```

특정한 GPIO 핀에 접근하여 읽고 쓰려면 먼저 export 파일에다가 해당하는 GPIO 핀 번호를 직접 써서 export하여야 한다. 예를 들면, 회로에 연결된 LED를 제어하기 위해 GPIO 핀 18번을 쓰고 싶으면 다음과 같은 명령을 실행한다.

```
pi@raspberrypi ~ $ sudo su -
# echo 18 > /sys/class/gpio/export
```

일단 특정한 GPIO 핀이 export되면, /sys/class/gpio 디렉터리에 gpio<핀 번호>라는 새로운 디렉터리가 만들어진다. 예를 들어, 위와 같이 GPIO 18번 핀이 export되면 /sys/class/gpio/gpio18 이라는 디렉터리가 생성되어 있는 것을 확인할 수 있다.

```
# cd /sys/class/gpio/gpio18
```

생성된 GPIO 핀 디렉터리에는 다음과 같은 여러 파일이 존재한다.

```
# ls
active_low direction edge power subsystem uevent value
```

여기서 direction 파일에 'in' 또는 'out'을 쓰면 GPIO 핀을 입력 또는 출력으로 설정할 수 있다. 또한, 이 파일을 읽으면 현재의 핀이 입력인지 출력인지를 알 수 있다. 기본적으로는 출력('out') 핀의 'low' 값으로 설정되어 있다. 예를 들면, GPIO 18번 핀을 출력으로 설정하려면 다음과 같은 명령을 실행한다.

```
# echo out > direction
```

입력 핀이면 value 파일을 읽으면 해당하는 핀의 상태가 1('high')인지 0('low')인지 알 수 있다. 출력 핀이면 value 파일에 '1' 또는 '0'을 쓰면 해당하는 값의 출력 전압(라즈베리 파이는 3.3V)이 설정된다.

예를 들면, LED를 켜기 위해 GPIO 18번 핀의 출력 값을 '1', 즉 3.3V로 설정하려면 다음과 같은 명령을 실행한다.

```
# echo 1 > value
```

이제 LED가 켜졌는지를 확인한다.

나머지 파일에 대해서도 알아보자. GPIO 핀이 입력 핀이면 edge 파일에 값을 쓰면 인터럽트 (interrupt)를 설정할 수 있다. 쓸 수 있는 값은 'none', 'falling', 'rising', 'both'이다. 또, edge 파일을 읽으면 설정된 값을 알 수 있다. 해당하는 GPIO 핀이 입력이고 인터럽트가 설정되어 있으면 poll 함수를 사용하여 인터럽트 신호가 들어왔는지 점검할 수 있다. 예를 들면, GPIO 24번 핀의 하강 에지(edge)에서 인터럽트 신호를 감지하도록 하려면 다음과 같은 일련의 명령을 실행한 다음, value 파일에 대하여 poll( ) 함수를 사용하여 인터럽트 신호를 감지하면 된다.

```
# echo 24 > /sys/class/gpio/export
# cd /sys/class/gpio/gpio24
# echo 0 > value
# echo in > direction
# echo falling > edge
```

마지막으로, active_low 파일에 0이 아닌 값을 쓰면 값의 속성을 반전시켜 high == 0 또는 low == 1과 같이 만들 수 있다. 예를 들면, GPIO 24번 핀의 속성을 반전시키려면 다음과 같은 명령을 실행한다.

```
# echo 1 > active_low
```

참고로, 기본적으로 GPIO 핀 파일에 대해 생성(export)/삭제(unexport)하거나 쓰는(write) 기능은 root 사용자만이 가능하다. 하지만 /sys/class/gpio 디렉터리가 root 사용자, gpio 그룹의 소유권으로 설정되어 있으므로, pi 사용자가 gpio 그룹으로 설정되어 있으면 GPIO 핀 파일에 접근할 수 있다. 만약 gpio 그룹으로 설정되어 있지 않으면 다음과 같은 명령을 실행하면 된다.

```
$ sudo adduser $USER gpio
```

2 파이썬을 이용한 제어

다음은 파이썬을 이용하여 GPIO를 제어해 보자. 먼저, 파이썬 GPIO 제어 모듈인 RPi.GPIO를 설치하기 위해 다음 명령을 실행한다.

```
pi@raspberrypi ~ $ sudo apt-get update
pi@raspberrypi ~ $ sudo apt-get install python-dev
pi@raspberrypi ~ $ sudo apt-get install python-rpi.gpio
```

이제 파이썬 셸을 실행한 후에 다음 명령을 차례로 입력하여 LED를 켰다가 꺼 본다.

```
pi@raspberrypi ~ $ sudo python
>>> import RPi.GPIO as GPIO
>>> GPIO.setmode(GPIO.BCM)
>>> GPIO.setup(18, GPIO.OUT)
>>> GPIO.output(18, True)
>>> GPIO.output(18, False)
```

여기서 RPi.GPIO 모듈의 setmode 함수는 GPIO 모듈을 설정하고 초기화한다. 인자 값이 RPi.
GPIO.BCM이면 라즈베리 파이의 BCM2835 CPU 칩의 신호 이름을 사용하고, RPi.GPIO.
BOARD이면 보드 레이아웃의 핀 번호를 사용하도록 설정한다.

LED가 계속 주기적으로 깜빡이도록 하려면 파이썬 명령을 셸에서 직접 입력하는 것보다 프
로그램하는 것이 나을 것이다. 다음과 같은 코드로 작성된 blink.py 파일을 만들어 보자.

코드 6-1 RPi.GPIO 모듈을 사용하여 LED를 깜박이게 하는 blink.py 스크립트 파일

```
import RPi.GPIO as GPIO
import time
GPIO.setmode(GPIO.BCM)
GPIO.setup(18, GPIO.OUT)
while (True):
    GPIO.output(18, True)
    time.sleep(1)
    GPIO.output(18, False)
    time.sleep(1)
```

프로그램을 실행하면 LED가 1초 단위로 깜빡거리는 것을 확인할 수 있다.

```
$ sudo python blink.py
```

RPi.GPIO 모듈과 마찬가지로 RPIO 모듈을 설치하고, GPIO 제어 프로그램을 실행할 수 있다.
먼저, 다음 명령을 실행하여 RPIO 모듈을 설치해 보자.

```
$ git clone https://github.com/metachris/RPIO.git --branch v2 --single-branch
$ cd RPIO
$ nano source/c_gpio/c_gpio.c
...
#define BCM2708_PERI_BASE  0x3F000000
...
$ sudo python setup.py install
```

코드 6-2 RPIO 모듈을 사용하여 LED를 깜박이게 하는 스크립트 파일

```
import RPIO
import time
RPIO.setmode(RPIO.BCM)
RPIO.setup(18, RPIO.OUT)
while (True):
    RPIO.output(18, True)
    time.sleep(1)
    RPIO.output(18, False)
    time.sleep(1)
```

다음과 같은 프로그램을 작성하여 실행하면 되며, C 또는 C++ 언어를 사용하여 GPIO를 제어하려면 WiringPI 모듈을 설치하는 것이 바람직하다.

```
pi@raspberrypi ~ $ sudo apt-get install git-core
pi@raspberrypi ~ $ git clone git://git.drogon.net/wiringPi
pi@raspberrypi ~ $ cd wiringPi
pi@raspberrypi ~ $ ./build
```

WiringPI 모듈이 잘 설치되었는지 확인해 본다.

```
pi@raspberrypi ~ $ gpio -v

gpio version: ...
```

LED가 깜빡거리도록 다음과 같은 ledtest.c 파일을 작성한다.

코드 6-3 WiringPi C 라이브러리를 사용하여 LED를 깜박이는 ledtest.c 프로그램

```c
#include <stdio.h>
#include <wiringPi.h>

#define LED1 1                          /* BCM_GPIO 18 */
int main (void)
{
    if (wiringPiSetup () == -1)
        return 1 ;

    pinMode (LED1, OUTPUT) ;
    for (;;) {
        digitalWrite (LED1, 1) ;            /* Turn On */
        delay (1000) ; /* 1000 msec = 1 sec */
        digitalWrite (LED1, 0) ;            /* Turn Off */
        delay (1000) ;
    }
    return 0 ;
}
```

GCC C 컴파일러를 사용하여 컴파일하고 실행하여 본다.

```
pi@raspberrypi ~ $ gcc -o ledtest ledtest.c -lwiringPi
pi@raspberrypi ~ $ sudo ./ledtest
```

6.2.2 푸시 버튼 입력 실습

푸시 버튼을 연결하여 동작시키는 회로를 만들어 보자.

그림 6-10과 같이 회로를 구성한다. 여기서 스위치의 한쪽 핀은 3.3V 핀에 연결하고 다른 핀은 GPIO 핀에 연결한다. GPIO 핀은 또한 저항(10K 옴)을 거쳐 GND 핀에 연결해야 한다.

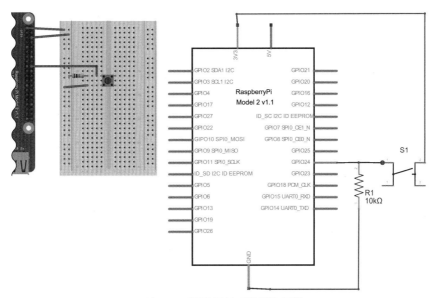

그림 6-10 GPIO 푸시 버튼 회로 구성

예를 들면, GPIO 24번 핀의 상태를 알려면 다음과 같은 명령을 실행한다.

```
# echo 24 > /sys/class/gpio/export
# cd /sys/class/gpio/gpio24
# echo 'in' > direction
# cat value
0
```

이제 버튼을 누른 채로 'cat value' 명령을 실행하여 보자. '1'을 출력할 것이다.

앞서 LED 출력 실습과 마찬가지로 파이썬 인터프리터를 이용하여 버튼 입력을 테스트해 보자.

```
pi@raspberrypi ~ $ sudo python
>>> import RPi.GPIO as GPIO
>>> GPIO.setmode(GPIO.BCM)
>>> GPIO.setup(24, GPIO.IN)
>>> print GPIO.in(24)
0
...
>>> print GPIO.in(24)   # 푸시 버튼을 누른 채로 실행
1
```

버튼을 누른 횟수를 계산하기 위하여 다음과 같은 파이썬 프로그램을 작성한다.

코드 6-4 푸시 버튼을 누른 횟수를 세는 btn_poll.py 스크립트 파일

```
#btn_poll.py
import RPi.GPIO as GPIO
import time
GPIO.setmode(GPIO.BCM)
GPIO.setup(24, GPIO.IN)
count = 0
while True:
    value = GPIO.input(24)
    if value == True:
        count = count + 1
        print count
    time.sleep(0.1)
```

이제 이 프로그램을 실행한 다음 버튼을 눌러 카운트 값이 증가하는지 관찰한다.

```
$ sudo python btn_poll.py
```

프로그램을 살펴보면 반복해서 버튼과 연결된 GPIO 포트의 값을 읽고 카운트 값을 출력하는 것을 볼 수 있다. 이러한 처리 방식을 폴링(polling)이라고 한다. 폴링 방식의 문제점은 무엇일 까? 첫째, 프로그램에서 폴링을 수행하는 동안 다른 부분 또는 다른 프로그램을 실행하지 못 하며, 지속적으로 입력 포트를 점검하므로 전력 소모가 증가하게 된다. 또한, 대기(sleep)하는 동안 버튼이 짧게 입력되면 이러한 입력 이벤트를 제대로 잡아내지 못할 것이다. 그리고 버튼 스위치가 여럿이거나 버튼 스위치를 계속 누를 때에도 정확하지 못할 것이다.

이러한 문제점은 인터럽트(interrupt) 또는 입출력 이벤트 알림(event notification) 방식으로 해결할 수 있다. 입출력 이벤트 알림 방식이란, 프로그램에서 I/O 포트를 반복해서 점검하는 방식이 아니라 거꾸로 I/O 포트의 상태가 바뀌면 자동적으로 CPU에 알려 주는 방식이다. 예를 들어,

주전자에 물을 끓이고 있는 상황을 생각해 보자. 폴링은 지속적으로 주전자에서 증기가 나거나 물이 끓는 소리가 나는지 살펴보는 방식이라면, 이벤트 알림은 주전자 꼭지에 호루라기를 달아 물이 끓으면 소리가 나게 하여 사용자가 자동적으로 알게 되는 방식이다.

파이썬 GPIO 모듈인 RPi.GPIO에서는 리눅스 커널의 epoll 인터페이스 기능을 사용하여 입출력 이벤트 알림 방식을 지원한다. 다음과 같은 스크립트를 작성하여 실행하여 보자.

코드 6-5 이벤트 알림 방식으로 버튼을 입력받는 btn_callback.py 스크립트 파일

```
# btn_callback.py
import RPi.GPIO as GPIO
import time
GPIO.setmode(GPIO.BCM)
count = 0
def handler(channel):
    global count
    count = count + 1
    print count

GPIO.setup(24, GPIO.IN, pull_up_down=GPIO.PUD_DOWN)
GPIO.add_event_detect(24, GPIO.RISING, callback=handler)
while True:
    time.sleep(1)
```

프로그램을 실행하고 푸시 버튼을 여러 번 눌러보자. 버튼을 누를 때마다 count 값이 증가하는 것을 알 수 있다.

```
$ sudo python btn_callback.py
```

다음은 스위치의 연결 방식에 대해 알아보자. 라즈베리 파이의 GPIO 핀은 3.3V를 1로, 0V를 0으로 인식한다. 하지만 아무런 전압이 들어가지 않은 채로 아주 높은 저항(high impedance)이 연결되면 1이나 0이 아닌 상태가 되어 엉뚱한 값으로 인식될 수 있다. 그래서 풀업(pull up) 저항으로 VCC에 연결하거나 풀다운(pull down) 저항을 그라운드(GND)에 연결하여 1 또는 0을 가지도록 만드는 것이 바람직하다.

예를 들면, 다음 그림과 같이 풀업 저항이 VCC에 연결된 상태를 보자. 여기서 스위치가 OFF일 때는 GPIO 포트가 연결된 장치에 VCC가 입력되는 반면, 스위치가 ON일 때는 장치에 0V가 입력된다.

이번에는 그림 6-11과 같이 풀다운 저항이 GND에 연결된 상태를 보자. 여기서는 스위치가 OFF일 때 장치에 0V가 입력되고, 스위치가 ON일 때 장치에 VCC가 입력된다.

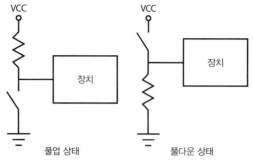

풀업 상태　　　　풀다운 상태

그림 6-11 장치의 풀업 및 풀다운 연결

풀업 및 풀다운 방식을 테스트하기 위해 다음과 같은 회로를 구성한다.

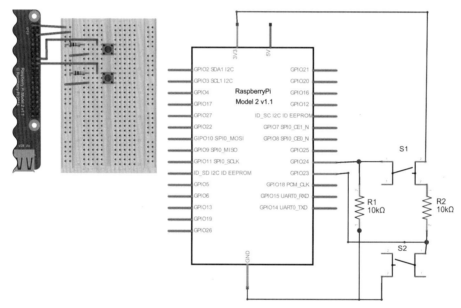

그림 6-12 풀업 및 풀다운 스위치 연결

다음과 같은 파이썬 스크립트를 작성하고 실행한다.

코드 6-6 풀업 및 풀다운 스위치를 처리하는 btn_interrupt.py 스크립트 파일

```
# btn_interrupt.py
import RPi.GPIO as GPIO
import time
GPIO.setmode(GPIO.BCM)
count = 0
def handler(channel):
    global count
    count = count + 1
```

```
    print count

GPIO.setup(23, GPIO.IN, pull_up_down=GPIO.PUD_UP)
GPIO.setup(24, GPIO.IN, pull_up_down=GPIO.PUD_DOWN)
GPIO.add_event_detect(24, GPIO.RISING, callback=handler)
try:
    GPIO.wait_for_edge(23, GPIO.FALLING)
    print "Falling edge detected."
except KeyboardInterrupt:
    GPIO.cleanup()                    # clean up GPIO on CTRL_C
GPIO.cleanup()
```

프로그램을 실행하고 풀업 및 풀다운 스위치를 동작시켜 결과를 관찰한다.

```
$ sudo python btn_interrupt.py
```

6.2.3 **LED/푸시 버튼 입출력 실습**

앞에서 실습한 LED 및 푸시 버튼에 관한 회로를 작성하여 웹으로 제어하여 보자. 먼저, 다음 회로를 구성한다.

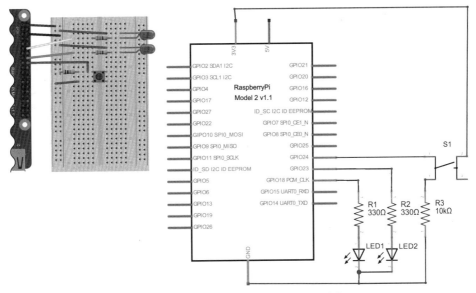

그림 6-13 **LED 및 스위치 풀다운 스위치 연결**

파이썬 Bottle 웹 프레임워크를 사용한 웹 제어 스크립트를 작성한다.

코드 6-7 LED 및 버튼을 웹으로 제어하는 ledbtn_web.py 스크립트 파일

```python
#ledbtn_web.py
#-*- coding: utf-8 -*-
from bottle import route, run, template
import RPi.GPIO as GPIO

GPIO.setmode(GPIO.BCM)
leds = [18, 23]
ledStates = [0, 0]
button = 24
GPIO.setup(leds[0], GPIO.OUT)
GPIO.setup(leds[1], GPIO.OUT)
GPIO.setup(button, GPIO.IN, pull_up_down=GPIO.PUD_DOWN)

def updateLeds():
    for num, value in enumerate(ledStates):
        GPIO.output(leds[num], value)

control_page = """
<script>
function changed(id)
{
    window.location.href='/' + id
}
</script>
<h1>GPIO Control</h1>
<h2>Button
% if btnState:
    =Up
% else:
    =Down
% end
</h2>
<h2>LED</h2>
<input type='button' onClick='changed({{led0}})' value='LED {{led0}}'/>
<input type='button' onClick='changed({{led1}})' value='LED {{led1}}'/>
"""

@route('/')
@route('/<led>')
def index(led="n"):
    if led != "n" and led != "favicon.ico":
        num = int(led)
        ledStates[num] = not ledStates[num]
        updateLeds()
    state = GPIO.input(button)
    return template(control_page, btnState=state, led0=0, led1=1)

run(host='localhost', port=8080)
```

프로그램을 실행한 다음, 웹 브라우저를 실행시켜 'http://localhost:8080'으로 접속하여 본다.

```
$ sudo python ledbtn_web.py
```

그림 6-14 **LED 및 버튼 제어를 위한 웹 페이지 출력**

6.3 GPIO 직렬 통신 제어

6.3.1 직렬 통신 방식

먼저 외부 장치와의 통신 방식을 알아보자. 외부 장치와의 통신을 위해 직렬 또는 병렬 통신 방식을 모두 사용할 수 있다. 그런데 직렬 통신 방식은 데이터를 한꺼번에 보낼 수가 없고 한 비트씩 직렬로 보내야 하는 단점이 있는 반면, 연결하는 선의 수가 적어 많은 프로세서 장치에서 널리 사용된다.

직렬 통신 방식은 또 동기 통신 방식과 비동기 통신 방식으로 나뉜다. 동기 통신 방식은 데이터 전송 시에 양쪽 장치를 동기화시키기 위해 주기적인 파형의 클럭(clock) 신호를 별도로 보내는 방식이다. 반면에 비동기 통신 방식은 별도의 동기 신호를 보내지 않고 전송을 담당하는 양쪽 장치의 속도를 미리 맞추어 놓고 전송하는 방식이다. 이 두 방식 모두 장단점을 가진다. 동기 통신 방식은 별도의 클럭 신호선의 연결이 필요하지만, 데이터를 고속으로 계속해서 보낼 수 있는 반면, 비동기 통신 방식은 두 개의 선만으로 동시에 양방향 전송이 가능하다는 장점을 가진다.

동기 통신 방식의 대표적인 예는 I2C 및 SPI 버스 통신 방식이 있고, 비동기 통신 방식은 UART 통신 방식이 있다.

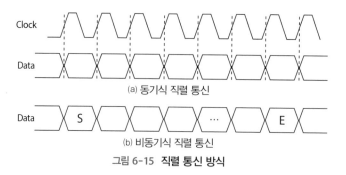

(a) 동기식 직렬 통신

(b) 비동기식 직렬 통신

그림 6-15 직렬 통신 방식

6.3.2 I2C 장치 실습

I2C(Inter Integrated Circuit) 버스는 필립스(Philips) 반도체 사가 만든 다중 마스터 직렬 통신 버스 방식이다. 이것은 100~400Kbps의 저속 전송 속도를 가지지만, SDA(Serial Data)와 SCL(Serial Clock)이라는 단 두 개의 선으로만 통신하므로 굉장히 효율적이다. 전형적인 연결 방법은 그림 6-16과 같다. 여기서 각 장치는 10비트의 주소를 가지며 오픈 컬렉터(open collector) 방식으로 두 개의 선에 연결되고, 두 개의 선은 풀업 저항을 통해 전원에 연결된다. 평소에는 두 선을 모두 High 상태로 두지만, 전송을 원하는 장치는 이 선들을 Low 상태로 내려 다른 장치에게 전송이 시작됐음을 알리고, 전송이 끝나면 다시 High 상태로 만든다. 마스터(master) 장치는 SCL을 통해 버스를 제어하며, 여기서는 라즈베리 파이가 마스터 장치가 되고, 다른 I2C 장치들이 슬레이브(slave)가 된다.

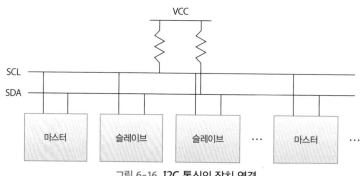

그림 6-16 I2C 통신의 장치 연결

라즈베리 파이에서 I2C 장치를 사용하려면 먼저 라즈베리 파이 설정 프로그램에서 I2C를 인에이블(enable: 활성화)시켜 준다.

```
$ sudo raspi-config
```

/boot/config.txt 파일에서 다음 내용이 추가되었는지 확인한다.

```
dtparam=i2c_arm=on
```

추가로 i2c 그룹에 pi 사용자를 추가해 준다.

```
$ sudo adduser pi i2c
```

라즈베리 파이에서 I2C 장치를 사용하려면 먼저 관련된 커널 모듈인 i2c-dev을 설치하여야 한다. /etc/modules 파일을 편집하여 다음 내용을 추가해 준다.

```
i2c-dev
```

다음은 라즈베리 파이에 부착된 I2C 장치를 찾아내기 위하여 I2C-tools 패키지를 설치한다. i2ctools 패키지는 I2C 버스의 장치를 찾기 위한 i2cdetect, I2C 장치에 데이터를 읽고 쓰기 위한 i2cget, i2cset 등의 유틸리티 프로그램을 포함하고 있다.

```
$ sudo apt-get install i2c-tools
```

파이썬에서 I2C 장치에 대하여 프로그래밍하려면 파이썬 I2C 모듈인 python-smbus 패키지를 설치한다.

```
$ sudo apt-get install python-smbus
```

이제 재부팅하고 I2C 모듈이 적재되어 초기화되었는지 확인한다.

1 RTC 장치 실습

I2C 장치에 대한 실습으로 RTC(Real-Time Clock) 장치를 제어하여 보자. RTC 장치는 현재의 시간 정보를 알려 주는 컴퓨터 시계 장치이다. 임베디드 시스템에서 많이 사용하는 RTC IC 칩으로는 DS1307와 PCF8563 등이 있다. 여기서는 PCF8563 RTC 칩을 사용하기로 한다.

PCF8563 RTC를 라즈베리 파이와 연결하는 방법은 여러 가지가 있다. 먼저, 앞서 소개한 PCF8563 RTC 칩이 내장된 DVK512 보드가 있으면 라즈베리 파이와 직접 연결하기만 하면 된다. DVK512 보드가 없으면 웨이브셰어 사의 PCF8563 RTC 실습 보드를 사용하여 라즈베리 파이와 연결할 수 있다. PCF8563 RTC 실습 보드는 RTC 칩 외에도 배터리가 포함되어 있어 자체적으로 시간 값을 저장할 수 있다.

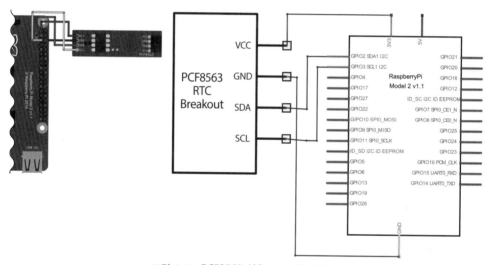

그림 6-17 **PCF8563 실습 보드 회로 연결**

만약 실습 보드가 없다면 PCF8563 RTC IC 칩과 배터리 등을 사용하여 다음과 같은 회로를 구성하여도 무방하다.

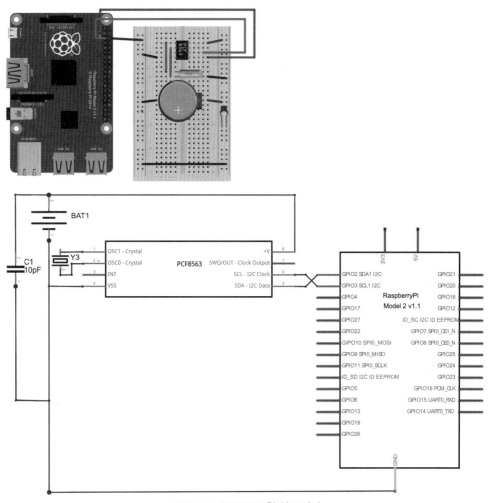

그림 6-18 **PCF8563 칩 회로 연결**

회로가 구성되었으면 i2cdetect 명령으로 PCF8563 RTC 장치가 I2C 버스에 존재하는지 확인할 수 있다. 다음 명령을 실행시켜 그 결과를 살펴본다. i2cdetect 명령은 I2C 버스에 연결된 모든 장치에 대한 ID를 보여 준다. 예를 들면, PCF8563 RTC 장치의 I2C 장치 ID는 0x51이다. 따라서 다음과 같은 결과를 출력한다면 0x51 장치가 I2C 버스에 연결되어 있다는 것을 의미한다.

```
$ sudo i2cdetect -y 1
     0  1  2  3  4  5  6  7  8  9  a  b  c  d  e  f
00:          -- -- -- -- -- -- -- -- -- -- -- -- --
10: -- -- -- -- -- -- -- -- -- -- -- -- -- -- -- --
20: -- -- -- -- -- -- -- -- -- -- -- -- -- -- -- --
30: -- -- -- -- -- -- -- -- -- -- -- -- -- -- -- --
40: -- -- -- -- -- -- -- -- -- -- -- -- -- -- -- --
50: -- 51 -- -- -- -- -- -- -- -- -- -- -- -- -- --
60: -- -- -- -- -- -- -- -- -- -- -- -- -- -- -- --
70: -- -- -- -- -- -- -- --
```

장치가 검색되었으면 장치에 해당하는 커널 모듈을 설치하고 sysfs에서 장치를 설정시킨다. 다음 명령을 실행한다.

```
$ sudo modprobe rtc-pcf8563
$ sudo bash
$ echo pcf8563 0x51 > /sys/class/i2c-adapter/i2c-1/new_device
```

만약 장치 사용이 끝나고 삭제하고 싶다면 다음 명령을 실행시켜야 한다.

```
$ echo 0x51 > /sys/class/i2c-adapter/i2c-1/delete_device
```

이제 hwclock 명령을 사용하여 현재의 시간을 설정하고 동기화시켜 보자. RTC에 대한 시간 정보를 획득하려면 다음 명령을 실행한다.

```
$ sudo hwclock -r
hwclock: Cannot access the Hardware Clock via any known method.
hwclock: Use the --debug option to see the details of our search for an access method.
```

위 결과를 통해 현재 RTC 장치의 시간 정보가 설정되어 있지 않음을 알 수 있다. 이제 시스템에 설정된 현재 시간을 활용하여 RTC 장치에 대한 시간 정보로 설정시켜 보자. 다음 명령을 실행하면 된다.

```
$ sudo hwclock -w
```

또, 시스템 시간과 RTC 시간을 동기화하려면 다음 명령을 실행하면 된다.

```
$ sudo hwclock -s
```

마지막으로, 부팅 시에 자동으로 시스템 시간과 RTC 시간을 동기화하려면 다음과 같이 하면 된다. 먼저, RTC 보드의 전원을 배터리 공급으로 설정한 후에 /etc/modules 파일에 rtc-pcf8563를 추가한다.

다음은 부팅 후 실행 스크립트 파일인 /etc/rc.local 파일을 수정하여 'exit 0' 라인 앞에 다음 두 줄을 추가한다.

```
$ sudo nano /etc/rc.local
...
echo pcf8563 0x51 > /sys/class/i2c-adapter/i2c-1/new_device
sudo hwclock -s

exit...
```

파이썬 스크립트를 사용하여 시스템 시간과 RTC 시간을 동기화시켜 보자. 다음과 같은 스크립트를 작성한 뒤, 실행시켜 보자.

코드 6-8 시스템 시간과 RTC 시간을 동기화하는 **readrtc.py** 스크립트 파일

```
# readrtc.py
import smbus
import os, sys
import datetime

I2C_ADDRESS = 0x51
bus = smbus.SMBus(1)  # if rev 1, use SMBus(0)

dt = datetime.datetime.now()
tm = dt.timetuple()

data = [tm.tm_sec, tm.tm_min, tm.tm_hour, tm.tm_mday, tm.tm_wday, tm.tm_mon,
tm.tm_year]
bus.write_i2c_block_data(I2C_ADDRESS, 0x02, data)

rdata = bus.read_i2c_block_data(I2C_ADDRESS, 0x02)
os.system("hwclock --set -s %s" % str(dt))
```

프로그램을 실행하면 RTC 시간을 시스템 시간으로 동기화시킨다.

```
$ sudo python readrtc.py
```

6.3.3 SPI 장치 실습

직렬 주변 기기 인터페이스(SPI, Serial Peripheral Interface)는 모토로라가 개발한 주변 기기 간의 직렬 동기 프로토콜 방식이다. 이 방식은 마스터와 슬레이브 장치들 간에 네 개의 주요 신호인 MOSI(Master Out Slave In), MISO(Master In Slave Out), SCLK(Serial Clock), CS(Chip Select)를 사용하여 데이터를 전송한다. 이 방식은 근거리에서 장치들 간에 최대 80M bps 정도로 비교적 고속으로 통신할 수 있어 센서, RTC, 메모리, ADC 등 많은 장치들에 채택되고 있다.

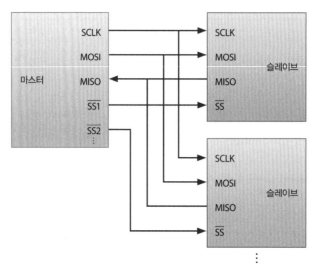

그림 6-19 **SPI 통신 연결 구조**

라즈베리 파이에서 SPI 장치를 사용하려면 앞서 소개한 I2C 장치와 마찬가지로 먼저 관련 커널 모듈을 설치하여야 한다. 라즈베리 파이에서 SPI 장치를 사용하려면 먼저 라즈베리 파이 설정 프로그램에서 SPI를 인에이블시켜 준다.

```
$ sudo raspi-config
```

/boot/config.txt 파일에서 다음 내용이 추가되었는지 확인한다.

```
dtparam=spi=on
```

파이썬에서 SPI 장치를 프로그래밍하려면 다음과 같이 py-spidev 패키지를 다운로드한 다음 설치한다.

```
$ sudo apt-get install python-dev
$ git clone git://github.com/doceme/py-spidev
$ cd py-spidev/
$ sudo python setup.py install
```

추가로 SPI 그룹에 pi 사용자를 추가해 준다.

```
$ sudo adduser pi spi
```

1 ADC 장치 실습

SPI 장치에 대한 첫 번째 실습으로 ADC 장치를 제어하여 보자. ADC(Analog-To-Digital Converter) 장치는 그림 6-20과 같이 아날로그 신호를 디지털로 변환해 주는 장치를 말한다. 일반 센서는 아날로그 신호를 주로 생성하지만, 라즈베리 파이에는 아날로그 신호를 읽는 GPIO 핀이 없으므로 아날로그 신호를 읽지 못한다. 따라서 별도의 ADC 장치를 사용하면 디지털 신호로 변환하여 읽을 수 있게 된다.

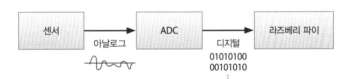

그림 6-20 **ADC를 통해 아날로그 값을 디지털 값으로 변환하여 읽기**

실습에 사용할 ADC 장치는 MCP3008이라는 8채널 10비트 ADC 칩이다. 이 칩은 8채널의 아날로그 신호들을 디지털로 변환한 다음 SPI 버스를 이용하여 다른 장치로 디지털 데이터로 전송할 수 있다. 구체적으로는 특정 채널에 0 - Vref 전압 사이의 값을 가진 아날로그 신호가 채널에 들어오면 10비트, 즉 0부터 1023 사이의 디지털 값으로 변환한다. 특정 채널에 대한 SPI 전송 요청을 받으면 해당하는 디지털 값을 전송한다.

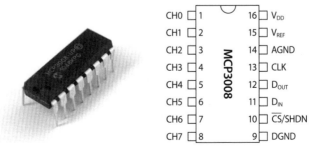

그림 6-21 **MCP3008 칩 구성**

MCP3008 ADC 장치를 테스트하기 위해 다음과 같은 회로를 구성한다. 여기서 10K 옴 가변 저항이 사용된다. 가변 저항(potentiometer)이란 다이얼이나 손잡이를 돌려 내부 저항 값을 바꿀 수 있는 저항을 말한다.

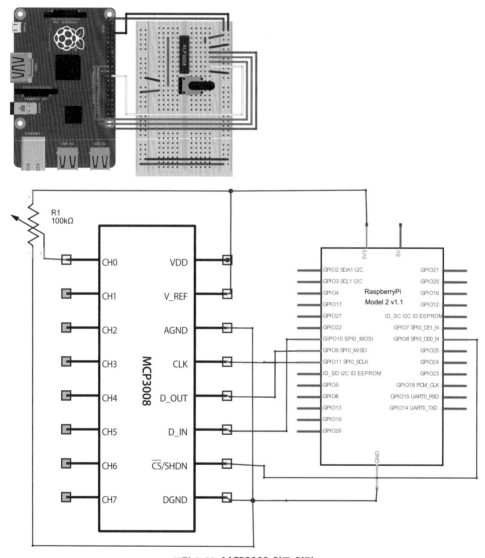

그림 6-22 MCP3008 회로 연결

이제 다음과 같은 파이썬 스크립트를 작성하고 실행시켜 보자.

코드 6-9 ADC로부터 아날로그 입력 값을 처리하는 readadc.py 스크립트 파일

```
# readadc.py
import spidev, time

spi = spidev.SpiDev()
spi.open(0, 0)

def analog_read(channel):
    r = spi.xfer2([1, (8 + channel) << 4, 0])
    adc_out = ((r[1]&3) << 8) + r[2]
    return adc_out

while True:
    reading = analog_read(0)
    voltage = reading * 3.3 / 1024
    print("읽은 값은 %d\t전압은 %f V" % (reading, voltage))
    time.sleep(1)
```

다음 명령을 입력하여 프로그램을 실행한다.

```
$ sudo python readadc.py
```

가변 저항을 돌리면서 전압의 변화를 관찰해 보자. 이 회로는 가변 저항의 가운데 핀이 ADC 장치의 채널 0에 연결되어 있으므로 저항 값이 바뀌면 전체 3.3V 중에서 저항 값에 비례하는 전압을 측정하여 장치 읽기를 요청하는 라즈베리 파이로 전송하게 된다.

2 데이터 저장 장치 실습

SPI 장치에 대한 두 번째 실습으로 플래시 데이터 저장 장치를 제어해 보자. 데이터 저장 장치로 사용할 AT45DB DataFlash 칩은 SPI 인터페이스를 통해 작은 용량의 플래시 메모리를 읽고 쓸 수 있는 기능을 가지고 있다. 이 장치는 용량의 크기별로 2.1M, 4.1M, 8.1M, 16.1M, 32.1M bit 용량 모델들이 있으며, 보통 MCU 이외의 저장 메모리가 필요할 때 사용한다.

이번 실습에서 사용할 AT45DBXX DataFlash 실습 보드는 AT45DB DataFlash 칩이 장착되어 있으며, 웨이브셰어 사 제품이다.

그림 6-23 **AT45DB DataFlash 실습 보드**

실습 보드를 테스트하기 위해 DVK512 인터페이스 보드의 SPI 포트에 AT45DBXX 실습 보드를 연결하고, 라즈베리 파이와 DVK512 인터페이스 보드를 연결한다. DVK512 보드가 없으면 다음 회로와 같이 PCF8563 실습 보드를 라즈베리 파이와 직접 연결할 수 있다.

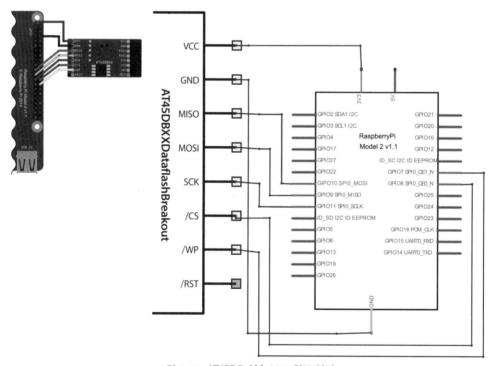

그림 6-24 **AT45DB 실습 보드 회로 연결**

AT45DBXX 실습 보드가 없으면 AT45DB 칩을 그림 6-25와 같은 회로로 구성해도 된다.

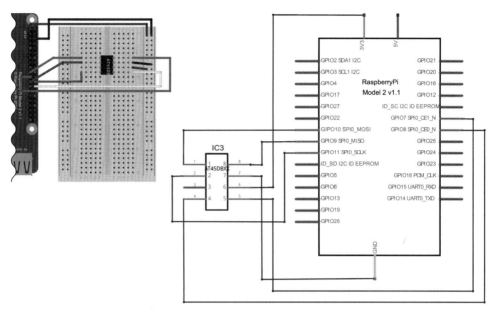

그림 6-25 **AT45DB DataFlash 칩 회로 연결**

다음과 같이 256바이트의 데이터를 쓰고 읽는 파이썬 스크립트를 작성한다.

코드 6-10 **DataFlash 칩에 데이터를 쓰고 읽는 testflash.py 스크립트 파일**

```
# testflash.py
import spidev, time

spi = spidev.SpiDev()
spi.open(0, 0)

def ee_write(offset, value):
    spi.xfer2([0x84, 0xff, offset>>8, offset&0xff, value])

def ee_read(offset):
    value = spi.xfer2([0xd4, 0xff, offset>>8, offset&0xff, 0xff, 0xff])[5]
    return value

for i in range(256):
    ee_write(i, i)
if ee_read(1) != 1:
    print "open error"
else:
    for i in range(256):
        print ee_read(i)
        time.sleep(0.005)
spi.close()
```

스크립트를 실행하면 256바이트를 순차적으로 쓰고 읽는 것을 알 수 있다.

```
$ sudo python testflash.py
```

6.3.4 One-Wire 장치 연결

One-Wire 통신이란, 댈러스 세미컨덕터(Dallas Semiconductor) 사에서 개발한 통신 방식을 말한다. 이 방식은 오직 하나의 선으로만 직렬 통신이 가능하다는 장점을 가진다. 이 방식을 지원하는 장치는 꽤 많이 있는데, 예를 들면 아이버튼(iButton)은 현재 게이트맨 등의 도어록(door lock) 등에 많이 사용되고 있다.

그림 6-26 아이버튼 장치

여기서는 DS18B20이라는 온도 센서 칩에 대한 실습을 진행한다. DS18B20 칩은 9~12비트의 온도 측정값을 출력하며, One-Wire 통신 방식을 지원하는 온도 센서이다. 이 장치는 장치마다 64비트의 시리얼 번호를 따로 저장하고 있어 여러 개의 센서를 동시에 연결할 수 있다.

그림 6-27 **DS18B20 온도 센서**
출처 http://blog.bitify.co.uk/2014/07/temerature-logging-with-ds18b20-and.html

One-Wire 장치를 실습하기 위해 DVK512 믹스 보드의 One-Wire 포트에 DS18B20 칩을 연결하고, 라즈베리 파이와 DVK512 보드를 연결하면 된다. DVK512 보드가 없으면 아래와 같은 회로를 구성하는 것도 가능하다.

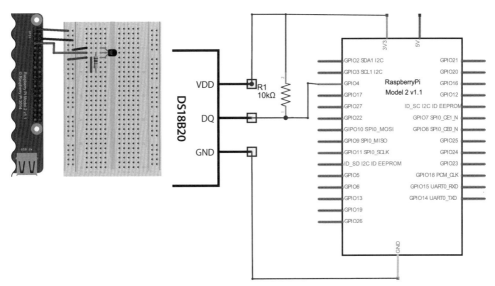

그림 6-28 **DS18B20 온도 센서 회로 연결**

여기서 One-Wire 장치를 제어하려면 관련된 커널 드라이버 모듈을 리눅스 커널에 적재해야 한다. 적재 방법은 두 가지인데, 하나는 예전 방식으로서 일단 기본 리눅스 커널로 부팅하고 나서 modprobe 등과 같은 커널 드라이버를 탑재하는 셸 명령을 사용하는 방법이다. 다른 하나는 최근에 리눅스 커널에 적용된 방법으로서 커널 초기화 시에 드라이버 모듈을 적재할 수 있는 Device Tree 방식이다. Device Tree 방식을 사용하면 Device Tree 설정 파일을 미리 만들어 두어야 하지만, 세부적인 설정이 가능하고 간편하다는 장점이 있다.

One-Wire 장치에 대한 디바이스 트리를 등록하려면 /boot/config.txt 파일의 끝에 다음 줄을 추가하고 재부팅하면 된다.

```
$ sudo nano /boot/config.txt
...
dtoverlay=w1-gpio:gpiopin=4
```

예전 방식으로 하려면 다음 명령을 실행하여 커널 모듈을 적재하여야 한다. w1-gpio, w1-therm 모듈은 각각 One-Wire 장치에 대한 GPIO 제어와 온도 센서 처리와 관련된 모듈이다.

```
$ sudo modprobe w1-gpio
$ sudo modprobe w1-therm
```

다음과 같은 온도 센서 값을 읽는 파이썬 스크립트를 작성한다.

코드 6-11 One-Wire 온도 센서 값을 읽는 **readtemp.py** 스크립트 파일

```
# readtemp.py
import glob, time

#os.system('modprobe w1-gpio')
os.system('modprobe w1-therm')

base_dir = '/sys/bus/w1/devices/'
device_folder = glob.glob(base_dir + '28*')[0]
device_file = device_folder + '/w1_slave'

def read_temp_raw():
    f = open(device_file, 'r')
    lines = f.readlines()
    f.close()
    return lines

def read_temp():
    lines = read_temp_raw()
    while lines[0].strip()[-3:] != 'YES':
        time.sleep(0.2)
        lines = read_temp_raw()
    equals_pos = lines[1].find('t=')
    if equals_pos != -1:
        temp_string = lines[1][equals_pos+2:]
    temp_c = float(temp_string) / 1000.0
    return temp_c

while True:
    print("온도는 %f" % read_temp())
    time.sleep(1)
```

프로그램을 실행하면 콘솔에 현재의 온도 값을 출력할 것이다.

```
$ sudo python readtemp.py
온도는 26.2
온도는 26.2
...
```

6.3.5 디지털 온도/습도 센서 장치 연결

이번에는 온도/습도를 측정할 수 있는 DHT 센서를 활용해 보자. DHT 센서는 저가의 온도/습도 측정 센서이며, 측정된 값은 디지털 펄스(digital pulse)로 출력한다.

DHT 센서는 DHT11, DHT22, AM2303 센서가 있으며, 각 센서의 특징은 다음과 같다. DHT11 센서는 초저가이며 최대 1Hz 샘플링으로 동작한다. 습도는 20~80%에서 좋은 동작을 보이며, 오차 범위는 5% 내외이다. 온도는 0~50℃ 범위에서 좋은 동작을 보이며, ±2℃ 정확도를 갖는다. DHT22 센서는 저가이며, 최대 0.5Hz 샘플링이 가능하다. 습도는 0~100%에서 좋은 동작을 보이며, 정확도는 2~5% 내외이다. 온도는 -40~125℃ 범위에서 좋은 동작을 보이며, ±0.5℃ 정확도를 갖는다. AM2303 센서는 DHT22 센서에 선이 달린 버전이다.

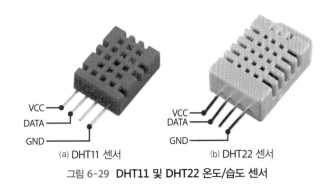

(a) DHT11 센서   (b) DHT22 센서

그림 6-29 DHT11 및 DHT22 온도/습도 센서

먼저, DHT22 온도/습도 센서를 테스트하기 위해 다음과 같은 회로를 구성한다.

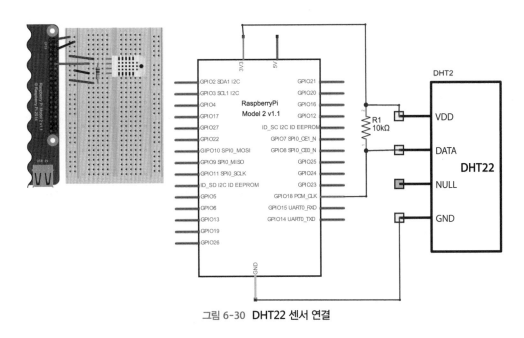

그림 6-30 DHT22 센서 연결

다음은 DHT 센서를 읽을 수 있는 Adafruit_Python_DHT 파이썬 모듈을 설치한다.

```
$ git clone https://github.com/adafruit/Adafruit_Python_DHT.git
$ cd Adafruit_Python_DHT
$ sudo python setup.py install
```

다음과 같은 DHT22 센서로부터 온도/습도 값을 읽는 스크립트를 작성한다.

코드 6-12 DHT22 온도/습도 센서 값을 읽는 dht22test.py 스크립트 파일

```
#!/usr/bin/env python
import Adafruit_DHT

sensor = Adafruit_DHT.DHT22
pin=18

humidity, temperature = Adafruit_DHT.read_retry(sensor, pin)
if humidity is not None and temperature is not None:
    print 'Temp={0:0.1f}*C  Humidity={1:0.1f}%'.format(temerature, humidity)
else:
    print 'Failed to get reading. Try again!'
```

다음과 같이 프로그램을 실행하고 온도/습도 값을 확인한다.

```
$ sudo python dht22test.py
Temp=25.4%C  Humidity=34.0%
```

6.3.6 USB 및 UART를 통한 외부 장치 연결

UART(Universal Asynchronous Receiver Transmitter)는 직렬 또는 병렬 데이터를 비트 단위로 직렬로 전송하는 대표적인 비동기 통신 방식이다. 이 방식은 클럭 신호를 따로 전송하지 않으므로 장치 간에 전송 속도를 맞춰야 한다. 또 장치 간 속도 차이나 잡음 때문에 전송 오류가 발생할 수도 있어 전송한 이후에 오류 검출을 하여야 한다. 그렇지만 1대1 장치 간의 uart 통신은 단말 구조나 전송 거리에 제약이 있기 때문에 이러한 통신 규격으로 기존의 RS-232C, RS-422, RS-485와 같은 수많은 통신 표준이 파생되어 나왔으며, 수많은 산업 장치들에 적용되어 사용되어 왔다. UART 장치 간 연결 방식은 그림 6-31과 같다. 프로세서로부터 나온 TxD, RxD 신호는 레벨/버스 변환기나 유무선 통신 장치를 통해 다른 기기로 전달되며, 전달된 신호는 다시 변환기/통신 장치를 통해 RxD, TxD 신호로 변환되어 다른 장치에서 처리하게 된다.

그림 6-31 **UART 장치 간 연결**

예를 들면, 두 대의 라즈베리 파이를 서로 연결한다면 라즈베리 파이의 GPIO 포트 중 UART 통신을 위한 TxD, RxD 선을 다른 장치의 RxD, TxD 핀과 크로스로 연결시켜 주기만 하면 된다. 라즈베리 파이와 PC의 RS232 표준 시리얼 포트(COM)로 연결하려면 양쪽 단의 전압 레벨이 달라서 전자 회로에 나쁜 영향을 줄 수 있으므로 MAX3232나 74LVC245와 같은 레벨 변환 칩을 사용할 필요가 있다.

반면에 라즈베리 파이와 PC를 연결할 때 PC의 COM 포트 대신에 USB 포트로 연결하려면 FT232, CP2102, PL2303 칩과 같은 UART와 USB 간의 변환기가 필요하다. 여기서는 CP2102 보드를 사용하여 라즈베리 파이와 PC 간의 UART-USB 통신 시스템을 구성하고자 한다.

그림 6-32 **CP2102 보드**

라즈베리 파이에서 직렬 포트를 사용하려면 먼저 현재 콘솔 화면으로 등록되어 있는 직렬 포트를 해제시켜야 한다. 그런데 라즈베리 파이를 포함한 리눅스의 직렬 포트(윈도우의 COM 포트 등)는 장치 파일을 통해 접근하여 사용할 수 있다. 일반적으로 데스크톱 PC의 COM 포트는 /dev/ttyS0, ttyS1 등의 장치 파일, USB 직렬 포트는 ttyUSB 또는 ttyACM 등의 장치 파일, 그리고 임베디드 장치의 GPIO UART 포트는 ARM에서 개발한 AMBA(Advanced Microcontroller Bus Architecture) 직렬 장치의 이름을 따서 ttyAMA0 등의 장치 파일을 사용한다. 한편, 라즈베리 파이 3에서는 GPIO UART 포트는 /dev/ttyS0(또는 /dev/serial0)과 연결되고, 내장 블루투스 장치가 사용하는 UART 포트가 기존의 /dev/ttyAMA0(또는 /dev/serial1)과 연결되어 있다.

SD 카드의 boot 파티션에 있는 /boot/cmdline.txt 파일을 고쳐 serial0 또는 ttyAMA0가 설정된 옵션을 제거해 준다. 즉, 다음과 같은 내용이 되도록 만들어 준다.

```
dwc_otg.lpm_enable=0 rpitestmode=1 console=tty1 root=/dev/mmcblk0p2
rootfstype=ext4 rootwait
```

다음은 부트 파티션에 있는 /boot/config.txt 파일에 다음 코드를 추가해 준다.

```
$ sudo nano /boot/config.txt
...
enable_uart=1
```

그런 다음, 재부팅해 준다.

파이썬에서 직렬 포트를 프로그래밍하려면 PySerial 패키지를 설치한다.

```
$ sudo apt-get install python-serial
```

직렬 포트와 연결하기 위해 PC의 리눅스에 minicom 또는 screen 프로그램을 설치한다. 우분투(Ubuntu) 리눅스를 사용하면 다음 명령을 실행하면 된다.

```
$ sudo apt-get install minicom
```

먼저, 다음 minicom 설정 명령을 실행하여 직렬 통신 속도를 9600, 8-N-1로 설정해 보자.

```
$ sudo minicom -s
```

minicom이 동작 중일 때는 Ctrl-A + Z 키를 눌러 설정 메뉴로 들어갈 수 있다.

이제 UART 장치를 테스트하기 위해 DVK512 인터페이스 보드의 USB 포트 및 GPIO 포트와 라즈베리 파이를 연결한다. DVK512 보드가 없으면 다음 회로와 같이 CP2102 실습 보드를 라즈베리 파이와 직접 연결할 수도 있다.

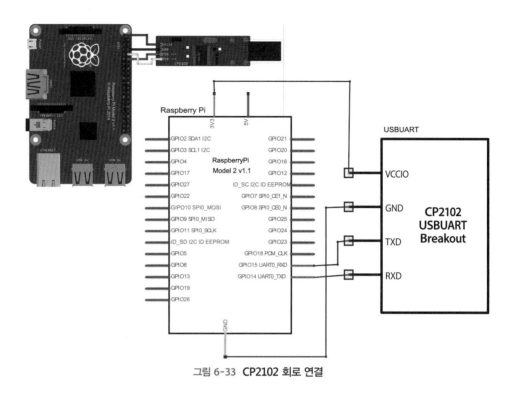

그림 6-33 CP2102 회로 연결

라즈베리 파이에서는 다음 프로그램을 작성한다.

코드 6-13 USBUART 변환 장치로부터 읽고 쓰는 readserial.py 스크립트 파일

```python
# readserial.py
import serial

con = serial.Serial('/dev/ttyAMA0', 9600)

while True:
    text = raw_input("Input any text message: ")
    con.write(text)
```

프로그램을 실행하고 텍스트를 입력하면 연결된 리눅스 PC의 minicom 콘솔에 전송되어 나타날 것이다.

```
$ python readserial.py
```

6.4 적외선 센서 모듈

적외선 통신에 대해 알아보자. 적외선은 가시광선에
비해 공기 중에서 투과율이 높고 전파보다 근거리에
서 대역폭이 넓으므로 리모컨 등에 널리 쓰이고 있
다. 다만, 통신 거리가 수 미터로 짧고 반드시 적외선
송수신기가 마주보고 있어야 한다는 단점이 있다.

그림 6-34 적외선 수신 센서

먼저, 적외선 수신 센서를 Mix 보드에 연결하고,
Mix 보드를 DVK512 보드의 8 IO 포트에 연결한다. 아니면 라즈베리 파이에 직접 연결할 때
는 VCC, GND, OUT 핀을 각각 라즈베리 파이 GPIO 포트의 3.3V, GND, 18번(GPIO24) 핀에
연결하고, VCC와 OUT 핀 사이에 풀업 저항(1K 옴)을 연결하면 된다.

적외선 통신을 담당하는 리눅스 커널 드라이버는 lirc-rpi이므로 /boot/config.txt 파일에 다음
내용을 추가하여 부팅 시에 적외선 통신 드라이버 모듈이 탑재되도록 한다.

```
dtoverlay=lirc-rpi:gpio_in_pin=24,gpio_out_pin=22
```

다음은 리눅스의 적외선 통신 소프트웨어인 lirc를 설치한다.

```
$ sudo apt-get install lirc
```

패키지가 설치되면 자동으로 적외선 통신 데먼 프로그램인 lircd가 실행된다. 하지만 라즈베리
파이에서 제대로 사용할 수 있도록 하려면 설정 파일인 /etc/lirc/lirc_options.conf(스트레치 이전
버전은 /etc/lirc/hardware.conf)을 다음과 같이 수정해야 한다.

```
$ sudo vi /etc/lirc/hardware.conf
...
driver    = default
device    = /dev/lirc0
...
```

재부팅한 후에 드라이버 모듈이 설치되었는지 확인한다.

```
$ lsmod
...
lirc-rpi
```

다음은 리모컨 버튼의 입력을 테스트한다. 먼저, lirc 데몬 프로그램을 정지시킨다.

```
$ sudo /etc/init.d/lircd stop
```

다음 프로그램을 실행한다.

```
$ mode2 -d /dev/lirc0
space 16300
pulse 95
space 28794
pulse 80
space 19395
pulse 83
space 402351
pulse 135
space 7085
pulse 85
space 2903
```

적외선 수신 센서 방향으로 리모컨을 향하게 하고, 리모컨의 버튼을 눌러 출력 값이 나오는지 테스트한다.

그림 6-35 적외선 리모컨 예

출처 http://www.waveshare.com

다음은 리모컨 키를 시스템에 등록해 보자. lirc에 이미 등록된 키 목록을 확인하기 위해 다음 명령을 실행한다.

```
$ irrecord --list-namespace
KEY_0, 1, 2, 3, 4, 5, 6, 7, 8, 9, KEY_VOLUMEUP, KEY_VOLUMEDOWN, KEY_CHANNELDOWN,
KEY_CHANNELUP, KEY_PREVIOUS, KEY_NEXT, KEY_PLAY, KEY_EQUAL 등
```

이제 키를 등록하는 다음 명령을 실행한다. 만약 등록된 키 이름 대신 임의의 키 이름을 쓰고 싶으면 --disable-namespace 옵션으로 실행한다.

```
$ irrecord -d /dev/lirc0 ~/lircd.conf
```

엔터 키를 두 번 누르고, 아무 버튼이나 눌러 두 줄 동안 '' 점이 채워지도록 한다. 그런 후에 키 이름을 입력하고, 리모컨 키를 누르는 작업을 반복하면 키들을 ~/lircd.conf 파일에 등록 하게 된다. 이 파일을 수정하여 키 그룹의 이름(name)을 적절하게 바꿀 수 있다. 예를 들어, myremocon으로 변경한다.

```
$ nano ~/lircd.conf
...
    remote=myremocon
...
```

이제 이 파일을 /etc/lirc 시스템 디렉터리에 복사해야 한다.

```
$ sudo cp ~/lircd/conf /etc/lirc/lircd.conf.d
```

lirc 데몬을 재실행한다.

```
$ sudo /etc/init.d/lircd start
```

이제 다음 명령을 실행한 다음 리모컨 키를 눌러 등록한 키가 잘 선택되는지 확인한다.

```
$ irw
0000000000ffe01f 00 KEY_VOLUMEDOWN myremocon
0000000000ffe01f 01 KEY_VOLUMEDOWN myremocon
0000000000ffa857 00 KEY_VOLUMEUP myremocon
0000000000ffa857 01 KEY_VOLUMEUP myremocon
0000000000ff30cf 00 KEY_1 myremocon
10000000000ff30cf 01 KEY_1 myremocon
0000000000ff18e7 00 KEY_2 myremocon
20000000000ff18e7 01 KEY_2 myremocon
...
```

다음은 리모컨으로 프로그램을 자동으로 실행시켜 보자. 먼저, 홈 디렉터리에 .lircrc 파일을 만든다. 예제 형식은 다음과 같다. 여기서 prog은 lircd 데몬이 처리하는 config 정보를 수신할 프로그램을 지정한다. 특히, irexec 프로그램은 특정한 키에 대해 config_값이 지정하는 프로그램을 실행하는 기능을 가진다. 예를 들어, 아래와 같이 입력하면 KEY_1을 눌렀을 때 프로그램이 실행된다.

```
$ nano .lircrc
begin
    prog = irexec
    remote=myremocon
    button = KEY_1
    repeat = 0
    config = chromium
end
```

이제 irexec 프로그램을 백그라운드로 실행한 다음 KEY_1을 눌러 chromium 웹 브라우저가 실행되는지 확인한다.

```
$ irexec -d
```

다음은 리모컨 버튼을 눌렀을 때 LED를 켜고 끄는 프로그램을 만들어 보자. 먼저, 앞서 구현한 LED 회로를 구성한다. 그런 다음 python-lirc 모듈을 설치한다.

```
$ sudo apt-get install python-lirc
```

/etc/lirc/lircrc 파일을 다음과 같이 편집한다.

```
begin
    prog = ledcontrol
    button = KEY_VOLUMEUP
    config = on
end
begin
    prog = ledcontrol
    button = KEY_VOLUMEDOWN
    config = off
end
```

lircled.py 프로그램을 작성한다.

코드 6-14 적외선 리모컨으로 LED를 켜고 끄는 lircled.py 스크립트 파일

```
#lircled.py
import RPi.GPIO as GPIO
import lirc
import time

GPIO.setmode(GPIO.BCM)
GPIO.setup(18, GPIO.OUT)

ON = "on"
OFF = "off"

socketid = lirc.init("ledcontrol", blocking=False)

while (True):
    codeIR = lirc.nextcode()
    if len(codeIR) != 0:
        print codeIR
        if codeIR[0] == ON:
            GPIO.output(18, True)
        elif codeIR[0] == OFF:
            GPIO.output(18, False)
```

프로그램을 실행한 후에 VOLUMEUP 및 VOLUMEDOWN 버튼을 누르면 LED가 켜지고 꺼지는 것을 확인할 수 있을 것이다.

```
$ sudo python lircled.py
```

6.5 디스플레이 장치 실습

다음은 디스플레이 장치에 대해 실습해 보자. 임베디드 시스템에서 정보를 시각적으로 출력하는 수많은 종류의 디스플레이 장치가 존재한다. 간단하게는 앞서 소개한 LED도 디스플레이 장치라고 볼 수 있지만, 숫자를 출력하는 7-세그먼트 LED, DOT MATRIX 등을 사용하면 보다 많은 정보를 출력할 수 있다. 더욱 많은 정보를 출력하려면 더욱 큰 LCD(Liquid Crystal Device), CRT 등의 그래픽 디스플레이 장치를 사용해야 한다.

그림 6-36 각종 디스플레이 장치

6.5.1 LCD1602 장치 실습

여기서는 웨이브셰어 사에서 제작한 LCD1602 장치를 사용할 것이다. 이 장치는 LCD 장치에서 널리 사용하는 HD44780 LCD 컨트롤러와 호환되는 가로×세로 16×2개의 글자를 출력할 수 있다. 내부 컨트롤러는 히타치(HITACHI) 사의 HD44780 LCD Controller 칩과 호환되는 선플러스(SUNPLUS) 사의 SLCD780D를 사용하였다. 통신 방식은 4비트 또는 8비트 병렬 통신을 사용하지만, I2C나 SPI 확장 장치 등을 사용하여 I2C/SPI 통신 방식으로 변환할 수 있다.

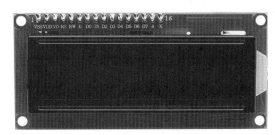

그림 6-37 **LCD1602 장치**

회로 구성은 DVK512 인터페이스 보드의 LCD1602 포트에 LCD1602 보드를 연결하고, 라즈베리 파이와 DVK512 보드를 연결하면 된다. DVK512 보드가 없으면 그림 6-38과 같은 회로를 구성한다.

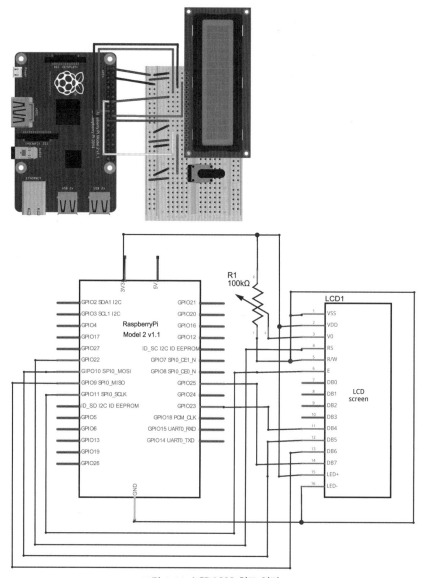

그림 6-38 LCD1602 회로 연결

LCD1602에 대한 파이썬 스크립트는 에이다프루트(Adafruit)에서 만든 소스 코드를 활용하기로 한다. 먼저, github에 있는 소스 코드를 다운로드하기 위해 GIT 프로그램을 설치한 다음 소스 코드를 다운로드한다. 여기서 Adafruit_CharLCD.py 파일을 사용하기로 한다.

```
$ sudo apt-get install git build-essential python-dev python-smbus python-pip
$ git clone https://github.com/adafruit/Adafruit_Python_CharLCD.git
$ cd Adafruit_Python_CharLCD
```

Adafruit_CharLCD 모듈을 설치한다.

```
$ sudo python setup.py install
```

Adafruit_CharLCD 모듈에 포함된 몇 가지 함수 기능은 표 6-3과 같다.

표 6-3 **Adafruit_CharLCD 모듈의 주요 함수**

함수	설명
home( )	제일 왼쪽 상단으로 이동한다.
clear( )	모든 텍스트를 지운다.
setCursor(column, row)	커서 위치를 지정한다.
cursor( )	커서를 나타낸다.
noCursor( )	커서를 나타내지 않는다(기본 모드).
message(text)	현재 커서 위치에 텍스트를 쓴다.

이제 LCD1602 장치를 테스트하기 위한 파이썬 스크립트를 작성한다.

코드 6-15 **LCD1602 장치를 테스트하는 testlcd.py 스크립트 파일**

```
# testlcd.py
from Adafruit_CharLCD import Adafruit_CharLCD
from time import sleep

lcd = Adafruit_CharLCD(rs=22, en=11, d4=23, d5=10, d6=9, d7=25, cols=16, lines=2)
i = 0
while True:
    lcd.clear()
    lcd.message('Counting: ' + str(i))
    sleep(1)
    i = i + 1
```

다음 명령을 입력하여 파이썬 스크립트를 실행한다.

```
$ sudo python testlcd.py
```

이제 화면에 1초마다 숫자가 증가하는 것을 볼 수 있을 것이다. 만약 화면에 글자가 나타나지 않을 때는 가변 저항을 조절해 본다.

6.5.2 TFT LCD 장치 실습

앞서 소개한 액정 LCD에 비해 색을 표현하는 데 더 유리한 박막 트랜지스터 LCD, 즉 TFT LCD 장치에 대해 알아보자. 이런 TFT LCD는 컴퓨터, 스마트폰 등은 물론 임베디드 장치의 모니터로 널리 쓰이고 있다. 또한, 터치 스크린(touch screen) 기능을 포함하는 사례도 많이 있다.

이런 장치를 라즈베리 파이와 같은 SBC에 연결하는 방법은 화면의 크기와 해상도에 따라 달라진다. 화면이 640×480 해상도에 16비트 픽셀만 해도 비디오 프레임 데이터의 전송 속도가 고속(수백 Mbps)이어야 하므로 A/D 보드를 통해 HDMI, DVI 등의 비디오 포트에 연결해야 한다. 반면에, 화면 크기가 5인치 이하로 작고 320×240 해상도에 16비트 픽셀 색상 이하이면 비디오 프레임의 전송 속도가 초당 수십 Mbps이므로 GPIO의 SPI 포트로도 데이터 전송이 가능하다. 터치 스크린 장치는 USB형과 SPI형이 있다. 다행히 이런 장치들은 시중에 많이 출시되어 있으며, 해당하는 장치의 리눅스 커널 디바이스 드라이버를 설치하면 라즈베리 파이에서 구동할 수 있다.

TFT LCD 장치에 대한 리눅스 프레임버퍼 드라이버 모듈은 FBTFT 드라이버로 지칭한다. 드라이버의 소스 코드는 FBTFT 사이트(https://github.com/notro/fbtft/)로부터 다운로드할 수 있으며, FBTFT 드라이버에 대한 정보는 FBTFT 위키 페이지(https://github.com/notro/fbtft/wiki)를 참조하자. 여기서는 저렴한 웨이브셰어 사의 3.2/3.5/4인치 RPI용 TFT LCD를 사용해서 라즈베리 파이의 디스플레이를 구현해 보자.

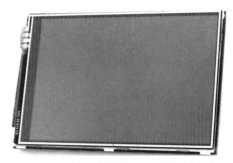

그림 6-39 웨이브셰어 3.5인치 RPi LCD (A)보드

FBTFT 커널 드라이버를 설치하는 방법은 다음과 같다. 제일 먼저 라즈베리 파이 펌웨어를 업그레이드한다.

```
$ sudo apt-get update
$ sudo apt-get upgrade
```

만약 SPI 모듈이 활성화되지 않았으면 raspi-config 프로그램을 실행하여 SPI 모듈을 활성화시키고 파일 시스템을 확장하여야 한다.

```
$ sudo raspi-config
```

이제 FBTFT 드라이버들을 파일 시스템의 모듈 설치 디렉터리에 설치하고 다시 재부팅한다.

```
$ sudo rpi-update
$ sudo reboot
```

여기서 FBTFT 드라이버를 리눅스 커널에 탑재하는 방법은 두 가지가 있다. 하나는 예전 방식으로서 일단 기본 리눅스 커널로 부팅하고 나서 modprobe 등과 같은 커널 드라이버를 탑재하는 셸 명령을 사용하는 방법이다. 다른 하나는 최근에 리눅스 커널에 적용된 방법으로서 커널 초기화 시에 드라이버 모듈을 적재할 수 있는 Device Tree 방식이다. Device Tree 방식을 사용하면 세부적인 설정이 가능하고 간편하므로 여기서는 이 방식을 사용할 것이다.

다음과 같은 명령을 실행하여 이미 웨이브셰어 TFT LCD용으로 만들어진 Device Tree 파일(dtb)을 다운로드한다.

```
$ git clone https://github.com/swkim01/waveshare-dtoverlays.git
```

이제 TFT LCD의 종류에 따라 해당하는 dtb 파일을 /boot/overlays/ 디렉터리에 복사한다.

❶ 웨이브셰어 3.2인치 LCD

```
$ sudo cp waveshare-dtoverlays/waveshare32b-overlay.dtb /boot/overlays/
```

또는 리눅스 4.4 버전 이상인 경우

```
$ sudo cp waveshare-dtoverlays/waveshare32b-overlay.dtb
/boot/overlays/waveshare32b.dtbo
```

❷ 웨이브셰어 3.5/4인치 LCD

```
$ sudo cp waveshare-dtoverlays/waveshare35a-overlay.dtb /boot/overlays/
```

또는 리눅스 4.4 버전 이상인 경우

```
$ sudo cp waveshare-dtoverlays/waveshare35a-overlay.dtb
/boot/overlays/waveshare35a.dtbo
```

다음은 /boot/config.txt 파일을 수정하여 TFT LCD 모듈을 설치하는 코드를 추가한다.

❶ 웨이브셰어 3.2인치 LCD

```
$ sudo nano /boot/config.txt
dtoverlay=waveshare32b
```

❷ 웨이브셰어 3.5/4인치 LCD

```
$ sudo nano /boot/config.txt
dtoverlay=waveshare35a
```

참고로, 화면을 회전시키는 등의 매개 변수를 설정하려면 다음 예와 같이 하면 된다.

```
dtoverlay=waveshare32b:rotate=270
```

마지막으로, 커널을 재부팅하면 된다.

```
$ sudo reboot
```

TFT LCD 드라이버가 정상적으로 탑재되면 라즈베리 파이가 부팅하면서 LCD 화면이 약간 어둡게 변할 것이다. 드라이버가 탑재되었는지 확인하려면 lsmod 명령을 실행하여 fb_ili9486, fbtft 등의 모듈을 확인하면 된다.

```
$ lsmod
...
fb_ili9486              2860 0
fbtft                  27744 1 fb_ili9486
...
```

이제 LCD 장치와 터치 스크린 장치가 리눅스 시스템에 등록되어 각각 /dev/fb1과 /dev/input/event1(또는 event2) 장치 파일이 새로 생성된 것을 확인할 수 있다.

FBTFT 드라이버 모듈을 탑재하였으면 부팅 모드에 따라 텍스트 콘솔 및 X 윈도우 그래픽 화면을 LCD에 출력할 수 있다. 부팅 시 콘솔 데이터가 LCD 장치에 나타나도록 하려면 다음과 같이 설정 파일을 수정한 다음 재부팅하면 된다.

```
$ sudo nano /boot/config.txt
...
gpu_mem=128
$ sudo nano /boot/cmdline.txt
... fbcon=map:1 fbcon=font:ProFont6x11...
```

X 윈도우를 LCD 화면에 나타낼 수 있도록 /usr/share/X11/xorg.conf.d/99-fbturbo.conf 파일을 편집하여 다음과 같이 'fb0'를 'fb1'으로 내용을 수정한다.

```
...
Option "fbdev" "/dev/fb1"
```

이제 LCD 출력 화면이 설정되었으면 터치 스크린 입력 장치가 LCD 화면과 일치하도록 캘리브레이션(calibration: 미세 조정) 과정을 수행하여야 한다. 먼저, xinput 프로그램이 설치되어 있지 않으면 다음과 같은 명령을 실행하여 설치한다.

```
$ sudo apt-get install xinput
```

다음으로 터치 스크린 캘리브레이션하는 방법에는 두 가지가 있다. 하나는 X 윈도우에서 xinput-calibrator 프로그램을 실행하는 방법이고, 다른 하나는 텍스트 콘솔 모드에서 활용하기 위해 ts_calibrate 프로그램을 사용하는 방법이다.

xinput_calibrator 프로그램을 설치하는 방법은 다음과 같다.

```
$ cd /tmp
$ wget http://tronnes.org/downloads/xinput-calibrator_0.7.5-1_armhf.deb
$ sudo dpkg -i -B xinput-calibrator_0.7.5-1_armhf.deb
$ rm xinput-calibrator_0.7.5-1_armhf.deb
```

xinput_calibrator 프로그램을 실행하는 방법은 두 가지가 있다. 첫째, 최초 startx 시에 xinput_calibrator 프로그램을 실행하여 터치 좌표를 캘리브레이션하고 /etc/pointercal.xinput 파일을 자동으로 생성하여 이후부터 참고하는 방식은 다음 명령을 실행하면 된다.

```
$ sudo wget -O /etc/X11/Xsession.d/xinput_calibrator_pointercal https://raw.github.
com/tias/xinput_calibrator/master/scripts/xinput_calibrator_pointercal.sh
$ echo "sudo /bin/sh /etc/X11/Xsession.d/xinput_calibrator_pointercal" | sudo tee -a
/etc/xdg/lxsession/LXDE-pi/autostart
$ startx
```

둘째, 수동으로 xinput_calibrator를 실행하고 출력된, 즉 캘리브레이션된 좌표값을 가지고 /usr/share/X11/xorg.conf.d/99-ads7846-cal.conf 파일을 생성하면 된다. 단, 이 경우에는 위에서 만든 /etc/X11/Xsession.d/xinput_calibrator_pointercal 파일을 삭제해야 한다.

❶ 웨이브셰어 3.2인치 LCD

```
$ sudo nano /usr/share/X11/xorg.conf.d/99-ads7846-cal.conf
Section "InputClass"
        Identifier      "calibration"
        MatchProduct    "ADS7846 Touchscreen"
        Option "Calibration" "215 3735 3703 938"
        Option  "SwapAxes"      "1"
        Option "InvertY" "1"
EndSection
```

❷ 웨이브셰어 3.5/4인치 LCD

```
$ sudo nano /usr/share/X11/xorg.conf.d/99-ads7846-cal.conf
Section "InputClass"
        Identifier      "calibration"
        MatchProduct    "ADS7846 Touchscreen"
        Option "Calibration" "15 3635 265 3838"
        Option  "SwapAxes"      "1"
        Option "InvertX" "1"
EndSection
```

이제 다음 명령을 실행하여 X 윈도우를 구동시켜 본다.

```
$ startx
```

그림 6-40 라즈베리 파이의 3.5인치 LCD 구동 화면

콘솔 모드에서 터치 스크린 캘리브레이션은 ts_calibrate 프로그램을 사용한다. 먼저, 다음과 같이 터치 스크린 장치에 대한 장치 파일을 생성하는 스크립트 파일을 만들고 재부팅한다.

```
$ sudo nano /etc/udev/rules.d/95-ads7846.rules
SUBSYSTEM=="input", KERNEL=="event[0-9]*", ATTRS{name}=="ADS7846*",
SYMLINK+="input/touchscreen"
```

다음은 ts_calibrate 및 ts_test 프로그램을 설치한다.

```
$ sudo apt-get install tslib libts-bin
# install ts_test with Quit button
$ sudo wget -O /usr/bin/ts_test http://tronnes.org/downloads/ts_test
$ sudo chmod +x /usr/bin/ts_test
```

먼저, 다음 명령을 실행한 다음 터치 스크린을 건드려 보고, 잘 동작하는지 확인한다. 만약 동작하지 않으면 입력 장치를 바꾸어 본다.

```
$ sudo TSLIB_FBDEVICE=/dev/fb1 TSLIB_TSDEVICE=/dev/input/touchscreen ts_test
```

이제, 다음과 같은 명령을 실행하여 환경 변수들을 설정한다.

```
$ cat <<EOF | sudo tee /etc/profile.d/tslib.sh
export TSLIB_TSDEVICE=/dev/input/touchscreen
export TSLIB_FBDEVICE=/dev/fb1
EOF
$ cat <<EOF | sudo tee /etc/sudoers.d/tslib
Defaults env_keep += "TSLIB_TSDEVICE TSLIB_FBDEVICE"
EOF
$ sudo chmod 0440 /etc/sudoers.d/tslib
$ cat <<EOF | sudo tee /etc/profile.d/sdl.sh
export SDL_VIDEODRIVER=fbcon
export SDL_FBDEV=/dev/fb1
if [[ -e /dev/input/touchscreen ]]; then
    export SDL_MOUSEDRV=TSLIB
    export SDL_MOUSEDEV=/dev/input/touchscreen
fi
EOF
$ cat <<EOF | sudo tee /etc/sudoers.d/sdl
Defaults env_keep += "SDL_VIDEODRIVER SDL_FBDEV SDL_MOUSEDRV SDL_MOUSEDEV"
EOF
$ sudo chmod 0440 /etc/sudoers.d/sdl
```

변경된 환경 변수를 반영시키기 위해 다시 로그인한다. 다음으로, ts_calibrate 명령을 실행하여 터치 스크린 캘리브레이션을 수행한다. 화면에 나타난 지시에 따라 '+' 표시를 계속 터치해 나가면 될 것이다.

```
$ sudo ts_calibrate
xres = 240, yres = 320
Took 38 samples...
Top left : X =  993 Y =  783
Took 29 samples...
Top right : X = 3135 Y =  799
Took 36 samples...
Bot right : X = 3135 Y = 3207
Took 46 samples...
Bot left : X = 1024 Y = 3231
Took 42 samples...
Center : X = 2091 Y = 2015
-15.777374 0.065827 -0.000425
-22.170654 0.000161 0.090601
Calibration constants: -1033986 4314 -27 -1452976 10 5937 65536
```

모든 과정이 끝나면 캘리브레이션이 완료되어 자동으로 /etc/ts.conf 파일이 생성된 것을 확인할 수 있다.

마지막으로, HDMI와 LCD 화면을 둘 다 활용할 수 있는 팁을 소개한다. 만약 X 윈도우가 아니라 일반 텍스트 화면에서 HDMI 모니터로 출력되는 내용을 LCD로 전환하려면 다음과 같은 명령을 실행하면 된다.

```
$ con2fbmap 1 1
```

HDMI 모니터로 되돌아오려면 다음 명령을 실행하면 된다.

```
$ con2fbmap 1 0
```

만약, HDMI 모니터 화면 출력을 LCD에도 똑같이 미러링(mirroring)하고 싶으면 rpi-fbcp 프로그램을 설치하고 백그라운드로 실행한다.

```
$ sudo apt-get install cmake
$ git clone https://github.com/tasanakorn/rpi-fbcp
$ cd rpi-fbcp/
$ mkdir build; cd build/
$ cmake ...
$ make
$ sudo install fbcp /usr/local/bin/fbcp
$ fbcp &
```

참고 자료

⑴ 웨이브셰어 사 홈페이지, http://www.waveshare.com

⑵ fbtft TFT LCD 드라이버 위키, https://github.com/notro/fbtft/wiki

7

카메라 장치 활용

사진은 찍는 것이 아니라 만드는 것이다.

– 앤젤 아담스(Angel Adams), 세계적인 사진 작가

이 장에서는 라즈베리 파이에 USB 웹캠(webcam)과 전용 파이카메라(picamera)를 연결하여 카메라 영상을 저장, 녹화하고, 웹으로 스트리밍(streaming: 실시간 재생)하는 다양한 방법에 대해 알아본다. 아울러 picamera, OpenCV와 같은 영상 처리 모듈을 활용하는 방법에 대해서도 다룬다.

7.1 카메라 연결 개요

라즈베리 파이와 연결 가능한 다양한 외부 장치 중에서 가장 활용도가 높은 것 중 하나는 카메라일 것이다. 연결된 카메라를 사용하면 원격 감시 시스템이나 방범 시스템을 만들 수도 있고 휴대용 카메라는 물론 영상 처리 과정을 거쳐 물체 인식도 가능할 것이다.

라즈베리 파이에 카메라를 연결할 때는 USB 포트를 통해 일반 USB 웹캠을 연결하는 방법과 라즈베리 파이 전용 카메라를 CSI 포트에 연결하는 방법을 많이 사용한다. 여기서는 일반 USB 웹캠을 사용하여 카메라 영상을 보는 방법을 먼저 설명한 후에 라즈베리 파이 카메라를 사용하는 방법을 다룰 것이다.

7.2 USB 웹캠 연결

USB 웹캠은 다양한 종류가 있지만, 가능하면 UVC(USB Video Class) 표준에 호환되는 웹캠을 사용하는 것이 좋다. 마이크로소프트(Microsoft), 로지텍(Logitech) 등에서 출시한 웹캠들의 대부분은 UVC와 호환되는 제품들이다.

USB 웹캠을 라즈베리 파이에 연결할 때 주의할 점은 라즈베리 파이의 USB 포트는 각각 140mA의 제한된 전류만 사용할 수 있으므로 웹캠에 따라서 이보다 많은 전류를 소모한다면 정상적으로 동작되지 않을 것이다. 따라서 가능하면 별도의 유전원 USB 허브를 사용하는 것이 바람직하다.

USB 웹캠을 라즈베리 파이와 연결하고 난 후, lsusb 명령어를 사용하여 연결된 장치를 확인한다.

```
pi@raspberrypi ~ $ lsusb
...
Bus 001 Device 005: ID 046d:082c Logitech, Inc.
```

그리고 이 장치에 대응하는 장치 파일은 /dev/video0 파일이다. 이 파일도 존재하는지 확인한다. 만약 다른 카메라 장치를 또 장착한다면 장치 파일은 /dev/video1,... 등이 될 것이다.

```
pi@raspberrypi ~ $ ls -la /dev/video*
crw-rw---T 1 root video 81, 0 Jun 13 18:05 /dev/video0
```

UVC 웹캠의 영상을 화면으로 보는 프로그램인 luvcview를 설치하고 실행시켜 보자. 다음 명령을 실행하여 luvcview를 설치한다.

```
$ sudo apt-get install luvcview
```

이제 luvcview를 실행시켜 보자. 그림 7-1과 같은 카메라 영상이 나타날 것이다.

```
$ luvcview
```

그림 7-1 **luvcview 실행 화면**

luvcview의 동작 원리는 다음과 같다. 먼저, UVC 웹캠을 USB 포트에 연결하면 리눅스 커널에서 해당하는 웹캠 드라이버 모듈을 구동시킨다. 이 드라이버의 상위 계층에는 V4L(Video for Linux)라는 비디오 캡처, 비디오 출력은 물론 아날로그 라디오 장치 드라이버를 지원하는 인터페이스 계층이 위치하고 있다. 이 V4L 모듈을 통해 사용자는 UVC 호환 USB 웹캠, TV 튜너, 그 외의 다른 비디오 장치들을 동작시킬 수 있다. 현재 주로 사용하는 V4L2는 V4L의 두 번째 버전이며, 기존의 V4L1 응용 프로그램들과 호환성을 가지면서 디바이스 다중 열기 등의 추가적인 기능들을 지원한다.

luvcview 프로그램은 바로 이 V4L2에서 제공하는 API를 사용하여 비디오 캡처 등의 기능을 동작시킨다. 즉, V4L2 디바이스를 사용하는 응용 프로그램은 일반적인 저수준 입출력을 위한 C 언어 시스템 호출 함수들인 open, close, read, write, ioctl, mmap, munmap, poll, select를 활용하여 장치를 제어한다. 특히, ioctl 시스템 호출 함수를 통해 V4L2 디바이스를 세밀하게 제어하는 많은 ioctl 명령어를 사용할 수 있다. 표 7-1은 비디오 캡처와 관련된 주요 ioctl 명령어를 발췌하여 나열하고 있다.

표 7-1 **주요 V4L2 ioctl 명령어**

명령어	의미	설명
VIDIOC_G_INPUT	Get Input	비디오 디바이스를 획득한다.
VIDIOC_S_INPUT	Set Input	비디오 디바이스를 설정한다.
VIDIOC_S_PARM	Set Parameters	비디오 드라이버에서 사용할 매개 변수들을 설정한다.
VIDIOC_S_FMT	Set format	비디오 드라이버에서 사용할 포맷을 설정한다.
VIDIOC_QUERYCAP	Query Capability	비디오 드라이버가 할 수 있는 능력을 알아본다.
VIDIOC_REQBUFS	request buffers	비디오 버퍼 할당을 드라이버에 요청한다.

표 7-1 주요 V4L2 ioctl 명령어 (계속)

명령어	의미	설명
VIDIOC_QUERYBUF	query buffer	특정 버퍼에 대한 정보를 요청한다.
VIDIOC_STREAMON	stream on	비디오 디바이스의 카메라 스트림을 켠다.
VIDIOC_STREAMOFF	stream off	비디오 디바이스의 카메라 스트림을 끈다.
VIDIOC_QBUF	queue buffer	새로운 버퍼 프레임을 생성하기를 드라이버에 요청한다.
VIDIOC_DQBUF	dequeue buffer	버퍼 프레임을 가져갈 수 있도록 드라이버에 요청한다.

V4L2 웹캠을 사용하여 영상을 스트리밍하는 프로그램의 처리 과정은 다음과 같다.

❶ 먼저, 카메라 장치 파일을 연다.

❷ 비디오 및 오디오 입력 장치, 디바이스 속성, 입출력 카메라 영상을 저장할 버퍼 등을 설정한다.

VIDIOC_S_INPUT 명령을 통해 비디오 장치를 선택하고, VIDIOC_QUERYCAP을 통해 비디오 캡처가 가능한지 스트리밍이 가능한지 등에 대해 알아본다.

다음은 디바이스 표준, 명도, 채도, 픽셀 형식 등의 디바이스 속성을 설정한다. VIDIOC_S_PARM을 통해 스트리밍 형식 등의 속성을 설정한다. 또 VIDIOC_S_FMT를 통해 가지고 올 카메라 영상의 데이터 픽셀 형식을 설정하게 된다.

카메라 영상의 픽셀 데이터 형식은 RGB, YUV, YCbCr, 압축 형식 등으로 나뉘며, 세부적으로는 수십 가지의 종류를 가진다. 이러한 형식은 비디오 코덱, 압축 형식 등을 표현하는 일반적인 형식으로 fourcc(Four Character code)라고 하며 4바이트의 값으로 표현된다. 상세한 내용은 /usr/include/linux/videodev2.h 파일과 fourcc 홈페이지(www.fourcc.org)를 참고하도록 한다.

다음은 카메라 영상을 저장할 버퍼를 설정한다. 이 과정에서는 먼저 VIDIOC_REQBUFS를 통해 버퍼의 개수, 종류, 입출력 메모리 처리 방식(read, mmap, user pointer 방식)을 설정하는 동시에 필요한 정보를 읽어 온다. mmap 방식인 경우 버퍼의 수만큼 VIDIOC_QUERYBUF 명령을 호출하여 각 버퍼의 가상 주소를 가져온다. 그리고 가상 주소를 이용하여 mmap( )을 호출하여 해당 버퍼를 사용자 메모리 공간에 매핑한다. 그리고 VIDIOC_QBUF를 통해 영상 프레임을 요청한다. 이제 비디오 스트림 입출력을 위한 준비 과정은 완료되었다.

❸ 비디오 스트림을 켜고 프레임 캡처를 시작한다. VIDIOC_STREAMON을 통해 카메라의

비디오 스트림을 켠다. 그러면 계속해서 새로운 영상 프레임이 버퍼에 저장될 것이다.

❹ 새로운 영상 프레임을 읽어 오는 작업을 반복한다. VIDIOC_DQBUF를 통해 새로 들어온 프레임이 저장된 버퍼 인덱스를 가져오고, 이것을 사용하여 mmap된 메모리 주소로부터 영상 데이터를 읽는다. 그리고 다시 VIDIOC_QBUF를 통해 다음 영상 프레임을 요청한다. 이러한 작업을 반복해서 수행하여 계속 새로운 영상 프레임을 읽을 수 있다.

❺ 사용을 끝낸 후 비디오 스트림을 닫는다. VIDIOC_STREAMOFF를 통해 카메라 스트림을 끄고 munmap 함수를 통해 매핑된 메모리를 해제한다.

❻ 마지막으로, 카메라 장치 파일을 닫는다.

다음으로, 카메라 영상을 이미지 파일로 저장하려면 fswebcam 프로그램을 활용하면 된다. 다음 명령을 실행하여 fswebcam 프로그램을 설치한다.

```
$ sudo apt-get install fswebcam
```

다음 명령을 실행하여 카메라 영상을 jpg 이미지 파일에 저장해 보자.

```
$ fswebcam camera.jpg
```

생성된 이미지 파일을 확인하려면 GIMP(GNU Image Manipulation Program) 이나 ImageMagick 과 같은 이미지 편집 프로그램을 활용하면 된다. 이런 프로그램이 설치되어 있지 않으면 다음과 같은 명령을 실행하여 설치한다.

```
$ sudo apt-get install gimp
```

또는 다음 명령을 실행하여 설치한다.

```
$ sudo apt-get install imagemagick
```

이제 상단의 그래픽 메뉴를 찾아보면 프로그램이 설치되어 있는 것을 확인할 수 있다. 프로그램을 실행하고 이미지 파일을 열어 영상을 살펴본다.

7.3 라즈베리 파이카메라 연결

7.3.1 파이카메라 개요

라즈베리 파이카메라는 5메가픽셀(2592×1944)의 풀 HD급 1080p 해상도를 지원하는 라즈베리 파이 전용 카메라 모듈이다. 또한, 1080p 해상도에서 30fps의 속도로 H.264 형식의 동영상을 저장하는 기능도 포함하고 있다. 이 모듈의 겉모습은 그림 7-2와 같다.

파이카메라는 렌즈가 부착된 카메라 보드와 연결된 플렉스 케이블(flex cable)로 구성되어 있다. 플렉스 케이블을 라즈베리 파이 보드의 CSI 커넥터에 연결하면 된다.

그림 7-2 파이카메라

표 7-2 파이카메라의 주요 입력 모드 출처 http://picamera.readthedocs.org/en/latest/fov.html

해상도	종횡비	프레임률	비디오	이미지	화각
2592×1944	4:3	1-15fps	×	×	최대
1296×972	4:3	1-42fps	×		최대
1296×730	16:9	1-49fps	×		최대
640×480	4:3	42.1~60fps	×		최대
640×480	4:3	60.1~90fps	×		최대
1920×1080	16:9	1~30fps	×		제한

파이카메라는 스틸(Still) 포트, 비디오(Video) 포트, 프리뷰(Preview) 포트 등 세 개의 포트를 포함하고 있다. 이 포트들은 각각 필요에 따라 브로드컴의 VideoCore 멀티미디어 프로세서 내의 엔코더와 연결하여 원하는 형식의 출력을 만들어 낸다. 예를 들면, 스틸 이미지 영상은 스틸 포트를 통해 JPEG 엔코더(encoder)와 연결할 수 있다. 또는 스틸 포트를 통해 JPEG 이미지로 캡처되는 동시에 비디오 포트를 통해 H.264 엔코더와 연결되어 H.264 비디오 영상을 획득할 수 있다.

파이카메라를 사용하는 방법은 크게 두 가지가 있다. 하나는 브로드컴의 VideoCore 멀티미디어 프로세서에 최적화된 MMAL(Multi-Media Abstraction Layer) 라이브러리를 활용한 유틸리티 프로그램과 파이썬 모듈을 활용하는 것이다. 다른 하나는 2013년 12월 공식적으로 배포된 파이캠을 위한 V4L2 커널 디바이스 드라이버를 설치하고, 일반 USB 웹캠처럼 활용하는 방법이다.

7.3.2 파이캠 유틸리티

파이카메라 모듈을 활성화하기 위해서는 먼저 소프트웨어 패키지들을 최선 버전으로 갱신시켜 준다.

```
$ sudo apt-get update
$ sudo apt-get upgrade
```

다음은 라즈베리 파이 설정 명령을 실행하여 주 메뉴에서 'Enable Camera' 메뉴를 선택하여 활성화한 후 재부팅하면 된다.

```
$ sudo raspi-config
```

파이카메라 구동 프로그램으로는 사진을 찍어 이미지로 저장하는 raspistill 명령과 동영상으로 촬영하는 raspivid 명령을 사용할 수 있다.

예를 들면, 다음 명령을 실행하여 현재 카메라의 영상을 JPG 이미지로 저장시켜 본다.

```
$ raspistill -o capture.jpg
```

다음은 raspivid 명령을 실행하여 카메라의 영상을 H264 동영상 파일로 저장시켜 본다.

```
$ raspivid -o video.h264 -t 10000
```

여기서 동영상의 저장 시간은 raspivid 명령에서 '-t <밀리초>' 옵션을 사용한다. 위에서는 10000밀리초, 즉 10초간 저장하도록 하였다.

7.3.3 python-picamera 모듈

파이카메라 장치에 대해 파이썬으로 프로그래밍하려면 python-picamera 모듈을 활용하면 된다.

다음 명령을 실행하여 python-picamera 모듈을 설치한다.

```
$ sudo apt-get install python-picamera
```

아니면 다음과 같은 명령을 실행하면 된다.

```
$ sudo apt-get install python-pip
$ sudo pip install picamera   # 안정된 버전은 picamera=0.8 사용
```

python-picamera 모듈은 파이카메라를 위한 파이썬 라이브러리이며, 카메라 캡처, 미리보기, 파라미터 설정, 비디오 녹화 등의 기능을 가진다. 예를 들면, 파이카메라를 구동시켜 10초간 영상을 미리 보는(preview) 프로그램은 다음과 같다.

코드 7-1 python-picamera 모듈을 사용하여 영상을 미리 보는 스크립트

```
import time
import picamera

camera = picamera.PiCamera()
try:
    camera.start_preview()
    time.sleep(10)
    camera.stop_preview()
finally:
    camera.close()
```

이 스크립트는 파이썬의 with 구문을 사용하여 다음과 같이 더욱 간단하게 대체할 수 있다.

코드 7-2 파이썬 with 구문과 picamera 모듈을 사용하여 영상을 미리 보는 스크립트

```
import time
import picamera

with picamera.PiCamera() as camera:
    camera.start_preview()
    time.sleep(10)
    camera.stop_preview()
```

다음 스크립트는 영상을 녹화하는 프로그램이다.

코드 7-3 python-picamera 모듈을 사용하여 영상을 녹화하는 스크립트

```
import picamera

with picamera.PiCamera() as camera:
    camera.resolution = (640, 480)
    camera.start_preview()
    camera.start_recording('foo.h264')
    camera.wait_recording(60)
    camera.stop_recording()
    camera.stop_preview()
```

다음은 영상을 캡처하여 JPG 파일로 저장하는데, 이때 이미지 부가 정보를 EXIF 형식을 활용하여 저장할 수 있다.

코드 7-4 **python-picamera 모듈을 사용하여 영상을 저장하는 스크립트**

```
import time
import picamera

with picamera.PiCamera() as camera:
    camera.resolution = (1280, 720)
    camera.start_preview()
    camera.exposure_compensation = 2
    camera.exposure_mode = 'spotlight'
    camera.meter_mode = 'matrix'
    camera.image_effect = 'gpen'
    # Give the camera some time to adjust to conditions
    time.sleep(2)
    camera.exif_tags['IFD0.Artist'] = 'Kim'
    camera.exif_tags['IFD0.Copyright'] = 'Copyright (c) 2014 Kim'
    camera.capture('foo.jpg')
    camera.stop_preview()
```

7.3.4 V4L2 커널 디바이스 드라이버 활용

파이카메라의 공식적인 V4L2 커널 드라이버를 활용하면 USB 웹캠처럼 V4L2를 활용한 응용 프로그램을 만들거나 실행시킬 수 있다.

파이캠의 V4L2 커널 모듈을 사용하려면 다음과 같은 명령을 실행하여 모듈을 커널 내에 적재하면 된다.

```
$ sudo modprobe bcm2835-v4l2
```

모듈이 탑재되면 /dev/video0 파일이 자동으로 생성되고, 앞서 소개한 USB 웹캠처럼 사용할 수 있다. 다음 절부터 V4L2 모듈을 사용하는 프로그램들을 소개할 것이다. 여기서는 파이카메라의 부가적인 제어 명령에 대해서만 소개한다.

파이카메라의 다양한 속성을 변경하거나 제어하기 위해서는 먼저 v4l-utils 패키지를 설치한다.

```
$ sudo apt-get install v4l-utils
```

이제, 몇 가지 유용한 기능을 알아보자. 먼저, 현재 모니터에 표시되는 내용과 카메라 캡처 화면을 중첩(overlay)시키려면 다음과 같은 명령을 실행한다.

```
$ v4l2-ctl --overlay=1
```

화면 중첩 기능을 끄려면 다음 명령을 실행한다.

```
$ v4l2-ctl --overlay=0
```

파이카메라에서 사용 가능한 영상 포맷을 보려면 다음과 같은 명령을 실행하면 된다.

```
$ v4l2-ctl --list-formats
```

비디오 촬영을 위해 캡처 형식을 변경하고 촬영하려면 다음과 같은 명령을 실행한다.

```
$ v4l2-ctl  --set-fmt-video=width=1920,height=1088,pixelformat=4 #(Note: 1088 not 1080).
$ v4l2-ctl --stream-mmap=3 --stream-count=100 --stream-to=somefile.h264
```

이미지 캡처를 위해 캡처 형식을 변경하고 캡처하려면 다음과 같은 명령을 실행한다.

```
$ v4l2-ctl --set-fmt-video=width=2592,height=1944,pixelformat=3
$ v4l2-ctl --stream-mmap=3 --stream-count=1 --stream-to=somefile.jpg
```

7.4 motion 프로그램을 통한 원격 감시 시스템

다음은 USB 웹캠을 사용하여 카메라 영상을 원격으로 전송하고 스트리밍하는 방법에 대해 알아볼 것이다. 리눅스에서 웹캠 스트리밍을 지원하는 프로그램은 여러 가지가 있는데, 여기서는 motion, mjpg-streamer, vlc를 다룰 것이다.

먼저, motion 프로그램은 웹캠의 영상 스트리밍뿐만 아니라 움직임을 감지하는 기능도 포함하고 있다. 따라서 원격 감시 시스템을 구현하는 데도 유용하게 쓰일 수 있다.

다음과 같은 명령어를 실행시켜 motion을 설치한다.

```
$ sudo apt-get install motion
```

motion 프로그램의 설정 파일은 /etc/motion/motion.conf 파일이며, 크게 표 7-2와 같은 항목을 포함하고 있다.

표 7-3 주요 motion 설정 항목

항목	설명
daemon	데몬으로 실행할지를 결정
width	화면의 넓이
height	화면의 높이
framerate	초당 표시할 프레임률
threshold	이미지가 캡처되기 위한 최소 변화 값
target-dir	이미지를 저장할 디렉터리
ffmpeg-cap-new	비디오 파일을 캡처할지를 지정
stream_localhost	웹 서비스를 라즈베리 파이에서만 나타낼지 결정

motion 프로그램을 실행한 후에 카메라 앞에서 움직여 보자.

```
pi@raspberrypi ~ $ motion
[0] Processing thread 0 - config file /etc/motion/motion.conf
...
[0] motion-httpd: waiting for data on port TCP 8080
[1] cap.driver: "uvcvideo"
...
[1] Started stream webcam server in port 8081
[1] File of type 8 saved to: /tmp/motion/01-20140510183429.swf
[1] File of type 1 saved to: /tmp/motion/01-20140510183429-00.jpg
[1] File of type 1 saved to: /tmp/motion/01-20140510183429-01.jpg
[1] File of type 1 saved to: /tmp/motion/01-20140510183430-00.jpg
[1] File of type 1 saved to: /tmp/motion/01-20140510183430-01.jpg
[1] File of type 1 saved to: /tmp/motion/01-20140510183431-00.jpg
```

motion 프로그램이 움직임을 감지하여 영상을 jpg 파일에 저장하는 것을 알 수 있다. 움직임을 감지하는 원리는 비교적 간단하다. 고정된 상태에서 매초마다 수 프레임을 캡처하는 이미지 영상에 대해 이전 프레임 영상과 비교하여 차이가 나는 픽셀 수를 기록하는 일정한 범위(threshold)를 넘어서면 움직임이 있는 걸로 간주하는 것이다. 차이가 나는 픽셀의 범위도 사각형으로 그려 이미지로 기록하게 된다.

다음은 motion 프로그램을 통해 카메라 영상을 원격으로 스트리밍해 보자. 여기서 미디어 스트리밍이란, 주로 인터넷을 통해 동영상이나 음악 파일과 같은 멀티미디어 콘텐츠를 전송하는 것을 일컫는다. 전송하는 음성 데이터의 형식으로는 mp3, vorbis, AAC 등이 주로 쓰이고, 영상 데이터는 M-JPEG(Motion JPEG), h264, vp8 등이 많이 쓰인다. 특히, M-JPEG는 JPEG 이미지를 연속적으로 전송하여 비디오 프레임으로 사용하는 방식으로서 디지털 카메라 등의 임베디드 기기에서 많이 쓰인다. 이 방식은 MPEG1/2/4/H264 등의 비디오 압축 형식에 비해 데이터 압축률은 떨어지지만, 프레임 간 전송이 간단하고 독립적인 장점을 가진다.

미디어 전송 프로토콜로는 HTTP(웹), RTP/RTSP, MMS(MS 윈도우), HLS(애플), MPEG-DASH 등의 기술이 쓰인다. motion 프로그램은 HTTP 웹 기반의 M-JPEG 실시간 스트리밍 기능을 제공한다.

먼저, motion 설정 파일에서 다음 항목을 수정한다.

```
$ sudo nano /etc/motion/motion.conf
...
stream_localhost off
...
```

프로그램을 관리자 권한으로 실행한 다음, 원격 웹 브라우저에서 영상을 확인해 본다.

```
$ sudo motion
```

그림 7-3 웹 브라우저를 통한 motion 서버 접속 창

7.5 mjpg-streamer 프로그램을 통한 원격 스트리밍

이제 mjpg-streamer 프로그램을 통하여 카메라 영상을 원격 스트리밍해 보자.

mjpg-streamer는 웹캠으로부터 받은 JPG 영상을 저장하거나 웹을 통해 스트리밍하는 프로그램이다. 라즈베리 파이에 mjpg-streamer를 설치하는 과정은 다음과 같다.

먼저, 다음과 같이 의존 패키지들을 설치한다.

```
$ sudo apt-get install subversion
$ sudo apt-get install libjpeg8-dev imagemagick libv4l-dev
```

다음과 같은 명령을 실행하여 mjpg-streamer 소스 코드를 다운로드한다.

```
$ svn co https://svn.code.sf.net/p/mjpg-streamer/code/
```

이제 소스 디렉터리로 이동하여 소스 코드를 빌드하고 설치한다.

```
$ cd code/mjpg-streamer
$ wget https://github.com/swkim01/RaspberryPiWithIOT/raw/master/ch7/input_uvc_patch
$ patch -p0 < input_uvc_patch
$ make USE_LIBV4L2=true clean all
$ sudo make DESTDIR=/usr install
```

다음과 같이 mjpg-streamer 프로그램을 실행하여 웹캠 영상을 웹으로 스트리밍한다.

```
$ mjpg_streamer -i "input_uvc.so -d /dev/video0 -n -f 30 -r 1280x720" -o
"output_http.so -n -w /usr/www"
```

여기서 명령 인자로 사용하는 옵션은 표 7-4와 같다.

표 7-4 **주요 mjpg-streamer 옵션 항목**

옵션	설명	세부 옵션	설명
-i	입력 플러그인 input_uvc.so (UVC 웹캠) input_file.so(입력 파일) 등	-d <장치 파일>	비디오 장치
		-r 넓이×높이	화면 크기
		-f 프레임 수	초당 표시할 프레임률
		-y	YUV 형식, 기본 형식은 RGB
-o	출력 플러그인 output_file.so(출력 파일) output_http.so(웹 스트리밍)	-w	웹 서버 디렉터리

여기서 mjpg-streamer는 입출력 플러그인을 활용하므로 인자로 지정한 입력 및 출력 플러그인 (plug-in) 파일이 반드시 존재하여야 한다.

이제 웹 브라우저를 열어 라즈베리 파이의 IP 주소 및 포트 번호를 바탕으로 http://<IP 주소 >:8080/으로 접속해 본다. 그림 7-4와 같은 화면이 나타나면 제대로 실행되는 것이다.

그림 7-4 웹 브라우저를 통한 mjpg-streamer 서버 접속 창

mjpg-streamer는 카메라로부터 얻은 JPG 영상을 HTTP 웹 프로토콜을 통해 웹 브라우저로 전송하여 출력하는 두 가지 방식이 존재한다. 바로 서버 푸시(server push) 기술을 사용하여 M-JPEG 영상을 전송하는 방식과 AJAX 기술을 사용하여 연속적으로 JPEG 이미지를 전송하는 방식이다.

M-JPEG(Motion JPEG)은 JPEG 이미지를 비디오 프레임으로 사용하는 비디오 형식을 의미하며, 디지털 카메라 등과 같은 임베디드 기기에서 많이 쓰이고 있다. 이것은 프레임 간 모션 예측 기법을 활용하는 MPEG1, MPEG2, H.264/MPEG4와 같은 비디오 압축 형식에 비해 데이터 압축률은 떨어지지만, 프레임 간 독립적이므로 하드웨어 사양이 높지 않아도 실시간으로 처리할 수 있는 등의 장점을 가진다.

이러한 M-JPEG 비디오 프레임을 HTTP 프로토콜 위에서 출력할 수 있는 기술이 서버 푸시 기술이다. 서버 푸시 기술은 multipart/x-mixed-replace라는 MIME 형식을 사용하여 M-JPEG 비디오 프레임이 제공하는 JPEG 이미지들을 특정한 HTTP 헤더와 함께 연속적으로 전송하여 웹 브라우저에 출력하는 기술이다. 여기서 multipart/x-mixed-replace는 네트워크로부터 받은 같은 형식을 가진 여러 개의 메시지를 계속 대치(replace)시킨다는 것을 의미한다. 구체적인 multipart/x-mixed-replace MIME 형식은 다음과 같은 형식을 가진다.

```
Content-type: multipart/x-mixed-replace;boundary=<BOUNDARY>

--<BOUNDARY>
Content-type: <메시지 MIME 형식>

<첫 번째 메시지 내용>...
 --<BOUNDARY>
Content-type: <메시지 MIME 형식>

<두 번째 메시지 내용>...
...
--<BOUNDARY>--
```

예를 들면, 웹 CGI 프로그램이 출력하는 multipart/x-mixed-replace 형식의 문서에서 메시지 MIME 형식이 JPEG 이미지(image/jpeg)이면 이 MIME 형식을 지원하는 웹 브라우저에서는 JPEG 이미지가 연속적으로 변하는 M-JPEG 영상 스트리밍으로 출력하도록 처리하게 된다.

HTTP 헤더에서는 'Content-type' 항목에 multipart/x-mixed-replace MIME 형식을 지정한 후, boundary 메시지들을 구분해 주는 임의 문자열 구분자(delimiter)인 'boundary' 항목을 지정한다. 그런 다음, 'boundary' 항목 값으로 구분된 JPG 이미지를 연속적으로 계속 보내면 클라이언트인 웹 브라우저에서는 JPG 이미지를 같은 화면 영역에 계속 대치시켜 나타냄으로써 동적인 비디오 프레임이 구현되는 것이다.

두 번째는 AJAX 자바스크립트 기술을 적용하는 방식도 가능하다. 이것은 웹 클라이언트에서 실행되는 자바스크립트 코드를 활용하여 비동기적/반복적으로 비디오 프레임(이미지)을 요청 (poll)한 후에 이미지를 받으면 등록된 콜백 함수를 통해 특정 화면 영역에 표시한 후, 다음 이미지를 요청하는 방식이다. 이 방식은 인터넷 익스플로러와 같이 서버 푸시 기법을 지원하지 않는 브라우저에서 특히 유용하지만, 지속적으로 HTTP 요청을 하므로 서버 푸시 기술에 비해 처리 속도가 느리다는 단점도 가진다.

7.6 VLC 프로그램을 통한 원격 스트리밍

이번에는 현존하는 대부분의 멀티미디어 파일을 재생하고 다양한 스트리밍 프로토콜을 통해 미디어 스트리밍이 가능한 오픈소스 멀티미디어 재생기 및 프레임워크인 VLC를 활용해 보자. 먼저, 다음 명령을 실행하여 VLC를 설치한다.

```
pi@raspberrypi ~ $ sudo apt-get install vlc
```

이제 cvlc 명령을 통해 카메라 영상을 스트리밍해 보자. 먼저, RTP(Real-Time Protocol) 지원 형식이 아니라 YUV나 MJPG와 같은 정지 영상을 스트리밍하려면 다음과 같은 명령을 실행한다. 물론, 영상의 크기, 초당 프레임 수 등은 적절히 지정한다.

```
$ cvlc v4l2:///dev/video0:width=320:height=240:fps=5:chroma=mjpg --sout
'#standard{access=http,mux=mpjpeg,dst=:8080/}'
```

파이카메라는 RTP 지원 형식 중 H264 압축 영상을 지원하므로 다음 명령을 실행할 수 있다.

```
$ cvlc v4l2:///dev/video0:width=640:height=480:chroma=h264 --sout
'#rtp{sdp=rtsp://:8554/}'
```

이제 다른 PC에서 VLC 를 설치하고 실행한 후에 네트워크 스트림 주소를 입력하여 영상을 관찰해 보자.

그림 7-5 VLC 네트워크 스트리밍 출력 화면

7.7 PIL 및 matplotlib 모듈을 활용한 이미지 처리

영상을 출력하고 처리하는 다양한 파이썬 모듈이 존재한다. 대표적인 사용 방식으로는 파이썬 이미지 처리 모듈인 PIL 및 그래프 출력 모듈인 matplotlib를 활용하거나 OpenCV 라이브러리를 사용하는 방식이 있다.

먼저, 이미지의 크기, 색깔 변경, 회전 등의 기능을 가진 PIL 라이브러리를 설치해 보자.

```
pi@raspberrypi ~ $ sudo apt-get install python-imaging
```

다음은 다양한 그래프를 출력해 주는 대표적인 파이썬 그래프 출력 라이브러리인 matplotlib 를 설치해 보자.

```
pi@raspberrypi ~ $ sudo apt-get install python-matplotlib
```

이제 이 두 가지 모듈을 활용하여 이미지를 화면에 출력하는 프로그램을 작성하자.

코드 7-5 PIL 및 matplotllib 모듈을 사용하여 영상 저장하는 imgview.py 스크립트

```python
from PIL import Image
from pylab import *

im = array(Image.open('capture.jpg'))
imshow(im)
show()
```

프로그램을 실행하면 다음과 같은 창이 나타난다.

```
pi@raspberrypi ~ $ python imgview.py
```

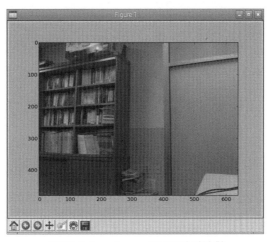

그림 7-6 imgview.py 프로그램 실행 창

다음은 컬러 영상을 흑백으로 바꾸고 둘레(contour)를 표시하는 다음과 같은 프로그램을 작성한다.

코드 7-6 영상의 둘레를 표시하는 imgcontour.py 스크립트 파일

```
from PIL import Image
from pylab import *

im = array(Image.open('capture.jpg').convert('L'))
figure()
gray()
contour(im, origin='image')
show()
```

여기서 이미지를 읽고 그레이스케일(greyscale)로 변경하기 위해 convert('L') 함수를 사용하였으며, matplotlib 라이브러리의 pylab 모듈을 사용하여 흑백 이미지를 둘레만 표시하였다.

프로그램을 실행하면 다음과 같은 창이 나타난다.

```
pi@raspberrypi ~ $ $ python imgcontour.py
```

그림 7-7 imgcontour.py 프로그램 실행 창

이 두 라이브러리는 Numpy 및 Scipy 수학/과학 라이브러리와 접목하면 다양한 영상 처리 기능을 수행할 수 있다.

7.8 OpenCV를 활용한 영상 처리

OpenCV는 영상 처리를 위한 오픈소스 C/C++ 라이브러리이다. 이 라이브러리는 영상 처리를 위한 각종 필터링, 분류기, 특징 추출, 움직임 검출, 비디오 캡처 등 다양한 알고리즘을 제공한다. 또한, C, C++ 언어를 위한 함수 라이브러리 외에도 파이썬, 자바, 안드로이드 인터페이스를 함께 제공한다. OpenCV 라이브러리의 대표적인 모듈 패키지는 다음과 같다.

표 7-5 **OpenCV 패키지**

패키지 명	기능	패키지 명	기능
core	핵심 기능	ml	기계 학습
imgproc	이미지 처리	flann	다차원 클러스터링 및 탐색
highgui	고급 GUI 및 미디어 I/O	gpu	GPU 가속
video	비디오 분석	photo	연산 사진술(photography)
calib3d	카메라 캘리브레이션 및 3D 재구성	stitching	이미지 스티칭(붙이기)
features2d	2D 특징 추출 프레임워크	nonfree	유료 기능
objdetect	객체 탐지	contrib	기증된/실험적인 기능

OpenCV 라이브러리를 라즈베리 파이에 설치하려면 다음과 같은 명령어를 실행하면 된다.

```
pi@raspberrypi ~ $ sudo apt-get install libopencv-dev # C/C++ 라이브러리
pi@raspberrypi ~ $ sudo apt-get install python-opencv # 파이썬 패키지
```

하지만 대부분의 기능을 제대로 활용하려면 최근 버전의 OpenCV 라이브러리의 소스코드를 직접 빌드할 필요가 있다. 최신 버전을 직접 빌드하는 과정은 다음과 같다. 먼저, 다음과 같은 명령을 실행하여 다운로드할 패키지들의 정보를 갱신한다.

```
$ sudo apt-get update
$ sudo apt-get upgrade
```

다음은 가장 최근 버전의 OpenCV 소스코드를 다운로드한다. 예를 들면, 다음 명령을 입력하여 3.0 버전 소스코드를 다운로드한 다음, 압축을 풀고 build 디렉토리를 생성한다.

```
$ wget https://github.com/Itseez/opencv/archive/3.0.0.zip
$ unzip 3.0.0.zip
$ cd opencv-3.0.0
$ mkdir build
$ cd build
```

그런데 OpenCV 라이브러리를 빌드할 때 필요한 다양한 의존 라이브러리들이 있다. 그중에서 이미지 처리 및 비디오 입출력을 위한 libpng, libjpeg, libtiff, libjasper 등은 이미 설치되어 있거나 OpenCV가 빌드될 때 자동으로 함께 빌드된다. 하지만 카메라 입력과 그래픽 출력을 위해 libv4l2-dev와 gtk2.0 개발 패키지를 설치한다.

```
$ sudo apt-get install libv4l-dev libgtk2.0-dev
```

비디오 입력을 담당하는 Videoio 라이브러리를 위해 필요한 ffmpeg, libgstreamer, libxine-dev, libunicap2-dev 등의 패키지들을 설치할 수도 있다. 예를 들어, ffmpeg으로 동영상 파일을 입력받으려면 다음과 같은 패키지들을 설치한다.

```
$ sudo apt-get install libavcodec-dev libavformat-dev libswscale-dev
```

cmake와 파이썬 2.7 버전과 관련된 패키지들을 설치한다.

```
$ sudo apt-get install cmake python2.7-dev python-numpy
```

이제 소스코드 빌드 옵션을 설정하기 위해 cmake 명령을 입력해야 한다. 다음과 같이 C 및 파이썬 예제 프로그램들도 함께 빌드하도록 설정한다.

```
$ cmake -DCMAKE_BUILD_TYPE=Release -DINSTALL_C_EXAMPLES=ON \
-DINSTALL_PYTHON_EXAMPLES=ON -DBUILD_EXAMPLES=ON ..
```

이제 다음 명령을 입력하여 빌드하고 설치하면 되는데, 라즈베리파이 2에서 빌드하는 데 1~3시간 정도 걸릴 것이다.

```
$ make -j4
$ sudo make install
```

OpenCV 라이브러리를 이용하여 카메라 영상을 스트리밍하고 캡처해서 jpeg 파일로 저장하는 프로그램을 작성해 보자.

코드 7-7 **OpenCV를 사용하여 영상을 출력하는 camera.py 스크립트**

```python
import cv2

# setup video capture
cam = cv2.VideoCapture(0)

while True:
    ret,img = cam.read()
    cv2.imshow('Video Capture',img)
    #ret,cv2mat=cv2.imencode(".jpeg",img)
    #print len(cv2mat.tostring())
    key = cv2.waitKey(10)
    if key == 27:
        break
    if key == ord(' '):
        cv2.imwrite('capture.jpg',img)
```

프로그램을 실행하면 스트리밍되는 화면이 나타날 것이다. 여기서 스페이스 키를 입력하면 화면이 캡처되어 jpg 파일로 저장되는 것을 확인할 수 있다.

```
$ python camera.py
```

그림 7-8 **camera.py 프로그램으로 캡처한 파일**

스트리밍 화면이 지연되는 경우에는 허용된 초당 프레임을 제때에 처리하지 못하는 경우이므로 프레임 크기나 속도를 줄여야 한다. 라즈베리 파이카메라를 사용하는 경우에는 640×480 크기에서 프레임 속도를 7프레임 정도로 줄인다.

```
$ v4l2-ctl -p 7
```

아니면 프로그램에서 FPS 속성을 설정하여 다음 줄을 VideoCapture( ) 다음 줄에 넣어 준다.

```
cam.set(cv2.CAP_PROP_FPS, 7)
```

다음은 앞서 motion에서 다룬 것처럼 움직임을 감지하는 프로그램을 만들어 보자. 원리는 간단하다. 현재 영상과 이전 영상과의 차이를 픽셀 단위로 합산하여 특정한 임계치를 넘어서면 움직임이 존재하는 것으로 간주하게 되고, 움직이는 부분을 캡처하여 영상으로 저장한다. 다음과 같은 프로그램을 작성한다.

코드 7-8 **OpenCV를 사용하여 움직임을 감지하는 motion.py 스크립트**

```python
import cv2
import numpy as np

def diffImage(i):
    diff0 = cv2.absdiff(i[0], i[1])
    diff1 = cv2.absdiff(i[1], i[2])
    return cv2.bitwise_and(diff0, diff1)

def getGrayCameraImage(cam):
    image=cam.read()[1]
    gimage=cv2.cvtColor(image, cv2.COLOR_RGB2GRAY)
    return gimage

def updateCameraImage(cam, i):
    i[0] = i[1]
    i[1] = i[2]
    i[2] = getGrayCameraImage(cam)

if __name__ == "__main__":
    # setup video capture
    thresh = 32
    cam = cv2.VideoCapture(0)
    i = [None, None, None]
    for n in range(3):
        i[n] = getGrayCameraImage(cam)

    while True:
        diff = diffImage(i)
        ret,thrimg=cv2.threshold(diff, thresh, 1, cv2.THRESH_BINARY)
        count = cv2.countNonZero(thrimg)
        if (count > 1):
            nz = np.nonzero(thrimg)
```

```
        cv2.rectangle(diff, (min(nz[1]),min(nz[0])), (max(nz[1]),max(nz[0])),
(255,0,0), 2)
        cv2.rectangle(i[0], (min(nz[1]),min(nz[0])), (max(nz[1]),max(nz[0])),
(0, 0, 255), 2)
        cv2.imwrite('capture.jpg',i[0])
    cv2.imshow('Detecting Motion', diff)
    # process next image
    updateCameraImage(cam, i)
    key = cv2.waitKey(10)
    if key == 27:
        break
```

프로그램을 실행하면 움직임이 감지되어 파일로 저장되는 것을 확인할 수 있다.

```
$ sudo python motion.py
```

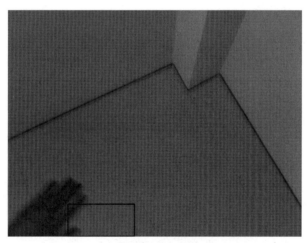

그림 7-9 **motion.py 프로그램으로 캡처한 파일**

다음은 앞서 구현한 기능을 응용하여 집에 라즈베리 파이와 카메라를 설치해 놓고, 움직임을 탐지하면 자신에게 이메일을 보내도록 하는 간단한 방법 시스템을 만들 수 있다. 다음과 같은 프로그램을 작성한다. 여기서 email이라는 이메일 작성 모듈과 smtplib이라는 이메일 전송 모듈을 활용하였다. 움직임이 감지되면 JPEG 영상으로 저장하여 이메일에 첨부하고, 구글 지메일(gmail)과 같은 SMTP 서버에 접속하여 이메일을 전송하도록 하였다.

코드 7-9 움직임을 감지하여 이메일로 전송하는 detectnemail.py 스크립트

```python
import cv2
import time
import smtplib
from email.mime.image import MIMEImage
from email.mime.multipart import MIMEMultipart
import motion

smtp_server = "smtp.gmail.com"
port = 587
portssl = 465
userid = "<Gmail 주소>"
passwd = "<패스워드>"

def sendMail(image):
    to=[userid]
    imageByte=cv2.imencode(".jpeg",image)[1].tostring()
    msg=MIMEMultipart()
    imageMime=MIMEImage(imageByte)
    msg.attach(imageMime)
    msg['From']='Me'
    msg['To']=to[0]
    msg['Subject']="Invader is Coming!!"
    server=smtplib.SMTP(smtp_server,port)
    #server=smtplib.SMTP_SSL(smtp_server,portssl)
    server.ehlo_or_helo_if_needed()
    ret, m=server.starttls()
    server.ehlo_or_helo_if_needed()
    ret,m=server.login(userid, passwd)
    if (ret!=235):
        print("login fail")
        return
    server.sendmail('Me', to, msg.as_string())
    server.quit()

if __name__ == "__main__":
    thresh=16
    cam=cv2.VideoCapture(0)
    cam.set(cv2.CAP_PROP_FRAME_WIDTH,320)
    cam.set(cv2.CAP_PROP_FRAME_HEIGHT,240)
    if cam.isOpened() == False:
        print("cam isnt opened")
        exit()
    i=[None,None,None]
    for n in range(3):
        i[n]=motion.getGrayCamImg(cam)
    flag=False
    checkFlag=0
    while True:
        diff=motion.diffImage(i)
```

```
thrimg=cv2.threshold(diff,thresh,1,cv2.THRESH_BINARY)[1]
count=cv2.countNonZero(thrimg)
#if invader is checked.
if count>1:
    checkFlag+=1
if checkFlag>=10 and flag==False:
    sendMail(i[2])
    flag=True
    print("invader is coming!!!!!")
elif count==0 and flag==True:
    flag=False
    checkFlag=0
# process next image
motion.updateCameraImage(cam, i)
key = cv2.waitKey(10)
if key == 27:
    break
```

프로그램을 실행하고 카메라 앞에서 움직이면 자신의 이메일 주소로 이메일이 전송된 것을 확인할 수 있다.

```
$ sudo python detectnemail.py
Invader is Coming!!!
```

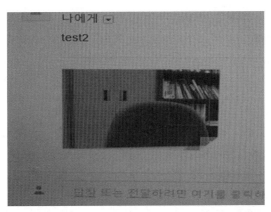

그림 7-10 detectnemail.py 프로그램으로 전송된 이메일

다음은 앞서 mjpg-streamer에서 다룬 것처럼 카메라 영상을 실시간으로 M-JPEG 스트리밍하는 기능을 구현해 보자. 구현 방법은 간단하다. 실시간으로 캡처한 JPEG 영상을 서버 푸시 기술을 활용하여 요청하는 웹 클라이언트에게 지속적으로 전송해 주면 된다. 다음과 같은 프로그램을 작성한다.

코드 7-10 OpenCV를 사용하여 영상을 스트리밍하는 mjpgstream.py 스크립트

```python
from bottle import route, run, get, response
import cv2
# setup video capture
cam = cv2.VideoCapture(0)
cam.set(cv2.CAP_PROP_FRAME_WIDTH, 320)
cam.set(cv2.CAP_PROP_FRAME_HEIGHT, 240)

@get('/stream')
def do_stream():
    response.set_header('Content-Type', 'multipart/x-mixed-replace; boundary=
--MjpgBound')
    while True:
        ret,img = cam.read()
        jpegdata=cv2.imencode(".jpeg",img)[1].tostring()
        string = "--MjpgBound\r\n"
        string += "Content-Type: image/jpeg\r\n"
        string += "Content-length: "+str(len(jpegdata))+"\r\n\r\n"
        string += jpegdata
        string += "\r\n\r\n\r\n"
        yield string

@route('/')
def do_route():
    return "<HTML><BODY><img src=\"stream\" width=320 height=240></BODY></HTML>"

run(host='localhost', port=8008)
```

프로그램을 실행한 후에 크롬(Chrome)이나 파이어폭스(Firefox)같이 서버 푸시 기술이 적용된 웹 브라우저를 열어 http://localhost:8080 주소로 접속하면 스트리밍되는 영상을 볼 수 있다.

```
$ sudo python mjpgstream.py
```

마지막으로, OpenCV 라이브러리의 영상 인식 모듈을 활용하여 얼굴을 인식하는 프로그램을 구현해 보자. 이 프로그램은 OpenCV 소스 코드에 파이썬 예제 프로그램으로 포함되어 있다.

코드 7-11 OpenCV를 사용하여 얼굴을 인식하는 facedetect.py 스크립트

```python
#/usr/bin/env python
import numpy as np
import cv2

def clock():
    return cv2.getTickCount() / cv2.getTickFrequency()
```

```python
def draw_str(dst, (x, y), s):
    cv2.putText(dst, s, (x+1, y+1), cv2.FONT_HERSHEY_PLAIN, 1.0, (0, 0, 0),
thickness = 2, lineType=cv2.LINE_AA)
    cv2.putText(dst, s, (x, y), cv2.FONT_HERSHEY_PLAIN, 1.0, (255, 255, 255),
lineType=cv2.LINE_AA)

def detect(img, cascade):
    rects = cascade.detectMultiScale(img, scaleFactor=1.1, minNeighbors=3,
minSize=(80, 80), flags = cv2.CASCADE_SCALE_IMAGE)
    if len(rects) == 0:
        return []
    rects[:,2:] += rects[:,:2]
    return rects

def draw_rects(img, rects, color):
    for x1, y1, x2, y2 in rects:
        cv2.rectangle(img, (x1, y1), (x2, y2), color, 2)

if __name__ == '__main__':
    cascade_fn = "/usr/local/share/OpenCV/haarcascades/haarcascade_frontalface
_alt.xml"
    nested_fn  = "/usr/local/share/OpenCV/haarcascades/haarcascade_eye.xml"
    cascade = cv2.CascadeClassifier(cascade_fn)
    nested = cv2.CascadeClassifier(nested_fn)
    cam = cv2.VideoCapture(0)
    cam.set(cv2.cv2.CAP_PROP_FRAME_WIDTH, 320)
    cam.set(cv2.cv2.CAP_PROP_FRAME_HEIGHT, 240)

    while True:
        ret, img = cam.read()
        gray = cv2.cvtColor(img, cv2.COLOR_BGR2GRAY)
        gray = cv2.equalizeHist(gray)

        t = clock()
        rects = detect(gray, cascade)
        vis = img.copy()
        draw_rects(vis, rects, (0, 255, 0))
        for x1, y1, x2, y2 in rects:
            roi = gray[y1:y2, x1:x2]
            vis_roi = vis[y1:y2, x1:x2]
            subrects = detect(roi.copy(), nested)
            draw_rects(vis_roi, subrects, (255, 0, 0))
        dt = clock() - t

        draw_str(vis, (20, 20), 'time: %.1f ms' % (dt*1000))
        cv2.imshow('facedetect', vis)

        if 0xFF & cv2.waitKey(5) == 27:
            break
    cv2.destroyAllWindows()
```

프로그램을 실행하면 스트리밍되는 영상을 미리 학습된 Haar 분류기를 통해 처리하여 얼굴을 탐지하게 된다.

```
$ python facedetect.py
```

그림 7-11 **facedetect.py 프로그램으로 얼굴이 탐지된 화면**

7.9 라즈베리 파이 카메라 제작

이번 절에서는 라즈베리 파이와 파이카메라를 이용하여 휴대용 카메라를 제작하는 방법을 소개한다(이 내용은 에이다프루트 사이트[10]를 참고하였다). 휴대용 카메라를 제작하려면 라즈베리 파이와 파이카메라 모듈은 물론이고, 적어도 외장형 USB 배터리와 TFT 터치 스크린 LCD 모듈과 같은 부품이 필요할 것이다. 부품이 준비되면 모두 연결하여 카메라 하드웨어를 완성한다.

카메라 소프트웨어 설치 방법은 다음과 같다. 먼저, 6장의 TFT LCD 모듈에 대한 내용을 참고하여 콘솔 모드에서 터치 스크린 LCD가 동작할 수 있도록 설정한다.

다음은 앞서 소개한 python-picamera 모듈을 설치한다.

```
$ sudo apt-get install python-picamera
```

다음은 adafruit-python-picam 패키지를 다운로드하여 설치한다.

---

10 https://learn.adafruit.com/diy-wifi-raspberry-pi-touch-cam

```
$ wget https://github.com/adafruit/adafruit-pi-cam/archive/master.zip
$ unzip master.zip
$ cd adafruit-pi-cam-master
```

이 프로그램은 카메라로 사진을 찍고 저장하는 기능 외에도 드롭박스(Dropbox)로 이미지를 전송하거나 python-picamera 모듈의 이미지 변환 기능을 활용할 수도 있다. 이제 다음 명령을 입력하여 프로그램을 실행한다.

```
$ sudo python cam.py
```

프로그램 실행 화면은 그림 7-12와 같다.

이제 부팅되면 cam.py 프로그램이 자동으로 실행되도록 /etc/rc.local 파일에 명령을 추가한다.

그림 7-12 cam.py 프로그램 실행 화면

CHAPTER

8

모터 연결 및 RC 카 제어

우리는 우리가 그저 기계라는 사실을 받아들여야 한다.
현대 분자생물학이 우리에 대해 알려 주는 사실이 바로 그것이다.

– 로드니 브룩스(Rodney Brooks), 로봇공학의 선구자.

이 장에서는 라즈베리 파이와 서보모터(servomotor) 및 DC 모터를 연결하고 동작시키는 방법에 대해 알아본다. 아울러 장난감 RC 카를 개조하여 라즈베리 파이와 연결하여 웹으로 제어하는 방법과 나아가 UPnP 홈 네트워크 기술을 활용하는 방법에 대해서도 다룬다.

8.1 모터 개요

모터(motor)는 이름이 의미하는 것처럼 전기를 사용하여 회전력을 얻어 바퀴 등을 움직이도록 하는 장치이다. 모터를 활용하면 시계, RC 카, 로봇은 물론 심지어 자동차까지 구동시킬 수 있다.

모터에는 다양한 종류가 있지만, 여기서는 라즈베리 파이로 제어할 수 있는 서보모터 및 DC 모터에 대해 다룰 것이다.

DC(직류) 모터는 직류 전원으로 구동되는 모터이다. 직류 전원이 인가되면 브러시에 연결된 코일을 통해 자기장을 발생시켜 자석의 자기장과 서로 회전력을 만들어 코일을 회전시키는 간단한 구조를 가진다. DC 모터는 공급하는 전압의 크기/세기에 따라 속도를 제어할 수 있는 장점을

339

가진다. 서보모터는 DC 모터에 피드백 회로를 추가하여 모터의 위치를 제어하도록 만들어진 모터이다. 서보모터는 DC 모터에 비해 구조가 복잡하여 비싼 반면, 모터 드라이브가 내장되어 있어 구성이 간단하고 정밀 제어가 가능하다. 이 밖에도 스테핑 모터(stepping motor) 또는 스테퍼(stepper)로 불리는 모터는 입력되는 전원 펄스의 수에 따라 정해진 각도만큼 회전하는 모터이다. 이 모터는 정밀한 제어는 힘들지만, 제어하기가 쉬운 장점이 있다.

8.2 서보모터 제어

서보모터는 내부에 기어를 포함한 DC 모터와 위치를 측정하는 가변 저항과 증폭기를 통한 위치 제어 회로가 포함되어 있다. 따라서 지속적인 회전보다는 특정한 위치로 움직이는 데 유용하게 사용할 수 있다. 일반적인 서보모터는 보통 0~180도 범위 내에서 회전할 수 있으며, 위치 피드백이 끊어져 있는 연속 회전 서보모터는 일반 모터처럼 360도 이상 마음대로 회전할 수 있다.

서보모터는 펄스의 지속 시간, 즉 폭에 반응하여 위치가 결정된다. 보통 최소 20ms 이상 주기의 펄스를 공급할 때, 펄스 지속 시간이 1ms 미만이면 한쪽 끝으로 회전하고, 2ms 이상이면 반대쪽 끝으로 회전한다.

서보모터의 속도를 조절하기 위해서는 펄스 폭 변조(PWM, Pulse Width Modulation) 신호를 활용한다. PWM은 주기적인 구형파 펄스 신호에 대해 폭을 조절하는 방식으로 평균 전압을 변화시키므로 LED의 밝기를 조절하거나 모터의 속도를 변화시키는 데 사용한다. 전체 주기당 펄스가 HIGH인 상태의 시간을 퍼센트 비율로 나타낸 것을 듀티 사이클(duty cycle)이라고 한다. 그림 8-1은 듀티 사이클이 0%, 25%, 50%, 75%, 100%일 때 생성되는 펄스를 보여 준다.

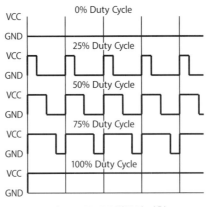

그림 8-1 **PWM 신호의 파형**

다음 그림 8-2와 같이 회로를 연결한다. 서보모터의 외부 연결선은 세 가닥인데, 빨간 선은 VCC(+5V), 검은 선은 GND, 나머지 흰 선은 신호선이 된다. 10K 옴 저항은 모터에 갑작스럽게 높은 전류가 흐를 때 라즈베리 파이가 손상되는 것을 방지하기 위한 것이다. 실험에 사용된 모터는 0부터 170도 정도 회전이 가능한 마이크로 서보모터이다.

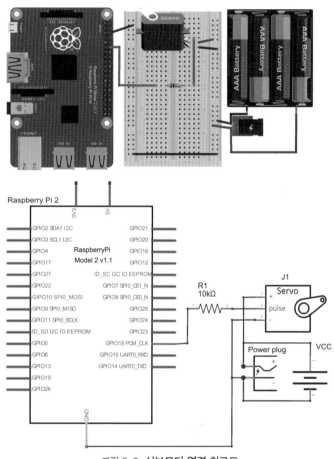

그림 8-2 서보모터 연결 회로도

다음과 같은 프로그램을 작성한다. 프로그램의 원리는 다음과 같다. 특정한 폭의 펄스를 만들어 내기 위해 RPi.GPIO 모듈의 소프트웨어 PWM 기능을 활용한다. 먼저, 100Hz 정도의 PWM 신호를 만들기 위해 특정한 GPIO 핀에 대해 PWM 기능을 초기화한다. 그리고 듀티 사이클을 변화시켜 펄스의 폭을 조절한다. 이 신호는 주기가 10ms이므로 듀티 사이클이 20 정도에서 2ms 펄스폭을 가진 신호를 만들어 낼 것이다.

이제 다음과 같은 프로그램을 작성한다.

```
import RPi.GPIO as GPIO
import time

pwm_pin = 18
GPIO.setmode(GPIO.BCM)
GPIO.setup(pwm_pin, GPIO.OUT)
pwm = GPIO.PWM(pwm_pin, 100)
angle = 3
pwm.start(angle)

while True:
    cmd = raw_input("Command, f/r :")
    direction = cmd[0]
    if direction == "f":
        angle+=1
    else:
        angle-=1
    if angle < 3:
        angle = 3
    elif angle > 20:
        angle = 20
    print "angle=", (angle-3)*10
    pwm.ChangeDutyCycle(angle)
```

다음과 같이 프로그램을 실행하고, f 또는 r을 입력하여 모터의 방향을 바꾸어 본다.

```
$ sudo python servo.py
Command, f/r : ...
```

프로그램을 실행시켜 보면 일정한 각도로 변하지도 않고 모터가 떨리거나 소음이 나는 것을 관찰할 수 있을 것이다. 이것은 소프트웨어 PWM 방식을 통해 라즈베리 파이의 리눅스 커널과 파이썬 프로그램이 엄격한 듀티 사이클의 실시간 PWM 신호를 만들지 못하기 때문이다. 이것을 개선하려면 하드웨어 PWM을 사용하거나 실시간 OS를 통해 정밀한 펄스를 생성하도록 프로그램을 제어할 수 있어야 한다. 라즈베리 파이에서는 하드웨어 PWM 신호가 하나인 데다 리눅스가 실시간 OS가 아니므로 두 방법 모두 적용하기 어렵다. 대신 RPIO 파이썬 모듈이 제공하는 DMA(Direct Memory Access: 직접 메모리 접근)를 통한 PWM 기능을 활용하면 훨씬 정밀한 PWM 신호를 만들어 낼 수 있다.

우선 6장에서 설명한 것처럼 RPIO 모듈을 설치한다.

```
$ sudo python servo2.py
```

다음과 같은 프로그램을 작성한다.

코드 8-2 RPIO 모듈을 사용하여 서보모터를 테스트하는 servo2.py 스크립트 파일

```
from RPIO import PWM
import time

pwm_pin = 18
servo = PWM.Servo()
angle = 4
servo.set_servo(pwm_pin, angle * 100)
while True:
    cmd = raw_input("Command, f/r: ")
    direction = cmd[0]
    if direction == "f":
        angle += 1
    else:
        angle -= 1
    if angle < 4:
        angle = 4
    elif angle > 23:
        angle = 23
    print "angle=", (angle-4)*10
    servo.set_servo(pwm_pin, angle * 100)
```

여기서 PWM.Servo( ).set_servo( ) 함수는 마이크로초 단위의 진폭 값을 인자로 입력하면 PWM 신호를 발생하게 된다. 이제 다음과 같이 프로그램을 실행한 뒤, 모터의 각도를 조절해 보자.

```
$ sudo python servo2.py
```

소프트웨어 PWM을 사용하는 것보다 훨씬 부드럽게 움직인다는 것을 알 수 있다.

8.3 DC 모터 제어

DC 모터는 서보모터와는 달리 DC 전압이 입력되면 연속적으로 회전하는 모터이다. DC 모터는 두 개의 연결선을 가지며 VCC GND가 어느 쪽에 연결되는가에 따라 정회전 또는 역회전이 가능하다. 또한, DC 모터는 보통 인가되는 전압 크기에 따라 속도가 비례적으로 변화한다. 따라서 DC 모터를 제어하기 위해서는 트랜지스터나 전용 드라이버 칩을 사용하여 모터에 인가되는 전압을 조절한다. 트랜지스터는 스위치의 역할을 하므로 한쪽 방향으로 DC 모터를 제어하고 PWM 신호를 사용하여 모터를 껐다 켰다 하면서 속도를 제어할 수 있다. 반면에 H 브리지는 여러 개의 트랜지스터를 사용하여 모터의 속도만 아니라 방향도 제어할 수 있다. H 브리지의 원리는 다음 그림과 같다.

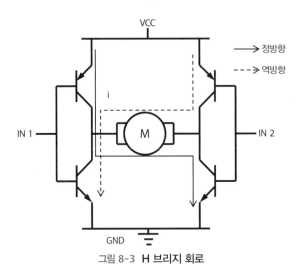

그림 8-3 **H 브리지 회로**

여기서는 트랜지스터 대신 H 브리지 드라이버 IC인 L293D를 사용하여 모터의 속도와 방향을 제어한다. L293D는 600mA, SN74111 1A, L298 2A까지 지원한다.

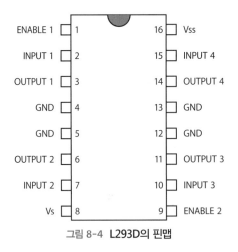

그림 8-4 **L293D의 핀맵**

L293D의 동작 모드는 표 8-1과 같다.

표 8-1 **L293D의 동작 모드**

인에이블 입력	입력 1	입력 2	모터 동작
LOW	LOW/HIGH	LOW/HIGH	정지
HIGH	LOW	LOW	정지
HIGH	LOW	HIGH	정방향 회전
HIGH	HIGH	LOW	역방향 회전
HIGH	HIGH	HIGH	정지

다음과 같이 L293D를 사용하여 회로를 구성한다. DC 모터는 용량에 따라 비교적 큰 전력을 소모할 수 있으므로 라즈베리 파이 대신 별도의 외부 배터리를 사용하여 전원을 공급하였다.

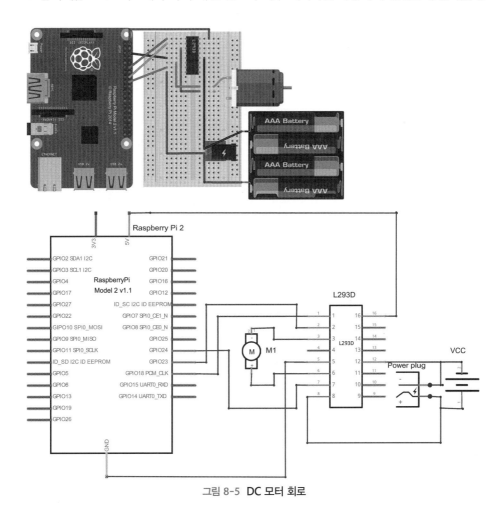

그림 8-5 **DC 모터 회로**

다음과 같은 프로그램을 작성한다.

코드 8-3 DC 모터를 테스트하는 dcmotor.py 스크립트 파일

```
import RPi.GPIO as GPIO
import time

en_pin = 18
m1a_pin = 23
m1b_pin = 24
GPIO.setmode(GPIO.BCM)
GPIO.setup(en_pin, GPIO.OUT)
GPIO.setup(m1a_pin, GPIO.OUT)
GPIO.setup(m1b_pin, GPIO.OUT)
pwm = GPIO.PWM(en_pin, 500)
pwm.start(0)

speed=0
while True:
    cmd = raw_input("Command, f/r :")
    direction = cmd[0]
    if direction == "f":
        if speed < 100: speed+=10
    else:
        if speed > -100: speed-=10
    if speed > 0:
        GPIO.output(m1a_pin, True)
        GPIO.output(m1b_pin, False)
    else:
        GPIO.output(m1a_pin, False)
        GPIO.output(m1b_pin, True)
    print "speed=", speed
    pwm.ChangeDutyCycle(abs(speed))
```

다음과 같이 프로그램을 실행하고, f 또는 r을 입력하여 모터의 속도와 방향을 바꾸어 본다.

```
$ sudo python dcmotor.py
Command, f/r : ...
```

8.4 RC 카 제어

8.4.1 RC 카 조립 및 구동 테스트

이제 라즈베리 파이를 사용해서 RC 카를 제어해 보자. 여기서는 시중에 파는 RC 카를 분해하여 몸체와 모터 및 바퀴만 사용하도록 한다. 또 파이캠과 같은 카메라를 RC 카에 장착하여 RC 카를 조종하면서 동시에 전면 영상을 모니터링할 수 있도록 한다.

제작에 필요한 부품은 다음과 같다.

- RC 카(몸체, 모터 두 개 이상, 바퀴 등 포함)
- 배터리팩(AA 배터리 4/6개 팩)
- 5V 정전압 정류기 및 드라이버칩(L293D/SN754410/L298) 또는 모터제어 보드(RaspiRobot 보드 등)
- 파이캠 또는 USB 웹캠
- 라즈베리 파이 및 와이파이 USB 모듈

여기서는 모터 제어를 위한 회로로 위와 같은 모터 드라이버 칩을 사용하는 대신 라즈비로봇(RaspiRobot) 보드[11]를 사용하였다. 라즈비로봇 보드는 사이먼 몽크(Simon Monk)가 설계한 모터 제어 보드로서 5V 정전압 레귤레이터를 내장하여 라즈베리 파이에 전원을 공급할 수 있으며, L293D 모터 드라이버 칩을 통해 두 개의 DC 모터를 제어할 수 있다. 추가적으로, 각각 두 개씩의 스위치와 오픈 컬렉터(open collector) 출력을 연결할 수 있는 핀이 있다.

그림 8-6 라즈비로봇 보드

전체 회로의 개념도는 그림 8-7과 같다. 배터리팩으로부터의 전원은 라즈비로봇 보드를 거쳐 라즈베리 파이와 모터에 각각 별도의 전원을 공급한다. 사용자는 원격으로 라즈베리 파이에 접속하여 제어 프로그램을 실행하여 모터를 제어할 수 있게 된다.

---

11 http://github.com/simonmonk/raspirobotboard/wiki

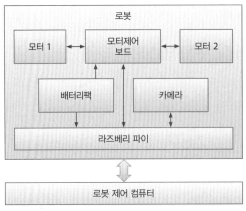

그림 8-7 카메라 및 RC 카 제어에 대한 개념도

이제 로봇을 조립하여 라즈비로봇 보드와 배터리팩과 파이캠이 연결된 라즈베리 파이를 연결하고, RC 카의 앞뒤 모터에 라즈비로봇 보드의 모터 출력 포트를 연결하고, RC 카 본체에 탑재한다. 여기서는 전방 조향 모터와 후방 구동 모터를 각각 1, 2번 드라이브에 연결하였다. 만약 라즈비로봇 보드와 같은 모터제어 보드가 없다면 앞서 DC 모터 제어에서 다룬 것처럼 L293D/SN754410/L298 드라이버 칩을 사용하여 회로를 구성하는 방법도 가능하다. 주의할 점은 라즈베리 파이와 모터에 공급하는 전원을 각각 구분하여 공급해야 한다는 점이다.

그림 8-8 라즈베리 파이 RC 카

다음은 로봇을 구동할 차례이다. 여기서는 사이먼 몽크가 만든 라즈비로봇 라이브러리 모듈을 활용할 것이다. 먼저, 라즈비로봇 라이브러리 모듈을 다운로드하고 설치한다.

```
$ wget https://github.com/simonmonk/raspirobotboard/archive/master.zip
$ unzip master.zip
$ cd raspirobotboard-master
$ sudo python setup.py install
```

다음과 같은 스크립트를 작성한다. 이 프로그램은 키보드의 화살표 키를 이용하여 로봇을
전, 후, 좌, 우로 움직이는 동작을 수행한다. 여기서 주의할 점은 이 프로그램은 PyGame 모듈
을 활용하여 사용자 키 입력을 제어하므로 직접 접속하거나 VNC 또는 FreeNX와 같은 그래
픽 접속은 가능하지만, ssh로는 불가능하다는 점이다.

코드 8-4 라즈비로봇 보드를 통한 모터제어를 테스트하는 motortest.py 파일

```python
from raspirobotboard import *
import pygame
import sys
from pygame.locals import *

rr = RaspiRobot()

pygame.init()
screen = pygame.display.set_mode((640, 480))

pygame.display.set_caption('RaspiRobot')
pygame.mouse.set_visible(0)

while True:
    for event in pygame.event.get():
        if event.type == QUIT:
            sys.exit()
        if event.type == KEYDOWN:
            if event.key == K_UP:
                rr.forward()
                rr.set_led1(True)
                rr.set_led2(True)
            elif event.key == K_DOWN:
                rr.set_led1(True)
                rr.set_led2(True)
                rr.reverse()
            elif event.key == K_RIGHT:
                rr.set_led1(False)
                rr.set_led2(True)
                rr.right()
            elif event.key == K_LEFT:
                rr.set_led1(True)
                rr.set_led2(False)
                rr.left()
            elif event.key == K_SPACE:
```

```
        rr.stop()
        rr.set_led1(False)
        rr.set_led2(False)
```

프로그램을 실행한 다음 키보드 화살표 키들을 눌러 모터를 구동시켜 본다.

```
$ sudo python motortest.py
```

8.4.2 웹을 통한 RC 카 제어

다음은 RC 카 제어와 동시에 카메라 화면을 모니터링하도록 만들어 보자. 또한, 웹 브라우저를 통해 제어 및 모니터링하도록 동작시켜 따로 원격으로 접속할 필요가 없도록 구현한다. 이렇게 하려면 라즈베리 파이에서는 모터 제어와 카메라 영상 전송을 동시에 수행하는 웹 서버를 구동해야 한다. 여기서는, 모터 제어는 RPi.GPIO 모듈을 사용하고, 카메라 영상 추출은 OpenCV 모듈을 사용하고, 파이썬 웹 응용 모듈로는 Bottle을 사용할 것이다.

그런데 기본적인 Bottle 웹 서버 모듈인 표준 WSGiServer는 단일 스레드이므로 웹 브라우저에서 모터 제어와 카메라 영상 모니터링을 동시에 수행하도록 만들기가 어렵다. 다행히 Bottle 웹 응용 모듈에서는 멀티스레드 또는 비동기 서버 모듈을 탑재할 수 있도록 하는 기능을 포함하고 있으므로, 여기서는 Paste라는 멀티스레드 웹 서버 모듈을 Bottle에서 구동시키도록 한다.

다음 명령을 실행하여 Paste 모듈을 설치한다.

```
$ sudo apt-get install python-paste
```

앞서 7장에서 살펴본 바와 같이 파이카메라 모듈을 활성화되지 않았으면 raspi-config 프로그램을 실행시켜 활성화시켜 준다. USB 웹캠을 연결시키면 카메라 커널 드라이버 모듈이 자동으로 탑재된다. 파이캠일 경우에는 다음 명령을 사용하여 커널 V4L2 모듈(bcm2835-v4l2)을 탑재시켜 준다.

```
$ sudo modprobe bcm2835-v4l2
```

OpenCV 라이브러리는 2.4 이상 버전이 이미 설치되어 있어야 한다. 설치되어 있지 않으면 7장을 참고하여 설치한다.

이제 모터를 구동시키는 controlServer.py 스크립트를 작성한다. 모터 연결에 따라 GPIO 포트
나 동작 방식이 달라질 수 있다.

코드 8-5 모터를 구동시키는 controlServer.py 스크립트 파일

```python
import RPi.GPIO as gpio

#Motor 1 GPIO Pins
DRIVE_GO = 17 #IC3A
DRIVE_DIR = 4 #IC3,4EN
#Motor 2 GPIO Pins
FRONT_DIR = 25 #IC1A
FRONT_GO = 10 #IC1,2EN

def forward():
    gpio.setmode(gpio.BCM)
    gpio.output(DRIVE_GO, gpio.HIGH)
    gpio.output(DRIVE_DIR, gpio.HIGH)
def backward():
    gpio.setmode(gpio.BCM)
    gpio.output(DRIVE_GO, gpio.HIGH)
    gpio.output(DRIVE_DIR, gpio.LOW)
def left():
    gpio.setmode(gpio.BCM)
    gpio.output(FRONT_DIR, gpio.HIGH)
    gpio.output(FRONT_GO, gpio.HIGH)
def right():
    gpio.setmode(gpio.BCM)
    gpio.output(FRONT_DIR, gpio.LOW)
    gpio.output(FRONT_GO, gpio.HIGH)
def stop():
    gpio.setmode(gpio.BCM)
    gpio.output(FRONT_GO, gpio.LOW)
    gpio.output(FRONT_DIR, gpio.LOW)
    gpio.output(DRIVE_GO, gpio.LOW)
    gpio.output(DRIVE_DIR, gpio.LOW)

def initMotors():
    gpio.setwarnings(False)
    gpio.setmode(gpio.BCM)
    #Pin Output Setup
    gpio.setup(FRONT_GO, gpio.OUT)
    gpio.setup(FRONT_DIR, gpio.OUT)
    gpio.setup(DRIVE_GO, gpio.OUT)
    gpio.setup(DRIVE_DIR, gpio.OUT)
    #Pin Initialization
    gpio.output(FRONT_GO, gpio.LOW)
    gpio.output(FRONT_DIR, gpio.LOW)
    gpio.output(DRIVE_GO, gpio.LOW)
    gpio.output(DRIVE_DIR, gpio.LOW)
```

다음은 앞서 작성한 controlServer.py 프로그램으로 모터를 구동하면서 카메라 영상 전송을 동시에 수행하는 bottle 웹 서버 프로그램인 rccarServer.py를 작성한다.

코드 8-6 웹으로 RC 카를 제어하는 rccarServer.py 스크립트 파일

```python
from bottle import route,run,get,post,response,static_file,request
import cv2
from controlServer import *

cam=cv2.VideoCapture(0)
if cam.isOpened()==False:
    print("cant open cam")
    exit()
cam.set(cv2.CAP_PROP_FRAME_WIDTH,320)
cam.set(cv2.CAP_PROP_FRAME_HEIGHT,240)

#stream camera
@get('/stream')
def do_stream():
    response.set_header('Content-Type', 'multipart/x-mixed-replace; boundary=
--MjpgBound')
    while True:
        ret,image = cam.read()
        jpegdata=cv2.imencode(".jpeg",image)[1].tostring()
        string = "--MjpgBound\r\n"
        string += "Content-Type: image/jpeg\r\n"
        string += "Content-length: "+str(len(jpegdata))+"\r\n\r\n"
        string += jpegdata
        string += "\r\n\r\n\r\n"
        yield string

#control rccar
@post('/motor')
def control_rccar():
    command=request.forms.get('command')
    print command
    if command == "GO":         forward()
    elif command == "LEFT":     left()
    elif command == "STOP":     stop()
    elif command == "RIGHT":     right()
    elif command == "BACK":     backward()
    return ''

@route('/')
def do_route():
    return static_file("index.html", root=".")

initMotors()
run(host='<IP 주소>', port=8080, server='paste')
```

마지막으로, 웹 브라우저에 표시될 UI 인터페이스를 나타내는 웹 페이지인 index.html 파일을 작성한다.

코드 8-7 RC 카를 제어하는 클라이언트인 index.html 웹 페이지 파일

```html
<html>
<head>
    <meta charset="UTF-8">
    <title>RC Car Controller</title>
    <meta name="viewport" content="width=200, initial-scale=1, maximum-scale=1">
    <script type="text/javascript">
  function command(value) {
    if ( window.XMLHttpRequest ) {
      request = new XMLHttpRequest();
    }
    if ( !request ) {
      alert("XMLHttpRequest Error");
      return false;
    }
    var send = 'command=' + value;
    request.open('POST','/motor',true);
    request.setRequestHeader('Content-Type', 'application/x-www-form-urlencoded');
    request.setRequestHeader('Content-Length', send.length);
    request.setRequestHeader('Connection', 'close');
    request.send(send);
  }
    </script>
</head>
<body>
    <img src="stream" width=320 height=240 id="stream" />
    <div align="center" style="margin: 0 0 10px 10px">
        <ul >
            <input type="button" style=font-size:20pt;width:70;height:60;
value="&uarr;" onClick="command('GO')">
        </ul>
        <ul >
            <input type="button" style=font-size:20pt;width:70;height:60 value="&larr;"
onClick="command('LEFT')">
            <input type="button" style=font-size:20pt;width:70;height:60 value="X"
onClick="command('STOP')">
            <input type="button" style=font-size:20pt;width:70;height:60 value="&rarr;"
onClick="command('RIGHT')">
        </ul>
        <ul >
            <input type="button" style=font-size:20pt;width:70;height:60 value="&darr;"
onClick="command('BACK')">
        </ul>
    </div>
</body>
</html>
```

이제, 다음과 같이 서버 프로그램을 실행한다.

```
$ sudo python rccarServer.py
```

스마트폰이나 PC에서 크롬이나 파이어폭스 웹 브라우저를 실행시켜 http://<IP주소>:8080/로
접속하여 로봇을 구동시켜 본다.

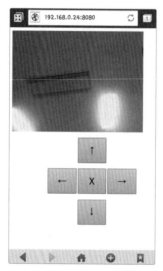

그림 8-9 웹을 통한 RC 카 제어 화면

8.4.3 조이스틱 제어 및 AJAX 폴링 방식의 영상 스트리밍

다음은 소프트웨어 조이스틱 형태로 RC 카의 방향과 속도를 제어하고, AJAX 폴링(polling) 기
술로 카메라 영상을 받아오는 프로그램을 실행시켜 보자. 다음 링크로부터 소스 코드를 다운
로드한다.

```
$ git clone https://github.com/swkim01/rccar.git
$ cd rccar/joystick
```

프로그램을 살펴보면 웹 서버를 구동하고 클라이언트가 접속한 웹 페이지에는 자바스크립트
로 소프트웨어 조이스틱과 카메라 JPG 영상을 제공한다. 클라이언트는 AJAX 요청으로 카메라
JPG 영상을 지속적으로 스트리밍하면서 동시에 소프트웨어 조이스틱을 움직이면 해당하는
방향과 크기에 따라 RC 카의 방향과 속도를 조절하도록 한다.

다음과 같이 프로그램을 실행한다.

```
$ sudo python rccar.py
```

스마트폰이나 PC에서 웹 브라우저를 실행시켜 http://<IP주소>:8080/로 접속하여 RC 카를 구동시켜 본다. 이 방식은 AJAX 폴링 방식을 사용하므로 대부분의 웹 브라우저에서 지원한다.

8.5 UPnP를 이용한 RC 카 제어

8.5.1 UPnP 개요

다음은 UPnP(Universal Plug and Play)를 이용한 RC 카 제어에 대해 소개한다. UPnP는 TCP/IP, SSDP, SOAP, GENA, HTTP 및 XML과 같은 인터넷 통신 표준과 기술을 기반으로 하여 네트워크로 연결된 기기들 간에 제공하는 서비스를 발견하고, 서로 통신을 가능하게 해 주는 소프트웨어 구조의 일종이다. UPnP는 현재 수백 개의 업체가 참여하는 UPnP 포럼에서 표준을 관리하고 있으며, 가전, 컴퓨터, 홈오토메이션, 홈 시큐리티, 프린터, 네트워크에 사용되고 있다. 특히, 우리가 NAS, TV, 스마트폰 등에서 미디어를 공유하는 데 사용하는 DLNA 기술이 바로 UPnP를 기반으로 구성된 것이다. 여기서는 UPnP를 RC 카와 같은 로봇에 적용한 사례를 살펴본다.

UPnP 구조에서 가장 중요한 세 가지 요소는 디바이스(device), 서비스(service), 컨트롤 포인트(control point)이다. 디바이스는 특정한 서비스를 제공하는 장치를 말하며, 서비스는 디바이스의 특정한 기능에 대한 소프트웨어적인 구현이다. RC 카를 예로 들면, 디바이스는 라즈베리 파이가 장착된 RC 카이며, 서비스로는 모터 구동, 카메라 영상 제공, 센서 값 모니터링 등을 들 수 있다. 반대로, 컨트롤 포인트는 서비스를 요청하는 기기 또는 기능을 말한다. 어떤 물리적인 기기는 리모컨처럼 컨트롤 포인트의 기능만을 가지기도 하고, TV처럼 디바이스와 서비스를 포함하기도 한다. 여기서는 RC 카를 제어하는 스마트폰이 컨트롤 포인트의 예가 된다.

이러한 개념을 기초로 UPnP는 다음 그림과 같은 6단계 통신 방식을 사용한다. 가장 먼저 Addressing 단계에서는 자신의 네트워크 주소를 획득하게 된다. 다음으로 Discovery 단계에서는 SSDP 프로토콜을 통해 디바이스가 자신의 정보를 브로드캐스트하여 알리고 다른 디바이스와 서비스를 자동적으로 탐색하게 된다. 세 번째로 Description 단계에서는 컨트롤 포인트가 HTTP 프로토콜을 통해 검색한 디바이스에 대한 기술 문서를 XML 형식으로 가져온다.

그 다음의 세 단계는 처리 방식에 따라 구분된다.

Control 단계는 명령(Command)-응답(Response) 방식으로서 컨트롤 포인트가 기술 문서를 파악하여 SOAP 프로토콜을 통해 원하는 디바이스의 서비스에 대해 명령을 요청(Action)하는 단계이다.

이와 별도로 Eventing 단계에서는 발행(Publish)-구독(Subscribe) 방식으로서 컨트롤 포인트가 서비스에 구독을 요청하여 서비스의 상태가 변했을 때 발행된 알림 이벤트 메시지를 GENA 프로토콜을 통해 수신하도록 할 수 있게 한다.

마지막으로, Presentation 단계에서는 컨트롤 포인트가 디바이스가 제공하는 URL을 통해 웹 브라우저로 디바이스를 제어하거나 상태를 볼 수 있게 된다. RC 카 제어에서는 모터의 방향과 속도를 직접 명령으로 제어하는 기능은 Control 단계에 해당하며, 센서 값을 주기적으로 모니터링하는 기능은 Eventing 기능에 해당한다. 웹 브라우저를 통해 제어하거나 모니터링하는 것은 Presentation 단계에 해당한다.

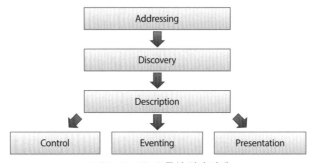

그림 8-10 **UPnP 통신 처리 단계**

8.5.2 Urobot 시스템 구조 및 설치

UPnP 로봇 제어 시스템인 Urobot은 지능형 서비스 로봇을 대상으로 만들어졌으며, 크게 서버 프로그램과 클라이언트인 안드로이드 앱(app, application)으로 구성된다. 본래 이 오픈소스 프로젝트는 ㈜ 하이버스 사의 H-AI-CAR와 터틀봇(Turtlebot)을 타깃으로 만들어졌으며, 이후에 유진로봇 사의 거북이(Kobuki)와 라즈베리 파이에 적용되었다. 또한, 기존의 센서 모니터링, 버튼 제어, 카메라 스트리밍 기능 외에 소프트웨어 조이스틱 기능이 추가되었다.

지능형 서비스 로봇은 크게 로봇, 로봇 제어 서버 그리고 이들 간의 통신과 같은 세부 시스템으로 나뉜다. 로봇은 사람과 상호작용하여 원하는 서비스를 제공하는 개체이지만, 제어 서버의 통제하에 동작하게 된다. 그리고 이들은 각각 내부적으로 몇 개의 서브시스템(subsystem)

으로 구성되어 서로 연동된다. Urobot 시스템의 구성은 그림 8-11과 같다.

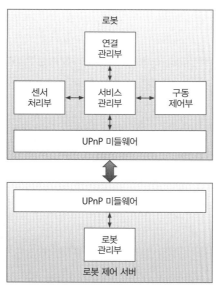

그림 8-11 **Urobot 시스템 구조**

로봇은 로봇 서비스 관리 및 제어 기술을 구현할 수 있도록 내부적으로 몇 개의 서브시스템으로 구성된다. 이것은 로봇이 수행하는 기본적인 서비스들을 관리하고 구동하는 서비스 관리부, 외부 환경으로부터 정보를 획득하는 센서 처리부, 또한 로봇을 동작시키는 구동 제어부 그리고 다른 로봇 또는 서버로부터의 자료 전송을 담당하는 연결 관리부로 나뉜다.

이러한 지능형 서비스 로봇은 특정한 임무를 독자적으로 수행할 수도 있지만, 가까이 또는 멀리 떨어져 있는 원격 로봇 제어 서버와 협력하여 다양한 서비스를 제공할 수 있어야 한다. 로봇 제어 서버는 자체 서비스들과 서버에 연결된 로봇들의 정보를 관리하고, 로봇으로부터 오는 이벤트 및 데이터 그리고 사용자의 요구 입력을 처리할 수 있어야 한다.

로봇 서버가 원격으로 로봇을 제어하거나 반대로 로봇에서 서버 또는 다른 로봇으로 자료를 전송하기 위해서는 서로간의 통신 구조를 설계하여야 한다. Urobot 시스템에서는 UPnP 프로토콜을 사용하여 서버 또는 로봇이 메시지라는 자료 구조를 통해 서로 통신한다. 이러한 메시지는 전송되는 자료에 따라 다양한 형태를 지원하여야 한다. 메시지의 형태는 크기에 따라 기본적인 정수, 부동 소수점 실수, 불리언(boolean) 등을 들 수 있고, 문자열이나 배열과 같은 자료형도 가능하다. 또한, 메시지는 통신 방식에 따라 다양한 종류로 구분할 수 있다. Urobot 시스템에서 제안하는 로봇이 전송하는 메시지 종류는 표 8-2와 같다.

표 8-2 Urobot 통신 메시지

메시지 종류	UPnP action	설명
제어 메시지	제어 control	서비스 호출 기능(⑩ 로봇 모션 명령)
응답 메시지	응답 response	서비스 호출에 대한 응답
상태 메시지	이벤팅 eventing	주기적/비주기적인 상태 전달(⑩ 센서 데이터)
등시성(isochronous) 메시지	웹프로토콜 접근	대용량 데이터 전송(⑩ 카메라 영상)

로봇 제어 서버 및 클라이언트 프로그램의 설치 과정은 다음과 같다. 먼저, 하드웨어 구성은
앞서 소개한 파이썬을 이용한 RC 카 제어와 똑같다. 그리고 파이캠 또는 웹캠이 연결되어 있
고 v4l2 커널 드라이버 모듈이 탑재되어 있어야 한다.

이제 다음과 같은 의존 패키지를 설치한다.

```
$ sudo apt-get install cmake libupnp-dev libctemplate-dev libjpeg62-dev
```

다음은 github 저장소로부터 소스 코드를 다운로드한 뒤 서버 디렉터리로 이동한다.

```
$ git clone https://github.com/swkim01/urobot.git
$ cd urobot/server
```

빌드 디렉터리를 생성한 뒤 cmake하고 빌드한 다음, 라즈베리 파이에 설치한다.

```
$ mkdir build
$ cd build
$ cmake ..
$ make
$ sudo make install
```

설치되는 파일은 urobot_linux와 urobot_raspberrypi 실행 파일이다. urobot_linux는 테스트용
으로 카메라 장치만 연결되어 있으면 된다. 여기서는 urobot_raspberrypi 프로그램을 실행한다.

```
$ sudo urobot_raspberrypi
```

참고로, 모터제어 부분이 위 구성과 다르면 소스 코드를 직접 수정해야 한다. 특히, server/
include/devices/raspberrypi.h와 server/src/devices/raspberrypi.c 파일을 수정해야 한다. 간혹 라
즈베리 파이에서 카메라 스트리밍 시에 이미지 형식이 JPG 또는 YUV에 따라 달라지 스트리밍

이미지가 보이지 않을 때가 있다. 그럴 때에는 server/src/raspberrypi/rpi.c 파일을 수정해야 한다. 36번째 줄 근처이며, YUV 형식이면 카메라 설정 옵션 중 '-y' 옵션을 추가한다.

8.5.3 안드로이드 앱 제어

이제 RC 카를 제어하는 클라이언트 프로그램인 안드로이드 앱을 설치해 보자. 이 앱은 RC 카 로봇과의 UPnP 통신을 위해 오픈소스 UPnP 자바 및 안드로이드 라이브러리인 cling(http://www.4thline.org)을 사용하여 구현하였다. cling은 UPnP 장치 구조 V1.0 표준을 구현한 코어 자바 라이브러리와 NAT 포트 매핑, A/V 미디어 서버 및 랜더러 등의 확장 기능을 구현한 지원 라이브러리로 구성되어 있다.[12]

안드로이드 개발 환경을 설치한 다음, 앞서 다운로드받은 소스 중 urobot/controller 디렉터리의 내용을 workspace 등의 적절한 위치에 설치한다. 이클립스 또는 안드로이드 스튜디오 프로그램을 실행한 다음, Import Project 기능을 활용하여 소스 코드를 임포트한 뒤, 빌드하면 된다. 마지막으로, 빌드된 apk 파일을 안드로이드 폰 또는 태블릿에 설치한다.

라즈베리 파이에서 로봇 서버 프로그램을 실행하고 난 후에 스마트폰에서 로봇 제어 프로그램을 실행하면 와이파이 무선랜에 연결된 UPnP 장치들이 검색되어 나타난다. 해당하는 UPnP 로봇을 선택하면 로봇 제어 화면이 나타난다. 로봇 제어 화면에서는 로봇에 특정한 명령을 내리거나 주기적인 센서 모니터링 및 실시간 영상 감시 등의 서비스를 동작시킬 수 있으며, 구글 음성 인식 기능을 활용하여 이동 명령('전진', '후진', '왼쪽', '오른쪽', '정지')을 내릴 수도 있다. 메뉴 버튼을 누르면 '서버 웹 페이지'와 '제어 방식 변경' 버튼이 나타난다. '제어 방식 변경' 메뉴를 통해 로봇의 움직임을 버튼 또는 소프트웨어 조이스틱으로 제어하도록 선택할 수 있다. '서버 웹 페이지' 기능을 통해 기존의 UPnP 통신을 통한 직접 제어 방식 대신 웹 브라우저를 통해서도 로봇 서버에 접속하여 로봇을 제어할 수 있다. 그림 8-12는 로봇 제어 프로그램의 실행 결과를 보여 준다.

참고로, 안드로이드 앱은 사진/음악/동영상(smi 자막 포함) 등을 보는 UPnP 미디어 렌더러 기능이 추가되어 있다.

---

12 cling은 현재 2.0 버전까지 개발되어 있다.

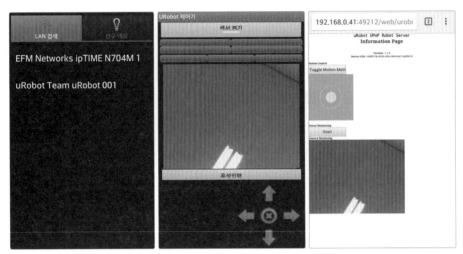

그림 8-12 **Urobot** 안드로이드 앱 제어

9

위치 및 방향 측정 장치 활용

이 장에서는 GPS(Global Positioning System) 수신기 및 가속도/지자계/자이로 센서를 활용하는 방법에 대해 알아본다. GPS 수신기를 활용하여 지도에 현재 위치를 표시하고, 날씨 정보를 알려 주고, 내비게이션에 활용하는 방법에 대해 다룬다. 아울러 가속도/지자계/자이로 센서를 활용하여 만보계, 전자 나침반 및 AHRS 장치를 제작해 본다.

9.1 GPS 수신기 개요

라즈베리 파이를 사용하여 위치 기반의 응용 프로젝트를 실행해 보는 것도 재미있을 것이다. 현재 위치를 인식하는 다양한 방법 중에 가장 많이 사용하는 것이 GPS 수신기일 것이다. GPS 는 미국 국방부에서 개발한 범지구 위치 결정 시스템이다. 쉽게 설명하면 지구상에 떠 있는 24개 이상의 인공위성이 송신하는 전파를 GPS 수신기에서 수신하여 삼변측량(trilateration)과 같은 방식으로 자신의 위치를 계산하는 방식을 말한다. 실외에서 사용하는 경우에 오차가 많아야 1~10여 미터이므로 군사용, 측량, 자동차 내비게이션용으로 널리 쓰이며, 모바일 폰 및 차량 등에 대부분 장착하고 있다.

9.2 GPS 수신기 연결

시중에 판매되는 GPS 장치는 다양한 종류가 있다. GPS 장치는 대개 NMEA0183 프로토콜을 사용하여 시리얼 인터페이스를 통해 컴퓨터와 통신한다. 그러므로 라즈베리 파이와의 연결을 위해 USB 타입으로 되어 있거나 UART 포트에 연결할 수 있는 종류가 적합할 것이다. 대표적인 제품으로는 유블럭스(UBlox) 사의 Neo-6M 또는 Neo-7M 모듈, 미디어텍(MediaTek) 사의 MTK3329 칩 기반의 Ultimate GPS Breakout(에이다프루트 사 제작), USB 타입의 AKBU6 보드(국내의 아센 사 제작) 등이 있다. 미디어텍 칩 기반 제품은 mtk-firmware-tools 소프트웨어를 사용하여 펌웨어를 변경하거나 모뎀 명령어를 통해 통신 속도 및 위치 갱신율 등을 프로그램에서 수정할 수 있다.

WaveShare Neo-7M

Adafruit Ultimate GPS

아센 AKBU6

그림 9-1 **GPS 장치들**

참고로 NMEA0183 프로토콜은 미국의 선박전자협회(NMEA, National Marine Electronics Association)에서 제정한 해양 전자기기를 위한 직렬 통신 프로토콜이다. 예를 들면, 다음과 같은 ASCII 데이터를 전송한다. 여기서 GPGGA는 시간, 위도, 경도, 고도 등의 정보, GPGSA는 수신 가능한 모든 위성의 정보, GPRMC는 추천되는 최소 자료 등을 나타낸다.

```
$GPGGA,114455.532,3735.0079,N,12701.6446,E,1,03,7.9,48.8,M,19.6,M,0.0,0000*48
$GPGSA,A,2,19,25,15,,,,,,,,,,21.5,7.9,20.0*32
$GPGSV,3,1,10,03,86,244,00,19,51,218,38,16,51,057,00,07,40,048,00*77
$GPGSV,3,2,10,13,34,279,00,23,33,236,00,15,29,076,40,25,25,143,38*71
$GPGSV,3,3,10,21,18,051,,27,12,315,*77
$GPRMC,114455.532,A,3735.0079,N,12701.6446,E,0.000000,121.61,110706,,*0A
```

라즈베리 파이에 GPS 수신기를 연결한 후에 위치 정보를 수신하는 가장 좋은 방법은 GPSD 프로그램을 사용하는 것이다. GPSD는 GPS 장치로부터 데이터를 수신하여 다른 프로그램으로 전송해 주는 데몬 프로그램이다. 이 프로그램은 다양한 GPS 장치를 지원하여 일관된 형식으로 GPS 데이터를 처리하여 여러 프로그램으로 동시에 전송해 줄 수도 있다.

GPSD와 관련 패키지들을 설치하는 명령은 다음과 같다.

```
$ sudo apt-get install gpsd gpsd-clients python-gps
```

GPS 모듈을 라즈베리 파이에 연결한다. USB형 모듈이면 USB 포트에 연결하면 되고, UART형 모듈일 때는 GPIO 포트의 전원(3.3 또는 5V), RXD, TXD, GND에 연결해야 한다.

이제 GPSD를 실행하여 보자. UART형 GPS 모듈이면 다음 명령을 실행한다.

```
$ sudo gpsd /dev/ttyAMA0 -F /var/run/gpsd.sock
```

만약, USB형 GPS 모듈이면 생성된 포트에 따라 위 명령에서 /dev/ttyUSB0 또는 /dev/ACM0로 바꾸어 실행한다.

또한, Ublox NEO-6/7 GPS 모듈인 경우 속도(baud)를 9600으로 설정한다. 이렇게 하려면 다음 명령을 실행하여야 한다.

```
$ sudo gpsd /dev/ttyAMA0 -b "B=9600" -F /var/run/gpsd.sock
```

이러한 설정 정보를 영구적으로 적용하려면 'dpkg-reconfigure gpsd' 명령으로 설정하거나

/etc/default/gpsd 파일을 편집하여 다음과 같이 수정한다.

```
$ sudo nano /etc/default/gpsd
GPSD_OPTIONS="/dev/AMA0 -b \"B=9600\""
```

GPSD 명령을 재실행하려면 반드시 이전에 실행하고 있던 GPSD 프로세스를 제거해야 한다.

```
$ sudo killall gpsd
```

부팅 시에 자동으로 GPSD를 실행하려면 다음 명령을 실행하여 GPSD 설정을 진행하면 된다.

```
$ sudo dpkg-reconfigure gpsd
```

GPS 상태를 수신하려면 **cgps** 프로그램을 실행하면 된다. 다음 명령을 입력해 보자. GPS 장치가 GPS 위성으로부터 신호를 받아 자신의 위치를 인식하는 데 수십 초에서 수 분이 걸릴 수 있으므로, 정상적으로 동작하면 조금 기다린 후 다음 메시지처럼 출력할 것이다.

```
$ cgps -s {ctrl-C to exit}
-----------------------------------------------------------------
|   Time:        2014-05-30T09:56:37.300Z ||PRN:  Elev:  Azim:  SNR:  Used: |
|   Latitude:       37.146001 N       ||  11   85    009   26     Y   |
|   Longitude:   128.036750 E         ||   8   50    273   26     Y   |
|   Altitude:    54.9 m               ||  19   43    050   43     Y   |
|   Speed:       0.1 kph              ||   3   36    069   43     Y   |
|   Heading:     0.0 deg (true)       ||  32   22    128   39     Y   |
|   Climb:       0.0 m/min            ||  27   17    071   40     Y   |
|   Status:      3D FIX (35 secs)     ||  20   13    167   35     Y   |
|   Longitude Err:   +/- 16 m         ||  17   04    267   00     N   |
|   Latitude Err:    +/- 16 m         ||                             |
|   Altitude Err:    +/- 21 m         ||                             |
|   Course Err:      n/a              ||                             |
|   Speed Err:       +/- 1217 kph     ||                             |
|   Time offset:     0.050            ||                             |
|   Grid Square:     PM45md           ||                             |
-----------------------------------------------------------------
```

파이썬으로 GPS 상태를 테스트하는 스크립트를 만들어 보자. 다음과 같은 gpstest.py 스크립트를 작성한다.

코드 9-1 **GPS 상태를 테스트하는 gpstest.py 스크립트 파일**

```python
#!/usr/bin/python
import gps
import time, os

session = gps.gps("localhost", "2947")
session.stream(gps.WATCH_ENABLE | gps.WATCH_NEWSTYLE)

while True:
    try:
        report = session.next()
        if report['class'] == 'TPV':
            os.system('clear')
            print '          GPS Data'
            print '------------------------------'
            print 'latitude    ' , getattr(report,'lat',0.0)
```

```
              print 'longitude   ' , getattr(report,'lon',0.0)
              print 'time utc    ' , getattr(report,'time','')
              print 'altitude    ' , getattr(report,'alt','nan')
              print 'epv         ' , getattr(report,'epv','nan')
              print 'ept         ' , getattr(report,'ept','nan')
              print 'speed       ' , getattr(report,'speed','nan')
              print 'climb       ' , getattr(report,'climb','nan')
              time.sleep(1)

      except KeyError:
          pass
      except KeyboardInterrupt:
          quit()
      except StopIteration:
          session = None
```

이 프로그램은 파이썬 gps 모듈은 2947번 네트워크 포트로 GPSD에 접속하고, TPV(Time, Positiion, Velocity) 모드로 GPS 데이터를 받아온다. 이제 프로그램을 실행한다.

```
$ python gpstest.py
        GPS Data
--------------------------------
latitude    37.146026667
longitude   128.03672
time utc    2014-05-30T10:23:16.500Z
altitude    154.0
epv         20.47
ept         0.005
speed       0.01
climb       0.0
^C
Killing Thread...
Done.
Exiting.
```

9.3 지도 위에 현재 위치 나타내기

GPS를 이용하여 웹 브라우저의 지도에 위치를 나타내 보자. 이것을 구현하려면 GPS 위치를 지속적으로 읽어 현재 위치를 웹으로 서비스하는 웹 서버와 지도 이미지를 온라인 지도 서버로부터 가져오면서 동시에 현재 위치를 웹 서버로부터 읽어 웹 브라우저에 표시해 주는 자바스크립트 기술이 필요하다.

온라인 서비스하는 웹 지도로는 구글맵, OSM(OpenStreetMap), 다음맵, 네이버맵 등 다양한 사이트가 존재한다. 세계에서 가장 많이 사용하는 구글맵(http://maps.google.com)은 구글 사에서 제작하여 서비스하고 있으며, 구글맵 API를 통해 위치 기반 앱 등으로 자유롭게 프로그래밍할 수 있다(특히 v3은 사용을 위해 별도의 API 키를 등록할 필요가 없다).

한편, OSM(http://www.openstreetmap.org)은 전 세계의 누구나 지도 제작에 참여할 수 있는 오픈소스 프로젝트이다. 지도를 편집하려면 웹 사이트를 통해 ID, Potlatch 등의 도구를 사용하거나 JOSM과 같은 별도의 프로그램을 사용하면 된다. 직접 프로그래밍을 하여 OSM 지도를 웹 브라우저를 통해 나타낼 수 있는데, 가장 쉬운 방법은 오픈소스 지도 라이브러리인 Openlayers(http://www.openlayers.org)를 사용하는 것이다. Openlayers는 웹에서 다양한 지도 서비스를 할 수 있도록 해 주는 오픈소스 자바스크립트 라이브러리이다. 특히 Openlayers 버전 3부터는 일반적인 지도 관련 기능 외에도 WebGL과 같은 3D 데이터 표현 등에 대한 기능 등이 추가되었다.

여기서는 구글맵과 OSM맵에 현재 위치를 나타내는 프로그램을 실행하여 보자. 먼저, 다음 링크로부터 관련 파일을 다운로드한다.

```
$ git clone https://github.com/swkim01/gps.git
$ cd gps
```

다음 명령을 실행하여 mapserver.py를 구동한다.

```
$ python mapserver.py
```

이 프로그램은 Bottle 웹 서버를 실행하고, 접속 주소에 따라 OSM 또는 구글맵을 화면에 나타낸다. 이때 GPSD로부터 현재 위치에 대한 정보를 받아와서 맵에 표시한다. 웹 브라우저를 실행하여 http://localhost:8008/ 주소로 접속해 보자. 기본 주소는 OSM맵을 나타낼 것이다.

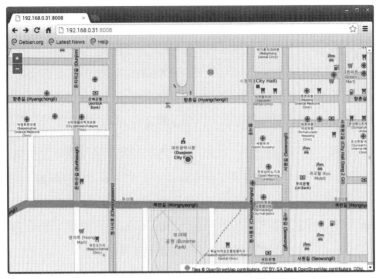

그림 9-2 현재 위치를 OSM맵에 표시하는 화면

구글맵을 보려면 http://localhost:8008/googlemap.html 주소로 접속하면 된다.

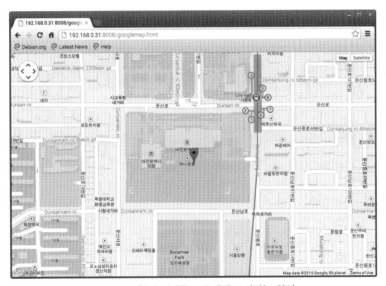

그림 9-3 현재 위치를 구글맵에 표시하는 화면

9.4 날씨 예보 장치 만들기

이번 절에서는 위치 정보를 이용하여 날씨 예보를 하는 장치를 만들어 보자. 그날 예보된 날씨에 따라 다른 색깔의 LED가 켜지거나 깜박이는 장치를 만들어 화장실이나 현관에 두면 매일 특정한 시간에 집을 나서기 직전에 손쉽게 당일 날씨를 확인하여 우산을 챙길 수 있을 것이다. 또, 여행을 가서도 지명이나 GPS 좌표를 통해 그 지역의 날씨를 확인할 수 있으면 아주 유용할 것이다.

이런 장치를 구현하는 가장 일반적인 방법은 특정한 시간마다 날씨 정보를 알려 주는 웹 사이트로부터 정보를 가져와서 LED에 적절하게 출력하는 것이다. 날씨 정보를 알려 주는 사이트로는 구글이나 야후와 같이 익히 알려진 사이트는 물론, Weatherbug, OpenWeatherMap, AccuWeather 등의 날씨만 전문으로 알려 주는 사이트도 있고, 국내의 경우에는 기상청 홈페이지도 있다. 여기서는 OpenWeatherMap과 기상청을 활용해 보자.

먼저, OpenWeatherMap에 대해 알아보자. OpenWeatherMap(http://www.openweathermap.com)은 전 세계의 날씨 및 예보 정보를 웹이나 모바일 환경에서 사용할 수 있도록 무료 API를 제공하고 있는 사이트이다.

그림 9-4 OpenWeatherMap 홈페이지

OpenWeatherMap이 제공하는 정보는 10분 간격으로 갱신되는 현재의 날씨 및 대략 7일 후까지 3시간 간격의 날씨 예보 등이다. 날씨는 나라, 도시 이름은 물론 경위도 좌표를 통해서도 검색할 수 있고, 검색 결과는 JSON, XML, HTML의 다양한 형식으로 받을 수 있다. 예를 들면, 대전 지역의 날씨를 알고 싶으면 웹 브라우저 또는 다음과 같이 CURL 명령을 사용하여 해당 사이트로부터 날씨 정보를 JSON 형식으로 받아오면 된다.

```
$ curl http://api.openweathermap.org/data/2.5/weather?q=Taejon,kr
{"coord":{"lon":127.44,"lat":36.33},"sys":{"message":0.1767,"country":"South Korea",
"sunrise":1422829839,"sunset":1422867432},"weather":[{"id":800,"main":"Clear",
"description":"Sky is Clear","icon":"01n"}],"base":"cmc stations","main":
{"temp":260.872,"temp_min":260.872,"temp_max":260.872,"pressure":1030.02,
"sea_level":1045.08,"grnd_level":1030.02,"humidity":62},"wind":{"speed":1.22,
"deg":320.501},"clouds":{"all":0},"dt":1422898791,"id":0,"name":"Taejon","cod":200}
```

이제 파이썬으로 날씨 정보를 가져오는 프로그램을 만들어 보자. 파이썬의 urllib 모듈을 사용하여 직접 날씨 정보를 JSON으로 가져온 다음, 파싱하여 필요한 정보를 추출하는 방법도 가능하지만, 우리는 pyowm이라는 좀 더 편리하고 파이썬을 위한 OpenWeatherMap 모듈을 사용할 것이다. 먼저, 다음과 같은 명령을 실행하여 pyowm 모듈을 설치한다.

```
$ sudo apt-get install python-setuptools
$ sudo easy_install pip
$ sudo pip install pyowm
```

다음은 날씨 정보를 받아오는 프로그램을 작성하기 전에 OpenWeatherMap 사이트에 가입하고 API 키를 받아야 한다. 사이트에 접속하여 가입하면 API 키가 나타날 것이다. 이 정보를 기억해 둔다.

다음, github 저장소로부터 pyowm 모듈을 사용하여 다음과 같이 현재의 날씨 및 예보 정보를 나타내는 파이썬 프로그램을 다운로드한다.

```
$ git clone https://github.com/swkim01/weather.git
$ cd weather
```

이제 pyowm 모듈을 사용하여 다음과 같이 현재의 날씨 및 예보 정보를 나타내는 파이썬 프로그램을 작성해 보자.

코드 9-2 pyowm 모듈을 사용하여 날씨 정보를 가져오는 testowm.py 스크립트

```python
import pyowm
import time
# create client
owm = pyowm.OWM('<API Key>')

lon = <경도>
lat = <위도>
# iterate results
```

```
o1 = owm.weather_at_coords(lat, lon)
loc = o1.get_location()
weat = o1.get_weather()
print "< Current Weather >"
print 'location:', str(loc.get_name())
print 'weather:', weat.get_status(), "at", weat.get_reference_time('iso')
print 'temperature:', weat.get_temperature(unit='celsius')['temp'], 'degree'

wc = weat.get_weather_code()
print 'weathercode:', wc,
if wc/100 == 2:
  print 'Thunderstorm'
elif wc/100 == 3:
  print 'Drizzle'
elif wc/100 == 5:
  print 'Rain'
elif wc/100 == 7:
  print 'Atmosphere'
elif wc/100 == 8:
  print 'Clouds'
elif wc/100 == 9:
  print 'Extreme'
print ""
fc1 = owm.daily_forecast(str(loc.get_name()))
fore = fc1.get_forecast()
print "< Forecast Weather on", time.strftime("%a, %d %b %Y %H:%M:%S",
time.localtime(fore.get_reception_time())), ">"
#print time.localtime(fore.get_reception_time())
for item in fore:
    lt = time.localtime(item.get_reference_time())
    print time.strftime("%a, %d %b %H:%M", lt), item.get_status(),
                        item.get_weather_code()
```

프로그램을 수정하여 자신의 위치를 나타내는 <위도, 경도> 값을 각각 lat, lon 변수에 대입해야 한다(예를 들면, 대전 시청의 좌표는 위도: 36.35, 경도: 127.385 이다).

이 프로그램을 실행하면 다음과 같은 결과를 출력한다.

```
$ python testowm.py
< Current Weather >
location: Taejon
weather: rain at 2015-04-02 08:12:23+00
temperature: 15.89 degree
weathercode: 500 Rain
< Forecast Weather on Thu, 02 Apr 2015 17:41:54 >
Thu, 02 Apr 12:00 rain 501
Fri, 03 Apr 12:00 rain 502
Sat, 04 Apr 12:00 rain 501
```

```
Sun, 05 Apr 12:00 rain 501
Mon, 06 Apr 12:00 rain 502
Tue, 07 Apr 12:00 rain 501
Wed, 08 Apr 12:00 rain 502
```

그런데 OpenWeatherMap의 날씨 정보는 부정확하거나 갱신이 느린 경우가 종종 있다. 그래서
이번에는 우리나라의 날씨 데이터를 자주 갱신하며 비교적 정확하고 신속한 정보를 제공하는
기상청 웹 페이지를 활용해 보자.

그림 9-5 **기상청 홈페이지**

기상청의 날씨 정보는 현재의 날씨 및 주간 예보에 대해 동네, 지역 및 전국적인 단위로 온도,
습도, 상태 등을 포함한 자세한 정보를 XML 문서의 형태로 제공해 준다. 참고로 기상청에서
제공하는 날씨 상태 결과 값은 간단하게 다음 7가지만 제공한다.

1. 맑음   2. 구름 조금   3. 구름 많음   4. 흐림   5. 비   6. 눈/비   7. 눈

기상청의 자료는 동네 및 광역시도별 날씨에 대해 공개하고 있다. 하지만 날씨 자료는 원칙적
으로 기상청에 저작권이 있으므로 자세한 날씨 정보를 상업적으로 이용하는 경우에는 반드시
기상청의 허가를 받기 바란다.

github 저장소에서 다운받은 파일 중 기상청의 날씨 정보를 가져오는 kma 모듈은 <위도,
경도>를 격자 정보 <x, y>로 변환하여 기상청 동네 예보 API 주소로부터 날씨 정보를 가져오
는 getWeather(lat, lon) 함수와 광역시도 코드를 입력하면 중기 예보 API로부터 날씨 정보를 가
져오는 getMidTermWeather(code) 함수가 구현되어 있다.

예를 들면, 프로그램을 편집하여 마지막 부분을 다음과 같이 수정하면 대전 지역의 3일 이후까지 3시간 단위로 날씨 정보를 가져오게 된다.

코드 9-3 kma.py 파일을 수정한 부분

```
...
if __name__ == '__main__':
    lat = 36.35
    lon = 127.385
    data = getWeather(lat, lon)
    for d in data:
        print d[0], d[1], d[7], d[2], getWeatherCode(d[7])
```

프로그램의 실행 결과는 다음과 같다.

```
$ python kma.py
21 0 비 16.1 5
24 0 비 16.3 5
 3 1 비 16.3 5
 6 1 비 14.8 5
 9 1 비 13.7 5
12 1 구름 많음 13.4 3
15 1 구름 조금 13.4 2
18 1 구름 조금 13.4 2
21 1 구름 많음 14.0 3
24 1 구름 많음 12.6 3
 3 2 구름 많음 12.2 3
 6 2 흐림 11.4 4
 9 2 흐림 11.4 4
12 2 흐림 11.6 4
15 2 흐림 11.6 4
18 2 비 11.4 5
21 2 비 11.2 5
24 2 비 11.4 5
```

이제 앞서 언급한 것처럼 그날 날씨에 따라 녹색(맑음/구름 조금), 노랑색(구름 많음/흐림), 빨간색(비/눈) LED를 켜는 간단한 날씨 예보 장치를 제작해 본다. 장치의 하드웨어 구성도는 그림 9-6과 같다.

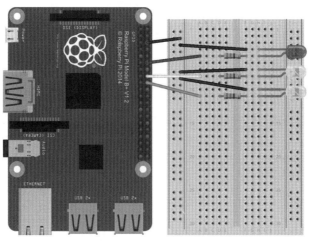

그림 9-6 날씨 예보기 하드웨어 구성

파일 편집기를 이용하여 todayweather.py라는 파이썬 프로그램을 작성한다. 프로그램은 정오 이후의 날씨 상태에 따라 적절한 LED가 켜질 것이다. 그리고 이 프로그램도 <위도, 경도>의 위치 좌표를 각각 lat, lon 변수에 대입해야 한다. 만약 GPS가 있다면 GPS 좌표를 자동으로 입력하는 모듈과 연동하면 된다.

코드 9-4 오늘 날씨를 LED로 알려 주는 todayweather.py 스크립트 파일

```python
#!/usr/bin/python
import kma
import RPi.GPIO as GPIO
import time

redPin = 18
yellowPin = 23
greenPin = 24
GPIO.setmode(GPIO.BCM)
GPIO.setup(redPin, GPIO.OUT)
GPIO.setup(yellowPin, GPIO.OUT)
GPIO.setup(greenPin, GPIO.OUT)

GPIO.output(redPin, False)
GPIO.output(yellowPin, False)
GPIO.output(greenPin, False)

lat = <위도>
lon = <경도>
mincount = 0
wcode = 0

while mincount < 60:
    data = kma.getWeather(lat, lon)
```

```
        for item in data:
            day = int(item[1])
            hour = int(item[0])
            if day == 0 and hour >= 12:
                wcode = kma.getWeatherCode(item[7])
                break
        if wcode >= 1 and wcode <= 2:
            GPIO.output(greenPin, True)
        elif wcode >= 3 and wcode <= 4:
            GPIO.output(yellowPin, True)
        elif wcode >= 5:
            GPIO.output(redPin, True)
        mincount += 1
        time.sleep(60)

GPIO.output(redPin, False)
GPIO.output(yellowPin, False)
GPIO.output(greenPin, False)
```

다음과 같이 프로그램을 실행하여 본다.

```
$ sudo python todayweather.py
```

이제 매일 한 번 주기적으로 프로그램을 실행하기 위해 crontab을 활용한다. 예를 들면, 다음
과 같이 설정하면 매일 오전 7시 0분에 todayweather.py라는 프로그램을 자동으로 실행하여 1
시간 동안 LED로 날씨를 표시할 것이다.

```
$ chmod +x todayweather.py
$ sudo su
# crontab -e
0 7 * * * /<path>/todayweather.py
```

9.5 Navit 내비게이션 프로그램 구동

이번 절에서는 라즈베리 파이를 이용하여 차량용 내비게이션을 구동시키는 방법을 소개한다.

내비게이션 프로그램으로는 리눅스에서 구동되는 오픈소스 내비게이션 프로그램 중 하나인
Navit을 사용할 것이다. 이 프로그램은 리눅스용 GUI 툴킷인 GTK, Qt 또는 SDL 기반의 C/
C++ 프로그램이며, MS 윈도우나 안드로이드에서도 동작되도록 포팅(porting)되었다. Navit은 주
로 OpenStreetMap으로 만들어진 벡터 맵을 기반으로 경로 검색, 3D 버드 뷰, TTS 음성 안내

등을 지원한다. 다만, 개발된 시기가 좀 오래되었고 기능이 한정적이고, OSM 지도도 국내 지도에 비해 세밀하지 않아 상용 내비게이션에 비할 수준은 되지 못한다.

9.5.1 내비게이션 소프트웨어 설치

라즈베리 파이에 Navit을 설치하는 과정은 다음과 같다.

먼저, 다음과 같은 명령을 실행하여 의존 패키지들을 설치한다.

```
$ sudo apt-get install subversion imagemagick libdbus-1-dev libdbus-glib-1-dev
libfontconfig1-dev libfreetype6-dev libfribidi-dev libimlib2-dev librsvg2-bin
libspeechd-dev libxml2-dev ttf-liberation libgtk2.0-dev
$ sudo apt-get install gcc g++ cmake make zlib1g-dev libpng12-dev libgtk2.0-dev
librsvg2-bin
$ sudo apt-get install libsdl-image1.2-dev libdevil-dev libglc-dev freeglut3-dev
libxmu-dev libfribidi-dev
$ sudo apt-get install libglc-dev freeglut3-dev libgl1-mesa-dev libfreeimage-dev
$ sudo apt-get install libqt4-dev libgps-dev espeak
```

한글 가상 키보드와 한글 폰트를 위해 다음 패키지들을 설치한다.

```
$ sudo apt-get install libhangul-dev fonts-nanum fonts-nanum-coding
```

다음은 소스 코드를 다운로드하고 빌드한 다음 설치한다. Navit의 원래 버전은 한글 가상 키보드가 지원되지 않아 검색 시에 불편했었는데, 필자가 수정한 소스 버전을 통해 한글 검색이 가능해졌다. 다음 명령을 실행하고 소스 코드를 다운로드하고 빌드한 다음 설치한다.

```
$ git clone https://github.com/swkim01/navit.git
$ cd navit
$ mkdir build; cd build
$ cmake -DFREETYPE_INCLUDE_DIRS=/usr/include/freetype2/ ..
$ make
$ sudo make install
```

Navit 프로그램을 설치하고 난 다음, 실행하기 전에 지도와 설정 파일을 우선 설치해야 한다. Navit에서 사용 가능한 지도로는 OpenStreetMap, Garmin Map 등이 있는데, 여기서는 Navit 개발자가 제공하는 온라인 지도 추출 사이트를 통해 OSM 지도를 다운로드해 보자. Navit map extractor 사이트인 http://maps9.navit-project.org에 접속한 후, 해당 지역(예 대한민국)을 선택한 다음, 'GET MAP' 버튼을 클릭하여 바이너리 파일로 다운로드한다.

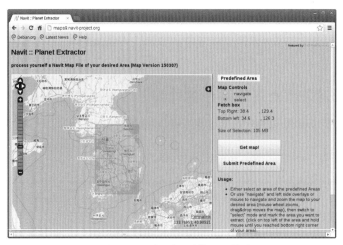

그림 9-7 Navit 지도 다운로드 화면

지도 파일를 다운로드하면 아마도 'osm_bbox_126.1,34.4,129.7,38.3.bin'과 같은 이름을 가질 것이다. 이 파일의 이름을 'osm_southkorea.bin'으로 바꾼 다음 <홈 디렉터리>/.navit/ 설정 디렉터리로 옮긴다.

```
$ mv osm_bbox_126.1,34.4,129.7,38.3.bin /home/pi/.navit/osm_southkorea.bin
```

다음은 Navit 설정 파일을 만든다. 다운로드한 소스 코드 디렉터리 안에 navit_kr.xml 파일이 존재할 것이다. 이 파일을 <홈 디렉터리>/.navit 디렉터리로 복사한다.

```
$ cp navit_kr.xml /home/pi/.navit/navit.xml
```

설정 파일을 편집하여 다음과 같이 지도의 중심, 나침반/줌인/줌아웃 버튼, 맵 파일과 한글 폰트 등을 지정한다.

코드 9-5 /home/pi/.navit/navit.xml 파일을 수정한 부분

```
...
    <navit center="3620 N 12725 E" zoom="256" tracking="1" orientation="-1"
recent_dest="10">
...
    <osd enabled="yes" type="compass"/>
...
    <osd enabled="yes" type="button" x="-96" y="-96" command="zoom_in()"
src="zoom_in.png"/>
    <osd enabled="yes" type="button" x="0" y="-96" command="zoom_out()"
```

```
src="zoom_out.png"/>
...
    <mapset enabled="yes">
        <map type="binfile" enabled="yes" data="/home/pi/.navit/osm_southkorea.bin"/>
    </mapset>
...
    <layout name="Car" nightlayout="Car-dark" color="#ffefb7" font="NanumGothic">
...
```

마지막으로, 한글을 사용하기 위해서는 로케일 언어가 한글로 설정되어 있어야 한다. LANG 환경 변수를 출력해 보고, 한글로 되어 있지 않으면 raspi-config 설정 프로그램을 실행하여 지역 언어를 'ko_KR.UTF-8'로 바꾼다. 아니면 다음 명령을 실행하여 간단하게 한글 UTF-8로 설정할 수도 있다.

```
$ export LANG="ko_KR.UTF-8"
$ printenv
...
LANG=ko_KR.UTF-8
```

이제 Navit 프로그램을 실행한다. 현재 기본 좌표가 대전 지역으로 설정되어 있으나, 실제 주행하고 나면 현재 위치를 저장하여 바뀔 것이다. 그리고 내비게이션 기능을 활성화하려면 설정 메뉴에서 Navigation 옵션을 찾아 선택해 주면 된다.

```
$ navit
```

그림 9-8 **Navit 실행 화면**

실제 차량에 설치하여 부팅 시에 Navit 프로그램이 자동으로 실행하도록 하기 위해 다음 내용을 포함한 셸 스크립트 파일을 만든다.

```
$ nano /home/pi/navit.sh
#!/bin/bash
openbox &
navit
$ chmod +x navit.sh
```

마지막으로, /etc/rc.local 파일을 편집하여 exit 앞에 다음 줄을 추가한다.

```
$ sudo nano /etc/rc.local
su - pi -c "xinit /home/pi/navit.sh" &
exit
```

9.5.2 음성 안내 기능 설정

Navit은 음성 안내 기능을 지원한다. 음성 안내 기능을 사용하기 위해 여러 TTS 엔진들 중 하나를 설치하면 될 것이다.[13]

그런데 한국어를 지원하는 TTS 엔진은 드물기는 하지만 존재한다. 예를 들면, Espeak 엔진은 1.46.25 버전부터 한국어를 지원한다. 라즈비안에서 apt-get으로 설치할 수 있는 Espeak 패키지는 1.46.02 버전이므로 한국어를 지원하기 위해서는 Espeak 소스 코드를 빌드하여 수동으로 설치해야 한다. 여기서 주의할 점은 Espeak 설치를 위해 portaudio19-dev라는 패키지가 필요한데, 이 패키지를 설치하면 다른 libportaudio0 패키지와 이에 의존하는 Sonic-Pi 프로그램도 제거된다는 점이다. 따라서 필요하다면 Espeak를 설치한 후에 나중에 portaudio19-dev를 제거하고, 다시 Sonic-Pi를 설치해야 할 것이다.

어쨌든 설치를 위해 다음과 같은 일련의 명령을 실행한다.

```
$ sudo apt-get autoremove espeak
$ sudo apt-get remove libportaudio0
$ sudo apt-get install portaudio19-dev
$ sudo apt-get install libportaudio2
$ wget http://sourceforge.net/projects/espeak/files/espeak/espeak-1.48/espeak-1.48.
```

---

13 http://wiki.navit-project.org/index.php/Speech 참고.

```
04-source.zip
$ unzip espeak-1.48.04-source.zip
$ cd espeak-1.48.04-source
$ cp portaudio19.h portaudio.h
```

다음은 Makefile을 수정한다.

```
$ nano src/Makefile
AUDIO = portaudio2
...
LIB_AUDIO=/usr/lib/arm-linux-gnueabihf/libportaudio.so.2
...
```

또, 빌드하는 도중 발생하는 오류를 제거하기 위해 wave.cpp 파일의 620번째 줄 근처를 수정한다.

```
$ nano src/wave.cpp
...
    SHOW("Device=%d, myOutputParameters.suggestedLatency=%f\n",
        selectedDevice,
        myOutputParameters.suggestedLatency);
    }
...
```

이제 다음 명령을 실행하여 빌드한 다음 설치한다.

```
$ make
$ sudo make install
```

설치가 완료되었으면 라즈베리 파이의 음성 출력 단자를 스피커에 연결하고, 다음과 같은 명령을 실행하여 한국어 음성이 잘 나오는지 테스트한다.

```
$ espeak -v ko "안녕하세요"
```

다음은 navit.xml 설정 파일에서 다음 줄을 고쳐 Espeak를 사용하여 음성 안내를 하는 명령을 활성화한다.

```
$ nano ~/.navit/navit.xml
...
<speech type="cmdline" data="espeak -s 150 -v ko %s" />
...
```

참고로, Navit을 실행하여 보면 Espeak의 한국어 음성 합성 능력은 아직 실망스러운 수준이다. 독자 중에 한국어 TTS를 개선할 방안을 아는 분이 있으면 필자에게 알려 주기 바란다.

9.5.3 하드웨어 제작

마지막으로, 내비게이션 하드웨어를 제작하려면 라즈베리 파이 외에도 GPS 장치, TFT LCD/터치 스크린 모듈, 전원 어댑터 및 기타 차량용 거치대와 같은 하드웨어 부품이 필요할 것이다.

특히, TFT LCD 모듈은 다양한 종류가 있지만, 내비게이션 용도로는 5인치 이상이 적당할 것이다. 여기서는 7인치 제품을 사용하였다. 그런데 대략 5인치 이상 되는 크기의 LCD 디스플레이는 최소 640×480 픽셀의 16/32비트 컬러를 출력하는 해상도를 가지게 되므로 초당 30프레임 이상으로 기존의 GPIO SPI 포트를 통해 정보를 전송하는 것은 불가능하다. 따라서 이런 장치는 보통 HDMI/VGA 포트와 연결된 별도의 A/D 보드 등을 사용하여 비디오 프레임을 디스플레이하며, 터치 스크린 모듈은 보통 USB 포트를 통해 연결하여 터치 입력 정보를 전송한다. 이런 장치로는 공식 7인치 제품, 웨이브셰어 사의 5인치 및 7인치 제품과 사인 스마트(Sain Smart) 사의 7인치 제품 등이 있다.

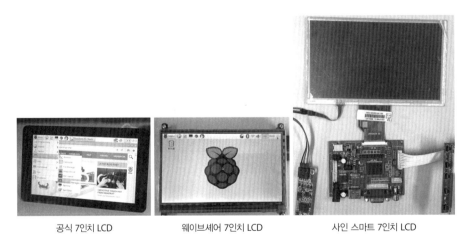

| 공식 7인치 LCD | 웨이브셰어 7인치 LCD | 사인 스마트 7인치 LCD |

그림 9-9 다양한 라즈베리 파이용 7인치 TFT LCD들

공식 7인치 제품은 LCD 모듈과 연결된 어댑터 보드와 DSI 리본 케이블 및 USB 케이블을 라즈베리 파이의 DSI 포트 및 USB 포트에 각각 연결하고 다음 명령을 실행한 다음, 재부팅하면 설정이 완료된다.

```
$ sudo apt-get update
$ sudo apt-get upgrade
```

기타 제품들은 비디오 출력 부분은 A/D 보드가 담당하므로 크게 신경 쓸 일이 없지만, USB 터치스크린 입력 장치 부분은 설치가 필요하다. 웨이브셰어 7인치 LCD 제품은 다음 명령을 실행하여 LCD 화면 및 USB 전원에 대해 설정하고, 터치스크린 구동 프로그램을 설치한 다음, 재부팅하면 된다.

```
$ git clone https://github.com/derekhe/waveshare-7inch-touchscreen-driver
$ cd waveshare-7inch-touchscreen-driver
$ chmod +x install.sh
$ sudo apt-get update
$ sudo ./install.sh
```

사인 스마트 제품의 경우 eGalax 터치 스크린 장치를 사용하므로 라즈베리 파이에 eGalax 터치 스크린 드라이버를 설치하여야 한다. 그런데 최신 라즈비안 버전에는 기본적으로 eGalax 드라이버 모듈이 탑재되어 있으므로 다음과 같은 명령을 실행하여 리눅스 커널을 포함한 라즈베리 파이 소프트웨어를 전체적으로 업그레이드하면 된다.

```
$ sudo apt-get update
$ sudo apt-get upgrade
$ sudo rpi-update
```

이제, 터치 스크린 장치를 USB 포트에 연결하면 자동적으로 드라이버 모듈을 찾아 커널에 탑재하게 된다. 만약 lsmod 명령을 실행하여 usbtouchscreen 모듈이 나타나지 않으면 다음과 같이 수동으로 모듈을 탑재시켜 준다.

```
$ sudo modprobe usbtouchscreen.ko
```

마지막으로, X 윈도우에서 터치 장치가 출력하는 좌표를 캘리브레이션할 필요가 있다. 앞서 6장에서 설명한 것처럼 xinput_calibrator 프로그램을 설치한 다음 실행하면 된다.

9.6 IMU 센서 활용하기

다음은 지자기를 측정하는 나침반(compass) 센서, 선형 가속도를 측정하는 가속도 센서, 각속도를 측정하는 자이로 센서를 사용해 보자. 요즘은 MEMS 기술이 지속적으로 발전함에 따라 이러한 관성 측정 장치(IMU, Inertia Measurement Unit) 센서가 저렴하면서도 우수한 성능으로 스마트폰을 비롯한 각종 장치에 내장되고 있다. 이런 센서를 활용하면 회전을 감지하고 동작을 인식한다든지 걸음 수를 세는 등의 다양한 기능을 구현할 수 있다.

여기서는 IMU 센서를 사용하여 간단한 만보계, 전자 나침반과 자세 방향 참조 시스템(AHRS, Attitude and Heading Reference System)을 구현해 보도록 한다. 저가형 MEMS IMU 센서 장치로는 아날로그 디바이시스(Analog Devices) 사의 3축 가속도 센서인 ADXL345 칩, ST 일렉트로닉스(ST Electronics) 사의 3축 가속도/3축 나침반 센서인 LSM303DLH 칩과 3축 자이로 센서인 L3G4200D, L3GD20 칩과 인벤센스(InvenSense) 사의 6축 가속도/자이로 센서인 MPU6050, 9축 가속도/지자기/자이로 센서인 9150/9250 칩 및 허니웰(HoneyWell) 사의 3축 지자기 센서인 HMC5883 칩 등이 많이 쓰인다.

여기서는 LSM303DLHC와 L3G4200D 칩을 사용한 웨이보세어 사의 브레이크아웃 보드 제품을 각각 사용하였다. 참고로 MPU6050+HMC5883L(GY86) 또는 MPU9250(GY9250) 센서도 간단한 드라이버 모듈을 만들면 테스트가 가능하다.

| 웨이브셰어 LSM303DLHC | 웨이브셰어 L3G4200D | GY9250 |

그림 9-10 **IMU 센서 보드**

9.6.1 만보계 만들기

먼저, LSM303DLHC 보드를 테스트해 보자. 그림 9-11과 같이 LSM303DLHC 보드를 GPIO I2C 포트를 사용하여 라즈베리 파이와 연결한다.

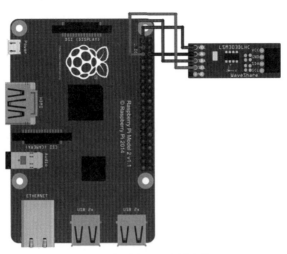

그림 9-11 **LSM303DLHC 연결 회로도**

이제 i2cdetect 프로그램을 사용하여 장치를 검색해 본다.

LSM303DLHC 가속도 및 지자기 센서 장치의 경우 I2C 장치 ID 값은 각각 0x19(가속도)와 0x1e(지자기)이다. 따라서 다음과 같은 결과를 출력한다면 LSM303DLHC 장치가 I2C 버스에 연결되어 있다는 것을 의미한다.

```
$ sudo i2cdetect -y 1
     0  1  2  3  4  5  6  7  8  9  a  b  c  d  e  f
00:          -- -- -- -- -- -- -- -- -- -- -- --
10: -- -- -- -- -- -- -- -- -- 19 -- -- -- -- 1e --
20: -- -- -- -- -- -- -- -- -- -- -- -- -- -- -- --
30: -- -- -- -- -- -- -- -- -- -- -- -- -- -- -- --
40: -- -- -- -- -- -- -- -- -- -- -- -- -- -- -- --
50: -- -- -- -- -- -- -- -- -- -- -- -- -- -- -- --
60: -- -- -- -- -- -- -- -- -- -- -- -- -- -- -- --
70: -- -- -- -- -- -- -- -- --
```

먼저, 다음과 같은 명령을 사용하여 필자가 작성한 관련 프로그램들을 다운로드한다.

```
$ git clone https://github.com/swkim01/imu.git
$ cd imu
```

이제, I2C 버스를 통해 장치로부터 측정된 가속도/지자기 센서 값을 읽는 LSM303DLHC 모듈을 테스트해 보자. 다음 명령을 실행한다.

```
$ sudo python LSM303DLHC.py
```

다음은 Tkinter GUI 라이브러리 모듈을 활용하여 가속도와 지자기 정보를 GUI 화면으로 나타내는 파이썬 스크립트를 살펴보자.

코드 9-6 가속도 및 지자계 측정값을 출력하는 drawaccmag.py 스크립트 파일

```python
import Tkinter as tk
import LSM303DLHC

lsm = LSM303DLHC.LSM303DLHC()

root = tk.Tk()
root.wm_title("LSM303DLHC Accel/Mag Sensor")

accelerometer = tk.LabelFrame(root, text="Accelerometer", height=150, width=300,
font=("Helvetica", 16))

ax = tk.Label(accelerometer, text="X:", font=("Helvetica", 16))
ax.place(x=50, y=0, width=50, height=40)
ay = tk.Label(accelerometer, text="Y:", font=("Helvetica", 16))
ay.place(x=50, y=30, width=50, height=40)
az = tk.Label(accelerometer, text="Z:", font=("Helvetica", 16))
az.place(x=50, y=60, width=50, height=40)

accV = []
for i in range(3):
    var = tk.StringVar()
    accV.append(var)
    accV[i].set(str(0.0))
    aval = tk.Label(accelerometer, textvariable=accV[i], font=("Helvetica", 16))
    aval.place(x=100, y=0+30*i, width=90, height=40)

magnetometer = tk.LabelFrame(root, text="Magnetometer", height=150, width=300,
font=("Helvetica", 16))

mx = tk.Label(magnetometer, text="X:", font=("Helvetica", 16))
mx.place(x=50, y=0, width=50, height=40)
my = tk.Label(magnetometer, text="Y:", font=("Helvetica", 16))
my.place(x=50, y=30, width=50, height=40)
mz = tk.Label(magnetometer, text="Z:", font=("Helvetica", 16))
mz.place(x=50, y=60, width=50, height=40)

magV = []
for i in range(3):
    var = tk.StringVar()
    magV.append(var)
    magV[i].set(str(0.0))
    mval = tk.Label(magnetometer, textvariable=magV[i], font=("Helvetica", 16))
    mval.place(x=100, y=0+30*i, width=90, height=40)
```

```
accelerometer.pack(pady=10)
magnetometer.pack(pady=10)

def update():
  data = lsm.read()
  root.after(200, update)
  try:
    for i, var in enumerate(accV):
        var.set("{0:2.2f}".format(float(data[i])/100.0))
    for i, var in enumerate(magV):
        var.set("{0:2.2f}".format(float(data[i+3])/100.0))
  except ValueError:
    print "string to float error"

update()
root.mainloop()
```

프로그램을 실행한 후에 장치를 이리저리 흔들어 보자. 가속도 3축과 지자기 3축의 값이 변하는 것을 볼 수 있을 것이다.

```
$ sudo python drawaccmag.py
```

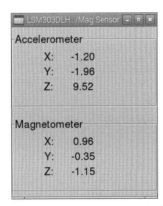

그림 9-12 **drawaccmag.py 프로그램 실행 창**

이제 가속도 센서 값을 이용하여 만보계 프로그램을 살펴보자. 구현 원리는 간단하다. 센서를 일정한 방향으로 흔들면 3축의 평균 가속도 값이 번갈아가며 증가하거나 감소하게 된다. 이 정보를 이용하여 최대 증가 또는 최대 감소하는 지점을 매번 찾으면서 걸음 수를 세게 된다. 앞서 다운로드받은 프로그램 중에서 다음과 같은 프로그램을 실행한다.

```
$ sudo python pedometer.py
```

실행 결과는 다음과 같다.

그림 9-13 **pedometer.py 프로그램 실행 창**

센서를 흔들면 값이 증가할 것이다. 'Clear' 버튼을 누르면 다시 0이 된다.

9.6.2 전자 나침반 만들기

전자 나침반을 구현하기 전에 IMU 센서에 대해 알아보자. 그림 9-14와 같이 IMU 센서가 장착된 보드나 장치를 생각해 보자. 여기서 롤(roll), 피치 (pitch), 요(yaw) 또는 방향(heading)각은 각각 Xb, Yb, Zb 축을 기준으로 회전한 각을 나타낸다. 자이로 센서는 이 회전각들에 대한 시간당 변화량, 즉 각속도를 측정한다. 반면에, 가속도 및 지자기 센서는 칩의 Xs, Ys, Zs 축 방향으로 각각 선형 속도 및 지자기 세기를 측정한다.

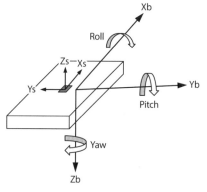

그림 9-14 **IMU 센서의 3차원 좌표 체계**

이러한 센서들을 사용하여 전자 나침반을 만들 수 있다. 그런데 전자 나침반을 만들기 위해서는 몇 가지 고려할 사항이 있다. 먼저, 각 센서들에 대한 캘리브레이션(calibration: 미세 조정)이 필요하다. 가장 간단한 방법은 하나의 축 방향으로 측정된 측정값의 최댓값 및 최솟값을 구하는 방법이다. 더욱 정밀한 방법으로는 오차를 보상하는 3차원 행렬을 구하는 방법 등이 있는데, 여기서는 생략하기로 한다.

다음은 기울기 보상(tilt compensation)을 들 수 있다. 장치가 지표면에 평행일 때, 즉 롤과 피치 각이 0일 때는 지자기 센서의 Mx, My 성분에 비례한 방향각을 Heading = arctan(My/Mx)의 간단한 식으로 구할 수 있다. 하지만 장치가 기울어져 있을 때, 즉 롤과 피치각이 존재할 때는 지자기 센서의 측정값이 일정하지 않으므로 롤과 피치각을 활용하여 간단하게 기울기를 보상 해 주어야 한다.

마지막으로, 지자기 편차(magnetic declination)를 고려해야 한다. 지구의 자북과 자기장의 분포 가 매년 바뀌므로 편차를 고려하여 올바른 진북 방향을 계산해야 한다. 마침 지자기 편차를 보상할 수 있는 geomag라는 파이썬 패키지가 존재하므로 이를 이용하기로 한다. 그리고 이미 LSM303DLHC.py 모듈의 calcTiltHeading( ) 함수에 기울기 보상과 지자기 편차를 고려한 코 드가 포함되어 있다.

먼저, 지자기 편차를 계산하는 geomag 패키지를 설치하기 위해 다음과 같은 명령을 실행한다.

```
$ sudo apt-get install python-setuptools
$ sudo easy_install pip
$ sudo pip install geomag
```

다음은 나침반과 방향각을 표시해 주는 파이썬 스크립트를 실행한다.

```
$ sudo python compass.py
```

프로그램을 실행하면 그림 9-15와 같은 화면이 나타날 것이다.

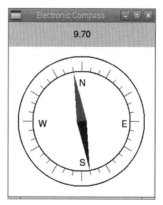

그림 9-15 compass.py 프로그램 실행 창

9.6.3 AHRS 만들기

자세 및 방향 참조 시스템(AHRS, Attitude and Heading Reference System)은 자세 방향 참조 시스템으로서 물체의 롤, 피치, 요 또는 방향각을 측정하여 기울어진 정도를 알려 주는 시스템이다. 보통 자이로 센서가 출력한 각속도를 적분한 값을 활용하게 되는데, 누적 오차가 생기므로 가속도와 지자기 센서의 측정값을 활용하여 보정하게 된다.

우선 자이로 센서를 사용해 보자. L3G4200D 브레이크아웃 보드를 그림 9-16과 같이 라즈베리 파이에 연결한다.

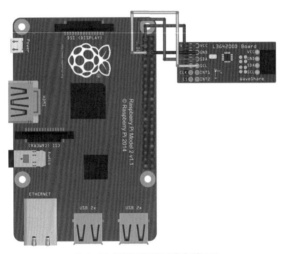

그림 9-16 L3G4200D 연결 회로도

이제 i2cdetect 프로그램을 실행하면 장치 ID가 69로 잡힌 것을 확인할 수 있다.

```
$ sudo i2cdetect -y 1
     0  1  2  3  4  5  6  7  8  9  a  b  c  d  e  f
00:          -- -- -- -- -- -- -- -- -- -- -- --
10: -- -- -- -- -- -- -- -- -- -- -- -- -- -- -- --
20: -- -- -- -- -- -- -- -- -- -- -- -- -- -- -- --
30: -- -- -- -- -- -- -- -- -- -- -- -- -- -- -- --
40: -- -- -- -- -- -- -- -- -- -- -- -- -- -- -- --
50: -- -- -- -- -- -- -- -- -- -- -- -- -- -- -- --
60: -- -- -- -- -- -- -- -- -- 69 -- -- -- -- -- --
70: -- -- -- -- -- -- -- -- -- --
```

이제 L3G4200D 장치로부터 자이로 센서를 초기화하고 측정값을 읽는 L3G4200D 파이썬 모듈을 테스트해 보자. 다음 명령을 실행하면 각속도 측정값들이 출력될 것이다.

```
$ sudo python L3G4200D.py
```

참고로, L3G4200D 보드는 SPI 통신도 지원하므로 py-spidev 라이브러리를 사용하여 파이썬 모듈을 만드는 것도 가능하다.

이제 측정된 각속도 값을 그래프로 출력하는 파이썬 프로그램을 살펴보자. 파이썬으로 그래프를 출력하는 라이브러리는 matplotlib, PyQwt 등이 있는데, 여기서는 대표적인 파이썬 그래프 라이브러리인 matplotlib를 사용한다. 이 라이브러리는 다양한 그래프를 출력시킬 수 있고, TKInter 모듈과 연동하여 실시간으로 차트를 그릴 수도 있다. 먼저, 다음과 같은 명령을 실행하여 matplotlib 라이브러리를 설치한다.

```
$ sudo apt-get install python-matplotlib
```

이제 다음과 같은 파이썬 스크립트를 실행한다.

```
$ sudo python drawgyro.py
```

프로그램을 실행하면 그림 9-17과 같은 화면이 나타날 것이다.

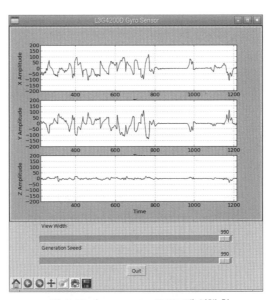

그림 9-17 drawgyro.py 프로그램 실행 창

자이로 센서를 이리저리 움직이면 각속도가 변하는 것을 관찰할 수 있다. 또한, 그래프 폭과 데이터 표시 속도를 조절할 수 있다. 하지만 matplotlib 라이브러리가 좀 무거우므로 라즈베리 파이에서 실시간으로 데이터를 표시하기에는 조금 느리다. 속도를 빠르게 하기 위해서는 PyQwt 등과 같은 다른 방식을 활용하는 것이 나을 수 있다.

다음은 AHRS를 만들어 보자. 먼저, 그림 9-18과 같이 LSM303DLHC와 L3G4200D 센서를 둘 다 라즈베리 파이에 연결한다.

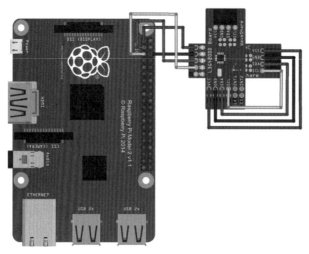

그림 9-18 **LSM303DLHC 및 L3G4200D 연결 회로도**

여기서 두 센서 보드의 좌표축을 맞추고 칩들을 가까운 위치로 붙이기 위해 간단한 기판 회로를 구성하였다.

그림 9-19 **LSM303DLHC 및 L3G4200D 하드웨어 연결**

앞서 언급한 것처럼 AHRS를 만들기 위해서는 측정된 9축 가속도, 지자기, 자이로 센서 값들을 사용하여 올바른 롤, 피치, 요 또는 방향각을 계산해야 한다. AHRS를 위한 계산 알고리즘으로 많이 사용하는 방식으로는 상보 필터(complelemtary filter)와 칼만 필터(Kalman filter) 등이 있다. 여기서 이런 알고리즘을 자세히 다루지는 않을 것이다. 대신 이런 알고리즘 등을 포함한 AHRS를 이미 구현해 놓은 RTIMULib[14]이라는 패키지를 활용하기로 한다.

먼저, RTIMULib를 설치하기 전에 다음과 같은 명령을 실행하여 의존 패키지를 설치한다.

```
$ sudo apt-get install cmake libqt4-dev
```

다음은 RTIMULib 소스 코드를 다운로드한다.

```
$ git clone https://github.com/swkim01/RTIMULib.git
```

이제, 다음과 같은 일련의 명령을 실행하여 RTIMULib를 빌드하고 시스템에 설치한다.

```
$ cd ~/RTIMULib/Linux
$ mkdir build
$ cd build
$ cmake ..
$ make
$ sudo make install
```

아울러 RTIMULib 파이썬 모듈도 설치한다.

```
$ cd ~/RTIMULib/Linux/python
$ sudo python setup.py install
```

이제 RTIMULib 패키지에 포함된 데모 프로그램들을 실행하여 보자. 먼저, 다음과 같은 명령을 실행한다.

```
$ sudo RTIMUDemo
```

---

14 https://github.com/richards-tech/RTIMULib

Qt GUI 라이브러리를 이용하여 만들어진 GUI 화면이 나타날 것이다. 상단의 'Select IMU' 메뉴를 선택하여 적절한 센서를 선택한다. 여기서는 L3GD20+LSM303DLHC를 선택한다. 그 다음, 센서를 이리저리 돌리면 측정된 센서 값이 출력될 것이다. 필요한 경우 상단의 가속도 및 지자기 센서를 캘리브레이션하는 메뉴도 사용해 보자.

그리고 프로그램을 실행하고 나면 현재 디렉터리에 RTIMULib.ini라는 설정 파일이 생성될 것이다. 파일을 살펴보면 센서의 종류, 센서를 읽는 샘플링 주기 등 다양한 값들이 설정되어 있을 것이다. 필요한 경우 삭제하여 센서 값을 다시 설정하거나 수정할 수 있다.

다음은 RTIMULib에 이미 포함된 AHRS 프로그램을 구동시켜 보자. 다음과 같은 명령을 실행하면 Qt 및 OpenGL로 구현된 화면이 나타날 것이다.

```
$ sudo RTIMUDemoGL
```

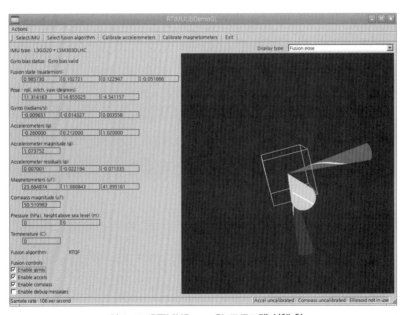

그림 9-20 **RTIMUDemoGL 프로그램 실행 창**

마지막으로, 위와 같은 AHRS를 직접 구현한 프로그램을 살펴보자. 여기서는 센서 값을 읽고, 칼만 필터로 회전각을 계산하도록 구현한 파이썬 RTIMULib 모듈과 3D 시각화를 위한 파이썬 OpenGL 3D 라이브러리 모듈을 사용하였다.

먼저, 다음 명령을 실행하여 pygame 및 파이썬 OpenGL 모듈을 설치한다.

```
$ sudo apt-get install python-opengl
$ sudo apt-get install python-pygame
```

이제 AHRS 프로그램을 실행한다.

```
$ sudo python ahrs.py
```

프로그램을 실행하면 그림 9-21과 같은 화면이 나타날 것이다.

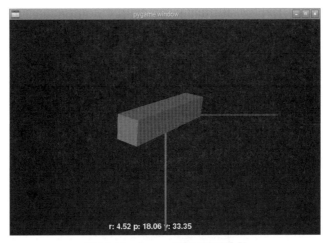

그림 9-21 ahrs.py 프로그램 실행 창

참고로, MPU 계열 센서를 사용하는 경우, RTIMULib.ini 설정 파일을 수정하여 센서 값을 읽는 샘플링 주기를 10 Hz 정도로 낮춰야 파이썬 스크립트가 RTIMULib를 통한 센서 값과 3D 연산 처리가 지연되지 않고 실시간으로 제대로 처리할 것이다.

참고 자료

1. GPSD 홈페이지, http://www.catb.org/gpsd/

2. Openlayers 홈페이지, http://www.openlayers.org

3. 기상청 격자 정보 경위도 변환, http://javaking75.blog.me/220089575454

4. Application Node, Using LSM303DLH for a tile compensated electronic compass, http://ozzmaker.com/wp-content/uploads/2014/12/Application-note-AN3192.pdf

5. 3D OpenGL visualisation of the data from an MPU-6050 connected to a Raspberry Pi, http://blog.bitify.co.uk/2013/11/3d-opengl-visualisation-of-data-from.html

6. RTIMULib 홈페이지, https://github.com/richards-tech/RTIMULib

10

아두이노 보드 연결

> "하드웨어도 여러분이 다른 사람들과 공유하고 싶어 하는
> 문화의 한 조각처럼 될 수 있다고 생각합니다."
>
> – 마씨모 반지(Massimo Banzi), 아두이노 창업자.

이 장에서는 아두이노(Arduino)를 활용하는 방법에 대해 알아본다. 구체적으로는 UART와 USB 포트는 물론 Xbee, 블루투스, 와이파이 무선 네트워크 장치 등을 통해 라즈베리 파이와 아두이노 보드를 연결하는 방법과 여러 가지 활용 사례에 대해 살펴본다.

10.1 아두이노 소개

라즈베리 파이와 비슷하게 외부 하드웨어를 연결해서 제어하는 기능을 가진 대표적인 마이크 로컨트롤러 보드는 아두이노일 것이다. 아두이노는 2005년 이탈리아 이브레아(Ivrea)에서 마씨 모 반지(Massimo Banzi)와 다비드 쿠아르티에예스(David Cuartielles) 등에 의해 만들어진 '오픈소 스 하드웨어' 개발 보드이다. 아트멜(Atmel) 사의 AVR 마이크로컨트롤러를 바탕으로 제작된 이 보드는 다양한 센서, 모터 및 확장 실드(expansion shield) 등과 연동하여 온갖 장치를 제작할 수 있다. 또한, 전용 통합 개발 환경 툴을 사용하여 쉽게 프로그램을 작성하고 컴파일하여 USB 포트를 통해 다운로드할 수 있으며, 전 세계 수많은 개발자 및 관련 커뮤니티가 활발한 활동을 하고 있다.

아두이노는 하드웨어 제어를 위한 싱글보드 컴퓨터라는 점에서 라즈베리 파이와 비슷하지만, 또한 차이점도 많다. 아두이노 안에는 라즈베리 파이에 탑재하는 리눅스 운영체제가 없고 기껏해야 수십 KB의 프로그램을 직접 펌웨어로 업로드해야 한다. 따라서 복잡한 여러 가지 작업을 한꺼번에 수행할 수 없다. 반면에 비교적 실시간으로 프로그램을 수행시킬 수 있다. 또한, 아두이노는 아날로그-디지털 변환기(ADC, Analog to Digital Converter)를 포함하고 있으므로 아날로그 센서를 보다 쉽게 활용할 수 있다. 이러한 장단점을 가진 특징 덕분에 오히려 라즈베리 파이와 함께 연동해서 사용하면 더욱 효율적이다.

아두이노의 대표적인 플랫폼인 Uno는 2KB 램과 32KB 플래시 메모리를 사용하고, 16MHz로 동작하며, 마우스, 키보드, 모니터 등을 연결하는 USB, HDMI 포트가 없다. 하지만 라즈베리 파이와 비슷한 수의 GPIO를 제공하는데, 각 포트당 15mA 정도의 전류를 사용할 수 있으며 (라즈베리 파이는 3mA), 6개의 아날로그 입력(라즈베리 파이는 없음), 6개의 하드웨어 PWM 신호 (라즈베리 파이는 소프트웨어 PWM만 가능)를 사용할 수 있고, 수많은 인터페이스 보드/실드가 존재한다는 장점을 가진다.

그림 10-1 아두이노 UNO 보드

그림 10-2 다양한 아두이노 실드

10.2 아두이노 프로그래밍

아두이노의 핵심적인 장점은 사실 하드웨어라기보다는 엄청나게 프로그래밍하기 쉬운 소프트웨어 개발 환경 도구인 아두이노 IDE와 세계적으로 활발한 관련 커뮤니티일 것이다. 특히 아두이노 IDE는 자바로 만들어진 Processing 개발 환경 UI 프로그램과 Wiring 프레임워크를 사용하여 구현되었으며, 이 프로그램에서 C/C++ 언어를 기반으로 하는 간단한 구조의 프로그램을 누구나 손쉽게 작성하고 아두이노에 업로드할 수 있도록 하였다.

라즈베리 파이에서 아두이노를 프로그래밍하고 연결하려면 먼저 arduino 패키지를 설치하여야 한다. 다음 명령을 실행하여 아두이노 IDE 소프트웨어를 설치한다.

```
pi@raspberrypi ~ $ sudo apt-get update
pi@raspberrypi ~ $ sudo apt-get install arduino
```

설치가 완료되면 메뉴 ➡ 개발(Programming) 또는 Electronics에 아두이노가 추가되어 있는 것을 확인할 수 있다. 메뉴를 선택하여 아두이노 IDE를 실행시켜 본다.

그림 10-3 아두이노 IDE 실행 화면

먼저, LED를 깜박이는 간단한 회로의 동작을 실습해 보자. 아두이노 보드를 가지고 있다면 USB 케이블을 통해 보드와 라즈베리 파이를 연결한다.

아두이노 스케치(프로그램)를 작성하기 위해 메뉴에서 아두이노를 선택하거나 다음 명령을 실행하면 아두이노 IDE가 화면에 나타날 것이다.

```
$ arduino
```

상단 메뉴에서 '도구(Tools) ➡ 보드(Board)' 서브메뉴(submenu)의 해당하는 장치(예를 들면, 아두이노 Uno)를 선택하고, '도구(Tools) ➡ 시리얼 포트(serial port)' 서브메뉴는 ttyACM0 또는 ttyS1을 선택하고, '도구(Tools) ➡ 프로그래밍(Programming)' 서브메뉴는 두 번째 'AVR ISP mkII'로 선택한다. '파일(File) ➡ 예제(Examples) ➡ 01.Basic ➡ Blink'를 선택하여 Blink 예제를 불러온다. 그런 다음 상단 툴바의 빌드 아이콘을 클릭하여 빌드하고, 업로드 아이콘을 클릭하여 아두이노 보드에 다운로드한다. 그러면 보드에 있는 LED가 1초 간격으로 깜박일 것이다.

아두이노 빌드 아이콘   아두이노 업로드 아이콘

그림 10-4 아두이노 빌드 및 업로드 아이콘

이제, 연결된 USB 포트를 통하여 라즈베리 파이와 간단한 메시지를 주고받도록 해 보자. 먼저, 아두이노 IDE에서 '파일(File) ➡ 새 파일(New)' 메뉴를 선택하여 새로운 아두이노 스케치(프로그램) 창을 연다. 그리고 다음과 같은 프로그램을 작성한다.

코드 10-1 직렬 포트로 데이터를 출력하는 아두이노 스케치

```
void setup() {
  Serial.begin(9600);
}
void loop() {
  for (byte n = 0; n < 255; n++) {
    Serial.println(String(n));
    delay(100);
  }
}
```

프로그램을 빌드하고 아두이노에 다운로드한다. 이제 상단 메뉴의 '도구(Tools) ➡ 시리얼 모니터(serial monitor)'를 선택하면 시리얼 모니터 창이 열릴 것이다. 시리얼 모니터는 앞서 6장에서 다룬 minicom이나 screen과 마찬가지로 리눅스의 직렬 포트를 콘솔로 연결하여 메시지를 출력하는 기능을 가진다. 아두이노 프로그램이 실행되면 시리얼 모니터에는 다음과 같은 메시지가 나타날 것이다. 즉, 아두이노로부터 USB 포트를 통해 라즈베리 파이로 메시지가 전달되어 시리얼 콘솔에 출력하는 것이다. 메시지가 출력되지 않는다면 오른쪽 하단의 통신 속도를 9600baud로 맞춘다.

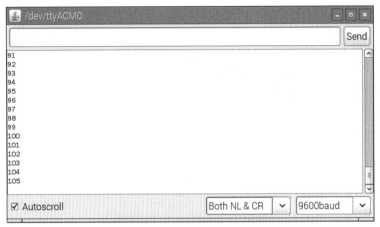

그림 10-5 시리얼 모니터 실행 창

10.3 UART를 이용한 연결

10.3.1 직접 연결

다음은 USB 포트 대신 UART 핀을 통해 아두이노와 통신하도록 해 보자. 그렇게 하려면 아두이노의 Rx, Tx 핀을 각각 라즈베리 파이의 GPIO Tx, Rx 핀과 연결하여야 한다. 그런데 아두이노의 기본 입출력 포트 전압은 5V인 반면 라즈베리 파이는 3.3V이므로 상호간에 직접 연결하면 전자 회로가 손상될 수 있다. 따라서 레벨 컨버터(level converter)나 저항 분배 회로를 사용해야 한다. 여기서는 저항 분배 회로를 사용하였다. USB 케이블을 연결하지 않고, 분리하고, 1K 옴 저항을 세 개 준비하여 다음과 같이 연결하였다. 여기서 라즈베리 파이의 Tx 포트는 아두이노의 Rx 포트에 그대로 연결해도 되는 반면, 아두이노의 Tx 핀은 저항 분배 회로를 거쳐 라즈베리 파이의 Rx 핀에 연결하였다. 옴의 법칙에 따라 1K 옴 저항 두 개를 병렬로 연결하면 500옴이 되므로 아두이노 Tx 포트가 5V일 때 라즈베리 파이 Rx 포트에는 3.3V 정도로 낮아지게 된다.

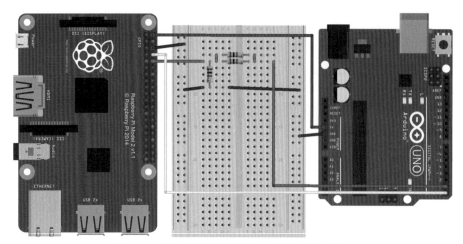

그림 10-6 저항 분배 회로를 이용한 아두이노 연결 회로도

아두이노 스케치 프로그램은 바로 이전의 펌웨어를 그대로 사용한다. 라즈베리 파이에서는 파이썬에서 직렬 포트를 프로그래밍하려면 PySerial 패키지를 설치한다.

```
$ sudo apt-get install python-serial
```

그리고 라즈베리 파이에서 다음 프로그램을 작성한다.

코드 10-2 UART 직렬 포트로부터 데이터를 읽는 serialtest.py 스크립트 파일

```
import serial

con = serial.Serial('/dev/ttyAMA0', 9600)
while True:
    print con.readline()
```

프로그램을 실행시키면 아두이노에서 전송된 메시지가 나타날 것이다.

```
$ python serialtest.py
10
11
...
```

10.3.2 아두이노 실드 사용

한편, 라즈베리 파이의 GPIO 포트와 연결할 수 있는 아두이노 실드 보드들이 있다. 대표적으로 해외의 ALaMode 보드와 늘솜 사에서 제작한 RPino GOGO 보드가 특히 유명하다.

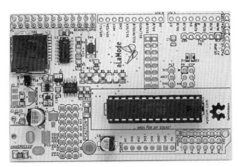

(a) ALaMode 보드

(b) RPino GOGO   (c) RPino GOGO Plus

그림 10-7 라즈베리 파이 호환 아두이노 실드

출처 (a) www.seeedstudio.com, (b)(c) 늘솜 홈페이지(www.nulsom.com)

이런 보드들을 사용하면 별도의 USB 케이블 대신 GPIO UART 포트를 통해 라즈베리 파이로부터 아두이노로 프로그램을 다운로드할 수 있고 서로간의 통신도 가능하다.

여기서는 RPino GOGO 보드를 사용하여 라즈베리 파이와 연동해 본다. 먼저, RPino GOGO 보드를 라즈베리 파이의 GPIO 포트와 연결한다. RPino GOGO 보드의 점퍼는 I2C 스위치 두 개는 OFF, RESET은 ON, UART는 ON으로 하고, MODE 스위치는 RPI로 설정한다. RPino GOGO Plus 보드인 경우 I2C 스위치 두 개는 OFF, MODE 스위치 두 개 모두 ON으로 설정한다.

다음과 같이 관련된 압축 파일을 늘솜 홈페이지로부터 다운로드하고 압축을 풀고 디렉터리로 이동한다. RPino GOGO Plus 보드인 경우 http://nulsom.com/source/rpino.tar.gz 파일을 다운로드한다.

```
pi@raspberrypi pi $ wget http://nulsom.com/source/rpino-gogo-r3.tar.gz
pi@raspberrypi pi $ tar xvfz rpino-gogo-r3.tar.gz
pi@raspberrypi pi $ cd rpino-gogo-r3
```

그런 다음, 설치 스크립트를 실행한다.

```
pi@raspberrypi pi $ ./setup
```

설치 스크립트의 내용을 살펴보면 프로그램 다운로드를 위해 AvrDude 프로그램을 수정하여 설치하고, /boot/cmdline.txt와 /etc/inittab 파일을 수정하여 UART 포트를 GPIO용으로 활성화시킨 다음, USB 장치와 관련된 udev rules 기능을 활용하여 장치를 인식하고, ttyAMA0, ttyACM0 포트를 각각 ttyS0, ttyS1 포트와 매핑하도록 /etc/udev/rules.d/80rpino.rule 파일을 등록한다. 또한, 아두이노 IDE에서 아두이노 프로그램을 리셋하는 기능을 지원하기 위해 일반 아두이노처럼 RS232C 포트의 DTR 핀을 사용하는 대신에 라즈베리 파이의 GPIO 27번 핀을 사용하도록 설정 파일을 수정하였다.

이제 아두이노 IDE를 다시 실행시키고, Blink 예제를 실행시켜 보자. 아두이노 IDE를 실행시키고, 상단 메뉴에서 '도구(Tools) ➡ 보드(Board)' 서브메뉴는 RPino GOGO를 선택하고, '도구(Tools) ➡ 시리얼 포트(Serial Port)' 서브메뉴는 ttyS0 또는 ttyAMA0를 선택하고, '도구(Tools) ➡ 프로그래밍(Programming)' 서브메뉴는 첫 번째 'AVR ISP'로 선택한다. '파일(File) ➡ 예제(Examples) ➡ 01.Basic ➡ Blink'를 선택하여 Blink 예제를 불러온 다음, 빌드하고 아두이노 보드에 업로드한다. 제대로 동작한다면 보드 위의 LED가 깜박일 것이다.

10.4 PyFirmata를 사용한 아두이노 포트 제어

Firmata는 아두이노와 같은 마이크로컨트롤러(microcontroller)와 호스트 간의 간단한 직렬 통신을 위해 만들어진 프로토콜이다. 아두이노에 Firmata 라이브러리를 이용한 통신 프로그램을 탑재하고, 호스트와 연결된 상태에서 호스트에서 특정한 테스트 프로그램 등을 통해 직접 아두이노의 포트 등의 하드웨어를 제어할 수 있다. 여기서는 pyFirmata라는 파이썬 모듈을 통해 라즈베리 파이에서 아두이노 포트를 제어하는 방법을 소개한다.

먼저, 아두이노 IDE에서 'file ➡ examples ➡ Firmata ➡ StandardFirmata'를 선택하여 Standard Firmata 스케치를 불러온 다음, 빌드하고 아두이노 또는 RPino 보드에 업로드한다.

다음은 pyFirmata 패키지를 라즈베리 파이에 설치한다.

```
$ sudo apt-get install python-serial
$ git clone https://github.com/tino/pyFirmata.git
$ cd pyFirmata
$ sudo python setup.py install
```

이제 라즈베리 파이를 사용해서 연결된 아두이노 보드의 디지털 포트를 제어해 보자. 그림 10-8과 같은 회로를 구성한다.

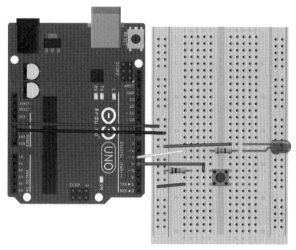

그림 10-8 아두이노와 푸시 버튼 및 LED 연결 회로

여기서 푸시 버튼을 클릭하면 라즈베리 파이에서 감지하여 LED를 켜도록 한다. 이런 기능을 하는 프로그램은 다음과 같이 작성한다.

코드 10-3 pyFirmata를 이용하여 버튼으로 LED를 제어하는 스크립트

```python
import pyfirmata
import time
board = pyfirmata.Arduino('/dev/ttyACM0')
led_pin = board.get_pin('d:5:o')
switch_pin = board.get_pin('d:4:i')
pyfirmata.util.Iterator(board).start()
switch_pin.enable_reporting()
while True:
    input_state = switch_pin.read()
    if input_state == True:
        led_pin.write(1)
    else:
```

```
        led_pin.write(0)
    time.sleep(0.2)
board.exit()
```

여기서 RPino GOGO 보드를 사용할 때는 pyfirmata.Arduino 객체를 생성할 때 /dev/ttyACM0 대신 /dev/ttyAMA0로 인자를 설정하면 된다. 프로그램 코드는 pyfirmata 모듈을 활용하여 Arduino 객체를 생성하고, 푸시 버튼 입력 핀과 LED 출력 핀에 대한 주소를 가져와 읽거나 쓰게 된다. 다만, Iterator라는 스레드 객체(thread object)를 별도로 생성하고 실행하여, 디지털 입력 핀을 모니터링하여 읽도록 한다.

다음과 같이 프로그램을 실행하고 버튼을 누를 때마다 LED가 켜지는지 관찰한다.

```
$ sudo python buttonled.py
```

아두이노와 PyFirmata를 활용하면 아날로그 값을 입력하고 PWM 아날로그 출력 신호도 생성할 수 있다. 이런 기능은 ADC가 없고 하드웨어 PWM 포트가 하나인 라즈베리 파이만으로는 구현하기가 어렵다.

그런데 만약 라즈베리 파이와 아두이노 장치가 서로 근접해 있지 않고 좀 더 떨어져 있다면 어떻게 연결해야 할까? 그럴 때에는 근거리 무선장치를 사용하는 것이 좋은 방법일 것이다. 가정이나 사무실, 상점 등에서는 사물 장치들 간에 이런 상황들이 자주 일어날 것이다. 여기서는 이런 근거리 무선 통신 장치인 지그비(Zigbee), 블루투스(Bluetooth), 와이파이를 사용하여 라즈베리 파이와 아두이노 장치를 연결하는 방법에 대해 알아보도록 한다.

10.5 Xbee 모듈을 이용한 통신

지그비(Zigbee)는 IEEE 802.15.4 표준 기술을 바탕으로 만들어졌으며, 근거리에서 저전력으로 무선 전송이 가능한 통신 기술이다. 일반적인 P2P 통신은 물론 메시(mesh) 네트워크 구성이 가능하여 넓은 범위를 저전력으로 통신할 수 있으며, 통신 속도는 최대 초당 250KB 정도이므로 와이파이 등에 비해서는 저속이다. 하지만 저가격에 전력 소모가 적도록 설계하여 리모컨, 가전기기 제어, 빌딩 제어, 장난감 등의 무선 센서용으로 적합하다.

아두이노와 연결 가능한 지그비 모듈도 많지만, 가장 많이 사용하는 장치는 지그비의 일종인 디지(Digi) 사에서 만든 XBee 장치이다. 이 장치들은 모듈에 따라 P2P 통신은 물론 메시 네트워크도 가능하며 여러 장치를 분산시키면 넓은 영역까지 통신이 가능하다.

그림 10-9 **다양한 안테나 타입의 Xbee 모듈들**

그림 10-10 **Xbee USB 동글(Nero사 제품)**

XBee 모듈로 통신하기 위해서는 먼저 Xbee 장치의 펌웨어를 설정할 필요가 있다. 펌웨어는 디지 사에서 제공하는 X-CTU 프로그램으로 설정할 수 있다. 디지 사의 홈페이지(http://www.digi.com/products/wireless-wired-embedded-solutions/zigbee-rf-modules/xctu)로부터 X-CTU 프로그램을 다운로드받아 MS 윈도우 PC에 설치한다.

그림 10-11 **X-CTU 프로그램 설치 화면**

설치가 완료되면 X-CTU 프로그램을 실행시킨다.

이제 Xbee 장치를 PC와 연결시켜 보자. Xbee 장치를 Xbee USB 동글에 결합하고, PC의 USB 포트에 삽입하면 장치 드라이버가 설치될 것이다.

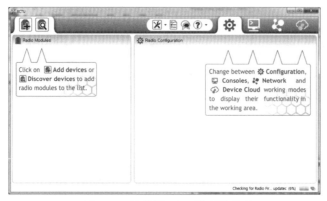

그림 10-12 **X-CTU 프로그램 실행 화면**

이제 가장 왼쪽의 '+' 기호 아이콘을 가진 'Add devices' 버튼을 클릭하면 'Add radio device' 다 이얼로그가 뜨면서 XBee 장치가 연결된 USB 직렬 포트가 인식된 것을 알 수 있다.

이제 장치를 선택한 다음, 통신 속도를 9600bps, 8-N-1 모드 그대로 두고, 'Finish' 버튼을 클릭하면 장치를 검색하면서 문제가 없으면 장치가 추가된 것을 알 수 있다. 그리고 장치를 클릭하면 장치와 연동하여 여러 가지 상태 정보를 받아 온다.

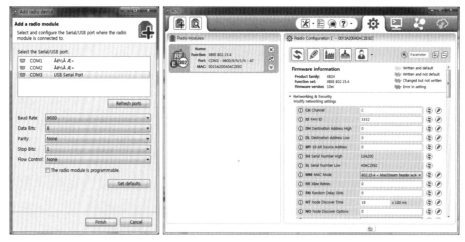

그림 10-13 **X-CTU 프로그램의 Xbee 장치 추가 및 연동 화면**

이 정보에서 중요한 것은 자신의 시리얼 번호를 가리키는 SH(Serial Number High)와 SL(Serial

Number Low) 값과 연결할 다른 장치의 ID를 지정하는 DH(Destination Address High)와 DL(Destination Address Low) 값이다. 먼저, 장치의 시리얼 번호를 확인해 본다. 두 장치 간의 통신을 위해서는 DH/DL 값을 상대 장치의 SH/SL 값으로 지정하면 된다. 반면에, DH/DL 값이 특정한 주소 0x0000FFFF이면 주변의 모든 XBee 장치에게 전송 데이터를 브로드캐스트(broadcast)하게 된다. 여기서는 DH 값을 0으로 설정하고, DL 값을 FFFF로 입력하여 브로드캐스트하도록 설정하자. 그리고 오른쪽 끝의 Write(연필 아이콘)를 선택하여 설정된 정보가 장치의 펌웨어에 쓰여 반영되도록 한다.

라즈베리 파이와 연결할 다른 하나의 장치도 비슷한 방법으로 펌웨어를 설정한다.

펌웨어 설정이 완료되었으면, 이제 아두이노와 라즈베리 파이 간의 Xbee 통신을 구현해 보자.

먼저, 아두이노 장치에는 Xbee 장치가 부착된 Xbee 실드를 연결한다.

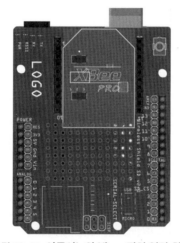

그림 10-14 **아두이노와 Xbee 장치 연결 회로**

여기서 주의할 점은 Xbee 장치의 Dout, Din 핀은 Xbee 실드 및 아두이노 장치의 시리얼 포트 Tx, Rx 핀에 직접 연결되어 아두이노와 통신하는 데 사용되므로 같은 포트를 사용해서 USB로 연결된 PC에서는 시리얼 모니터를 사용할 수 없다는 점이다.

따라서 라즈베리 파이와의 통신 테스트는 라즈베리 파이에서 Xbee 모듈을 통해 아두이노로 메시지를 전송하고, 아두이노에서 응답 메시지를 보내어 라즈베리 파이에서 수신하는지를 검사하는 방식으로 이루어진다. 아두이노 IDE에서 다음과 같은 스케치 코드를 작성하여 아두이노에 업로드한다.

코드 10-4 **Xbee로 직렬 통신하는 아두이노 스케치**

```
int led=13;
int index=0;
boolean ack = true;

void setup()
{
  Serial.begin(9600);
  pinMode(led, OUTPUT);
  digitalWrite(led, LOW);
}

void loop()
{
  char sb, data[16];
  if (ack == true) {
    digitalWrite(led, HIGH);
    delay(1000);
    Serial.println("REQ");
    ack = false;
  }
  while(Serial.available()) {
    sb = Serial.read();
    data[index++] = sb;
  }
  if (index > 4) {
    if (strncmp(data, "ACK", 3) == 0) {
      digitalWrite(led, LOW);
      ack = true;
      delay(1000);
    }
    index = 0;
  }
}
```

한편, 라즈베리 파이에는 GPIO 포트의 전원 및 UART RX, TX 핀과 Xbee 장치의 Dout, Din 핀을 직접 연결시켜야 한다. 효율적인 연결을 위해 Xbee 장치가 연결된 Xbee USB 동글 또는 2mm를 1인치로 변환시켜 주는 브레이크아웃 보드를 브레드보드에 끼우고, 라즈베리 파이와 직접 배선한다. 주의할 점은 동글에 따라 핀 순서가 Xbee 모듈의 핀 순서와 다른 사례도 있으므로 VCC, Dout, Din, GND 핀을 올바르게 연결해야 한다는 점이다.

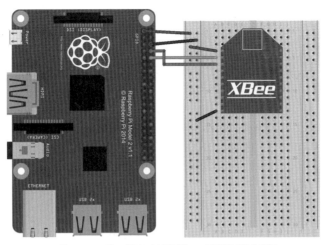

그림 10-15 라즈베리 파이와 Xbee 장치의 연결 회로

10.6 와이파이 모듈을 이용한 통신

이번에는 아두이노에 와이파이 모듈을 연결하여 라즈베리 파이와 통신하여 보자. 아두이노 보드와 연결하여 사용 가능한 와이파이 모듈은 여러 가지가 있다. 먼저, 아두이노의 정식 와이파이 실드 버전이 있고, 마이크로칩(Microchip) 사의 WiFly 와이파이 칩, TI 사의 CC3000 와이파이 칩, 에스프레시프 시스템즈(Espressif Systems) 사의 ESP8266 와이파이 칩을 사용한 모듈 등 다양한 제품이 있다. 그중에서도 비교적 최근에 출시되어 가격이 저렴한 편인 CC3000 및 ESP8266 칩으로 구성된 모듈을 사용해 본다.

10.6.1 TI CC3000 모듈을 이용한 프로그래밍

CC3000은 2012년에 TI 사가 개발한 저가의 저전력 와이파이 모듈 칩이다. 이 칩은 802.11 b/g 표준을 따르며 MCU와 IPv4 TCP/IP 프로토콜 스택(protocol stack)을 포함하여 대부분의 통신을 직접 처리한다. 또한, SmartConfig 기능을 통해 공유기에 손쉽게 접속하도록 해 준다.

이 장치를 아두이노와 연결하려면 스파크펀(Sparkfun) 또는 에이다프루트(Adafruit) 사에서 출시한 실드 제품을 사용하면 된다. 여기서는 에이다프루트 실드 제품을 아두이노와 연결하여 사용하였다.

그림 10-16 에이다프루트 CC3000 breakout 보드

출처 http://www.adafruit.com/)

CC3000 모듈을 아두이노와 연결하여 라즈베리 파이와 통신하는 간단한 예제를 다루어 보자.

먼저, Adafruit CC3000 라이브러리 소스 코드를 다운로드한다. 다운로드받은 디렉터리를 스케치 디렉터리 아래 libraries 디렉터리에 통째로 복사하여 둔다.

```
$ git clone https://github.com/adafruit/Adafruit_CC3000_Library.git
$ mkdir ~/Arduino/libraries
$ mv Adafruit_CC3000_Library ~/Arduino/libraries/Adafruit_CC3000
```

아두이노 IDE에서 스케치 디렉터리에 examples ➡ Adafruit_CC3000_Library 메뉴에 있는 EchoServer.ino 파일을 연다. 이 프로그램을 수정하여 아래와 같이 공유기의 SSID, 패스워드 등을 수정한다. 프로그램을 컴파일하고 아두이노에 업로드한다. 시리얼 모니터를 열어 네트워크 정보를 확인한다.

코드 10-5 TCP 에코 클라이언트를 구현한 echoClient.py 스크립트 파일

```python
import socket
import sys

HOST, PORT = "<아두이노 IP>", 7
data = " ".join(sys.argv[1:])
sock = socket.socket(socket.AF_INET, socket.SOCK_STREAM)
try:
    sock.connect((HOST, PORT))
    sock.sendall(data + '\n')

    received = sock.recv(1024)
finally:
    sock.close()
print "Sent:     {}".format(data)
print "Received: {}".format(received)
```

한편, 라즈베리 파이에서는 아두이노의 네트워크 정보를 활용하여 다음과 같은 간단한 TCP 클라이언트 프로그램을 작성한다.

다음과 같이 전송할 메시지를 인자로 하여 프로그램을 실행하면 메시지를 전송한 다음 다시 수신하는 것을 확인할 수 있다.

```
$ python echoClient.py Hello
Sent:     Hello
Received: Hello
```

다음은 SmartConfig 기능을 살펴보자. SmartConfig는 CC3000 장치가 공유기 정보를 설정하는 간편한 방식을 말한다. 원리는 스마트폰 등을 통해 접속하는 공유기의 SSID와 패스워드 등의 정보를 무선으로 브로드캐스트해 주면 CC3000 장치가 이 정보를 암호화하고 저장하여 활용하는 방식이다.

먼저, SmartConfig Wiki 페이지(http://processors.wiki.ti.com/index.php/CC3000_Wi-Fi_Downloads)에서 iOS 또는 안드로이드용 앱 설치 프로그램을 다운로드한 다음, 윈도우 PC에 설치한다.

설치가 완료되면 C:\TI\CC3000AndroidApp\SmartConfigCC3X\bin 디렉터리에 존재하는 apk 앱 설치 파일을 안드로이드 스마트폰으로 복사한다. 안드로이드 폰에서 Astro 또는 ES 파일 매니저를 열어 해당하는 apk 파일을 선택하여 설치한다.

다음은 아두이노 IDE를 실행하여 examples ➡ Adafruit_CC3000_Library 메뉴에 있는 SmartConfigCreate.ino 스케치 파일을 연다. 프로그램을 컴파일하고 업로드하고 실행한 다음, 시리얼 모니터를 열고 결과를 살펴본다. CC3000이 SmartConfig 접속을 기다리는 상태에 있다는 것을 알 수 있다.

```
Hello, CC3000

RX Buffer : 131 bytes
TX Buffer : 131 bytes
Free RAM: 587

Initialising the CC3000 ...
Firmware V. : 1.24
MAC Address : 0x08 0x00 0x28 0x59 0x23 0xD1
Waiting for a SmartConfig connection (~60s) ...
```

이제 스마트폰에서 CC3000SmartConfig 앱을 실행한다. 다음과 같은 설정 화면이 나타나면 패스워드 등을 입력한 후에 Start 버튼을 누른다.

그림 10-17 **CC3000SmartConfig 앱 장치 설정 창**

연결이 완료되면 다음과 같은 내용이 시리얼 모니터에 나타날 것이다.

```
Saved connection details and connected to AP!
Request DHCP

IP Addr: 192.168.0.29
Netmask: 255.255.255.0
Gateway: 192.168.0.1
DHCPsrv: 192.168.0.1
DNSserv: 1.214.68.2

To use these connection details be sure to use
'.begin(false, true, DEVICE_NAME)' with your Adafruit_CC3000
code instead of the default '.begin()' values!

Closing the connection
```

위 메시지를 살펴보면 매번 네트워크 연결을 재설정하지 않고, 이전에 저장된 정보를 통해 재연결할 때는 cc3000.begin(false, true, DEVICE_NAME) 함수를 사용한다는 것을 알 수 있다. 이제 examples➡Adafruit_CC3000_Library 메뉴에 있는 SmartConfigReconnect.ino 스케치 파일을 업로드하고 실행하면 자동으로 AP 공유기에 연결하게 된다.

10.6.2 ESP8266 모듈을 이용한 프로그래밍

ESP8266은 에스프레시프 시스템즈 사에서 만든 와이파이 Soc 칩 모듈이다. 이 칩은 텐실리카 (Tensilica) 사의 80MHz의 Xtensa LX3 RISC CPU를 기반으로 64KB DRAM, 96K SRAM 및 512KB의 SPI 플래시를 포함하고 있으며, TCP/IP 프로토콜 스택이 탑재되어 있다. 특히 이 칩은 다양한 모듈로 판매되고 있는데, 대부분의 모듈이 2~5달러에 불과하다.

ESP8266 모듈을 활용하면 여러 가지 방식으로 펌웨어를 프로그래밍할 수 있다. 공식적으로 제공하는 AT 명령어로 동작하는 AT 펌웨어가 탑재된 기본 ESP8266 모듈을 아두이노 보드와 연결해서 사용할 수도 있고, ESP8266 모듈의 MCU 기능을 활용하여 아예 ESP8266만으로 동작하는 펌웨어를 제작할 수도 있다. 또한, Lua 인터프리터(interpreter)가 내장된 Nodemcu 펌웨어 또는 Micropython 등의 인터프리터를 펌웨어로 탑재하여 스크립트 프로그램을 실행시킬 수도 있다.

그림 10-18 **다양한 ESP8266 모듈** 출처 AliExpress & esp8266 wiki

1 AT 펌웨어 테스트

먼저, ESP-01 모듈을 테스트해 보자. ESP8266 모듈을 테스트하거나 프로그램을 업로드하기 위해서는 ESP8266 모듈의 UART 핀을 통해 컴퓨터와 연결할 수 있는 별도의 USB-to-Serial 장치를 필요로 한다. USB-to-Serial 장치가 없다면 대신 아두이노 보드를 활용해도 된다. ESP-01 모듈의 핀 배치는 그림 10-19와 같다.

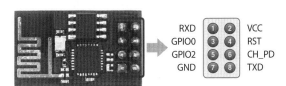

그림 10-19 **ESP-01 모듈의 핀 배치**

이제 다음과 같은 회로를 제작한다. 이 회로는 부품들을 브레드보드에 끼우거나 만능 기판에 납땜하여 구성하면 된다. 회로에 필요한 부품에 대한 설명은 다음과 같다. 먼저, 정전압 레귤레이터(regulator)인 LM1117 3.3V 칩을 사용하여 아두이노의 5V 전원을 3.3V로 변환하고 ESP8266 모듈의 전원을 공급한다. ESP8266 모듈의 UART TX 및 RX 핀은 아두이노 UNU 보드의 TX, RX와 그대로 연결하되, RX 선은 그림 10-20과 같은 전압 분배 회로를 구성하여 5V 입력을 3.3V 로 낮추어야 한다. 또, CH_PD 핀도 3.3V를 연결하고 RESET 핀도 스위치를 연결하여 동작하도록 구성한다. 펌웨어를 업로드할 때는 GPIO0 핀을 0V(GND)로 연결해야 하므로 토글 스위치 또는 점퍼와 1K 옴 저항을 사용하여 회로를 구성한다.

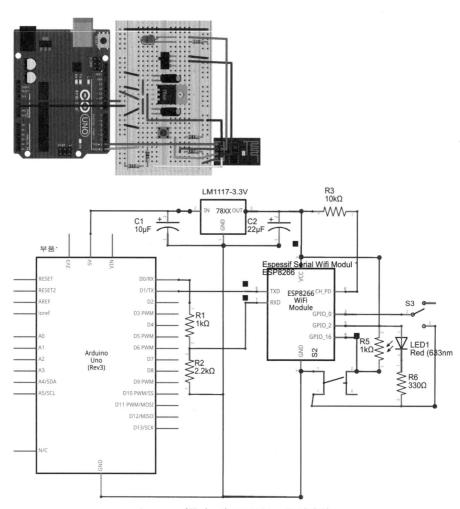

그림 10-20 **아두이노와 ESP8266 모듈 연결 회로**

전원을 연결하기 전에 아두이노 UNO 보드는 컴퓨터와 ESP8266 모듈 간의 인터페이스 역할만 하므로 일자 드라이버 등을 이용해 아두이노 보드의 atmega328p CPU 칩을 제거해 둔다.

참고로, atmega32u4 칩을 사용하는 아두이노 레오나르도 보드 및 프로 미니 보드는 보드상의 하드웨어 Rx, Tx 핀이 USB-to-Serial 칩과 직접 연결되어 있지 않으므로 전송되는 데이터를 포워딩하도록 아두이노 스케치 프로그래밍을 해야 한다.

이제 리눅스의 USB 포트를 UART 직렬 콘솔로 연결하는 프로그램인 screen을 설치한다. 설치 명령은 다음과 같다.

```
$ sudo apt-get install screen
```

다음 명령을 입력하여 screen을 실행하고, USB 직렬 포트를 9600 또는 115200 bps/8bit/no parity/1 stop 모드로 연결한다.

```
$ screen /dev/ttyACM0 9600
```

이제 다음과 같은 여러 가지 AT 명령을 입력해 본다. 여기서 AT 명령을 입력할 때마다 CR(Carriage Return)과 NL(New Line) 글자를 추가해야 하므로 'Enter' 키를 친 다음에 'Ctrl-J'를 입력한다.

```
AT

OK
AT+GMR
0018000902-AI03

OK
AT+RST

OK
öⵉÉÿ¨FÖêÈ@*Zè
[Vendor:www.ai-thinker.com Version:0.9.2.4]

ready
AT+CWMODE?
+CWMODE:2

OK
AT+CWMODE=3

OK
```

참고로, ESP8266 모듈에서 많이 사용하는 AT 명령을 요약하면 표 10-1과 같다.

표 10-1 **ESP8266 모듈의 대표적인 AT 명령어**

명령	기능	응답
AT	명령 테스트	OK
AT+GMR	버전 확인	OK+ADDR:<MAC 주소>
AT+RESET	초기화 및 모듈 사용 준비	OK … ready
AT+CWMODE=<모드>	와이파이 모드 설정 모드=1(스테이션), 2(AP), 3(둘 다)	+CWMODE:<모드> OK
AT+CWMODE?	와이파이 모드 확인	+CWMODE:<모드> OK
AT+CWJAP_CUR=<SSID>,<PWD>	AP에 연결	OK
AT+CWLAP	AP 목록 출력	… OK
AT+CWSTAMAC?	스테이션 MAC 주소 획득	+CWSTAMAC:mac 주소 OK
AT+CWAPMAC?	AP MAC 주소 획득	+CWAPMAC:mac 주소 OK
AT+CIPSTATUS	TCP/IP 연결 상태 확인	OK
AT+CIPSTART=<종류>,<주소>,<포트>	TCP/UDP 연결	OK+Set<파라미터>
AT+CIPSEND=<크기> …> <데이터>	특정 바이트 크기의 데이터 전송 '>' 프롬프트가 나올 때까지 기다린 후 데이터를 입력해야 함	SEND OK
AT+CIPCLOSE	TCP/UDP 연결 닫기	
AT+CIFSR	IP 주소 획득	<IP 주소>
+IPD,<데이터>	데이터 수신	

기본적인 AT 명령어 테스트가 끝났으면 이제 펌웨어 업그레이드를 해 보자. 펌웨어를 업그레이드할 때는 ESP8266 모듈의 GPIO0 핀에 LOW 신호를 입력해야 하므로 토글 스위치를 움직여서 GND 핀에 연결한다. 펌웨어를 업로드하는 프로그램 도구로는 콘솔 모드에서 실행 가능한 esptool/esptool.py과 GUI 모드에서 사용 가능한 Firmware flasher 프로그램들이 있다. 불행하게도 GUI 프로그램들은 MS 윈도우에서만 사용 가능하다.

다음과 같은 명령을 사용하여 esptool.py 스크립트를 설치해 보자.

```
$ git clone https://github.com/themadinventor/esptool esptool-py
$ cd esptool-py
$ sudo python setup.py install
```

공식적인 AT 펌웨어는 Espressif 홈페이지[15]로부터 다운로드받을 수 있다. 이 링크로부터 ESP8266 SDK 파일(◉ esp_iot_sdk_v1.0.1_15_04_24)을 다운로드하고 압축을 푼다. 장치의 GPIO0 포트를 GND로 설정하고, 다음 명령을 실행하여 펌웨어를 업로드한다. 참고로, 1.0 버전부터 플래시가 512KB인 모듈에 대한 지원이 없어진 듯하다. 하지만 아래와 같이 설치가 가능하다.

```
$ cd esp8266_iot_sdk_v1.0.1/bin
$ esptool.py --port /dev/ttyACM0 write_flash 0x00000 boot_V1.3\(b3\).bin 0x01000 at/
user1.1024.new.bin 0x7e000 blank.bin
Connecting...
Erasing flash...
Writing at 0x0007ec00... (100 %)

Leaving...
```

새로운 펌웨어의 통신 속도인 115200bps로 설정하여 screen 프로그램으로 접속한다. 그리고 다음과 같은 AT 명령어를 사용하여 직렬 포트 전송 속도를 9600bps로 낮추도록 설정한다. 이렇게 하는 이유는 아두이노의 Tx, Rx 핀은 이제 호스트 컴퓨터와의 직렬 전송을 위해 사용하고, ESP8266 모듈과의 연결은 다른 소프트웨어 시리얼 포트를 사용해야 하므로 전송 속도를 115200bps와 같이 높게 설정할 수 없기 때문이다.

```
$ screen /dev/ttyACM0 115200
AT+UART_DEF=9600,8,1,0,0

@@
```

본격적으로 아두이노 프로그래밍으로 들어가기 전에 간단한 TCP/UDP 통신 테스트를 해 보자. 먼저, 라즈베리 파이에서 다음과 같은 간단한 TCP 또는 UDP 서버 프로그램을 작성한다.

---

15 http://bbs.espressif.com/

코드 10-6 **TCP 서버를 구현한 tcpserver.py 스크립트 파일**

```
import socket

HOST, PORT = "<서버 IP>", <포트>
sock = socket.socket(socket.AF_INET, socket.SOCK_STREAM)
sock.bind((HOST, PORT))
sock.listen(1)
conn, addr = sock.accept()

while True:
    data = conn.recv(1024)
    print "Received: ", data
conn.close()
```

또는 다음과 같이 프로그램을 작성한다.

코드 10-7 **UDP 서버를 구현한 udpserver.py 스크립트 파일**

```
import socket

HOST, PORT = "<서버 IP>", <포트>
sock = socket.socket(socket.AF_INET, socket.SOCK_DGRAM)
sock.bind((HOST, PORT))

while True:
    data, addr = sock.recvfrom(1024)
    print "Received: ", data
```

다음과 같이 TCP 서버 프로그램을 실행한다.

```
$ python tcpserver.py
```

screen 프로그램으로 ESP8266 모듈에 접속하고, 다음과 같은 AT 명령을 입력하여 공유기를 검색하고 연결한 다음, 라즈베리 파이에 TCP로 접속하여 데이터를 전송해 본다.

```
AT+CWLAP
+CWLAP:(0,"xxx",-86,"d0:c2:82:3b:65:f0",1)
+CWLAP:(0,"yyy",-95,"00:02:a8:81:a9:a1",1)
+CWLAP:(0,"zzz",-48,"00:26:66:68:3f:14",6)

OK
AT+CWJAP="<SSID>","<PASSWORD>"

CONNECT
OK
```

```
AT+CIFSR
+CIFSR:STAIP,"192.168.0.44"
+CIFSR:STAMAC,"18:fe:34:9a:c5:58"

OK
AT+CIPSTART="TCP","<서버 IP>",<PORT>
CONNECT

OK
AT+CIPSEND=5

OK
> Hello
Recv 5 bytes
SEND OK
AT+CIPSEND=5

OK
> World
Recv 5 bytes

SEND OK
AT+CIPCLOSE
CLOSED

OK
```

TCP 서버 프로그램의 결과는 다음과 같다.

```
$ python tcpserver.py
Received: Hello
Received: World
```

UDP 프로토콜에 대해서도 마찬가지 방식으로 테스트해 본다.

2 ESP8266 모듈을 활용한 아두이노 프로그래밍

이제 아두이노에 ESP8266 모듈을 연결하여 라즈베리 파이 서버와 TCP/UDP 통신을 하는 기능을 구현해 보자. 먼저, 아두이노 보드에 ATMega328 MCU 칩을 다시 꽂은 다음, 앞에서 소개한 회로를 약간 변경하여 다음과 같은 회로를 구성한다. 변경된 부분은 ESP8266 모듈의 Rx, Tx 핀을 아두이노의 Rx, Tx 핀 대신 D2, D3를 연결시킨 부분이다. 이렇게 하는 이유는 이제 아두이노의 Rx, Tx 핀은 본래의 USB 직렬 통신을 위해 사용하는 대신, D2, D2 핀을 소프트웨어 직렬 포트로 사용하여 ESP8266 모듈과 연결하여 아두이노가 AT 명령어를 전달하거나 와이파이 데이터를 송수신할 수 있도록 하기 위함이다.

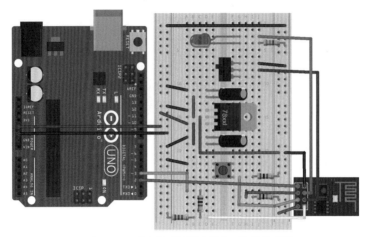

그림 10-21 아두이노와 ESP8266 모듈 연결 회로

아두이노 프로그램을 작성하기 전에 아두이노 IDE를 1.6 버전으로 업그레이드해 보자. 1.6 버전을 사용하는 이유는 ESP8266 모듈을 위한 아두이노 라이브러리가 의존하기 때문이기도 하지만, 다음에 소개할 펌웨어 프로그래밍을 위한 툴을 설치해야 하기 때문이다.

그런데 아두이노 1.6 IDE가 의존하는 라이브러리 패키지들 중 일부가 라즈비안 Wheezy 버전이 아니라 Jessie 버전에서 제공하므로 Jessie 패키지 저장소를 등록해야 한다. 설치 과정은 다음과 같다.

먼저, /etc/apt/sources.list 파일에 다음 두 줄을 추가하여 Jessie 저장소를 등록한다.

```
$ sudo nano /etc/apt/sources.list
deb http://mirrordirector.raspbian.org/raspbian/ jessie main contrib non-free rpi
deb http://archive.raspbian.org/raspbian jessie main contrib non-free rpi
```

다음은 /etc/apt/preferences 파일에 다음 내용을 추가한다.

```
$ sudo nano /etc/apt/preferences
Package: *
Pin: release n=wheezy
Pin-Priority: 900

Package: *
Pin: release n=jessie
Pin-Priority: 300

Package: *
Pin: release o=Raspbian
Pin-Priority: -10
```

패키지들의 의존 관계를 갱신한다.

```
$ sudo apt-get update
```

아두이노 IDE를 설치하기 전에 먼저 의존 패키지들을 설치한다.

```
$ sudo apt-get -t jessie install gcc-avr
$ sudo apt-get -t jessie install avrdude avr-libc libjssc-java libastylej-jni
libcommons-exec-java libcommons-httpclient-java libcommons-logging-java
libjmdns-java libjna-java libjsch-java
```

다음은 기존에 설치된 아두이노 IDE가 있으면 제거한다.

```
$ sudo apt-get remove -y arduino-core arduino
```

이제 라즈베리 파이용 아두이노 IDE 1.6 버전에 대한 데비안 패키지 파일들을 다운로드하고
설치한다.

```
$ wget https://github.com/NicoHood/Arduino-IDE-for-Raspberry/releases/download/
1.6.0-RC-1/arduino_1.6.0_all.deb
$ wget https://github.com/NicoHood/Arduino-IDE-for-Raspberry/releases/download/
1.6.0-RC-1/arduino-core_1.6.0_all.deb
$ sudo dpkg -i arduino-core_1.6.0_all.deb arduino_1.6.0_all.deb
```

다음과 같은 디렉터리를 만들고 avrdude 설정 파일에 대한 심벌릭 링크(symbolic link)를 만든다.

```
$ sudo mkdir /usr/share/arduino/hardware/tools/avr/etc/
$ sudo ln -s /etc/avrdude.conf /usr/share/arduino/hardware/tools/avr/etc/avrdude.conf
```

설치가 완료되면 데스크톱➡ 개발 서브메뉴에 Arduino IDE가 추가된 것을 확인할 수 있다.

이제 다음 명령을 실행하여 아두이노를 위한 ESP8266 모듈 라이브러리를 다운로드한다.

```
$ git clone https://github.com/swkim01/arduino-ESP8266.git
```

TCP/UDP 통신을 테스트해 보자. 먼저, 다음과 같은 아두이노 스케치 프로그램을 작성한다.

코드 10-8 TCP/UDP 클라이언트를 구현한 아두이노 스케치 프로그램

```
#include <ESP8266.h>
#include <SoftwareSerial.h>

IPAddress host(192,168,0,30);                    // 서버 IP
unsigned int port = 9999;                        // 서버 포트 번호
#define WLAN_SSID        "<공유기 SSID>"
#define WLAN_PASS        "<패스워드>"
#define WLAN_SECURITY    WLAN_SEC_WPA2
SoftwareSerial esp8266Serial = SoftwareSerial(2, 3);
ESP8266 wifi = ESP8266(esp8266Serial);
byte mac[6];
char wbuf[20];

void setup(void)
{
  Serial.begin(9600);

  /* Initialise the module */
  Serial.println(F("\nInitializing..."));
  esp8266Serial.begin(9600);
  wifi.begin();

  // setWifiMode
  Serial.print("setWifiMode: ");
  Serial.println(getStatus(wifi.setMode(ESP8266_WIFI_STATION)));

  wifi.getMAC(ESP8266_WIFI_STATION, mac);
  Serial.print("MAC address      : ");
  for (byte thisByte = 0; thisByte < 6; thisByte++) {
    if (thisByte != 0) Serial.print(":");
    if (mac[thisByte] < 0x0a) Serial.print("0");
    Serial.print(mac[thisByte], HEX);
  }
  Serial.println();

  // joinAP
  Serial.print(F("\nAttempting to connect to ")); Serial.println(WLAN_SSID);
  Serial.println(getStatus(wifi.joinAP(WLAN_SSID, WLAN_PASS)));
  Serial.println(F("Connected!"));

  // connect
  Serial.print("connect: ");
  Serial.println(getStatus(wifi.connect(ESP8266_PROTOCOL_TCP, host, port)));

  delay(2000);
}

void loop(void)
{
```

```
  if (Serial.available() > 0) {
    Serial.readBytes(wbuf, 20);
    Serial.print(wbuf);
    wifi.send(wbuf);
    Serial.flush();
  }
  delay(1000);
}

String getStatus(ESP8266CommandStatus status)
{
  switch (status) {
  case ESP8266_COMMAND_INVALID:    return "INVALID";                    break;
  case ESP8266_COMMAND_TIMEOUT:    return "TIMEOUT";                    break;
  case ESP8266_COMMAND_OK:         return "OK";                        break;
  case ESP8266_COMMAND_NO_CHANGE:  return "NO CHANGE";                  break;
  case ESP8266_COMMAND_ERROR:      return "ERROR";                     break;
  case ESP8266_COMMAND_NO_LINK:    return "NO LINK";                   break;
  case ESP8266_COMMAND_TOO_LONG:   return "TOO LONG";                  break;
  case ESP8266_COMMAND_FAIL:       return "FAIL";                      break;
  default:                         return "UNKNOWN COMMAND STATUS";    break;
  }
}
```

라즈베리 파이에서는 앞서 작성한 TCP 서버 프로그램을 실행시키고, 아두이노 IDE의 시리얼
모니터를 연 다음, 입력창에 메시지를 입력하고 서버로 전송해 본다. 메시지가 전송되면 시리
얼 모니터와 라즈베리 파이 터미널에 각각 메시지가 출력될 것이다.

```
$ python tcpserver.py
Received: Hello

Received: World
```

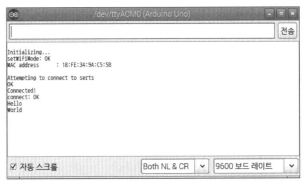

그림 10-22 아두이노 IDE 시리얼 모니터 출력 화면

이제 UDP 통신을 테스트해 보자. 앞서 작성한 아두이노 스케치 프로그램에서 connect 함수를 호출하는 부분에서 ESP8266_PROTOCOL_TCP를 ESP8266_PROTOCOL_UDP로 바꾸어 업로드하고, 라즈베리 파이에서는 UDP 서버 스크립트를 실행시킨다. 마찬가지로 시리얼 모니터에서 메시지를 입력하여 전송이 잘 이루어지는지 관찰한다.

3 ESP8266 펌웨어 프로그래밍

이제, 아두이노를 사용하는 대신 ESP8266 모듈의 MCU 기능을 활용하여 직접 펌웨어를 프로그래밍해 보자. 라즈베리 파이와 같은 리눅스 환경에서 ESP8266 펌웨어를 프로그래밍하려면 Xtensa 크로스 툴체인(cross toolchain), 에스프레시프 사에서 제공하는 ESP8266 IoT SDK 패키지 및 esptool 펌웨어 업로드 프로그램이 필요하다.

보통 크로스컴파일러를 포함한 툴체인을 빌드하는 데는 시간이 많이 걸리므로 미리 빌드된 버전을 사용하는 것이 일반적이다(참고로, 라즈베리 파이 2에서 Xtensa 툴체인을 빌드하는 데만 4~5시간이 걸린다). Xtensa 툴체인을 설치하고 나서 직접 ESP8266 IoT SDK 패키지에 포함된 예제 프로그램을 빌드하고, esptool 프로그램을 사용하여 ESP8266 모듈에 빌드된 펌웨어를 탑재하여 실행시킬 수 있다. 하지만 여기서는 이런 방식 대신에 ESP8266용으로 구성된 아두이노 IDE를 사용하여 빌드 및 업로드까지 간편하게 처리하는 방식을 활용해 보자.

ESP8266 모듈을 위한 아두이노 IDE를 설치하는 방법은 두 가지가 있다. 첫째는 라즈베리 파이용으로 구성된 ESP8266 모듈용 아두이노 IDE 소스 코드를 빌드하거나 미리 빌드된 패키지를 설치하는 방법이다. 예를 들면, 앞서 설명한 Jessie 패키지 환경을 설정하고 나서 다음과 같은 명령을 실행하여 아두이노 IDE를 손쉽게 설치할 수 있다.

```
$ wget https://github.com/swkim01/Arduino/releases/download/1.6.1-esp8266 -rpi/
arduino-1.6.1-linux32.tar.xz
$ tar xvf arduino-1.6.1-linux32.tar.xz
$ cd arduino-1.6.1
$ ./arduino
```

하지만 이런 방식은 새로운 ESP8266 SDK 또는 IDE 버전이 나올 때마다 전체 패키지를 매번 다시 설치해야 하는 번거로움이 있다. 그런데 마침 아두이노 1.6 버전부터는 애드온 기능을 지원하여 라이브러리를 추가하는 것처럼 기존 아두이노 보드가 아닌 서드파티(third party) 하드웨어의 개발 환경을 추가할 수 있다. 따라서 라즈베리 파이에서 앞서 설치한 아두이노 1.6.0 버전에 ESP8266 개발 환경을 설치할 수 있다.

먼저, 다음과 같은 명령을 실행하여 아두이노 작업 디렉터리인 ~/Arduino 아래에 hardware 디렉터리를 만들고, 일반 리눅스용 애드온 패키지를 다운로드한 다음 설치한다.

```
$ cd ~/Arduino
$ mkdir hardware
$ wget http://arduino.esp8266.com/esp8266-1.6.4-673-g8cd3697.zip
$ unzip esp8266-1.6.4-673-g8cd3697.zip -d hardware/esp8266com
$ mv hardware/esp8266com/esp8266-1.6.4-673-g8cd3697 hardware/esp8266com/esp8266
$ rm esp8266-1.6.4-673-g8cd3697.zip
```

ARM용으로 컴파일된 Xtensa 툴체인과 ESP8266 업로더 프로그램을 설치한다.

```
$ wget https://github.com/swkim01/Arduino/releases/download/1.6.1-esp8266-rpi/
linux32-xtensa-lx106-elf.tgz
$ wget https://github.com/swkim01/Arduino/releases/download/1.6.1-esp8266-rpi/
esptool-0.4.3-linux32.zip
$ tar xvfz linux32-xtensa-lx106-elf.tgz -C  hardware/esp8266com/esp8266/tools/linux/
$ unzip esptool-0.4.3-linux32.zip
$ mv esptool-0.4.3-linux32/esptool  hardware/esp8266com/esp8266/tools/linux/
$ rm -rf linux32-xtensa-lx106-elf.tgz  esptool-0.4.3-linux32.zip
esptool-0.4.3-linux32
```

hardware/esp8266com/esp8266/platforms.txt 파일을 편집하여 몇몇 변수를 추가하거나 수정한다.

```
$ vi hardware/esp8266com/esp8266/platforms.txt
...
compiler.tools.path={runtime.hardware.path}/esp8266/tools/{runtime.os}/
compiler.path={compiler.tools.path}xtensa-lx106-elf/bin/
...
recipe.objcopy.hex.pattern="{compiler.tools.path}/{compiler.esptool.cmd}" -eo
"{build.path}/{build.project_name}.elf" -bo "{build.path}/{build.project_name}_00000.
bin" -bm {build.flash_mode} -bf {build.flash_freq} -bz {build.flash_size} -bs .text
-bs .data -bs .rodata -bc -ec -eo "{build.path}/{build.project_name}.elf" -es .irom0.
text "{build.path}/{build.project_name}_10000.bin" -ec
...
tools.esptool.path={runtime.hardware.path}/esp8266/tools/{runtime.os}
...
```

아두이노 IDE를 실행하고 '도구➡보드' 메뉴를 확인하면 ESP8266용 보드들이 추가되어 있는 것을 확인할 수 있다. 여기서는 General ESP8266 보드를 선택하고, Flash Size는 512KB (ESP8266 모듈), 포트는 /dev/ttyACM 등으로 선택하면 된다.

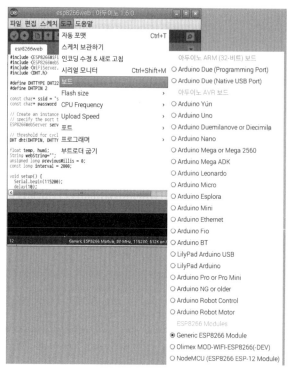

그림 10-23 아두이노 1.6 버전 보드 선택 창

아두이노가 설치되었으니 다양한 예제 프로그램을 테스트해 보자. 먼저, LED Blink 예제를 실행시켜 보자. 하드웨어 구성은 앞에서 소개한 그림 10-19 회로와 같다. 여기서 아두이노의 Rx, Tx 핀은 ESP8266 모듈의 Tx, Rx 포트를 연결하고, LED는 ESP8266 모듈의 GPIO0 또는 GPIO2 핀에 연결한다.

아두이노 IDE에서는 Examples/01.Basic/Blink 예제 프로그램을 선택한 다음, 소스 코드에서 포트 번호 13을 0(GPIO0) 또는 2(GPIO2)로 고친다. 프로그램을 빌드하고 업로드하면 LED가 깜박이는 것을 확인할 수 있다.

다음은 TCP 통신 테스트를 위한 스케치 프로그램을 작성한다. 다음과 같은 프로그램을 작성하고 빌드한 뒤, 업로드한다.

```
#include <ESP8266WiFi.h>
#include <WiFiClient.h>

const char* ssid     = "<SSID>";
const char* password = "<PASSWORD>";
WiFiClient client;
const char* host = "192.168.0.30";        // 서버 IP
unsigned int port = 9999;                 // 포트 번호
char wbuf[20];

void setup() {
  Serial.begin(115200);
  delay(10);

  // WiFi 네트워크 연결 시작
  Serial.println();
  Serial.print("Connecting to");
  Serial.println(ssid);

  WiFi.begin(ssid, password);
  while (WiFi.status() != WL_CONNECTED) {
    delay(500);
    Serial.print(".");
  }
  Serial.println("");
  Serial.println("WiFi connected");
  Serial.println("IP address: ");
  Serial.println(WiFi.localIP());

  if (!client.connect(host, port)) {
    Serial.println("connection failed");
    return;
  }
}

void loop() {
  if (Serial.available() > 0) {
    Serial.readBytes(wbuf, 20);
    Serial.print(wbuf);
    client.print(wbuf);
    Serial.println("send ok");
  }
  delay(1000);
}
```

라즈베리 파이에서 앞서 작성한 TCP 서버 프로그램을 실행시킨다. 아두이노 IDE의 시리얼 모니터를 연 다음, 입력창에 메시지를 입력하여 전송하도록 한 뒤, 시리얼 모니터와 라즈베리 파이 터미널에 메시지가 출력되는지 확인한다.

```
connected with AP, channel 6
dhcp client start...
......ip:192.168.0.45,mask:255.255.255.0,gw:192.168.0.1
.
WiFi connected
IP address:
192.168.0.45
hello
send ok
world
send ok
```

마지막으로, DHT22 온도/습도 센서를 활용하여 실시간으로 모니터링하는 예제를 다루어 보자. 프로그램 구성은 다음과 같다. ESP8266 모듈이 연결된 아두이노는 온도/습도 값을 요구하는 HTTP 요청에 대해 처리할 수 있는 간단한 HTTP 서버를 구동한다. 라즈베리 파이에서는 파이썬 Bottle 웹 응용 모듈을 사용하여 아두이노와 웹 클라이언트 간에 온도/습도 값을 중계하는 웹 서버를 구동한다. 사용자가 웹 브라우저에서 라즈베리 파이의 웹 서버에 접속하면 AJAX 기법으로 구현된 지속적인 폴링(polling) 요청을 통해 전송받은 온도/습도 데이터를 Hicharts 자바스크립트 그래프 라이브러리를 이용하여 구성된 실시간 차트에 나타낸다.

하드웨어 구성은 그림 10-24와 같다.

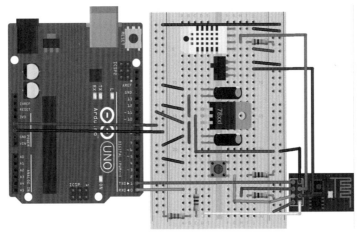

그림 10-24 아두이노와 ESP8266 모듈 및 DHT22 센서 연결 회로

다음은 DHT22 온도/습도 센서를 아두이노에서 사용하기 위해 에이다프루트 사에서 만든 DHT 센서 라이브러리를 다운로드하여 설치한다. 다음과 같은 명령을 실행한다.

```
$ cd ~/Arduino/libraries
$ git clone https://github.com/adafruit/Adafruit_Sensor
$ git clone https://github.com/adafruit/DHT-sensor-library
```

이제 /events 주소로 HTTP GET 명령으로 요청한 온도/습도 측정값을 JSON 형식으로 보내주는 웹 서버에 대한 스케치 프로그램을 작성한다.

코드 10-10 웹 서버를 구현한 ESP8266용 스케치 프로그램

```
#include <ESP8266WiFi.h>
#include <ESP8266WebServer.h>
#include <DHT.h>

#define DHTTYPE DHT22
#define DHTPIN 2

const char* ssid = "<SSID>";
const char* password = "<PASSWORD>";

// 서버 객체 생성, 인자로 포트 지정
ESP8266WebServer server(80);

// DHT 객체 생성
DHT dht(DHTPIN, DHTTYPE, 12); // esp8266을 위해 12 지정

float temp, humi;
String webString="";
unsigned long previousMillis = 0;
const long interval = 2000;

void setup() {
  Serial.begin(115200);
  delay(10);

  dht.begin();

  // WiFi 네트워크 연결
  Serial.print("Connecting to ");
  Serial.println(ssid);

  WiFi.begin(ssid, password);
  while (WiFi.status() != WL_CONNECTED) {
    delay(500);
    Serial.print(".");
  }
  Serial.println("");
  Serial.println("WiFi connected");
```

```
  // 서버 시작
  //server.on("/led", handleled);
  server.on("/events", handleevents);
  server.begin();

  // IP 주소 출력
  Serial.println(WiFi.localIP());
}

void loop() {
  server.handleClient();
}

void handleevents() {
  gettemphumi();
  webString="{\"temperature\": \"" + String(temp) + "\", \"humidity\":
\"" + String(humi) + "\" }";
  Serial.println(webString);
  server.send(200, "text/plain", webString);
  yield();
}

void gettemphumi() {
  unsigned long currentMillis = millis();
  if (currentMillis - previousMillis >= interval) {
    previousMillis = currentMillis;
    humi = dht.readHumidity();
    temp = dht.readTemperature(false);
    if (isnan(humi) || isnan(temp)) {
      Serial.println("Failed to read dht sensor.");
      return;
    }
  }
}
```

다음은 파이썬 웹 서버 프로그램을 작성한다. 웹 서버는 클라이언트가 5초에 한 번씩 요청하면 다시 아두이노 장치에 요청하여 받은 온도/습도 값을 전해 주어 그래프로 그리도록 한다.

코드 10-11 **온도/습도 값으로 그래프를 그리는 esp8266web.py 웹 서버 스크립트**

```
#-*- coding: utf-8 -*-
from bottle import get, template, run
try:
    from urllib.request import urlopen #python 3
except ImportError:
    from urllib2 import urlopen #python 2
#import json
```

```
deviceIp = "<장치 IP>"
portnum = "80"

base_url = "http://" + deviceIp + ":" + portnum
events_url = base_url + "/events"

@get('/events')
def getevents():
    u = urlopen(events_url)
    data = ""
    try:
        data = u.read()
    except urllib2.HTTPError, e:
        print "HTTP error: %d" % e.code
    except urllib2.URLError, e:
        print "Network error: %s" % e.reason.args[1]
    return data

@get('/')
def dht22chart():
    return template("dhtchart")

if __name__ == '__main__':
    run(host="<서버 IP>", port=<PORT>)
```

다음과 같은 dhtchart.tpl 템플릿 파일을 작성한다.[16]

코드 10-12 **Hicharts 온도/습도 그래프를 위한 dhtchart.tpl 템플릿 파일**

```
<!DOCTYPE HTML>
<html lang="en">
<head>
  <meta charset="utf-8" />
  <meta HTTP-EQUIV="CACHE-CONTROL" CONTENT="NO-CACHE" />
  <meta name="viewport" content="width=device-width, initial-scale=1" />
  <title>실시간 온도, 습도 측정기</title>
  <link rel="stylesheet" href="//code.jquery.com/mobile/1.4.3/
jquery.mobile-1.4.3.min.css" />
  <script src="//code.jquery.com/jquery-1.11.1.min.js"></script>
  <script src="//code.jquery.com/mobile/1.4.3/jquery.mobile-1.4.3.min.js"></script>
  <script src="//cdnjs.cloudflare.com/ajax/libs/highcharts/4.0.4/highcharts.js">
</script>
  <script>
    var chart;         // 온도
    var chart2;        // 습도
    var pollUri="/events";
```

---

16 Hicharts 그래프를 그리는 부분은 오로카 카페의 wintersalmon님 글(http://cafe.naver.com/openrt/9728)을 참고하였다.

```
            function pollEvent() {
                $.getJSON(pollUri,
                    function(data) {
                        var t = new Date();
                        t.setHours(t.getHours() + 9);
                        chartAddPoint([t.getTime(), Number(data.temperature)]);
                        chart2AddPoint([t.getTime(), Number(data.humidity)]);
                    }
                );
                setTimeout('pollEvent()', 5000);
            }
            pollEvent();
            function chartAddPoint(tval) {
                var series = chart.series[0],
                shift = series.data.length > 20;
                chart.series[0].addPoint(eval(tval), true, shift);
            }
            function chart2AddPoint(hval) {
                var series2 = chart2.series[0],
                shift2 = series2.data.length > 20;
                chart2.series[0].addPoint(eval(hval), true, shift2);
            }
            $(function() {
                // 온도
                chart = new Highcharts.Chart({
                    chart: { renderTo: 'temp', defaultSeriesType: 'spline' },
                    title: { text: '실시간 온도 데이터' },
                    xAxis: { type: 'datetime', tickPixelInterval: 120, maxZoom: 20 * 1000 },
                    yAxis: { minPadding: 0.2, maxPadding: 0.2, title: { text: '온도 ( C )',
margin: 20 } },
                    series: [{ name: '온도', data: [] }]
                });
                // 습도
                chart2 = new Highcharts.Chart({
                    chart: { renderTo: 'humi', defaultSeriesType: 'spline' },
                    title: { text: '실시간 습도 데이터' },
                    xAxis: { type: 'datetime', tickPixelInterval: 120, maxZoom: 20 * 1000 },
                    yAxis: { minPadding: 0.2, maxPadding: 0.2, title: { text: '습도 ( % )',
margin: 20 } },
                    series: [{ name: '습도', data: [] }]
                });
            });
        </script>
    </head>
    <body>
        <div id="temp" style="width: 100%; height: 300px; margin-left:-5px;"></div>
        <div id="humi" style="width: 100%; height: 300px; margin-left:-5px;"></div>
    </body>
</html>
```

이제 다음과 같이 파이썬 웹 서버를 실행한다.

```
$ python esp8266web.py
```

웹 브라우저를 실행한 다음 라즈베리 파이 서버에 http://<서버 IP>:<포트>/ 주소로 접속한다.
그러면 아두이노 IDE 시리얼 모니터는 라즈베리 파이 웹 서버를 통한 지속적인 온도 습도 값
요청에 대한 메시지를 출력한다.

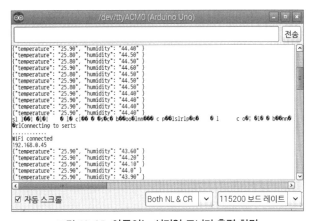

그림 10-25 아두이노 시리얼 모니터 출력 화면

반면, 웹 브라우저에서는 다음과 같이 온도, 습도 값을 그래프로 그리게 된다.

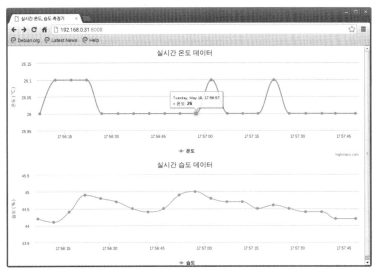

그림 10-26 실시간 온도, 습도 그래프 출력

여기서 주의할 점은 가끔씩 네트워크 요청이 느리거나 정지되었을 때 ESP8266 모듈이 재부팅될 때가 있다. 이것은 ESP8266 모듈의 펌웨어는 기본적으로 장치가 지속적으로 반응을 해야만 정상적으로 동작하고, 일정 시간 동안 응답이 없을 때는 와치독(watchdog) 타이머를 구동시켜 재부팅하도록 설정되어 있기 때문이다. 따라서 이런 점을 고려하여 지속적으로 응답하도록 프로그래밍해야 하고, 특정한 위치에 delay(0)나 yield( )와 같은 코드를 삽입해야 할 수도 있다.

10.7 블루투스 4.0 BLE를 이용한 통신

10.7.1 BLE 개요

블루투스는 지그비와 마찬가지로 근거리 무선 통신(PAN, Personal Area Network)의 표준 중 하나이다. 블루투스는 2002년부터 IEEE 802.15.1 표준으로 등록되어 현재는 대부분의 스마트폰에 탑재되어 있고, 키보드, 마우스, 이어폰 등에도 사용되고 있다. 블루투스가 사용하는 주파수 대역은 2.45GHz의 ISM 대역이므로 와이파이 등과 충돌할 가능성이 상존하고 있다.

블루투스의 초기 1.x BR(Basic Rate) 버전은 최대 724Kbps, 2.0 EDR(Enhanced Data Rate) 버전은 2.1Mbps, .3.0 HS(High SPeed) 버전은 24Mbps의 최대 속도를 지원한다. 현재 블루투스 4.0 BLE(Bluetooth Low Energy) 버전은 속도보다는 저전력에 촛점을 맞춘 프로토콜이다. 이것은 속도는 1Mbps로 느린 반면 기존의 BR/EDR 장치보다 훨씬 적은 전력을 소모한다. BLE만 지원하는 장치는 '블루투스 스마트(Bluetooth Smart)'라고 부르며, BR과 BLE를 모두 지원하는 듀얼 모드 장치는 '블루투스 스마트 레디(Bluetooth Smart Ready)'라고 한다. 2013년 12월에 만들어진 4.1 버전은 간섭 현상을 더 줄여 주고 재연결 기능과 속도가 개선되고 사물인터넷을 위한 기능이 추가되었다.

블루투스 기기 간의 통신을 위해 먼저 블루투스 통신 프로토콜 스택과 프로파일(profile)에 대해 이해해야 한다. 블루투스 4.0 BLE의 프로토콜 스택 구조는 다음 그림과 같다. 여기서 프로파일이란, 특정한 블루투스 기기 간의 통신 프로토콜과 응용을 정의한 것이다. 예전 블루투스 1.0~2.0용 동글에는 SPP(Service Port Profile)를 통해 시리얼 통신이 가능하였다. 하지만 BLE에서는 SPP 프로파일이 기본적으로 포함되어 있지 않으므로 이 방식을 사용할 수 없고, GATT 프로파일을 이용하여야 한다.

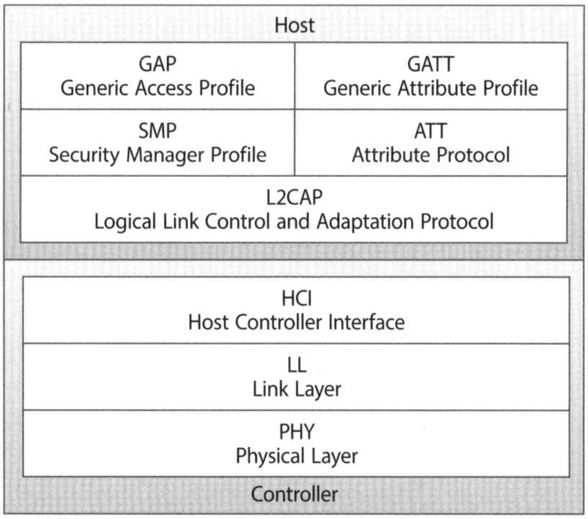

그림 10-27 **BLE 프로토콜 계층**

이 그림에서 GAP(General Access Profile)는 블루투스 장치에서 장치 검색, 연결, 광고(advertising) 등과 같은 서비스를 담당한다. 또한, 보안 초기화와 같은 역할도 담당한다. GAP에서는 블루투스 장치를 두 가지 역할로 구분하는데, 바로 '중앙(Central) 장치'와 '주변(Peripheral) 장치'이다. '주변' 장치는 소형, 저전력, 자원이 제한된 장치를 말하며, '중앙' 장치로 연결할 수 있다. 대표적인 '주변' 장치는 심박 측정기, 위치 태그 등이다. '중앙' 장치는 모바일 폰이나 스마트폰 등처럼 고성능 처리 능력과 메모리를 가져 여러 '주변' 장치와 연결할 수 있는 장치를 말한다.

GATT(General Attribute Profile)는 ATT(Attribute Protocol)를 이용하여 장치 사이에 데이터를 전송하는 방식을 결정하는 서비스 프레임워크이다. ATT는 서비스(service)와 특성(characteristic)이라는 개념을 사용하여 어떤 데이터, 즉 속성(attribute)을 다른 장치에게 보여 주도록 한다. 이때 속성을 보여 주는 장치를 서버라고 하고, 보는 장치를 클라이언트라고 한다. 마스터 장치는 ATT 서버 또는 ATT 클라이언트가 될 수 있고, 슬레이브 장치도 마찬가지이다. 아니면 한 장치가 ATT 서버와 클라이언트 두 가지 역할을 모두 맡을 수도 있다.

프로파일(profile)은 서비스와 특성을 모아 놓은 것이다. 서비스와 특성은 룩업 테이블(LUT, Lookup Table)에 저장되는데, 이 테이블은 16비트 ID를 포함한 항목들을 저장하게 된다. 서비스는 데이터를 논리적인 단위로 나누고 특성들을 가진다. 각 서비스는 고유의 16비트(공식 서비스) 또는 128비트(커스텀 서비스)의 범용 단일 식별자(UUID, Universal Unique Identifier)를 가진다. 예를 들면, HRS(Heart Rate Service)는 0x180D라는 16비트 UUID를 가지며, HRM(Heart Rate Measurement), BSL(Body Sensor Location), HRCP(Heart Rate Control Point)라는 세 가지 특성을 가진다. 특성은 단일 데이터 배열을 나타낸다. 서비스처럼 특성도 16비트 또는 128비트 UUID를 가진다. 예를 들면, HRM 특성은 0x2A37이라는 UUID를 가지며, HRM 데이터 포맷(UINT8, UINT16 등)을 나타내는 8비트 값으로 시작하여 심박 측정 데이터들을 포함한다.

그림 10-28 **BLE 프로파일, 서비스, 특성 간의 관계**

10.7.2 BLE 장치 간 연결

이제 BLE 장치 간의 통신을 구현해 보자. 필요한 부품은 다음과 같다.

- 라즈베리 파이 및 BLE 동글
- 아두이노 및 BLE 모듈
- 블루투스 4.0 장치가 포함된 안드로이드 스마트폰 또는 스마트패드

여기서는 BLE USB 동글이 연결된 라즈베리 파이와 BLE 모듈이 연결된 아두이노 간의 BLE 통신을 구현해 보도록 한다.

먼저, 아두이노 보드에 BLE 모듈을 연결해야 한다. 테스트에 사용된 BLE 모듈은 TI 사의 cc2541 BLE 칩이 장착된 HM-10 Breakout 보드를 사용하였다.[17] 이 장치는 UART 포트를 통해 AT 명령어를 장치에 전송하여 내부 기능을 설정하거나 정보를 획득하는 기능을 포함하고 있다.

아두이노 보드와의 연결 회로도는 그림 10-30과 같다.

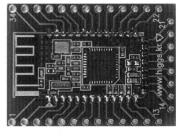

그림 10-29 **HM10 BLE Breakout 보드** (힉스코리아 사 제품)

---

17 http://cafe.naver.com/androiddaq 참고.

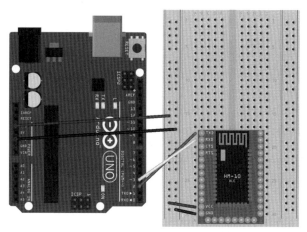

그림 10-30 **아두이노와 HM10 보드의 연결 회로**

총 네 개의 핀(3.3V, GND, Rx, Tx)을 연결하여야 하는데, 아두이노 Uno 보드 대신 Leonardo 보드를 사용하면 Software Serial Rx 포트로 인터럽트가 가능한 8, 9, 10, 11, 14, 15, 16번 핀을 선택하여야 한다.

하드웨어 연결이 되었으면 다음 프로그램을 빌드하여 아두이노에 업로드한다.

코드 10-13 **BLE 통신을 위한 아두이노 스케치 프로그램**

```
#include <SoftwareSerial.h>
#define rxPin 2
#define txPin 3
SoftwareSerial bleSerial(rxPin, txPin); // RX, TX, 레오나르도 보드는 rxPin으로 8, 9, 10, 11, 14, 15,
16번 핀을 사용할 수 있다.


void setup()
{
  Serial.begin(9600);
  pinMode (rxPin, INPUT);
  pinMode (txPin, OUTPUT);

  bleSerial.begin(9600);
  // 슬레이브 설정
  bleSerial.print("AT+ROLE0");
  // 또는 마스터 설정
  // bleSerial.print("AT+ROLE1");
  delay(10000);
}

void loop()
{
  if (bleSerial.available())
```

```
    Serial.write(bleSerial.read());
  if (Serial.available())
    bleSerial.write(Serial.read());
}
```

프로그램을 살펴보면 초기 설정 과정에서 'AT+ROLE0' 문자열을 장치로 전송하여 BLE 모듈이 슬레이브/퍼리퍼럴 장치가 되도록 설정하였다는 것을 알 수 있다. 만약 마스터 장치로 설정하려면 표 10-2와 같은 AT 명령들을 통해 장치를 설정하여 점검하고 나서 슬레이브 장치와 연결하면 된다.

표 10-2 HM-10 BLE 모듈의 대표적인 AT 명령어

명령	기능	응답
AT	명령 테스트	OK
AT+ADDR?	MAC 주소 확인	OK+ADDR:<MAC 주소>
AT+BAUD?	전송률 확인 전송률은 0(9600), 4(115200)..	OK+GET:<전송률>
AT+ROLE<모드>	모드 설정 모드=0(슬레이브) 또는 1(마스터)	OK+Set:<모드>
AT+ROLE?	모드 확인	Get:<모드>
AT+IMME0	IMME0 모드(전원 켜지는 즉시 동작)	OK+Set:0
AT+DISC?	주변 장치 검색	OK+DISC:<슬레이브 주소>
AT+CON<슬레이브주소>	슬레이브와 연결	OK+CONNA
AT+IBEA<파라미터>	비콘 모드 설정(펌웨어 517버전) 파라미터:0(끄기), 1(켜기)	OK+Set<파라미터>

마지막으로, 시리얼 콘솔을 실행시키고 속도를 9600, 8-N-1 모드로 아두이노와 연결한다.

다음은 라즈베리 파이를 BLE 통신이 가능하도록 구성해 보자. 먼저, 라즈베리 파이의 USB 포트에 BLE 동글을 연결한다. bu-4026, bu-4096 동글과 같은 흔한 제품을 사용하면 된다.

다음으로, 리눅스에서 블루투스 장치를 사용하려면 bluez 패키지를 설치해야 한다. 그런데 블루투스 4.0 장치가 제대로 동작하려면 bluez 버전이 5.11 이상이어야 하므로 가급적 가장 최신 버전으로 설치하면 된다.

미리 빌드된 패키지 대신 소스 코드를 빌드하기 위해 먼저 다음 명령을 통해 의존 패키지들을 설치한다.

```
$ sudo apt-get install libusb-dev libdbus-1-dev libglib2.0-dev libudev-dev
libical-dev libreadline-dev
```

다음 명령을 실행하여 최신 버전(여기서는 5.33 버전)을 다운로드한다.

```
$ wget www.kernel.org/pub/linux/bluetooth/bluez-5.33.tar.gz
$ tar xvfz bluez-5.33.tar.gz
$ cd bluez-5.33
```

소스 코드를 빌드하고 설치한다.

```
$ ./configure --disable-systemd
$ make
$ sudo make install
$ sudo cp attrib/gatttool /usr/local/bin
```

만약 빌드하는 도중에 'undefined reference to symbol 'clock_getres@@...'와 같은 오류가 발생하면 다음 명령으로 다시 빌드하거나 Makefile 파일을 편집하여 'LDFLAGS=-lrt'를 추가해 준다음, 설치 과정을 다시 진행하면 된다.

```
$ LDFLAGS=-lrt ./configure
```

이제, 다음 명령을 실행하여 BLE 동글이 연결되었는지 확인한 다음, 활성화시킨다.

```
$ hciconfig
hci0 ...
$ sudo hciconfig hci0 up
```

장치가 연결되어 있는지 확인한다.

```
$ hcitool dev
```

이제, 다음 명령을 실행하여 주변의 BLE 장치를 스캔한다. 아마도 아두이노 보드와 연결된 BLE 장치가 검색될 것이다.

```
$ sudo hcitool lescan
LE Scan ...
78:A5:04:51:63:0C (unknown)
78:A5:04:51:63:0C HMSoft
78:A5:04;4F:37:5E (unknown)
78:A5:04:4F:37:5E B1
```

위에 예시된 바와 같이 검색된 BLE 장치에 대한 BLE MAC 주소를 확인한다. 예를 들면, 78:A5:04:51:63:0C가 MAC 주소이다.

다음은 gatttool 프로그램을 사용하여 통신 테스트를 해 보자. 먼저, 다음 명령과 같이 BLE 주소를 사용하여 gatttool 프로그램을 인터랙티브(interactive) 모드로 실행한다.

```
$ sudo gatttool -b 78:A5:04:51:63:0C -I
```

다음과 같이 connect 명령을 실행하여 검색된 BLE 장치와 연결한다.

```
78:A5:04:51:63:0C[LE]> connect
Attempting to connect 78:A5:04:51:63:0C
Connection successful
```

primary 명령을 실행하여 검색된 장치의 Primary UUID를 확인한다.

```
78:A5:04:51:63:0C[LE]> primary
attr handle: 0x0001, end grp handle: 0x000b uuid: 00001800-0000-1000-8000-00805f9b34fb
attr handle: 0x000c, end grp handle: 0x000f uuid: 00001801-0000-1000-8000-00805f9b34fb
attr handle: 0x0010, end grp handle: 0xffff uuid: 0000ffe0-0000-1000-8000-00805f9b34fb
```

char-desc 명령을 실행하여 장치에 포함된 모든 Characteristic 핸들을 확인한다.

```
78:A5:04:51:63:0C[LE]> char-desc
handle: 0x0001, uuid: 2800
handle: 0x0002, uuid: 2803
...
handle: 0x0012, uuid: ffe1
...
```

HM10 BLE 모듈은 문자 전송 기능의 특성(핸들=0x0012, UUID="0000ffe1")을 가진 서비스 ("0000ffe0-0000-1000-8000-00805f9b34fb")를 포함하고 있다. 따라서 HM10 장치에서 BLE 동글로

메시지를 전달하면 gatttool 셸에서 다음과 같은 메시지를 전달받게 된다.

```
Notification handle = 0x0012 value: 74 65 73 74 ...
```

반대로 같은 핸들을 사용하여 BLE 동글로부터 HM10 모듈로 메시지를 전달할 수 있다. 예를 들면, 다음 명령을 실행하여 'test' 문자열(16진수는 74657374)을 아두이노로 전송해 보자.

```
78:A5:04:51:63:0C[LE]> char-write-req 0x0012 74657374
```

이제, 아두이노와 연결된 시리얼 터미널에서 전송된 메시지를 확인할 수 있다.

다음은 파이썬 프로그램으로 블루투스 4.0 BLE 장치와 연동해 보자. 이렇게 하려면 bluez 패키지의 GATT 관련 라이브러리 함수와 파이썬을 연동시키거나 gatttool 프로그램을 파이썬에서 처리하도록 하여야 한다. 여기서는, pexpect라는 파이썬 패키지를 사용하여 gatttool 프로그램 명령을 파이썬 코드 수준에서 처리하도록 해 보자.

Pexpect 모듈은 ftp, ssh 등의 인터랙티브한 응용 프로그램을 파이썬과 연동시키는 패키지이다. 자세한 사용법은 생략하고 pexpect 모듈을 설치해 보자. 다음과 같은 명령을 실행하여 라즈베리 파이에 pexpect 모듈을 설치할 수 있다.

```
$ sudo pip install pexpect
```

이제 다음과 같이 이번 절에서 설명하는 BLE 장치들과 관련된 스크립트들을 다운로드한다.

```
$ git clone https://github.com/swkim01/ble.git
$ cd ble
```

여기서 bledevice.py 파일은 BLE 장치를 검색하거나 pexpect 모듈과 gatttool 프로그램을 사용하여 특정한 BLE 장치와 연동하는 모듈을 포함하는 스크립트이다. 이 모듈을 사용하여 HM10 BLE 장치와 연동하는 파이썬 스크립트인 blecomm.py을 실행한다. 그러면 다음과 같은 메시지를 출력하고 주변의 BLE 장치를 스캔할 것이다.

```
$ python blecomm.py
Usage: python blecomm.py <ble address>
Scan devices are as follows:
...
```

이제 스캔된 장치 중 HM10 BLE 장치의 MAC 주소를 입력하여 재실행한다. 프로그램은 1초마다 HM10 장치에 'hello\r\n'라는 메시지를 보내고, 반대로 HM10 장치로부터 메시지를 받으면 화면에 출력할 것이다.

```
$ python blecomm.py <ble address>
Received: hello
Received: world
```

10.7.3 블루투스 LED 제어

최근에 필립스에서 출시한 지그비 제어 LED 전구인 휴(Hue)가 인기리에 판매되고 있고, 삼성, LG, 샤오미 등에서도 블루투스로 제어되는 LED 전구를 출시하였다. 여기서는 이러한 LED 전구를 라즈베리 파이에서 제어해 보자.

BLE로 제어하는 LED 전구를 직접 제작하는 방법도 있지만, 여기서는 젱게(Zengge) 사에서 출시한 저가의 BLE 스마트 전구를 활용하였다. 젱게 블루투스 LED 전구는 표준 E27 전구 소켓을 사용하고, 최대 밝기가 500~550루멘, 최대 7.5W 전력을 소모하며, 주광색 LED 및 RGB 컬러 LED를 모두 포함하고 있어 다양한 색상과 밝기를 조절할 수 있다. 또한, 안드로이드와 IOS를 위한 LED Light라는 전용 앱을 제공하여, 조명 제어는 물론 타이머 기능을 사용해 취침 시나 기상 시에 자동으로 조명을 켜거나 끌 수도 있다.

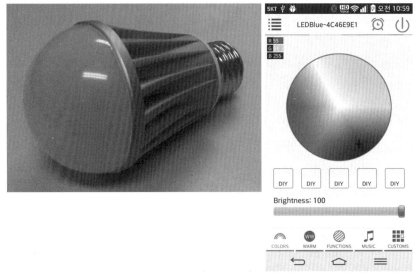

그림 10-31 젱게 BLE 전구와 제어 앱

상용 BLE 스마트 전구를 제어하려면 장치의 BLE 통신 프로토콜로 처리해야 한다. 그런데 샤오미 Yeelight Blue와 같이 프로토콜을 공개하는 기기도 있지만, 프로토콜을 알 수 없는 기기이면 리버스 엔지니어링(reverse engineering)을 통해 알아내는 것이 필요하다. 그런 대표적인 방법 중 하나는 BLE 통신 패킷을 캡처하는 방법이다. nRF51822 키트에 포함된 PCA10001 USB 동글을 사용하여 WireShark 패킷 캡처 툴과 연동하거나 TI CC2540 USB 동글을 사용하여 SmartRF Packet Sniffer 프로그램을 통해 캡처하여 WireShark와 연동하면 BLE 통신 패킷을 추출할 수 있다.

하지만 이러한 BLE 동글 장치가 없으면 대신 안드로이드 장치를 활용하는 방법이 있다. 안드로이드 스마트폰 설정 메뉴의 개발자 옵션에 포함된 '블루투스 HCI 스누프 로그 사용(bluetooth HCI snoop log enable)' 기능을 활성화한 다음, 전구를 제어하는 앱을 실행시켜 동작시키면 전송되는 BLE 패킷들이 외장 메모리의 btsnoop_hci.log 파일에 저장된다. 이 로그 파일을 Wireshark 프로그램으로 열면 된다.

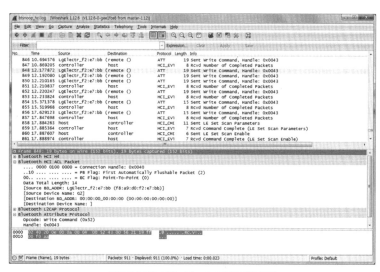

그림 10-32 WireShark 프로그램 화면

이런 식으로 스마트폰으로 장치를 작동하여 분석해 낸 젱게 스마트 전구의 BLE 프로토콜은 표 10-3과 같다(https://github.com/madhead/saberlight에서 공개한 프로토콜과는 조금 다른 부분이 존재한다).

표 10-3 젱게 스마트 전구의 BLE 통신 프로토콜

기능	명령	특성(핸들)	데이터
전원	쓰기	0xffe9 (0x43)	STX(cc) : 0x24 : ETX(33) 예 켜기 : 0xcc2333, 끄기: 0xcc2433
RGB 등	쓰기	0xffe9 (0x43)	STX(56) : R : G : B : 00 : f0 : ETX(aa) 예 빨강 : 0x56ff000000f0aa, 　　노랑 : 0x56ffff0000f0aa, 　　파랑 : 0x560000ff00f0aa
Warm 등	쓰기	0xffe9 (0x43)	STX(56) : 00 00 00 : 밝기 : 0f : ETX(aa) 예 0x56000000ff0faa
모드	쓰기	0xffe9 (0x43)	STX(bb) : 모드(25-38) : 속도(01-FF) : ETX(44) 예 7가지 색으로 변화(모드=0x25) : 0xbb250344
상태 획득	쓰기 및 읽기	0xffe9 (0x43) 0xffe4 (0x50)	STX(ef) : 01 : ETX(77) = 0xef0177 반환: STX(66) 15 전원 모드 20 속도 R G B 밝기 06 ETX(99) 66 15 23 41 20 00 ff ff ff 00 06 99 66 15 23 25 20 05 ff ff ff 00 06 99 모드 (0x25) 66 15 23 41 20 00 00 00 00 ff 06 99 Warm

예를 들면, 전원을 켜고 싶으면 다음과 같은 gatttool 명령을 실행하면 된다.

```
gatttool -b <BLE 주소> --char-write-req -a 0x0043 -n cc2333
```

비슷하게 전원을 끄려면 다음과 같은 명령을 실행한다.

```
gatttool -b <BLE 주소> --char-write-req -a 0x0043 -n cc2433
```

녹색 등을 켜려면 다음과 같은 명령을 실행한다.

```
gatttool -b <BLE 주소> --char-write-req -a 0x0043 -n 5600ff0000f0aa
```

따뜻한 등을 켜려면 다음과 같은 명령을 실행한다.

```
gatttool -b <BLE 주소> --char-write-req -a 0x0043 -n 56000000ff0faa
```

이제 파이썬 스크립트로 LED 전구를 제어해 보자.

```
$ python blebulb.py
```

프로그램 실행 창에서 장치를 스캔하고 연결한 후에 전원을 켜거나 꺼 보고, RGB나 Warm 컬러를 조절해 본다.

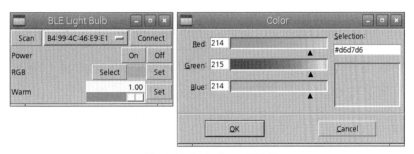

그림 10-33 **blebulb.py** 실행 창

11

사물인터넷 보드 활용

"사물인터넷은 많은 제품과 서비스를 만드는 데 드는 한계비용을 거의 제로에 가깝게 생산성을 높여, 사실상 공짜로 만들게 한다."

– 제레미 리프킨(Jeremy Rifkin), 《한계비용 제로 사회》 중에서

이 장에서는 사물인터넷을 위한 임베디드 보드 중에서 파티클 코어/포톤과 NodeMCU 보드를 활용하여 LED, 온도/습도 센서 등을 제어하고 웹으로 모니터링하는 방법에 대해 살펴본다.

11.1 사물인터넷 보드 개요

최근 몇 년 동안 누구나 아이디어만 있으면 3D 프린터나 오픈소스 하드웨어 및 소프트웨어를 활용하여 제품을 제작하는 메이커(maker) 운동 붐이 불면서 더욱 확산되고 있다. 이렇게 된 데에는 개발자들의 자발적인 참여 등 여러 가지 이유가 있겠지만, 무엇보다 점점 더 다양하고 성능이 우수하면서도 값싼 전자 부품들이 개발되고, 아두이노를 비롯하여 수많은 개발자들이 만든 다양한 오픈소스 하드웨어 및 소프트웨어를 접하고 누구나 쉽게 프로토타입을 만들 수 있게 되었기 때문일 것이다.

사물인터넷을 위한 임베디드 보드도 마찬가지이다. 아두이노가 선구적인 길을 걸었고, 라즈베리 파이와 비글본(BeagleBone)을 비롯한 수많은 보드가 그 길을 따라가고 있으며, 이외에도 수많은 보드들이 있다. 2015년 말에는 10달러 미만의 가격으로 리눅스가 구동되는 보드가 만들어질 수도 있다. 여기서는 이러한 보드들 중 20달러 미만이면서도 와이파이 기능이 포함된 두 종류의 MCU 보드를 소개하고 활용 가능성을 살펴보고자 한다.

11.2 파티클 코어 활용

11.2.1 파티클 코어 개요

파티클 코어(Particle Core)는 TI 사의 CC3000 와이파이 모듈을 내장하고, 32비트 ARM Cortex M3 CPU를 탑재한 오픈 하드웨어 플랫폼이다. 이 제품은 스파크랩스(SparkLabs) 사에서 2013년에 만들었으며, 시중에 39달러에 판매되고 있다. 이 장치는 아두이노처럼 외부 GPIO 핀을 통해 다양한 전자 회로를 꾸밀 수 있으며, HTTP REST API나 MQTT 프로토콜을 통해 다른 장치와 통신할 수도 있다. 특히, 클라우드 서버를 통해 연결한 상태에서 웹 IDE를 통해 웹 기반의 프로그래밍이 가능하고, 클라우드 서버로부터 펌웨어를 내려받을 수도 있다. 또한, 다양한 라이브러리와 커뮤니티에서 오픈소스로 제공하는 각종 문서와 예제 등을 활용할 수 있다.

2015년 5월에 파티클 코어와 유사한 파티클 포톤(Photon)이 19달러에 출시되었다. 이 제품은 보다 안정적인 브로드컴의 BCM43362 와이파이 칩을 내장하여 Soft AP가 가능하고, 1MB 플래시, 128KB 램을 장착하고, FreeRTOS 실시간 OS로 구동하여 더욱 응용 범위가 넓다. 또한, 2016년 1월에는 2G/3G 모뎀 모듈이 포함된 파티클 일렉트론(Electron) 제품이 출시될 예정이다.

파티클 코어를 사용하는 방법은 다음과 같다. 먼저, 장치를 USB 케이블에 연결하고 컴퓨터의 USB 포트에 연결하여 전원을 공급한다. 이 장치는 칩 안테나 타입과 UFL 안테나 타입의 두 가지 종류로 판매되는데, UFL 안테나 타입이면 별도로 UFL 케이블과 안테나를 준비하여 연결하여야 좋은 송수신 특성을 가질 것이다.

파티클 코어와 포톤의 핀 배치는 각각 그림 11-1, 그림 11-2와 같다.

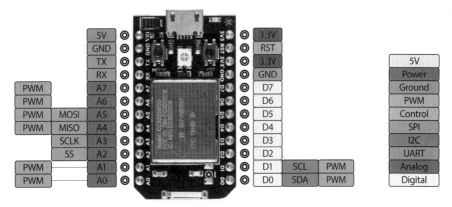

그림 11-1 파티클 코어 보드 핀 배치

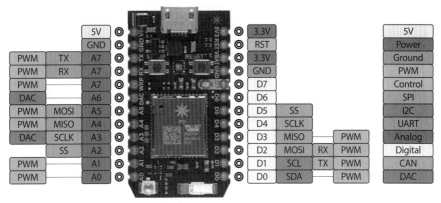

그림 11-2 파티클 포톤 보드 핀 배치

11.2.2 장치 설정

파티클 코어 보드를 제어하기 위해서는 장치가 스파크(Spark) 사에서 운영하는 클라우드 서버와 무선으로 연결되어야 한다. 무선 와이파이 연결을 위해 먼저 장치를 주변의 무선 AP나 공유기에 연결시켜야 한다. 무선 AP에 연결하는 방법은 여러 가지가 있는데, 그중에서 가장 간단한 방법은 스마트폰에 스파크(Spark) 앱을 설치하여 연결하는 방법이다.

먼저, 파티클 코어 장치를 USB 케이블과 연결하여 라즈베리 파이의 USB 포트에 꽂아 전원을 공급한다. 파티클 코어가 파란색으로 깜박인다면 와이파이 접속을 시도한다는 의미이다.

다음은 스마트폰에 스파크 앱을 설치한다. 여기서는 안드로이드폰을 기준으로 설명할 것이다. 앱스토어에서 'Spark'를 검색하고 앱을 찾아 설치한다. 설치가 완료된 후 스파크 클라우드 계정으로 접속한다. 계정이 없으면 'I don't have an account' 링크를 눌러 새로운 계정을 만들어야 한다.

이제 앱에서 와이파이 모양의 아이콘을 선택하면 다음 화면으로 전환된다. 여기서 스마트폰이 연결된 무선 AP(공유기)의 SSID와 패스워드를 입력한 후 'CONNECT' 버튼을 클릭한다.

그림 11-3 **Spark 앱을 통한 AP 공유기 접속**

그러면 스마트폰에서 AP의 SSID와 패스워드, 암호화 방식 등의 정보를 암호화한 후 주변 장치에 게 전송하면 이 정보를 파티클 코어 장치에 내장된 CC3000 와이파이 칩의 SmartConfig 기능으로 수신하여 무선 AP에 접속하게 된다. 연결이 정상적으로 이루어지면 파티클 코어 장치의 LED 가 다음과 같은 순서로 서서히 변하면서 최종적으로 하늘색으로 숨 쉬는 것처럼 변하게 된다.

다음은 파티클 코어 장치의 LED 상태 변화에 따른 기능을 요약한 것이다.

- 파랗게 깜박임: 와이파이 인증 중
- 파랗게 가만히: 앱으로부터 와이파이 정보 획득 중
- 녹색 깜박임: 와이파이 네트워크 연결 중
- 하늘색 깜박임: 스파크 클라우드 연결 중
- 보라색 깜박임: 최신 펌웨어로 갱신 중
- 하늘색 숨쉬기: 연결 완료!

만약 장치가 녹색으로 깜박이기만 한다면 신호가 약하거나 와이파이 공유기에 접속할 수 없을 때이다. 신호가 약하면 공유기에 가까이 두거나 UFL 안테나를 설치해 주면 된다. 공유기에 접속할 수 없으면 먼저 파란색 깜빡임이 나타날 때까지 'MODE' 버튼을 길게 누른다. 이 상태에서 공유기의 SSID와 패스워드를 정확히 입력하고 나서 다시 연결을 시도한다. 연결이 완료되면 다음 단계로 넘어가자.

참고로, 스마트폰이 없다면 USB 포트를 통해 유선으로 파티클 코어 장치를 클라우드 서버에 연결하도록 설정할 수도 있다. 이렇게 하려면 먼저 파티클 코어의 'MODE' 버튼을 3초 이상 눌러 'Listening' 모드로 바꾸면 LED가 파랗게 가만히 있을 것이다. 이 상태에서 다음 과정을 진행할 것이다.

이제 리눅스의 USB 포트를 UART 직렬 콘솔로 연결하는 프로그램인 screen을 설치한다. 설치 명령은 다음과 같다.

```
$ sudo apt-get install screen
```

다음 명령을 입력하여 screen 프로그램을 실행하고, USB 직렬 포트를 9600bps/8bit/no parity/1 stop 모드로 연결한다.

```
$ sudo screen /dev/ttyACM0 9600
```

이제 연결된 화면에서 'w' 명령을 입력한 다음, AP(공유기)의 SSID와 패스워드를 입력하면 파티클 코어 장치를 클라우드 서버에 연결할 수 있게 된다. 연결이 완료되면 'i' 명령을 입력하여 장치의 ID를 획득한다. 이 24자리 장치 ID를 기억해 두자.

```
Your core id is 0123456789abcdef01234567
```

마지막으로, Ctrl-A+\를 입력하면 screen을 종료할 수 있다.

이제 파티클 코어 장치가 연결되었으면 장치를 자신의 계정에 등록해야 한다. 모바일 스파크 앱을 사용하여 해당하는 장치를 찾아 자동으로 등록할 수 있는데, 웹 브라우저에서 스파크 클라우드 서버를 통해 수동으로 장치를 등록하는 방법도 가능하다. 웹을 통해 장치를 등록하려면 먼저 particle.io 사이트로 접속한 다음, 'BUILD/LAUNCH' 버튼을 누르고, 본인의 계정으로 접속한다. 그 다음, 왼쪽 툴바의 아이콘들 중에서 아래쪽 'Cores' 아이콘을 클릭하고, 'ADD NEW CORE' 버튼을 클릭한 후, 장치 ID를 입력하면 장치가 등록된다.

그런데 LED가 하늘색 숨쉬기가 되지만, 앱이나 클라우드 계정에서 코어 장치를 여전히 찾지 못하면 수동으로 클라우드 서버에 장치의 등록을 요청해야 한다. 수동 요청을 하려면 Spark-CLI 도구를 설치한 후 사용한다. Spark-CLI 프로그램은 여러 가지로 유용하므로 설치해 두자.

그런데 Spark-CLI 프로그램을 설치하려면 우선 node.js가 설치되어 있는지 확인한다. 설치되어 있지 않으면 설치해야 한다. 라즈베리 파이 2는 armv7 CPU 구조이므로 다음과 같이 간편하게 설치한다.

```
$ curl -sL https://deb.nodesource.com/setup | sudo bash -
$ sudo apt-get install nodejs
```

만약, 라즈베리 파이 1이라면 다음과 같이 설치한다.

```
$ wget http://node-arm.herokuapp.com/node_0.10.36_armhf.deb
$ sudo dpkg -i node_0.10.36_armhf.deb
```

이제 다음 명령을 실행하면 수많은 패키지들과 함께 Spark-CLI 프로그램이 설치될 것이다.

```
$ sudo npm install -g spark-cli
npm http GET https://registry.npmjs.org/spark-cli
...
```

다음과 같은 명령을 실행하여 파티클 코어 장치를 설정해 보자. 명령을 실행한 후에 클라우드 ID와 패스워드를 입력하여 로그인한 다음, 공유기 SSID와 와이파이 패스워드를 입력하면 장치가 이 정보를 전송받아 장치를 등록한다. 장치가 등록된 후 새로운 이름을 입력하면 새로운 이름으로 재등록한다.

```
$ spark setup
```

포톤인 경우에도 파티클 코어와 비슷하게 연결할 수 있다. 연결 방법은 다음과 같다.

먼저, 파티클 포톤 장치를 USB 케이블과 연결하여 라즈베리 파이의 USB 포트에 꽂아 전원을 공급한다. 파티클 포톤이 파란색으로 깜박인다면 와이파이 접속을 시도한다는 의미이다.

다음은 스마트폰에 파티클(Particle) 앱을 설치한다. 여기서는 안드로이드 폰을 기준으로 설명할 것이다. 앱 스토어에서 'Particle'을 검색하고, 앱을 찾아 설치한다. 설치가 완료된 후 파티클 클라우드 계정으로 접속한다. 계정이 없으면 'I don't have an account' 링크를 눌러 새로운 계정을 만들어야 한다.

이제 앱에서 + 버튼을 누르고, 'Set up a Photon'을 선택하고, 'Ready' 버튼을 클릭하면 다음 화면으로 전환된다. 여기서 검색된 포톤 장치를 선택하고, 무선 AP(공유기)의 SSID와 패스워드를 입력한 후, 'CONNECT' 버튼을 클릭한다. 그러면 포톤이 녹색으로 변하고, 최종적으로는 보라색으로 변한다. 보라색 깜박임은 업데이트를 다운로드하며, 몇 분 동안 진행될 것이다. 그러고 난 후 녹색으로 깜박이다가 숨쉬기로 바뀐다.

그림 11-4 **파티클 앱을 통한 포톤 장치 검색**

그리고 앱에서 장치가 오프라인이면 Re-flash Tinker를 선택하여 Tinker 프로그램을 업로드한다. 그러면 프로그램이 포톤에 다운로드될 것이다. 이제 장치가 온라인으로 바뀌면 선택하여 Tinker 화면으로 들어간다.

11.2.3 기본 LED 제어

파티클 코어의 대표적인 장점은 정말 편리한 클라우드 기반 프로그래밍 개발 환경이다. 즉, 개발자는 웹 브라우저를 통해 클라우드 서버에 접속하여 온라인으로 파티클 빌드(Particle Build)라는 웹 기반 IDE를 사용하여 프로그래밍하고 빌드한 다음, 무선으로 펌웨어를 장치에 업로드하기만 하면 된다. 뿐만 아니라 다른 개발자들이 만들어 놓은 라이브러리를 불러오거나 소스 코드를 저장하고 관리할 수도 있다. 더구나 파티클 코어를 위한 프로그래밍 언어는 아두이노에 사용된 Wiring 프로그래밍 프레임워크를 기반으로 하므로 개발자는 아두이노와 거의 같은 형식의 프로그램 코드를 작성하기만 하면 된다.

예를 들면, 그림 11-5와 같은 LED 제어 회로를 만들어 보자.

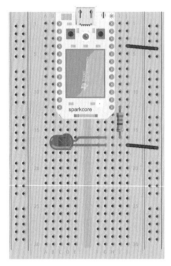

그림 11-5 파티클 코어와 LED의 연결 회로

본격적인 프로그래밍으로 들어가기 전에 먼저 앱을 통해 LED를 제어해 보자. 스파크 앱을 실행시키고, 다음과 같은 Tinker 화면을 나타낸다. 여기서 D0 버튼을 누르면 LED가 ON될 것이다. 한 번 더 누르면 다시 OFF될 것이다.

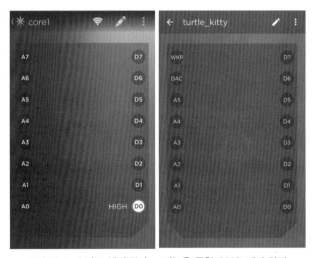

그림 11-6 스파크 앱의 Tinker 기능을 통한 GPIO 제어 화면

이제 Chromium 웹 브라우저 파티클 클라우드 서버(www.particle.io)로 접속한 다음, BUILD/
LAUNCH 버튼을 눌러 접속해 보자. 그러면 파티클 빌드 화면이 나타난다.

그림 11-7 **파티클 빌드 화면**

여기서 왼쪽의 툴바를 위에서부터 간략하게 설명하면 표 11-1과 같다.

표 11-1 **파티클 빌드 툴바 기능**

버튼	설명
Flash	현재 화면의 프로그램을 파티클 코어 장치에 쓴다.
Verify	프로그램을 컴파일하고 문제가 없는지 검증한다.
Save	현재의 프로그램을 저장한다.
Code	현재 등록된 프로그램들을 보여 준다.
Library	다른 개발자가 작성한 라이브러리를 보여 주며 불러와서 사용할 수도 있다.
Docs	도움말 및 문서를 보여 준다.
Cores	현재 등록된 코어 장치를 보여 주고 새로운 장치를 등록할 수 있다.
Settings	패스워드, 접근 토큰(access token) 등의 설정 정보를 보여 준다.

이제 'Code'를 선택하고 'Create New APP' 버튼을 클릭한다. 그러면 setup( )과 loop( ) 함수가
비어 있는 새로운 코드가 나타날 것이다. 이제 파일 이름 입력창에 'blinkled'와 같이 적당한
이름을 넣어 준다. 그리고 다음과 같은 코드를 입력한다.

코드 11-1 **LED를 깜박이는 파티클 스케치 프로그램**

```
int led = D0;

void setup() {
    pinMode(led, OUTPUT);            // LED 핀을 출력 모드로 설정한다
}
void loop() {
    digitalWrite(led, HIGH);         // LED를 켠다
    delay(500);                      // 500mS, 즉 0.5초를 기다린다
    digitalWrite(led, LOW);          // LED를 끈다
    delay(500);
}
```

이제 'Save' 버튼을 누르면 아래 상태 창에 'Firmware was saved successfully.'라는 성공적인 저장 메시지를 출력할 것이다. 'Verify' 버튼을 클릭하면 상태 창에 'Compiling code…'라고 나타났다가 프로그램에 오류가 없으면 'Code verified! Great work.'라고 나타나야 한다.

다음은 'Cores' 버튼을 클릭하여 연결된 코어가 제대로 선택되어 있는지 확인한다.

이제 'Flash' 버튼을 클릭하면 연결된 코어 장치에 프로그램이 업로드될 것이다. 업로드하는 도중에 코어의 LED가 보라색으로 바뀌어 깜빡이다가 다시 녹색에서 하늘색으로 변하며 빠르게 깜박이면서 최종적으로 하늘색 숨쉬기가 되면서 업로드된 프로그램이 실행된다. 마침내 LED가 1초에 한 번씩 깜박이는 것을 확인하면 성공한 것이다.

11.2.4 클라우드 서버를 통한 제어

파티클 코어의 또 다른 장점 중 하나는 클라우드 API를 사용하여 프로그래밍하면 클라우드 서버를 통하여 특정한 기기와 파티클 코어 장치, 즉 사물들 간의 통신을 손쉽게 처리할 수 있다는 것이다. 먼저, 스파크 클라우드 API 중에서 많이 사용하는 함수는 표 11-2와 같다.

표 11-2 **스파크 클라우드 API**

함수	설명
Spark.variable( )	스파크 클라우드에 변수를 등록한다. GET /v1/devices/{장치ID}/{변수명} 요청을 통해 변수 값을 관찰할 수 있다.
Spark.function( )	스파크 클라우드에 함수를 등록한다. POST /v1/devices/{장치ID}/{함수명} 요청을 통해 함수를 실행할 수 있다.
Spark.publish( )	스파크 클라우드를 통해 특정한 이벤트를 발행한다.
Spark.subscribe( )	코어 장치가 발행한 이벤트를 구독하며 이벤트를 받으면 지정한 콜백 함수를 실행한다.
Spark.connect( )	스파크 클라우드에 연결한다.

표 11-2 **스파크 클라우드 API (계속)**

함수	설명
Spark.disconnect( )	스파크 클라우드 연결을 해제한다.
Spark.connected( )	스파크 클라우드에 연결되었는지를 확인한다.

이러한 클라우드 API 동작을 확인하기 위해 앞서 다루었던 DHT22 온도 센서를 사용해 보자. 그림 11-8과 같은 회로를 구성한다.

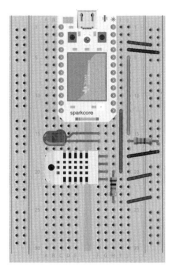

그림 11-8 **파티클 코어와 LED 및 DHT22 센서의 연결 회로**

이제 온도/습도 값을 처리하는 프로그램을 작성한다. 스파크 빌드 창에서 새로운 앱을 만들고, 다음과 같은 코드를 입력한다. 프로그램 코드를 저장하고 빌드한 다음, 오류가 없으면 펌웨어를 코어에 업로드한다.

코드 11-2 **LED 제어 및 DHT22 온도/습도 센서를 측정하는 파티클 스케치 프로그램**

```
int ledPin = D7;
int dhtPin = D0;
int ledState = 0;
float humidity = 0;
float temperature = 0;
int ms = 0;
void setup()
{
    Spark.function("led", ledControl);
    pinMode(ledPin, OUTPUT);
    // LED OFF로 초기화
```

```
        digitalWrite(ledPin, LOW);

        Spark.variable("humidity", &humidity, DOUBLE);
        Spark.variable("temperature", &temperature, DOUBLE);
        pinMode(dhtPin, INPUT_PULLUP);

        Serial.begin(9600);
}
void loop()
{
        if (millis() - ms > 10000) {
            read_dht(dhtPin, &humidity, &temperature);
            Serial.print("LED: ");
            Serial.print(ledState);
            Serial.print(" - Humidity: ");
            Serial.print(humidity);
            Serial.print("% - Temperature: ");
            Serial.print(temperature);
            Serial.print("*C ");
            Serial.println(Time.timeStr());
            ms = millis();
        }
}

// 파라미터는 HIGH 또는 LOW
int ledControl(String parameter)
{
        if (parameter.substring(0,4) == "HIGH") {
            digitalWrite(ledPin, HIGH);
            ledState = 1;
        } else if (parameter.substring(0,3) == "LOW") {
            digitalWrite(ledPin, LOW);
            ledState = 0;
        } else
            return -1;
        return 1;
}

int read_dht(int pin, float *humidity, float *temperature)
{
        uint8_t data[5] = {0, 0, 0, 0, 0};
        noInterrupts();
        pinMode(pin, OUTPUT);
        digitalWrite(pin, LOW);
        delay(20);
        pinMode(pin, INPUT_PULLUP);
        if (detect_edge(pin, HIGH, 10, 200) == -1) {
            return -1;
        }
        if (detect_edge(pin, LOW, 10, 200) == -1) {
            return -1;
        }
```

```
    if (detect_edge(pin, HIGH, 10, 200) == -1) {
        return -1;
    }
    for (uint8_t i = 0; i < 40; i++) {
        if (detect_edge(pin, LOW, 10, 200) == -1) {
            return -1;
        }
        int counter = detect_edge(pin, HIGH, 10, 200);
        if (counter == -1) {
            return -1;
        }
        data[i/8] <<= 1;
        if (counter > 4) {
            data[i/8] |= 1;
        }
    }
    interrupts();
    if (data[4] != ((data[0] + data[1] + data[2] + data[3]) & 0xFF)) {
        return -1;
    }
    *humidity = (float)data[0];
    *temperature = (float)data[2];
    return 0;
}
int detect_edge(int pin, int val, int interval, int timeout)
{
    int counter = 0;
    while (digitalRead(pin) == val && counter < timeout) {
        delayMicroseconds(interval);
        ++counter;
    }
    if (counter > timeout) {
        return -1;
    }
    return counter;
}
```

이제 클라우드 서버에 HTTP/REST API를 사용한 HTTP 요청을 보내서 프로그램에서 구현한 기능을 테스트해 보자. 앞서 4장에서 소개한 것처럼 서버에 HTTP 요청을 보낼 때는 CURL 프로그램을 사용한다.

스파크 클라우드 서버는 클라이언트 장치로부터 요청하는 HTTPS 프로토콜에 대한 보안을 위해 TLS 보안과 OAuth2 인증 방식을 사용한다. 따라서 이러한 인증을 통해 파티클 코어 장치에 접근하려면 개발자의 access token, 즉 접근 토큰을 제공하여 접속을 시도해야 한다. 개발자의 접근 토큰은 파티클 빌드 웹 IDE의 'Settings' 메뉴에서 확인할 수 있다. 접근 토큰은 파티클 클라우드 API를 사용할 때 반드시 필요하므로 기록해 두자. 여기서 장치 ID는

0123456789abcdef01234567 값을 사용하고, 접근 토큰으로 1234123412341234123412341234123412341234라는 임의의 값을 사용할 것이다.

이제 텍스트 셸에서 다음과 같은 명령을 실행한다. 여기서 앞서 기록한 장치 ID와 접근 토큰을 적용하여야 한다. 아마도 LED가 켜질 것이다. 다시 LED를 *끄기* 위해서는 params 인자를 LOW로 바꾸어 HTTP POST 요청을 전송하면 될 것이다.

```
$ curl https://api.spark.io/v1/devices/0123456789abcdef01234567/led -d access_token=1234123412341234123412341234123412341234 -d params=HIGH
{
  "id": "0123456789abcdef01234567",
  "name": null,
  "last_app": null,
  "connected": true,
  "return_value": 1
}
```

반면에 온도/습도 값을 획득하려면 다음과 같은 명령을 사용하면 된다.

```
$ curl -G https://api.spark.io/v1/devices/0123456789abcdef01234567/humidity -d
access_token=1234123412341234123412341234123412341234
{
  "cmd": "VarReturn",
  "name": "humidity",
  "result": 35,
  "coreInfo": {
    "last_app": "",
    "last_heard": "2015-04-24T10:06:22.021Z",
    "connected": true,
    "deviceID": "0123456789abcdef01234567"
  }
}
$ curl -G https://api.spark.io/v1/devices/0123456789abcdef01234567/temperature -d
access_token=1234123412341234123412341234123412341234
{
  "cmd": "VarReturn",
  "name": "temperature",
  "result": 26,
  "coreInfo": {
    "last_app": "",
    "last_heard": "2015-04-24T10:07:31.140Z",
    "connected": true,
    "deviceID": "0123456789abcdef01234567"
  }
}
```

앞 프로그램은 USB 직렬 포트를 통해서도 상태 값을 출력할 수 있다.

```
$ sudo screen /dev/ttyACM0 9600
LED: 1 - Humidity: 35.00% - Temperature: 26.00*C Fri Apr 24 10:08:05 2015
LED: 1 - Humidity: 35.00% - Temperature: 26.00*C Fri Apr 24 10:08:07 2015
LED: 1 - Humidity: 35.00% - Temperature: 26.00*C Fri Nov 24 10:08:10 2015
LED: 1 - Humidity: 35.00% - Temperature: 26.00*C Fri Nov 24 10:08:12 2015
```

스파크 클라우드 서버는 또한 발행(publish)-구독(subscribe) 방식의 통신을 지원한다. 이 방식은 앞서 다루었던 HTTP/REST API 등이 사용한 것처럼 상호 간의 메시지를 직접 전송하는 요청 (request)-응답(response) 방식과는 다르다. 대신, 발행자는 메시지를 중계해 주는 브로커(broker) 에게 메시지를 발행하고, 브로커는 해당하는 메시지를 구독 신청해 놓은 구독자에게 메시지 를 전달하는 것이다. 다음 장에서 상세하게 다룰 MQTT 프로토콜 역시 발행/구독 통신 방식 중 하나이다. 여기서는 메시지를 발행할 때는 HTTP POST 요청으로 처리하고, 구독할 때는 SSE(Server-Sent Events)를 사용한다. SSE는 일반적인 짧은 HTTP 요청과는 다르게 서버-클라이 언트 간의 연결을 열어 두고 지속적으로 이벤트 메시지를 전송하게 된다.

앞서 작성한 예제를 활용해서 구현해 보자. 먼저, 앞서 구현한 회로를 그대로 사용하고 앞서 작성한 프로그램을 수정하여 loop 함수에 다음과 같은 코드를 추가한다. 프로그램을 빌드하 고 펌웨어 업로드하여 실행하자. 이제 프로그램은 주기적으로 클라우드 서버로 온도/습도 값 을 발행할 것이다.

코드 11-3 SSE 요청을 통한 데이터 전송을 구현한 파티클 스케치 프로그램

```
void loop()
{
    char temp[10], humi[10];

    if (millis() - ms > 10000) {
        read_dht(dhtPin, &humidity, &temperature);
        sprintf(temp, "%.2f", temperature);
        sprintf(humi, "%.2f", humidity);
        Spark.publish("temperature", temp);
        Spark.publish("humidity", humi);
        ms = millis();
    }
}
```

먼저, 스파크 CLI 프로그램을 사용하여 발행된 메시지를 구독해 보자. 다음과 같은 명령을 실 행하여 클라우드 서버에 로그인한다.

```
$ spark cloud login
Could I please have an email address?  .....
and a password?  *********
Got an access token! 1234123412341234123412341234123412341234
logged in!  { '0': '1234123412341234123412341234123412341234' }
```

등록된 자신의 모든 장치로부터 오는 모든 메시지를 구독한다. 그러면 파티클 코어 장치가 발행한 메시지를 받아 지속적으로 출력할 것이다.

```
$ spark subscribe mine
Subscribing to all events from my personal stream (my cores only)
Listening to: /v1/devices/events
{"name":"temperature","data":"25.00","ttl":"60","published_at":"2015-04-24T10:15:24.
811Z","coreid":"0123456789abcdef01234567"}
{"name":"humidity","data":"33.00","ttl":"60","published_at":"2015-04-24T10:15:24.
812Z","coreid":"0123456789abcdef01234567"}
...
```

아니면 다음과 같이 HTTP GET 요청으로 보내 특정한 장치/이벤트만 구독할 수도 있다.

```
$ curl -G https://api.spark.io/v1/devices/0123456789abcdef01234567/events/
?access_token=1234123412341234123412341234123412341234
:ok

event: temperature
data: {"data":"28.00","ttl":"60","published_at":"2015-04-24T07:37:49.347Z","coreid":
"0123456789abcdef01234567"}

event: humidity
data: {"data":"33.00","ttl":"60","published_at":"2015-04-24T07:37:49.348Z","coreid":
"0123456789abcdef01234567"}
```

이제 파이썬 Bottle 웹 응용 모듈을 사용하여 LED를 제어하고, 온도/습도 값을 모니터링하는 웹 서버를 만들어 보자. 다음과 같은 프로그램을 작성한다. 여기서 주 홈페이지는 LED를 제어하는 버튼과 온도/습도 모니터링을 위한 버튼으로 구현된다. LED ON/OFF 버튼을 누르면 HTTP POST 요청을 클라우드 서버를 통해 파티클 코어 장치에 전송하게 된다. 모니터링 버튼을 누르면 SSE를 통해 구독한 온도/습도 데이터를 Hicharts 자바스크립트 그래프 라이브러리를 이용하여 구성된 실시간 차트에 나타내게 한다.

코드 11-4 **LED와 온도/습도 센서를 제어하는 웹 서버를 구현한 sparkweb.py 스크립트**

```python
#-*- coding: utf-8 -*-
from bottle import get, template, run

deviceId = "<장치ID>"
token = "<접근토큰>"

@get('/ssechart')
def dht11chart():
    return template("ssechart", device_id=deviceId, access_token=token)

@get('/')
def index():
    return template("index", device_id=deviceId, access_token=token)

if __name__ == '__main__':
    run(host="192.168.0.45", port=8008)
```

코드 11-5 **LED 및 온도/습도 센서 제어를 위한 index.tpl 템플릿 파일**

```html
<!DOCTYPE HTML>
<html>
<head>
<script>
  var deviceId = "{{device_id}}";
  var accessToken = "{{access_token}}";
  var ledUri = "https://api.spark.io/v1/devices/"+deviceId+"/led";
  var value = 0;
  function ledControl() {
    if ( window.XMLHttpRequest ) {
      request = new XMLHttpRequest();
    }
    if ( !request ) {
      alert("XMLHttpRequest Error");
      return false;
    }
    value = !value;
    var send ="access_token="+accessToken+"&params=" + (value != 0 ? "HIGH":"LOW");
    request.open('POST', ledUri, true);
    request.setRequestHeader('Content-Type', 'application/x-www-form-urlencoded');
    request.send(send);
  }

  function sseChart() {
    window.location.href='/ssechart';
  }
</script>
</head>
<body>
```

```
<h1>스파크 제어</h1>
<h2>LED 제어</h2>
<input type='button' onClick="ledControl()" value="ON/OFF" />
<h2>온도/습도 모니터링</h2>
<input type='button' onClick="sseChart()" value="모니터링" />
</body>
</html>
```

코드 11-6 온도/습도 값 모니터링을 위한 ssechart.tpl 템플릿 파일

```
<!DOCTYPE HTML>
<html lang="en">
<head>
  <meta charset="utf-8" />
  <meta HTTP-EQUIV="CACHE-CONTROL" CONTENT="NO-CACHE" />
  <meta name="viewport" content="width=device-width, initial-scale=1" />
  <title>실시간 온도, 습도 측정기</title>
  <link rel="stylesheet" href="//code.jquery.com/mobile/1.4.3/jquery.mobile-1.4.3.min.
css" />
  <script src="//code.jquery.com/jquery-1.11.1.min.js"></script>
  <script src="//code.jquery.com/mobile/1.4.3/jquery.mobile-1.4.3.min.js"></script>
  <script src="//cdnjs.cloudflare.com/ajax/libs/highcharts/4.0.4/highcharts.js"></
script>

<script>
    var chart;        // 온도
    var chart2;       // 습도
    var deviceId = "{{deviceId}}";
    var access_token = "{{access_token}}";

    var sseUri="https://api.spark.io/v1/devices/"+deviceId+"/events/"+"?access_
token="+access_token;
    var sse=null;

    function sseConn() {
        sse = new EventSource(sseUri);
        sse.addEventListener("temperature", function(m) {
            if (typeof(m.data) === "string" && m.data !== null){
                var msg = JSON.parse(m.data);
                var t = new Date(msg.published_at);
                t.setHours(t.getHours() + 9);
                chartAddPoint([t.getTime(), Number(msg.data)]);
            }
        });
        sse.addEventListener("humidity", function(m) {
            if (typeof(m.data) === "string" && m.data !== null){
                var msg = JSON.parse(m.data);
                var t = new Date(msg.published_at);
                t.setHours(t.getHours() + 9);
                chart2AddPoint([t.getTime(), Number(msg.data)]);
            }
```

```
        });
        sse.onopen = function() {
            console.log("[@.@] connecting...");
        }
        sse.onclose  = function() {
            sse = null;
            setTimeout(sseConn, 10000);
        }
        sse.onerror  = function(){
            console.log("[@.@] connection error");
        }
    }
    sseConn();

    function chartAddPoint(tval) {
        var series = chart.series[0],
        shift = series.data.length > 20;
        chart.series[0].addPoint(eval(tval), true, shift);
    }

    function chart2AddPoint(hval) {
        var series2 = chart2.series[0],
        shift2 = series2.data.length > 20;
        chart2.series[0].addPoint(eval(hval), true, shift2);
    }

    $(function() {
        // 온도
        chart = new Highcharts.Chart({
            chart: { renderTo: 'temp', defaultSeriesType: 'spline' },
            title: { text: '실시간 온도 데이터' },
            xAxis: { type: 'datetime', tickPixelInterval: 120, maxZoom: 20 * 1000 },
            yAxis: { minPadding: 0.2, maxPadding: 0.2, title: { text: '온도 ( C )',
margin: 20 } },
            series: [{ name: '온도', data: [] }]
        });
        // 습도
        chart2 = new Highcharts.Chart({
            chart: { renderTo: 'humi', defaultSeriesType: 'spline' },
            title: { text: '실시간 습도 데이터' },
            xAxis: { type: 'datetime', tickPixelInterval: 120, maxZoom: 20 * 1000 },
            yAxis: { minPadding: 0.2, maxPadding: 0.2, title: { text: '습도 ( % )',
margin: 20 } },
            series: [{ name: '습도', data: [] }]
        });
    });
</script>
</head>
<body>
  <div id="temp" style="width: 100%; height: 300px; margin-left:-5px;"></div>
  <div id="humi" style="width: 100%; height: 300px; margin-left:-5px;"></div>
</body>
</html>
```

다음과 같이 웹 서버 프로그램을 실행한다.

```
$ python sparkweb.py
```

이제 웹 브라우저를 실행하여 홈페이지에 접속해 보자. 그런데 본래 SSE는 웹 페이지와 같은 사이트(same-origin)의 페이지 데이터를 전송하는 것이 원칙이지만, 여기서는 다른 사이트(cross-origin), 즉 클라우드 서버와 연동하므로 CORS(cross-origin resource sharing)가 지원되지 않는 웹 브라우저에서는 동작하지 않는다. 따라서 CORS를 지원하는 크롬 39 버전보다 낮은 라즈베리 파이용 크롬에서는 다음과 같은 명령으로 동작시켜야 한다. 반면에 기본 에피파니 (Epiphany) 웹 브라우저에서는 문제없이 잘 동작한다.

```
$ chromium --disable-web-security
```

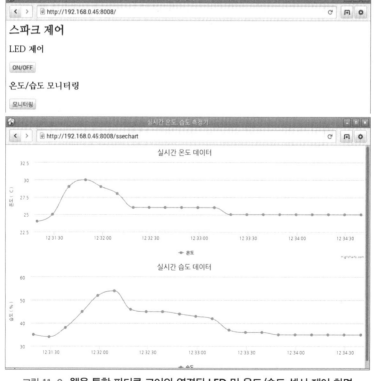

그림 11-9 웹을 통한 파티클 코어와 연결된 LED 및 온도/습도 센서 제어 화면

11.2.5 라즈베리 파이와의 연동

클라우드 서버를 사용하지 않고, 파티클 코어와 라즈베리 파이 간에 직접 통신을 할 수도 있다. 파티클 코어 Github 사이트에서 제공하는 로컬 통신 예제[18]를 구현해 보자. 여기서 라즈베리 파이와 파티클 코어가 각각 TCP 서버와 클라이언트로 동작한다.

먼저, TCP 클라이언트인 파티클 코어 프로그램은 다음과 같이 작성한다. 여기서 HTTP POST 요청을 보내면 통신 연결을 촉발하는 함수를 실행하도록 Spark.function( ) 기능을 활용하였다. 서버와 클라이언트 간 통신이 연결되면 간단한 명령을 통해 LED를 제어하도록 loop 함수를 구성한다.

코드 11-7 TCP 클라이언트를 구현한 파티클 스케치 프로그램

```
TCPClient client;
// IP 주소를 문자열로 변환하는 함수
void ipArrayFromString(byte ipArray[], String ipString) {
  int dot1 = ipString.indexOf('.');
  ipArray[0] = ipString.substring(0, dot1).toInt();
  int dot2 = ipString.indexOf('.', dot1 + 1);
  ipArray[1] = ipString.substring(dot1 + 1, dot2).toInt();
  dot1 = ipString.indexOf('.', dot2 + 1);
  ipArray[2] = ipString.substring(dot2 + 1, dot1).toInt();
  ipArray[3] = ipString.substring(dot1 + 1).toInt();
}

//TCP 서버에 접속하는 함수
int connectToMyServer(String ip) {
  byte serverAddress[4];
  ipArrayFromString(serverAddress, ip);
  if (client.connect(serverAddress, 9000)) {
    return 1; // successfully connected
  } else {
    return -1; // failed to connect
  }
}

//connect라는 Spark 함수 등록 및 디지털 출력 핀 설정
void setup() {
  Spark.function("connect", connectToMyServer);
  for (int pin = D0; pin <= D7; ++pin) {
    pinMode(pin, OUTPUT);
  }
}
```

---

18 https://github.com/spark/local-communication-example

```cpp
// 서버로부터 디지털 포트 출력 요청 시 값을 출력
void loop() {
  if (client.connected()) {
    if (client.available()) {
      char pin = client.read() - '0' + D0;
      char level = client.read();
      if ('h' == level) {
        digitalWrite(pin, HIGH);
      } else {
        digitalWrite(pin, LOW);
      }
    }
  }
}
```

다음은 라즈베리 파이에서 구동할 TCP 서버 및 명령 셸 프로그램을 작성한다. Github 사이트
의 예제는 node.js 서버를 위한 자바스크립트와 루비로 작성된 소스 프로그램만 존재하는데,
여기서는 같은 기능을 하는 파이썬 프로그램 simple_server.py을 만들어 사용한다.

코드 11-8 파티클 코어를 제어하는 TCP 서버 및 명령셸을 구현한 simple_server.py

```python
import sys, re
import socket, fcntl, struct
import SocketServer

class MyTCPHandler(SocketServer.BaseRequestHandler):
    def handle(self):
        # self.request is the TCP socket connected to the client
        print "Someone connected from {} : {}!".format(self.client_address[0],
self.client_address[1])
        while True:
            d = raw_input('>> ')
            if re.compile('^[0-7][lh]$', re.I).match(d):
                self.request.send(d.lower())
            elif 'x' == d:
                self.request.close()
                self.server.shutdown()
                break
            else:
                print "Commands: 0h  Set pin D0 high"
                print "          7l  Set pin D7 low"
                print "          Any pin 0-7 may be set high or low"
                print "          x   Exit"

def get_interface_ip(ifname):
    s = socket.socket(socket.AF_INET, socket.SOCK_DGRAM)
    return socket.inet_ntoa(fcntl.ioctl(
        s.fileno(),
```

```
        0x8915,  # SIOCGIFADD
        struct.pack('256s', ifname[:15])
    )[20:24])

if __name__ == "__main__":
    ip,port = socket.gethostbyname(socket.gethostname()), 9000
    if ip.startswith("127."):
        interfaces = ["eth0","eth1","eth2","wlan0","wlan1","wlan7","wifi0","ath0",
"ath1","ppp0"]
        for ifname in interfaces:
            try:
                ip = get_interface_ip(ifname)
                #break
            except IOError:
                pass
    print "OK I'm listening on port {} here at IP address {}!".format(str(port),ip)
    print "Now run the following curl command in another window,"
    print "replacing <DEVICE_ID> and <ACCESS_TOKEN>."
    print "curl https://api.spark.io/v1/devices/<DEVICE_ID>/connect -d
access_token=<ACCESS_TOKEN> -d ip={}".format(ip)

    # Create the server, binding to localhost on port 9000
    server = SocketServer.ThreadingTCPServer((ip, port), MyTCPHandler)
    # Activate the server
    server.serve_forever()
```

이 프로그램을 실행하면 연결을 위한 간단한 설명이 출력될 것이다.

```
$ python simple_server.py
OK I'm listening on port 9000 here at IP address 192.168.0.45!
Now run the following curl command in another window,
replacing <DEVICE_ID> and <ACCESS_TOKEN>.
curl https://api.spark.io/v1/devices/<DEVICE_ID>/connect -d access_token=<ACCESS_
TOKEN> -d ip=192.168.0.45
```

이제 다른 터미널에서 접근 토큰과 IP 주소를 인자로 한 CURL 명령을 실행하여 파티클 코어
장치와 연결한다.

```
$ curl https://api.spark.io/v1/devices/0123456789abcdef01234567/connect -d
access_token=12341234123412341234123412341234 -d ip=192.168.0.45
{
  "id": "0123456789abcdef01234567",
  "name": null,
  "last_app": null,
  "connected": true,
  "return_value": -1
```

그러면 다음과 같이 TCP 소켓이 접속되어 간단한 셸이 실행된 상태로 바뀐다.

```
...
Someone connected from 192.168.0.21 : 1612!
>>
```

여기서 'Enter'를 클릭하면 다음과 같은 내용이 나타나고, LED를 켜고 *끄는* 명령(7h 또는 7l)을 입력하면 제대로 동작이 되어야 한다. 'x'를 입력하면 프로그램이 종료된다.

```
>>
Commands: 0h  Set pin D0 high
                7l  Set pin D7 low
                Any pin 0-7 may be set high or low
                x   Exit
>> 7h
>> 7l
>> x
```

파티클 코어는 지금까지 소개한 기능 외에도 다양한 기능이 있다. 그중에서도 자바스크립트 라이브러리는 웹 브라우저, nodejs, Node-RED 등에서 활용할 수 있으며, IFTTT, WebHooks 와 같은 기능은 사물인터넷과 관련하여 아주 유용하다.

11.3 NodeMCU 보드 활용

11.3.1 NodeMCU 개요 및 설정

앞서 소개한 파티클 코어와 포톤이 CC3000과 BCM44462 와이파이 칩을 포함한 프로토타이 핑을 위한 MCU 보드라면 NodeMCU는 저렴한 ESP8266 칩을 MCU로 활용한 10달러 미만의 오픈 하드웨어 플랫폼이다. 이 보드는 ESP8266 와이파이 모듈과 USB-to-UART 모듈을 포함 하고 있다. 따라서 앞서 소개한 것처럼 ESP8266 모듈에 포함된 텐실리카(Tensilica) 사의 80MHz 의 Xtensa LX3 RISC CPU를 기반으로 프로그래밍이 가능하며, USB 포트를 통해 프로그래밍 된 펌웨어를 다운로드하여 실행할 수 있다. 특히, ESP-12E ESP8266 모듈은 및 64KB DRAM, 96KB SRAM 및 4MB의 SPI 플래시를 통한 포함하고 있다. 이 밖에도 전원을 포함하여 30개의 외부 포트를 통해 11개의 GPIO, ADC 1포트, UART, I2C, SPI, PWM을 사용할 수 있다.

참고로, 2015년 현재 NodeMCU 개발 키트 보드는 0.9 버전과 1.0 버전이 있다. 0.9 버전은 ESP-12 ESP8266 모듈과 CH340 Uart-to-USB 모듈로 구성된 반면, 1.0 버전은 ESP-12E ESP8266 모듈과 CP2102 Uart-to-USB 모듈로 구성되어 있다. 각각 내부의 SPI 플래시 메모리에 쓰는 모드가 0.9 버전은 QIO(Quad I/O)가 가능한 데 반해, 1.0 버전은 DIO(Dual I/O)를 사용한다. 하지만 1.0 버전은 0.9 버전에 비해 폭이 좁아 브레드보드에 연결하기가 더 쉽다는 장점을 가진다.

NodeMCU DevKit 0.9 버전   NodeMCU DevKit 1.0 버전

그림 11-10 **NodeMCU Devkit**

그림 11-11은 보드의 핀 맵을 보여 준다.

		3V3	3.3V		5V	VIN			5V
		GND	GND		GND	GND			Power
TXD0	PWM	D10	GPIO1		RESET	RST			Ground
RXD0	PWM	D9	GPIO3		EN	EN			PWM
HSPICS	TXD2	PWM	D8	GPIO15	3.3V	3V3			Control
HSPIQ	RXD2	PWM	D7	GPIO13	GND	GND			H/SPI
HSPID		PWM	D6	GPIO12	SCK	SCLK	SDCLK		Rcscrvc
HSCLK		PWM	D5	GPIO14	MI	MISO	SDD0		UART
		PWM	GND	GND	MO	MOSI	SDCMD		Analog
		PWM	3V3	3.3V	INT	INT	SDD1		Digital
TXD1		PWM	D4	GPIO2	GPIO9	A4	SDD2		SDIO
FLASH		PWM	D3	GPIO0	GPIO10	A3	SDD3		Key
		PWM	D2	GPIO4	Reserve	RSV			PIN #
		PWM	D1	GPIO5	Reserve	RSV			
A0	USER		D0	GPIO16	ADC0	A0	TOUT		

그림 11-11 **Nodemcu 보드 핀 배치**

11.3.2 장치 설정 및 루아 프로그래밍

Nodemcu 펌웨어에는 기본적으로 프로그램 개발을 위해 루아(Lua) 프로그래밍 언어를 위한 인터프리터를 내장하여 루아 스크립트 코드를 실행할 수 있다. 이 밖에도 적절한 펌웨어를 탑재하면 Micropython과 같은 언어와 아두이노 툴을 사용한 프로그래밍도 할 수 있다. 여기서는, Nodemcu 펌웨어를 통한 루아 프로그래밍을 해 보자.

참고로, 루아 프로그래밍 언어는 경량의 절차형/객체 지향/함수형 프로그래밍을 지원하며, 확장 언어로 사용 가능한 스크립트 언어이다. 또 루아는 레지스터(register) 기반의 가상 머신에서 동작되어 명령어 코드를 줄일 수 있으며, 컴파일된 바이트코드(bytecode) 실행도 가능하다. 이미 루아는 루카스아츠(LucasArts) 사나 WoW, AngryBirds 등의 게임에도 사용되었다.

먼저, 루아 셸이 잘 동작하는지 테스트해 보자. NodeMCU 보드를 라즈베리 파이의 USB 포트에 연결하고 다음 스크린 명령을 입력하면 루아 셸로 들어간다(참고: MS 윈도우에서는 아두이노 IDE의 시리얼 콘솔 창으로 연결하면 된다). 여기서 처음 연결 시에 user.lua를 제거하라는 메시지가 나타난다. 그대로 입력하면 된다.

```
$ screen /dev/ttyUSB0 9600
Please run file.remove("user.lua") before first use.
> file.remove("user.lua")
>
```

다음은 NodeMCU 보드에 nodemcu 펌웨어를 업로드하는 방법에 대해 알아보자. 다음 명령을 실행하여 nodemcu 펌웨어를 다운로드한다.

```
$ git clone https://github.com/nodemcu/nodemcu-firmware
```

펌웨어 소스 코드에는 pre_build/latest 디렉터리에 nodemcu_latest.bin이라는 최신 펌웨어가 포함되어 있다.[19] 따라서 다음 명령을 실행하면 최신 펌웨어를 Nodemcu에 업로드할 수 있다.

Nodemcu 펌웨어는 이제 웹브라우저를 열어서 https://github.com/nodemcu/nodemcu-firmware로 접속한 후에 releases 링크를 클릭하면 최근에 업로드된 펌웨어를 다운로드할 수 있다. 또 다른 새로운 방법은 http://nodemcu-build.com으로부터 온라인으로 커스터마이징된 펌웨어를 빌드하여 다운로드할 수 있다.

---

19 가장 최신 바이너리 버전은 https://github.com/nodemcu/nodemcu-firmware/releases 페이지에 존재할 수도 있다.

그런데 NodeMCU 개발 키트 1.0 버전은 SPI 플래시 모드가 DIO이므로 다음과 같은 명령 옵션을 사용해야 한다. 여기서 -fs(Flash Size)는 32m 비트=4MB , -fm(Flash Mode)은 DIO, -ff (Flash Frequency)는 40MHz를 나타낸다.

```
$ esptool.py --port /dev/ttyUSB0 write_flash 0x00000 nodemcu_latest.bin -fs 32m
-fm dio -ff 40m
```

MS 윈도우에서는 nodemcu-flasher 프로그램을 사용하여 펌웨어를 업로드할 수 있다. Nodemcu Flasher 홈페이지(https://github.com/nodemcu/nodemcu-flasher)에서 파일을 다운로드한 다음 NodemcuFlasher.exe 프로그램을 실행하면 된다.

프로그램을 실행한 후에 Config 탭에서 펌웨어 파일을 선택하고, 0x00000 주소를 선택한다.

개발 키트 0.9 버전은 Nodemcu Devkit 소스 링크(https://github.com/nodemcu/nodemcu-devkit)에 CH340 Uart-to-USB 드라이버가 있으므로 설치하고 나면 COM 포트를 인식하게 된다.

그림 11-12 **NodemcuFlasher.exe** 의 통신 설정 창

개발 키트 1.0 버전은 프로그램을 실행한 다음, 그림 11-13과 같이 'Advanced' 탭에서 Baudrate=115200, Flash size=4MB, Flash speed=40MHz, SPI Mode=DIO로 설정하여야 한다. 이제 'Operation' 탭에서 'Start' 버튼을 눌러 펌웨어 업로드를 시작한다. 이때, 개발 키트의 'Flash' 버튼을 누른 채로 'Reset' 버튼을 눌렀다가 떼어 주면 업로드가 자동으로 진행될 것이다.

그림 11-13 **NodemcuFlasher.exe** 의 펌웨어 업로드 창

루아 스크립트를 프로그래밍하고 Nodemcu에 업로드하는 프로그램은 여러 가지가 있다. 윈도우에서는 Esplorer 또는 Lua Uploader와 같은 GUI 툴을 사용하면 된다.

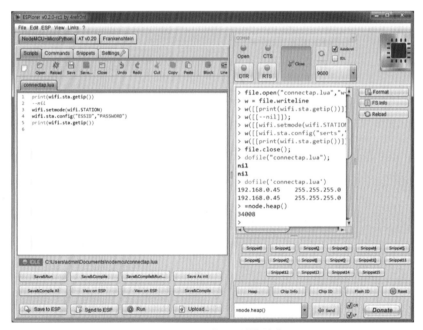

그림 11-14 **ESPlorer 실행 화면**

라즈베리 파이와 같은 리눅스에서는 luatool 또는 nodemcu-uploader와 같은 콘솔 프로그램을 사용하여 루아 스크립트를 업로드하고, screen 프로그램으로 Nodemcu에 접속하여 루아 셸에서 추가적인 스크립트 작업을 하면 된다.

먼저, Luatool 프로그램을 설치해 보자. 다음과 같은 명령을 실행하여 Luatool을 설치한다.

```
$ git clone https://github.com/4refr0nt/luatool.git
```

```
$ cd luatool
$ sudo cp luatool.py /usr/bin
```

luatool.py 스크립트의 명령어 옵션은 다음과 같다.

표 11-3 **luatool.py 스크립트 옵션**

일반 형식	luatool.py [옵션]
옵션	설명
--port <장치 파일>	장치 파일을 지정한다.(◉ /dev/ttyACM0, /dev/ttyUSB0)
--baud <전송 속도>	업로드 전송 속도를 지정한다.(◉ 115200, 57600, 38400, 9600)
--src <스크립트 파일>	소스 스크립트 파일을 지정한다.
--dest <스크립트 파일>	목적 스크립트 파일을 지정한다.
--verbose	실행 결과를 화면에 출력한다.

예를 들면, Nodemcu 펌웨어는 부팅 시에 'init.lua'라는 스크립트를 실행시키는데, 다음과 같이 공유기에 접속하는 초기 실행 스크립트를 작성해 보자. 스크립트에서 공유기의 SSID와 패스워드를 입력해야 한다.

코드 11-9 **통신 연결을 설정하는 init.lua 초기화 스크립트**

```
print('init.lua ver 1.2')
wifi.setmode(wifi.STATION)
print('set mode=STATION (mode='..wifi.getmode()..')')
print('MAC: ',wifi.sta.getmac())
print('chip: ',node.chipid())
print('heap: ',node.heap())
-- wifi config start
wifi.sta.config("<SSID>","<PASSWORD>")
-- wifi config end
```

이제 다음과 같은 명령을 실행하여 init.lua 스크립트를 업로드한다.

```
$ luatool.py --port /dev/ttyUSB0 --src init.lua --dest init.lua --verbose
Set timeout None
Set interCharTimeout None
```

```
Upload starting
Stage 1. Deleting old file from flash memory
->file.open("init.lua", "w") -> ok
->file.close() -> ok

Stage 2. Creating file in flash memory and write first line->file.remove("init.lua")
-> ok

Stage 3. Start writing data to flash memory...->file.open("init.lua", "w+") -> ok
->file.writeline([==[print('init.lua ver 1.2')]==]) -> ok
->file.writeline([==[wifi.setmode(wifi.STATION)]==]) -> ok
->file.writeline([==[print('set mode=STATION (mode='..wifi.getmode()..')')]==]) -> ok
->file.writeline([==[print('MAC: ',wifi.sta.getmac())]==]) -> ok
->file.writeline([==[print('chip: ',node.chipid())]==]) -> ok
->file.writeline([==[print('heap: ',node.heap())]==]) -> ok
->file.writeline([==[-- wifi config start]==]) -> ok
->file.writeline([==[wifi.sta.config("<SSID>","<PASSWORD>")]==]) -> ok

Stage 4. Flush data and closing file->file.writeline([==[-- wifi config end]==]) -> ok
->file.flush() -> ok
->file.close() -> ok
--->>> All done <<<---
```

screen 명령을 통해 Nodemcu에 접속한 후에 node.restart( ) 코드를 입력하여 Nodemcu가 재부팅되면 init.lua 스크립트가 실행되는 것을 알 수 있다.

```
$ screen /dev/ttyUSB0 9600
> print "Hello World"
Hello World
> node.restart()
> H□□□!□□D□□□@a□□@H□□
NodeMCU 0.9.5 build 20150214  powered by Lua 5.1.4
init.lua ver 1.2
set mode=STATION (mode=1)
MAC:    18-FE-34-98-89-D5
chip:   9996757
heap:   19168
> print(wifi.sta.getip())
nil
> print(wifi.sta.getip())
192.168.0.28   255.255.255.0   192.168.0.1
```

이 밖에도 많이 사용하는 스크립트 코드의 예는 다음과 같다. 여기서 힙 메모리(heap memory)를 출력해 보면 불과 18~40KB인 것을 알 수 있다. 따라서 큰 메시지를 전송하거나 복잡한 프로그램을 실행할 때 종종 'Non enough memory'를 내며 재부팅될 때가 있다.

표 11-4 **많이 사용하는 Nodemcu Lua 스크립트 코드**

스크립트 코드	설명
wifi.setmode(wifi.STATION)	스테이션 모드로 설정
wifi.sta.config("<SSID>","<PASSWORD>")	공유기 접속
=wifi.sta.getip( )	IP 주소 확인
=node.heap( )	힙 메모리 출력
dofile("script.lua")	스크립트 파일 실행
node.compile("script.lua")	스크립트 컴파일, 컴파일된 lc 파일 생성
node.restart( )	재부팅

또, AP 접속은 다음과 같은 코드를 입력하면 된다.

```
wifi.setmode(wifi.STATION)
wifi.sta.config("<SSID>","<PASSWORD>")
print(wifi.sta.getip())
```

다음 코드를 입력하면 업로드된 모든 파일의 목록을 확인할 수 있다.

```
l = file.list()
for k,v in pairs(l) do
    print("name:"..k..", size:"..v)
end
```

11.3.3 LED 제어

다음과 같이 LED를 깜박이게 하는 프로그램을 작성해 보자.

코드 11-10 **LED를 깜박이는 blink.lua 스크립트**

```
led = 0
gpio.mode(led, gpio.OUTPUT)
while 1 do
  gpio.write(led, gpio.HIGH)
  tmr.delay(1000000)   -- wait 1,000,000 us = 1 second
  gpio.write(led, gpio.LOW)
  tmr.delay(1000000)   -- wait 1,000,000 us = 1 second
end
```

또는 다음과 같은 코드를 입력해도 된다.

코드 11-11 **LED를 깜박이는 또 다른 blink.lua 스크립트**

```
led = 0
on = false
gpio.mode(led, gpio.OUTPUT)
tmr.alarm(0, 1000, 1, function()
    if not on then
        gpio.write(led, gpio.HIGH)
    else
        gpio.write(led, gpio.LOW)
    end
    on = not on
end)
```

이 프로그램을 업로드한 다음 screen 프로그램으로 접속해서 실행시켜 보자. NodeMCU 보드의 LED가 깜박거리는 것을 확인할 수 있을 것이다.

```
$ ./luatool.py --port /dev/ttyUSB0 --src blink.lua --dest blink.lua
...
$ screen /dev/ttyUSB0 9600
> dofile('blink.lua')
```

그런데 위의 두 프로그램 모두 같은 기능을 수행하지만, 첫째 프로그램은 주요 코드가 무한 루프에서 실행되는 반면, 둘째 코드는 타이머 알람 이벤트를 처리하는 콜백 함수로 등록되어 실행된다는 점에 주목하자. 그래서 첫째 프로그램을 실행하면 루아 셸로 빠져나올 수 없는 반면, 둘째 프로그램은 실행하고 나서도 루아 셸에서 계속 작업할 수 있다. 따라서 NodeMCU를 위한 루아 스크립트는 가능하면 둘째 코드처럼 이벤트 구동(event-driven) 방식의 프로그래밍으로 구현할 필요가 있다.

11.3.4 웹 서버를 통한 LED 제어 및 DHT22 온도/습도 센서 모니터링

다음은 앞서 파티클 코어 사용하기에서 다루었던 주제인 LED 제어 및 온도/습도 값을 모니터링하는 웹 서버를 여기서도 구현해 보자.

하드웨어 구성은 다음과 같다.

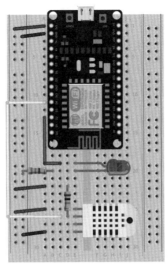

그림 11-15 NodeMCU와 LED 및 DHT22 센서의 연결 회로

이제 LED를 제어하고 요청한 온도/습도 값을 JSON 형식으로 보내 주는 루아 스크립트를 작성한다. Nodemcu 최신 펌웨어(0.9.6-dev_20150625 이후 버전)에는 DHT 센서를 읽는 API가 이미 포함되어 있어 사용하기 편리하다.

코드 11-12 **LED 제어 및 DHT22 온도/습도 센서를 측정하는 ledddhtweb.lua 스크립트**

```lua
led = 2
dht22 = 4

gpio.mode(led,gpio.OUTPUT)

rnrn=0
Status = 0
DataToGet = 0
method=""
url=""
vars=""
--t=0
--h=0
srv=net.createServer(net.TCP)
srv:listen(80,function(conn)
    conn:on("receive",function(conn,payload)

        if Status==0 then
            _,_,method,url,vars = string.find(payload, "([A-Z]+) /([^?]*)%??(.*) HTTP")
            print(":",method,url,vars)
        end
```

```lua
        if method=="GET" then
            if url=="events" then
                s,t,h,td,hd=dht.read(dht22)
                conn:send("HTTP/1.1 200 OK\r\n\r\n")
                if h ~= nil then
                    local json = "{".."\"temperature\": \""..(t).."\", "
                    json = json.."\"humidity\": \""..(h).."\" }"
                    conn:send(json)
                else
                    conn:send("")
                end
                return
            end
        end

        if method=="POST" then
          if url=="led" then
            if Status==0 then
                --print("status", Status)
                _,_,DataToGet, payload = string.find(payload, "Content%-Length: (%d+)(.+)")
                if DataToGet~=nil then
                    DataToGet = tonumber(DataToGet)
                    --print(DataToGet)
                    rnrn=1
                    Status = 1
                else
                    print("Can't get length")
                end
            end

            -- find /r/n/r/n
            if Status==1 then
                --print("status", Status)
                local payloadlen = string.len(payload)
                local mark = "\r\n\r\n"
                local i
                for i=1, payloadlen do
                    if string.byte(mark, rnrn) == string.byte(payload, i) then
                        rnrn=rnrn+1
                        if rnrn==5 then
                            payload = string.sub(payload, i+1,payloadlen)
                            Status=2
                            break
                        end
                    else
                        rnrn=1
                    end
                end
                if Status==1 then
                    return
```

```
                end
            end
        if Status==2 then
            --print("status", Status)
            if payload~=nil then
                DataToGet=DataToGet-string.len(payload)
                --print("DataToGet:", DataToGet, "payload len:", string.len(payload))
            else
                conn:send("HTTP/1.1 200 OK\r\n\r\nERROR")
                Status=0
            end

            if DataToGet==0 then
                conn:send("HTTP/1.1 200 OK\r\n\r\nOK")

                if payload=="on" then
                    gpio.write(led, gpio.HIGH)
                    conn:send("<br>Result:<verbatim>on</verbatim>")
                else
                    gpio.write(led, gpio.LOW)
                    conn:send("<br>Result:<verbatim>off</verbatim>")
                end
                Status=0
            end
        end
    end
    return
end

if url == "favicon.ico" then
    conn:send("HTTP/1.1 404 file not found")
    return
end

conn:send("HTTP/1.1 200 OK\r\n\r\n<html><body>")
conn:send("<h1>NodeMCU IDE</h1>")

if url=="" then
    local l = file.list();
    for k,v in pairs(l) do
        conn:send("<a href='"..k.."'>"..k.."</a>, size:"..v.."<br>")
    end
end
conn:send("</body></html>")
    end)
    conn:on("sent",function(conn) conn:close() end)
end)
```

다음과 같은 명령을 실행하여 Lua 스크립트 프로그램들을 Nodemcu에 업로드한다.

```
$ luatool.py --port /dev/ttyUSB0 --src leddhtweb.lua
```

screen으로 Nodemcu에 접속한 후에 스크립트를 실행한다.

```
$ screen /dev/ttyUSB0 9600
> dofile("leddhtweb.lua")
```

간혹 'Not enough memory' 오류가 발생하는 경우에는 스크립트를 컴파일하고 컴파일된 바이
트코드를 실행할 필요가 있다. 바이트코드 실행이 스크립트 실행보다 더 적은 메모리를 사용
하기 때문이다.

```
> node.compile("leddhtweb.lua")
> dofile("leddhtweb.lc")
```

다음은 파이썬 웹 서버 프로그램을 작성한다. 주 웹 페이지는 LED를 제어하는 버튼과 온도/
습도 모니터링을 위한 버튼으로 구현된다. LED ON/OFF 버튼을 누르면 HTTP POST 요청
을 NodeMCU 장치에게 전송하게 된다. 모니터링 버튼을 누르면 AJAX 요청을 통해 전송받
은 온도/습도 데이터를 Hicharts 자바스크립트 그래프 라이브러리를 이용하여 구성된 실시간
차트에 나타내게 한다. 웹 페이지를 나타내는 index.tpl과 dhtchart.tpl 파일도 함께 작성한다.
dhtchart.tpl 파일은 앞서 아두이노 펌웨어 프로그래밍에서 다루었던 파일과 동일하다.

코드 11-13 **LED와 온도/습도 센서를 제어하는 웹 서버를 구현한 nodemcuweb.py**

```
#-*- coding: utf-8 -*-
from bottle import get, post, request, template, run
try:
    from urllib.request import urlopen #python 3
except ImportError:
    from urllib2 import urlopen #python 2

deviceIp = "<장치 IP>"
portnum = "80"

base_url = "http://" + deviceIp + ":" + portnum
led_url = base_url + "/led"
events_url = base_url + "/events"

@post('/led')
def controled():
    l = request.body.read()
    if l == "ON":
```

```
        u = urlopen(led_url, "on")
    elif l == "OFF":
        u = urlopen(led_url, "off")

@get('/events')
def getevents():
    u = urlopen(events_url)
    data = ""
    try:
        data = u.read()
    except urllib2.HTTPError, e:
        print "HTTP error: %d" % e.code
    except urllib2.URLError, e:
        print "Network error: %s" % e.reason.args[1]
    return data
@get('/')
def index():
    return template("index")

@get('/dhtchart')
def dht22chart():
    return template("dhtchart")

if __name__ == '__main__':
    run(host="<서버 IP>", port=<포트>)
```

코드 11-14 **LED 및 온도/습도 센서 제어를 위한 index.tpl 템플릿 파일**

```
<html>
<head>
<script>
  var ledUri = "/led";
  var value = 0;
  function ledControl() {
    if ( window.XMLHttpRequest ) {
      request = new XMLHttpRequest();
    }
    if ( !request ) {
      alert("XMLHttpRequest Error");
      return false;
    }
    value = !value;
    var send =(value != 0 ? "ON":"OFF");
    request.open('POST', ledUri, true);
    request.setRequestHeader('Content-Type', 'application/x-www-form-urlencoded');
    request.send(send);
  }

  function dhtChart() {
    window.location.href='/dhtchart';
```

```
  }
</script>
</head>
<body>
<h1>ESP8266/NODEMCU 제어</h1>
<h2>LED 제어</h2>
<input type='button' onClick="ledControl()" value="ON/OFF" />
<h2>온도/습도 모니터링</h2>
<input type='button' onClick="dhtChart()" value="모니터링" />
</body>
```

이제 웹 브라우저를 실행하여 라즈베리 파이 서버에 http://<서버 IP>:<포트>/ 주소로 접속하여 버튼을 동작시켜 본다.

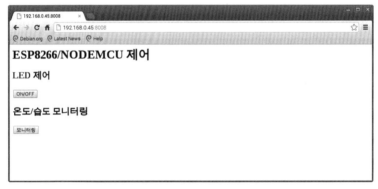

그림 11-16 웹을 통한 LED 제어 및 온도/습도 값 모니터링 화면

참고 자료

1. 파티클 홈페이지, http://www.particle.io

2. wintersalmon님 글, 온도 습도 모니터링, http://cafe.naver.com/openrt/9728

3. Hicharts 자바스크립트 그래프 라이브러리, http://www.hicharts.com

4. Esp8266 홈페이지, http://www.esp8266.com/

5. Nodemcu 홈페이지, http://www.nodemcu.com

6. Espressif Board Forum, http://bbs.espressif.com

7. Arduino IDE 1.6.3 for Raspberry Pi, https://github.com/NicoHood/Arduino-IDE-for-Raspberry

8. Esp8266 Arduino Add On, https://github.com/sandeepmistry/esp8266-Arduino

12

사물인터넷 서비스 활용

가장 심오한 기술은 사라지는 것이다.
그런 기술은 매일 생활의 직물을 짜서 결국 구별할 수 없게 된다.

– 마크 와이저(Mark Weiser), 유비쿼터스 컴퓨팅의 아버지.

이 장에서는 라즈베리 파이를 사용하여 다양한 방식의 사물인터넷 서비스들을 활용하는 방법을 살펴본다. 구체적으로는 WebIOPi, The Thing System, OpenHAB과 같은 홈 자동화 서버를 설치하고, Xively, Thingspeak, Plotly와 같은 데이터 저장 서비스와 IFTTT, Pushbullet, Telegram과 같은 연동 서비스를 활용해 볼 것이다.

12.1 사물인터넷 개요

위키피디아(Wikipedia)에 따르면 사물인터넷(Internet of Things)이란, 각종 사물에 컴퓨터 칩과 통신 기능을 내장하여 인터넷에 연결하는 기술을 의미한다. 약어로는 짧게 IoT로 쓴다. 여기서 사물이란, 가전제품, 모바일 장비, 웨어러블(wearable) 컴퓨터 등 다양한 임베디드(embedded) 시스템이 된다.

사물인터넷에 연결되는 사물들은 자신을 구별할 수 있는 유일한 아이디를 가져야 하고, 인터넷을 통한 통신 능력을 가져야 하고, 데이터를 처리하는 능력을 가져야 한다. 또한, 필요하면 외부 환경으로부터의 데이터 취득을 위해 센서를 내장할 수 있다. 라즈베리 파이는 이러한 기능을 모두 가지고 있으므로 사물인터넷에 아주 적합한 장치라고 할 수 있다.

12.2 WebIOPi 웹 서버 연결

WebIOPi는 웹 브라우저를 통해 라즈베리 파이의 모든 GPIO에 연결된 센서를 관리하거나 제어할 수 있도록 설계된 소프트웨어이다. 이것은 파이썬으로 가벼운 웹 서버를 구축하고, 자바스크립트로 구성된 웹 클라이언트 모듈을 통해 사용자가 웹 브라우저로 GPIO, 시리얼 등의 장치에 접근하여 제어할 수 있도록 한다. WebIOPi는 GPIO/SPI/I2C 버스에 연결된 아날로그 변환, 온도/습도, 조도 센서 등의 30가지 이상의 장치를 지원한다. 또한, 안드로이드와 파이 간 또는 파이끼리 통신할 수 있도록 파이썬 및 자바 클라이언트를 제공하고, IoT 프로토콜인 CoAP 서버로도 동작할 수 있다.

WebIOPi를 설치하는 방법은 간단하다. 먼저, WebIOPi 소프트웨어를 다운로드하고 압축을 푼다.

```
$ wget http://downloads.sourceforge.net/project/webiopi/WebIOPi-0.7.1.tar.gz
$ tar xvfz WebIOPi-0.7.1.tar.gz
$ cd WebIOPi-0.7.1
```

WebIOPi-0.7.1 버전에서는 라즈베리 파이 2에 대해 지원하지 않으므로, 라즈베리 파이 2에 설치하려면 다음과 같은 패치를 적용한다. 패치의 내용은 GPIO 메모리 할당 주소를 라즈베리 파이 2에 맞게 수정하는 부분과 40핀까지 표시하는 기능을 포함하고 있다.

```
$ wget https://github.com/swkim01/webiopi-dht/raw/master/webiopi-0.7.1-rpi2.diff
$ patch -p1 < webiopi-0.7.1-rpi2.diff
```

설치 스크립트를 실행하기 전에 나중에 파이썬 DHT 센서 라이브러리를 사용하기 위해 WebIOPi를 파이썬 2.7 버전에 설치해야 한다. 그래서 setup.sh 파일에서 'python3'을 제거하도록 다음과 같은 명령을 실행한다.

```
$ sed -i 's/ python3//' setup.sh
```

이제 다음 명령을 실행하여 WebIOPi를 라즈베리 파이에 설치한다.

```
$ sudo ./setup.sh
```

설치 과정에서 마지막 부분에 Weaved를 설치하라는 물음이 나타날 것이다. Weaved 서버는 라즈베리 파이 서버가 공유기 환경의 서브넷에 연결되어 있더라도 가상 주소를 제공하여 외부에서 접속 가능하도록 해 준다. 이 기능이 필요하다면 'y'를 입력하자. 라즈베리 파이 2를 사용하면 관련된 오류가 나타나고 제대로 설치가 되지 않는데, 이 부분은 아래에서 다시 설명할 것이다.

설치가 완료되었으면 본격적으로 WebIOPi를 사용해 보자. WebIOPi를 시작하려면 다음과 같은 명령을 실행한다.

```
$ sudo /etc/init.d/webiopi start
```

실행을 멈추려면 다음 명령을 실행한다.

```
$ sudo /etc/init.d/webiopi stop
```

부팅 시에 자동으로 실행하도록 하려면 다음과 같은 명령을 실행한다.

```
$ sudo update-rc.d webiopi defaults
```

WebIOPi를 활용하여 개발하는 도중에 실행되는 결과 또는 오류 메시지를 보려면 다음과 같이 WebIOPi 프로그램을 수동으로 실행하면 된다.

```
$ sudo webiopi -d -c /etc/webiopi/config
```

이제 웹 브라우저에서 http://localhost:8000/ 주소로 접속해 보자. 사용자 이름과 패스워드를 묻는 창이 나타날 것이다. 사용자 이름과 패스워드를 입력하면 메인 홈페이지가 나타날 것이다. webiopi_password.py 프로그램으로 사용자 이름과 패스워드를 지정하지 않으면 기본 사용자 이름은 'webiopi', 패스워드는 'raspberry'이다.

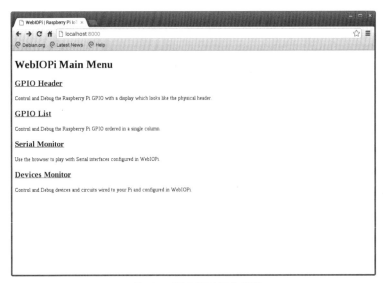

그림 12-1 WebIOPi 접속 화면

'GPIO Header' 탭을 누르면 다음과 같은 GPIO 핀에 대한 페이지가 나타난다. 여기서 GPIO 핀에 대한 버튼을 눌러 입출력 방향(IN/OUT), 레벨(HIGH/LOW)을 제어할 수 있다.

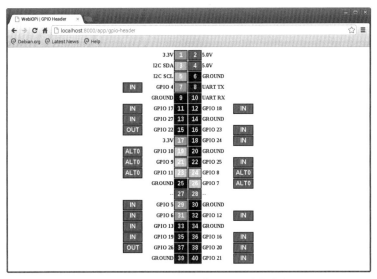

그림 12-2 WebIOPi를 통한 GPIO 제어 화면

다음은 인터넷 접속을 도와주는 Weaved 프로그램을 설치하는 방법이다. 먼저, 설치하기 전에 www.weaved.com 사이트에서 계정을 만든다. 상단의 'Sign Up' 메뉴를 클릭하고, 로그인 이메일 계정과 패스워드를 입력하면 간단히 계정이 만들어질 것이다.

라즈베리 파이 2에서는 Weaved를 설치하는 도중에 오류가 발생할 것이다. 해결하는 방법은 간단하다. weaved_for_webiopi/installer.sh 파일을 수정하여 117번째 줄 근처의 'armv6l'을 'armv7l'로 수정한 후에 실행하면 된다. 즉, 다음과 같은 명령을 실행한다.

```
$ cd weaved_for_webiopi
$ sudo nano installer.sh
#armv6l -> armv7l로 변경
$ sudo ./installer.sh
```

설치하는 도중에 Weaved 계정 이메일 주소, 패스워드, 설치할 장치의 이름을 물어 볼 것이다. 모두 입력하고 나면 Weaved 서버에 장치가 등록되고 연동 프로그램의 설치가 완료된다.

이제 다음과 같은 명령을 입력하면 Weaved와 연동하는 프로그램이 구동할 것이다.

```
$ sudo Weavedwebiopi8000.sh start
```

인터넷이 연결된 곳에서 스마트폰 등으로 웹 브라우저를 열어 Weaved 서버(www.weaved.com)에 접속한다. 로그인하면 자신의 장치가 나타날 것이다.

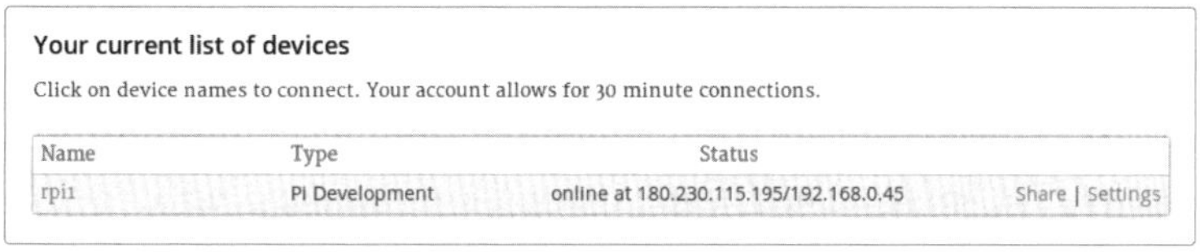

Your current list of devices

Click on device names to connect. Your account allows for 30 minute connections.

Name	Type	Status	
rpi1	Pi Development	online at 180.230.115.195/192.168.0.45	Share | Settings

그림 12-3 **Weaved 서버에 장치가 등록된 웹 페이지 화면**

장치를 클릭하면 조금 기다린 후, Weaved 서버가 생성한 가상 주소로 접속한다.

다음은 WebIOPi의 구조에 대해 알아보자. WebIOPi는 기본적으로 HTTP 웹 서버의 기능을 하며, 라즈베리 파이에 연결된 GPIO 및 직렬 포트 등에 연결된 LED, 센서 등의 다양한 장치를 제어하도록 설계되었다. 내부적으로는 서버와 클라이언트 간에 HTTP REST API를 통해 메시지를 주고받지만, IoT 및 센서 네트워크 프로토콜인 CoAP 프로토콜도 또한 지원한다. 또한, 개발자가 파이썬 스크립트를 통해 프로그래밍된 코드를 실행할 수 있는데, 매크로 기능을 활용하면 클라이언트가 임의의 파이썬 함수를 호출할 수도 있다.

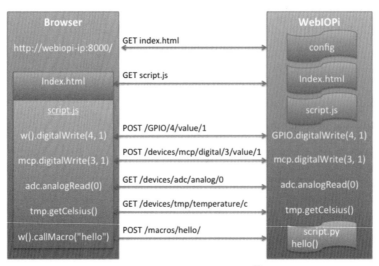

그림 12-4 **WebIOPi 통신 순서**[20]

WebIOPi는 /etc/webiopi/config 설정 파일에 지정된 정보를 참고하여 서버를 실행한다. 설정 파일의 형식은 섹션별로 '키=값'의 형태로 저장된다. 설정 가능한 섹션은 표 12-1과 같다.

표 12-1 **WebIOPi 설정 파일의 기능별 섹션**

섹션	설명
[HTTP]	웹 서버 설정 부분이다. 포트, 패스워드 파일 등을 지정한다.
[COAP]	COAP 서버 설정 부분이다. 포트, 멀티캐스트 등을 지정한다.
[GPIO]	GPIO 포트를 설정하는 부분이다. 입출력 방향, 값을 지정한다.(예 18 = OUT 1)
[~GPIO]	셧다운 시에 GPIO 포트를 리셋하는 부분이다.
[SCRIPTS]	서버와 함께 실행할 스크립트 파일을 지정한다.(예 myscript = /home/pi/script.py)
[DEVICES]	직렬 포트, 센서 등의 장치를 지정한다.(예 serial0 = Serial device:ttyAMA0 baudrate:9600)
[REST]	REST API로 제어할 GPIO 포트를 지정한다.(예 gpio-export = 17, 18)
[ROUTES]	URI에 대한 간단한 URL 경로를 재지정한다.(예 /bedroom/light = /GPIO/17/value)

다음은 앞서 다룬 LED 제어와 DHT22 센서 모니터링 기능을 WebIOPi로 구현해 보자. WebIOPi가 지원하는 센서는 DS2408, MCP230xx, MCP23Sxx, PCF8574 등의 GPIO 확장 장치, ADS1000, MCP3000 시리즈의 AD 변환기, MCP4725, MCP492x DA 변환기, PCA9683 PWM 장치, DS18*, TMPXXX, BMP085 온도, 압력 센서, TSL2561/4531, VCNL4000 조도

---

20 WebIOPi 홈페이지(https://code.google.com/p/webiopi/wiki/Tutorial_Basis)

센서 등이다. 하지만 DHT11/22 센서는 지원하지 않는데, 다음과 같이 수정하면 WebIOPi에서 DHT 센서를 사용할 수 있게 된다.

먼저, 다음 명령을 실행하여 Adafruit Python DHT 모듈을 설치한다.

```
$ apt-get update
$ sudo apt-get install build-essential python-dev
$ git clone https://github.com/adafruit/Adafruit_Python_DHT.git
$ cd Adafruit_Python_DHT
$ sudo python setup.py install
```

다음 주소로부터 DHT 센서 모듈과 관련된 소스 코드를 다운로드하고 관련 파일을 복사한다.

```
$ git clone https://github.com/swkim01/webiopi-dht.git
$ cd webiopi-dht/python/webiopi/devices/sensor/
$ cp * <webiopi 설치 디렉터리>/python/webiopi/devices/sensor/
```

WebIOPi 설치 디렉터리로 이동하여 파이썬 모듈을 다시 설치하면 설치가 완료된다.

```
$ cd <WebIOPi 설치 디렉터리>/python
$ sudo python setup.py install
```

이제 그림 12-5와 같은 회로를 구성한다.

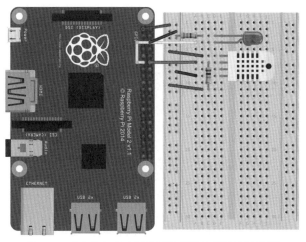

그림 12-5 라즈베리 파이와 LED 및 DHT22 센서의 연결 회로

이제 /etc/webiopi/config 설정 파일을 수정하여 DHT 센서와 LED를 사용할 수 있도록 설정한다.

코드 12-1 /etc/webiopi/config 설정 파일의 수정 부분

```
...
[DEVICES]
...
dht0 = DHT22 pin:18
...
[REST]
gpio-export = 17
gpio-get-value = true
gpio-post-value = true
...
```

웹 브라우저를 열어 'Device Monitor' 링크로 접속하면 다음과 같이 온도/습도 값을 확인할 수 있을 것이다.

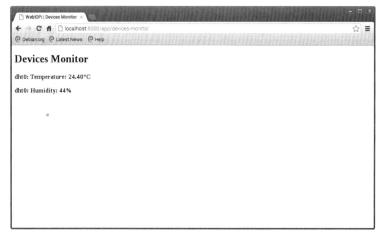

그림 12-6 **WebIOPi를 통한 DHT 온도/습도 센서 값 출력 화면**

CURL 명령을 사용해서 온도/습도 값을 읽거나 LED를 제어해 보자.

```
$ curl -X GET -u webiopi:raspberry localhost:8000/devices/dht0/sensor/temperature/c
24.40
$ curl -X GET -u webiopi:raspberry localhost:8000/devices/dht0/sensor/humidity/percent
44
$ curl -X GET -u webiopi:raspberry localhost:8000/GPIO/17/value
0
$ curl -X POST -u webiopo:raspberry localhost:8000/GPIO/17/value/1
$ curl -X POST -u webiopo:raspberry localhost:8000/GPIO/17/value/0
```

이제 기본 홈페이지 대신에 LED를 제어하고 온도/습도 값을 출력하는 홈페이지와 지정한 온도 범위를 벗어나면 자동으로 LED를 끄거나 켜도록 하는 파이썬 스크립트를 구현해 보자.

먼저, 다음과 같이 디렉터리를 생성하고, 앞에서 다운로드한 파일 중에서 HTML 예제 파일을 복사한다.

```
$ mkdir -p ~/webiopi/html
$ cp ~/webiopi-dht/examples/html/index.html ~/webiopi/html/
```

여기서 HTML 파일에서는 클라이언트로부터 WebIOPi 서버로 REST 요청을 통해 LED를 제어하고 온도/습도 값을 요청하여 웹 페이지에 나타내는 코드를 포함하고 있다.

다음은 파이썬 스크립트를 복사한다.

```
$ mkdir -p ~/webiopi/python
$ cp ~/webiopi-dht/examples/python/script.py ~/webiopi/python/
```

이 프로그램에서는 자동/수동 모드를 설정하는 기능을 추가하고, 자동 모드일 때는 최대, 최소 온도 범위를 설정하고, 현재 온도가 최대 온도보다 높으면 LED를 끄고, 최소 온도보다 낮으면 LED를 켜도록 한다.

이제 /etc/webiopi/config 설정 파일을 수정하여 HTML 웹 페이지와 파이썬 스크립트를 지정한다.

코드 12-2 **/etc/webiopi/config 설정 파일 수정 부분**

```
...
[SCRIPTS]
myproject = /home/pi/webiopi/python/script.py
...
[HTTP]
...
doc-root = /home/pi/webiopi/html
...
```

WebIOPi를 재실행하고, 웹 브라우저로 http://localhost:8000 포트로 접속하면 다음과 같은 화면이 나타날 것이다. LED를 제어해 보고 자동 모드일 때, LED를 켠 상태에서 온도 센서에 입김을 불어넣어 최대 설정 온도를 넘어서게 하면 자동으로 LED가 꺼지는 것을 관찰할 수 있을 것이다.

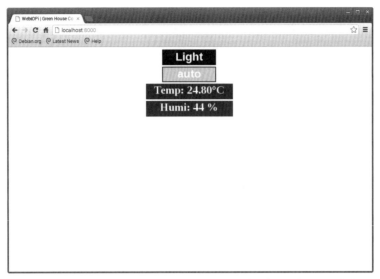

그림 12-7 WebIOPi를 통해 제작한 LED 및 DHT 온도/습도 센서 제어 화면

12.3 The Thing System

앞서 WebIOPi는 주로 라즈베리 파이에 GPIO 또는 직렬 포트로 직접 연결된 장치들을 제어하는 목적으로 만들어졌다. 이런 장치들보다는 유무선 통신으로 연결된 주변의 다른 장치들을 주로 활용하여 자동화하거나 제어하는 목적으로 만들어진 홈 자동화 서버들에 대해 알아보자.

12.3.1 The Thing System 개요 및 설치

먼저, The Thing System은 알래스데어 앨런(Alasdair Allan)과 마셜 로즈(Marshall T. Rose)가 만든 오픈소스 홈 네트워크 서버이다. 이것은 Node.js로 만들어졌고, 네스트 온도 조절기, Netatmo, LIFX, 필립스 휴(Hue), 인스테온 LED 전구, 삼성 에어컨, Roku, 구글 크롬캐스트, 페블 스마트워치 등 다양한 장치들을 지원한다.

그런데 아쉽게도 2014년 11월에 The Thing System의 개발이 중단되었다. 하지만 직접 구동시켜 보면서 홈페이지의 문서와 소스 코드를 살펴보면 다양한 장치들을 연동하고 동작시키는 데 탁월한 특성이 있음을 알 수 있다. 또한 체계적으로 만들어진 서버 구조를 공부하는 데는 도움이 될 것으로 판단된다.

The Thing System을 라즈베리 파이에 설치하는 방법은 두 가지가 있다. 하나는 The Thing System 홈페이지에서 제공하는 라즈비안 이미지를 직접 SD 카드에 탑재하는 방법이다. 다른 방법은 소스 코드를 다운로드하여 설치하는 방법이다. 그런데 라즈베리 파이 2용 이미지를 제공하지 않으므로 소스 코드를 직접 빌드하여 설치해야 한다. 먼저, Node.js를 설치하여야 한다. 그런데 The Thing System에서 사용하는 Node.js 버전은 0.10.22인데, 라즈비안을 위한 Node.js 패키지는 0.6 버전이므로 너무 낮고, 인터넷으로 구할 수 있는 ARM용 Node.js 중 0.10.3x~0.12.xx 버전은 The Thing System에 포함된 수많은 nodejs 모듈들을 빌드하는 도중에 오류가 나서 설치하기가 어렵다. 따라서 다음과 같이 공식적으로 파이용으로 제공되는 버전 중 0.10.28 버전을 설치하는 것이 바람직하다.

다음 명령을 실행하여 ARM 파이용으로 빌드된 패키지를 다운로드하고 설치한다.

```
$ wget http://nodejs.org/dist/v0.10.28/node-v0.10.28-linux-arm-pi.tar.gz
$ tar xvfz node-v0.10.28-linux-arm-pi.tar.gz
$ cd node-v0.10.28-linux-arm-pi
$ sudo cp -r * /usr/local
```

설치하고 나면 Node.js 서버 프로그램과 NPM(Node Packaged Modules) 패키지 관리자 프로그램을 실행할 수 있다. 다음 명령을 실행하면 Node.js 버전을 확인할 수 있다.

```
$ node -v
```

다음은 NVM(Node Version Manager)을 설치한다.

```
$ git clone git://github.com/creationix/nvm.git ~/.nvm
$ echo ". ~/.nvm/nvm.sh" >> ~/.bashrc
$ . ~/.nvm/nvm.sh
$ nvm alias default v0.10.28
```

다음은 node-gyp라는 패키지 툴을 설치한다.

```
$ wget https://github.com/TooTallNate/node-gyp/archive
$ git clone https://github.com/TooTallNate/node-gyp.git
$ cd node-gyp
$ sudo npm install -g node-gyp
$ cd ..
```

다음은 의존 패키지들과 bluez를 설치한다. 먼저, 다음 명령을 실행하여 의존 패키지들을 설치한다.

```
$ sudo apt-get install libpcap-dev libavahi-client-dev libavahi-core7 libnss-mdns
avahi-discover libavahi-compat-libdnssd-dev libusb-1.0-0-dev libusbhid-common
libusb-dev libglib2.0-dev automake libudev-dev libical-dev libreadline-dev
libdbus-glib-1-dev libexpat1-dev
```

다음 명령을 실행하여 블루투스 라이브러리 및 툴인 bluez 패키지의 최신 버전(여기서는 5.33 버전)을 다운로드하고 설치한다.

```
$ wget http://www.kernel.org/pub/linux/bluetooth/bluez-5.33.tar.gz
$ tar xvfz bluez-5.33.tar.gz
$ cd bluez-5.33
$ ./configure --enable-library --disable-systemd
$ make
$ sudo make install
$ sudo cp attrib/gatttool /usr/local/bin
$ cd ..
```

다음은 The Thing System 소스 코드를 다운로드한 다음 NPM을 이용하여 설치하면 된다.

```
$ git clone https://github.com/TheThingSystem/steward.git
$ cd steward/steward
$ rm -rf node_modules
$ npm install -l
```

설치하는 데 수십 분에서 한 시간 정도 걸릴 것이다.

스튜어드(steward)가 설치되면 다음 명령을 실행하여 스튜어드를 실행한다.

```
$ sudo ./run.sh
```

스튜어드가 실행되면서 SSDP, TCP 포트 스캐닝, BLE 스캔, USB 등을 통해 주변 장치를 탐색한 다음 node.js 웹 서버가 실행된다.

```
* Starting Avahi mDNS/DNS-SD Daemon avahi-daemon * avahi-daemon disabled because
there is a unicast .local domain
```

디스크 이미지로 설치하여 부팅 시 자동 실행하면서 위와 같은 경고 메시지가 나타나거나 스튜어드 실행 시에 mDNS와 관련된 오류(alert: [steward] exception diagnostic=dns service error: unknown) 발생할 시에는 avahi 데몬의 실행이 실패하였기 때문이다. 이때는 /etc/default/avahi-daemon 파일을 수정하여 AVAHI_DAEMON_DETECT_LOCAL=0으로 설정한 다음, 데몬을 재실행하거나 재부팅한다.

```
$ sudo vi /etc/default/avahi-daemon
AVAHI_DAEMON_DETECT_LOCAL=0
```

웹 브라우저를 실행하여 https://<ip 주소>:8888 주소로 접속해 본다. 만약 라즈베리 파이에서 실행하면 보안 모드가 아닌 http://localhost:8887로 접속한다.

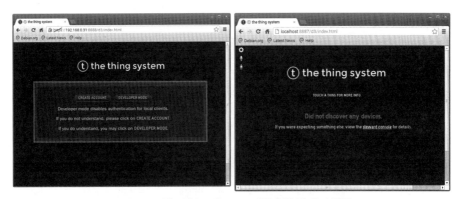

그림 12-8 The Thing System 계정 입력 및 초기 화면

12.3.2 The Thing System의 구조

The Thing System의 구조는 그림 12-9와 같다. 여기서 스튜어드(Steward)라는 서버 프로그램이 중앙 서버 역할을 하며, 다양한 종류의 사물(thing)들과 연동하여 제어하고 모니터링한다. 사물들은 지그비, UPnP처럼 독자적인 프로토콜을 가질 수도 있고, 이 시스템에서 지원하는 STP(Simple Thing Protocol)와 TSRP(Thing Sensor Reporting Protocol)라는 두 가지 프로토콜을 사용하여 스튜어드와 통신할 수도 있다. 또 스튜어드는 단순 클라이언트(Simple Client)와 어프렌티스(Apprentice)라는 두 종류의 클라이언트와 인터페이스할 수 있다. 단순한 클라이언트는 안드로이드, iOS, 아두이노, 리눅스 등의 플랫폼 위에서 웹 서비스로 스튜어드와 연동하여 사물을 제어하거나 모니터링하는 역할을 할 수 있다. 어프렌티스는 이것을 발전시켜 일단 설정되면 자동으로 동작하는 자동화된 에이전트 프로그램을 의미한다.

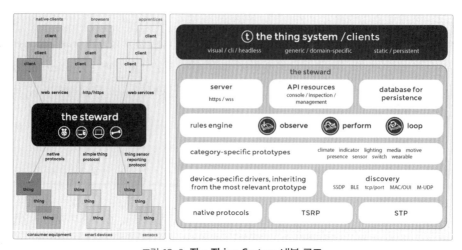

그림 12-9 **The Thing System 내부 구조**

출처 The Thing System 홈페이지 (http://thethingsystem.com/dev/index.html)

좀 더 구체적으로 살펴보면 다음과 같다. The Thing System이 구동되면 유틸리티, 데이터베이스, 스튜어드의 세 가지 모듈이 실행된다. 유틸리티 모듈은 모듈 및 장치들 간의 통신을 위한 **pubsub** 메일 박스들을 생성하고 로그 기능 등을 초기화한다. 데이터베이스 모듈은 각종 장치와 그룹에 관한 정보를 저장하는 데이터베이스 파일을 설정하고, 장치 모듈에 대한 드라이버를 초기화한다. 스튜어드 모듈은 네트워크 인터페이스를 초기화한 다음, 서버 모듈을 실행하고 관찰-처리(Observe-Perform) 루프를 처리한다.

서버 모듈에서는 HTTP 웹 서버를 구동시키고, 자신에 대한 mDNS 광고 메시지를 보내고, 디스커버리(Discovery) 모듈과 라우팅 모듈을 실행한다. 디스커버리 모듈은 주변의 장치들을 탐색하여 자동으로 연결하고 등록하는 역할을 수행한다. 자동 탐색이 가능한 장치는 SSDP 프로토콜을 통한 UPnP 장치, BLE 장치, TCP 및 MAC OUI 스캔을 통한 장치, TSRP 프로토콜로 데이터를 전송하는 장치들이다.

스튜어드 모듈의 관찰-처리 루프에서는 1초에 한 번씩 장치들이 보낸 이벤트를 관찰하여 처리해야 할 태스크 목록을 만들고 이를 실행한다. The Thing System에서는 이벤트와 태스크를 묶어 활동(activity)이라고 정의한다. 활동을 행하는 활동자(actor)는 장소(place), 장치(device) 그리고 여러 활동자를 묶은 그룹(group)이 될 수 있다. The Thing System에서는 이러한 이벤트, 태스크, 활동자, 장치 등에 대해 접근하여 제어하고 모니터링할 수 있는 웹소켓 API를 제공한다.

아두이노와 ESP8266 모듈을 사용한 TSRP 통신

앞서 설명한 것처럼 The Thing System에서는 자체적으로 제공하는 두 가지 프로토콜을 사용하여 특정한 장치가 스튜어드와 통신하도록 할 수 있다. 온도 센서처럼 지속적으로 정보를 전송하는 장치는 TSRP 프로토콜을 사용하여 멀티캐스트 UDP를 통해 통신하면 된다. 이와는 달리 LED를 켜고 끄는 것처럼 명령에 따라 능동적인 액션을 취하는 장치이면 STP 프로토콜을 사용하여 HTML5 웹소켓을 통해 JSON 형식으로 메시지를 주고받으면 된다. 그런데 STP 프로토콜을 사용하는 장치를 만들 때 아두이노 UNO의 메모리 용량으로는 처리가 불가능하므로 Mega2560 정도 되는 MCU를 사용해야 한다. 여기서는 ESP8266 와이파이 모듈이 장착된 아두이노 UNO에 연결된 DHT22 온도/습도 센서를 통해 얻은 온도/습도 값을 TSRP 프로토콜로 전송하는 예제를 다루어 본다.

먼저, 하드웨어 구성은 다음과 같다.

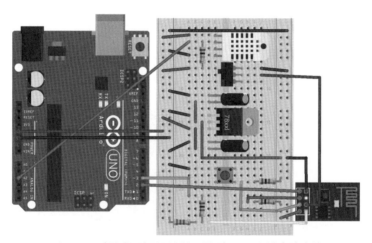

그림 12-10 **아두이노와 ESP8266 모듈 및 DHT22 센서 연결 회로**

다음은 DHT22 온도/습도 센서를 아두이노에서 사용하기 위해 에이다프루트 사에서 만든 DHT 센서 라이브러리를 다운로드하여 설치한다. 다음과 같은 명령을 실행한다.

```
$ wget https://github.com/adafruit/DHT-sensor-library/archive/master.zip
$ unzip master.zip -d ~/Arduino/libraries
```

다음은 아두이노 IDE에서 스케치 프로그램을 작성한다.

코드 12-3 DHT22 온도/습도 값을 TSRP로 전송하는 아두이노 스케치 프로그램

```
#include <SoftwareSerial.h>
#include <ESP8266.h>
#include <DHT.h>

unsigned long requestID = 1;
unsigned long next_heartbeat = 0;
unsigned long sample_time = 10000;

#define DHT_SENSOR    A2
#define DHT_TYPE      DHT22
DHT dht(DHT_SENSOR, DHT_TYPE);

char * const loopPacket1 PROGMEM = "{\"path\":\"/api/v1/thing/reporting\",
\"requestID\":\"";
char * const loopPacket2 PROGMEM = "\",\"things\":{\"/device/climate/arduino/meteo\":
{\"prototype\":{\"device\":{\"name\":\"Arduino Dht22 Sensor\",\"maker\":\"Arduino\"},
\"name\":\"true\",\"status\":[\"present\",\"absent\",\"recent\"],\"properties\":
{\"temperature\":\"celcius\",\"humidity\":\"percent\"}},\"instances\":[{\"name\":
\"Arduino Dht22 Sensor\",\"status\":\"present\",\"unit\":{\"serial\":\"";
char * const loopPacket3 PROGMEM = "\",\"udn\":\"195a42b0-ef6b-11e2-99d0-";
char * const loopPacket4 PROGMEM = "-dht22\"},\"info\":{\"temperature\":";
char * const loopPacket5 PROGMEM = ",\"humidity\":";
char * const loopPacket6 PROGMEM = "},\"uptime\":";
char * const loopPacket7 PROGMEM = "}]}}}";

IPAddress host(224,0,9,1);
unsigned int port = 22601;
#define WLAN_SSID       "<SSID>"              // cannot be longer than 32 characters!
#define WLAN_PASS       "<PASSWORD>"
// Security can be WLAN_SEC_UNSEC, WLAN_SEC_WEP, WLAN_SEC_WPA or WLAN_SEC_WPA2
#define WLAN_SECURITY   WLAN_SEC_WPA2

SoftwareSerial esp8266Serial = SoftwareSerial(2, 3);
ESP8266 wifi = ESP8266(esp8266Serial);
char packetBuffer[512];

void setup(void)
{
  Serial.begin(9600);
  Serial.println("Initializing DHT sensor.");
  dht.begin();

  /* Initialise the module */
  Serial.println(F("\nInitializing..."));
  esp8266Serial.begin(9600);
  wifi.begin();
  // setWifiMode
  Serial.print("setWifiMode: ");
  Serial.println(getStatus(wifi.setMode(ESP8266_WIFI_STATION)));
```

```
  // joinAP
  Serial.print(F("\nAttempting to connect to ")); Serial.println(WLAN_SSID);
  Serial.println(getStatus(wifi.joinAP(WLAN_SSID, WLAN_PASS)));
  Serial.println(F("Connected!"));
  // connect
  Serial.print("connect: ");
  Serial.println(getStatus(wifi.connect(ESP8266_PROTOCOL_UDP, host, port)));

  next_heartbeat = millis() + sample_time;
}

void loop(void)
{
  float humidity=20, temperature=25;
  char  buffer[24];
  unsigned long now;

  now = millis();
  if (now < next_heartbeat) return;
  next_heartbeat = millis() + sample_time;

  humidity = dht.readHumidity();
  temperature = dht.readTemperature();
  strcpy(packetBuffer,(char*)pgm_read_word(&loopPacket1) );
  strcat(packetBuffer, ultoa( requestID, buffer, 10) );
  strcat(packetBuffer,(char*)pgm_read_word(&loopPacket2) );
  for (byte thisByte = 0; thisByte < 6; thisByte++) {
    sprintf(buffer, "%02x", mac[thisByte] );
    strcat(packetBuffer, buffer);
  }
  strcat(packetBuffer,(char*)pgm_read_word(&loopPacket3) );
  for (byte thisByte = 0; thisByte < 6; thisByte++) {
    sprintf(buffer, "%02x", mac[thisByte] );
    strcat(packetBuffer, buffer);
  }
  if (!isnan(temperature)) {
    strcat(packetBuffer,(char*)pgm_read_word(&loopPacket4) );
    strcat(packetBuffer, dtostrf((double) temperature, 4, 2, buffer));
  }
  if (!isnan(humidity)) {
    strcat(packetBuffer,(char*)pgm_read_word(&loopPacket5) );
    strcat(packetBuffer, dtostrf((double) humidity, 4, 2, buffer));
  }
  strcat(packetBuffer,(char*)pgm_read_word(&loopPacket6) );
  strcat(packetBuffer, ultoa( now, buffer, 10) );
  strcat(packetBuffer,(char*)pgm_read_word(&loopPacket7) );

  int n = strlen(packetBuffer);
  Serial.print("writing ");Serial.print(n);Serial.println(" octets");
  Serial.println(packetBuffer);
```

```
    Serial.println(getStatus(wifi.send(packetBuffer)));

    requestID = requestID + 1;
}

String getStatus(bool status)
{
  if (status)
    return "OK";
  return "KO";
}

String getStatus(ESP8266CommandStatus status)
{
  switch (status) {
  case ESP8266_COMMAND_INVALID: return "INVALID"; break;
  case ESP8266_COMMAND_TIMEOUT: return "TIMEOUT"; break;
  case ESP8266_COMMAND_OK: return "OK"; break;
  case ESP8266_COMMAND_NO_CHANGE: return "NO CHANGE"; break;
  case ESP8266_COMMAND_ERROR: return "ERROR"; break;
  case ESP8266_COMMAND_NO_LINK: return "NO LINK"; break;
  case ESP8266_COMMAND_TOO_LONG: return "TOO LONG"; break;
  case ESP8266_COMMAND_FAIL: return "FAIL"; break;
  default: return "UNKNOWN COMMAND STATUS"; break;
  }
}
```

여기서 매 10초마다 센서 측정값을 TSRP 프로토콜을 통해 UDP로 전송하는 멀티캐스트 주소는 224.0.9.1이고, 포트 번호는 22601이며, 전송하는 JSON 데이터 형식은 다음과 같다.

```
{"path":"/api/v1/thing/reporting",
 "requestID":"1",
 "things":
    {"/device/climate/arduino/meteo":
        {"prototype":
            {"device":
                {"name":"Arduino Dht22 Sensor", "maker":"Arduino"
                },
            "name":"true",
            "status": ["present","absent","recent"],
            "properties":
                {"temperature":"celcius","humidity":"percentage"}
            },
        "instances":
            [{"name":"Arduino Dht22 Sensor",
              "status":"present",
              "unit": {"serial":"","udn":"195a42b0-ef6b-11e2-99d0--dht22"},
              "info":{"temperature": 25.3, "humidity": 28.2},
```

```
            "uptime": milliseconds
        }]
    }
  }
}
```

스케치 프로그램을 빌드한 다음 아두이노에 업로드하면 실행될 것이다. ESP8266 모듈을 통해 네트워크에 정상적으로 연결되어 TSRP 메시지를 보내기 시작하면 스튜어드에서는 그림 12-11의 화면과 같이 디스커버리 모듈에 의해 즉시 장치를 감지할 것이다.

그림 12-11 The Thing System의 DHT22 온도/습도 센서 감지 화면

센서를 클릭하면 그림 12-12와 같이 전송된 온도/습도 값이 화면에 나타날 것이다.

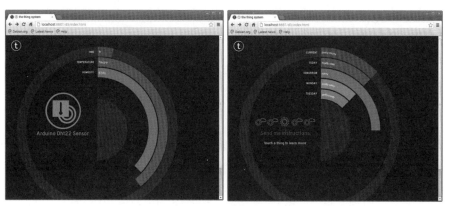

그림 12-12 The Thing System의 DHT22 온도/습도 센서 값 출력 화면

다음은 The Thing System과 연동할 클라이언트 프로그램을 만들어 보자. 클라이언트 프로그램은 웹소켓을 사용하여 스튜어드와 쉽게 통신할 수 있다. 웹소켓으로 연동할 수 있는 두 개의 웹소켓 API 주소는 다음과 같다.

wss://steward.local:8888/console 또는 ws://localhost:8887/console

wss://steward.local:8888/manage 또는 ws://localhost:8887/manage

여기서 console API는 스튜어드의 상태 갱신 내용과 로그 항목들을 주기적으로 전달받게 된다. manage API는 액티비티, 이벤트, 태스크, 그룹 등을 관리하거나 특정한 이벤트를 관찰하고 행동을 취하도록 요청할 수 있다. 또한, 단순한 구조를 넘어서서 특정한 조건에 따라 자동으로 동작하는 자동화된 프로그램을 만들 수도 있다. 참고로, Node.js로 구현한 다양한 클라이언트 프로그램 예제가 steward/clients 디렉터리에 있다.

다음은 The Thing System 홈페이지에 소개한 LED를 끄고 켜는 클라이언트 예제를 조금 변형해서 구현해 보자. 클라이언트 프로그램은 라즈베리 파이에서 자바스크립트로 구현하여 Node.js로 실행할 것이다. 따라서 아두이노 대신 라즈베리 파이의 GPIO 포트에 LED를 연결한다. 회로는 그림 6-9와 같다. 즉, 라즈베리 파이의 GPIO 18번 포트(GPIO 확장 포트 12번 핀)에 LED와 330옴 저항을 직렬로 연결하고, 저항의 다른 쪽 끝을 GND에 연결한다.

Node.js에서 GPIO 포트에 접근하기 위해 자바스크립트 GPIO 모듈 중 하나인 pi-gpio를 설치할 것이다. 그런데 이 모듈은 gpio-admin이라는 GPIO 관리 프로그램을 사용하므로 gpio-admin 프로그램부터 설치해 보자.

다음과 같은 명령을 실행하여 gpio-admin 프로그램을 다운로드한다.

```
$ git clone git://github.com/quick2wire/quick2wire-gpio-admin.git
$ cd quick2wire-gpio-admin
```

여기서 라즈베리 파이 1이 아니라 2 버전을 사용하면 GPIO 베이스 주소가 바뀌었고 최신 커널의 Device Tree 모듈 처리 방식을 사용하였으므로 다음 비교 파일을 참고하여 소스 코드를 수정해야 한다(자세한 내용은 https://github.com/quick2wire/quick2wire-gpio-admin/pull/7을 참고한다).

```
$ diff quick2wire-gpio-admin_orig/gpio-admin.c quick2wire-gpio-admin/gpio-admin.c
@@ -26,9 +26,14 @@
 static void usage_error(char **argv) {
 }

 static void allow_access_by_user(unsigned int pin, const char *filename) {
+    struct stat info;
+    char *sys_path = "/sys/class/gpio/gpio%u/%s";
+    if (stat("/sys/devices/soc", &info) != 0)
+        sys_path = "/sys/devices/virtual/gpio/gpio%u/%s";
+
     char path[PATH_MAX];
-    int size = snprintf(path, PATH_MAX, "/sys/devices/virtual/gpio/gpio%u/%s", pin,
filename);
-
+    int size = snprintf(path, PATH_MAX, sys_path, pin, filename);
+
     if (size >= PATH_MAX) {
         error(7, 0, "path of GPIO pin is too long!");
     }
@@ -78,7 + 83,7 @@
 #define DOWN     1
 #define UP        2
- #define GPIO_BASE 0x20200000
+ #define GPIO_BASE 0x3F200000
 #define GPPUD      37
 #define GPPUDCLK0   38
 #defune BIT(x)   (1 << ((x) & 31))
```

이제 다음 명령을 실행하여 소스 코드를 빌드하고 설치한다.

```
$ make
$ sudo make install
$ sudo adduser $USER gpio
```

다음은 스튜어드 디렉터리로 이동하여 pi-gpio 모듈을 설치한다.

```
$ cd ~/steward
$ npm install pi-gpio
```

다음과 같은 Node.js 웹 서버 및 클라이언트 프로그램을 작성한다.

코드 12-4 LED를 제어하는 light_control.js 스크립트 파일

```
#!/usr/bin/env node

process.env.NODE_TLS_REJECT_UNAUTHORIZED = "0"
var http = require("http");
var util = require("util");
var url = require("url");
var WebSocket = require('ws');
var gpio = require("pi-gpio");
gpio.open(12, "output", function(err) { });

function sendTurnOn(ws) {
    var json = JSON.stringify({ path    :'/api/v1/actor/perform/device/lighting',
                                requestID :'1',
                                perform   :'on',
                                parameter :JSON.stringify({ brightness: 100,
                                            color: { model: 'rgb', rgb: { r: 255,
g: 255, b: 255 }}})
                              });
    ws.send(json);
    console.log( json );
}
function sendTurnOff(ws) {
    var json = JSON.stringify({ path    :'/api/v1/actor/perform/device/lighting',
                                requestID :'2',
                                perform   :'off',
                                parameter :''
                              });
    ws.send(json);
    console.log( json );
}


function toggleLight(cmd) {
    if (cmd == "1") {
        gpio.write(12, 1, function(err) { });
    } else if (cmd == "2") {
        gpio.write(12, 0, function(err) { });
    }
}
function onRequest(request, response) {
    var ws;
    console.log("Request recieved.");
    var pathname = url.parse(request.url).pathname;
    response.writeHead(200, {"Content-Type":"text/html"});

    ws = new WebSocket('ws://127.0.0.1:8887/manage');
    console.log("Created websocket.");

    ws.onopen = function(event) {
        console.log("Opened websocket to steward.");
```

```
        if ( pathname == "/on") {
            sendTurnOn(ws);
        } else if ( pathname == "/off") {
            sendTurnOff(ws);
        } else {
            response.write("<h2>Unrecognised request</h2>");
            ws.close();
            response.end();
        }
    };

    ws.onmessage = function(event) {
        //console.log("Socket message: " + util.inspect(event.data));
        response.write( "<h2>Turning lightbulb '" + pathname +"'</h2>");
        ws.close();
        response.end();
        var info = JSON.parse(event.data);
        toggleLight(info["requestID"]);
    };

    ws.onclose = function(event) {
        console.log("Socket closed: " + util.inspect(event.wasClean));
        //gpio.close(12);
    };

    ws.onerror = function(event) {
        console.log("Socket error: " + util.inspect(event, {depth: null}));
        try {
            ws.close();
            console.log("Closed websocket.");
        } catch (ex) {}
    };
}
var server = http.createServer(onRequest).listen(9999);
console.log("Server started on port 9999.");
```

다음 명령을 실행하여 클라이언트 프로그램을 구동시킨다. 프로그램을 시작하면 9999번 포트로 지정된 웹 서버를 구동하고 사용자의 접속을 기다린다. CURL이나 웹 브라우저를 통해 접속을 요청하면 스튜어드의 /manage API에 접속하는 웹소켓을 생성하고, 사용자가 입력한 주소 경로(/on 또는 /off)에 따라 스튜어드에 연결된 모든 전등을 켜거나 끄는 요청을 보낸다. 스튜어드는 연결된 모든 전등 장치에 명령을 보내고, 클라이언트도 응답을 받아 GPIO에 연결된 LED를 켜거나 끄게 된다.

```
$ node light_control.js
Server started on port 9999.
```

다음과 같은 CURL 명령을 보내어 LED가 켜지거나 꺼지는지 살펴본다.

```
$ curl http://127.0.0.1:9999/on
<h2>Turning lightbulb '/on'</h2>
$ curl http://127.0.0.1:9999/off
<h2>Turning lightbulb '/off'</h2>
```

참고로, 스튜어드 화면에 장치가 나타나지는 않는데, 스튜어드와 연동하면서 장치가 나타나도록 하려면 클라이언트로 구현하기보다는 STP 프로토콜을 이용하여 스튜어드와 페어링(pairing)하고 등록하도록 구현해야 한다.

다음은 WebIOPi 서버에서 다루었던 자동화 스크립트와 유사한 기능을 구현해 보자. 최대, 최소 온도 범위를 설정하고, 앞서 구현한 아두이노와 DHT 센서를 사용한 장치가 스튜어드에 보낸 온도 값을 관찰하여 현재 온도가 최대 온도보다 높으면 LED를 끄고, 최소 온도보다 낮으면 LED를 켜도록 한다.

다음과 같은 코드를 앞서 구현한 클라이언트 프로그램의 끝 부분에 추가한다.

코드 12-5 light_control.js 스크립트 파일의 수정 부분

```
var MIN = 22;
var MAX = 27;

setInterval( function() {
    var ws;
    console.log("Test started.");
    ws = new WebSocket('ws://127.0.0.1:8887/manage');
    console.log("Created websocket.");
    var dev = "/device/climate/arduino/meteo";
    ws.onopen = function(event) {
        console.log("Opened websocket to steward.");
        var json = JSON.stringify({ path:'/api/v1/actor/list'+dev,
                                    requestID :'1',
                                    options   :{ depth: 'all' }  });
        ws.send(json);

    };

    ws.onmessage = function(event) {
        //console.log("Socket message: " + util.inspect(event.data));
        var info = JSON.parse(event.data);
        var result = info["result"];
        if (result != null) {
            var devinfo = result[dev];
            if (devinfo != null) {
```

```
                    var firstdev = devinfo["device/1"];
                    var temp = firstdev["info"]["temperature"];
                    var humi = firstdev["info"]["humidity"];
                    console.log("Temperature: " + temp + ", Humidity: " + humi);
                    if ( Number(temp) < MIN) {
                        console.log("Turn on light by temperature");
                        sendTurnOn(ws);
                    } else if (Number(temp) > MAX) {
                        console.log("Turn off light by temperature");
                        sendTurnOff(ws);
                    }
                } else {
                    ws.close();
                }
            } else {
                toggleLight(info["requestID"]);
                ws.close();
            }
        };

        ws.onclose = function(event) {
            console.log("Socket closed: " + util.inspect(event.wasClean));
            //gpio.close(12);
        };

        ws.onerror = function(event) {
            console.log("Socket error: " + util.inspect(event, {depth: null}));
            try {
                ws.close();
                console.log("Closed websocket.");
            } catch (ex) {}
        };
}, 10000);
```

클라이언트 프로그램을 재실행하고, 온도 값을 관찰하여 정해진 범위를 넘어섰을 때, 자동으로 LED가 켜지거나 꺼지는지 살펴본다.

12.4 openHAB

12.4.1 openHAB 개요 및 설치

openHAB(Open Home Automation Bus)은 카이 크로이처(Kai Kreuzer)가 2010년부터 개발한 오픈소스 홈 자동화 서버이다. 이 프로그램은 Equinox(Eclipse PDE) OSGi 프레임워크에서 자바로 구현되었으며, 현재까지 많은 개발자들이 참여하여 활발하게 개발되고 있다. openHAB은

The Thing System과 마찬가지로 KNX, Z-Wave, Insteon 등 수많은 다양한 사물인터넷 기기와 프로토콜을 지원하여 바인딩(binding)할 수 있도록 설계되었다.

openHAB을 라즈베리 파이에 설치하는 방법은 다음과 같다.

먼저, 자바를 설치해야 한다. 그런데 라즈비안에는 자바가 기본적으로 설치되어 있으며, 만약 설치되어 있지 않으면 다음과 같은 명령을 실행하여 설치하면 된다.

```
$ sudo apt-get install oracle-java7-jdk
$ sudo update-java-alternatives -s jdk-7-oracle-armhf
```

openHAB 프로그램의 실행 속도를 향상시키려면 GPU 메모리 사용량을 줄여야 한다. 라즈베리 파이 설정 프로그램을 실행하여 Advanced Option 메뉴의 Memory Split을 선택하여 GPU 메모리를 16으로 바꾼다.

```
$ sudo raspi-config
```

다음으로 openHAB 저장소로부터 패키지들을 다운로드하여 설치하고 실행한다.

```
$ mkdir openhab
$ cd openhab
$ wget https://github.com/openhab/openhab/releases/download/v1.6.2/
distribution-1.6.2-runtime.zip
$ wget https://github.com/openhab/openhab/releases/download/v1.6.2/
distribution-1.6.2-addons.zip
$ wget https://github.com/openhab/openhab/releases/download/v1.6.2/
distribution-1.6.2-demo-configuration.zip
$ unzip distribution-1.6.2-runtime.zip
$ unzip distribution-1.6.2-addons.zip -d addons
```

참고로, 2015년 6월 현재 openHAB은 1.7 버전까지 나와 있지만, 바이너리 패키지는 1.6.2 버전까지 제공하고 있으므로 간편하게 1.6.2 버전을 설치해도 무방하다.

openHAB 서버는 cfg 설정 파일들을 참고하여 시스템을 구성하는데, 여기서는 기본적으로 제공하는 데모 설정 파일을 설치하여 활용해 보자.

```
$ unzip distribution-1.6.2-demo-configuration.zip
$ cp configurations/openhab_default.cfg configurations/openhab.cfg
```

이제, 다음 명령을 실행하여 서버를 실행한다.

```
$ sudo ./start.sh
Launching the openHAB runtime...
```

서버가 실행되는 데 몇 분 정도 걸린 후, 실행이 완료되면 OSGi 셸로 사용할 수 있게 된다.

openHAB은 다양한 인터페이스 방식을 제공한다. 기본 웹 인터페이스는 물론 greenT 인터페이스, 안드로이드, iOS 클라이언트도 제공하고, NFC, OSGi 콘솔, XMPP 콘솔, REST API 등도 사용할 수 있다.

웹 브라우저를 실행하고 다음 주소로 접속해 보자.

```
http://<ip 주소>:8080/openhab.app?sitemap=demo
```

그림 12-13 openHAB 데모 UI 화면

프로그램을 종료할 때는 osgi 셸에서 exit 명령을 실행하면 된다.

```
osgi> exit
Really want to stop Equinox? (y/n: defualt=y)    y
```

이제 안드로이드 스마트폰으로 접속해 보자. 구글 플레이 스토어(Google Play Store)에서 openHAB을 검색하여 앱을 설치한다. 앱을 실행하고 오른쪽 상단의 메뉴 아이콘을 선택하고 'Settings' 버튼을 클릭한다. 'Demo mode'를 선택하고, 처음 화면으로 돌아가면 openHAB 사이트에 접속하는 데모 모드로 동작시켜 볼 수 있다. 로컬 모드로 동작시키려면 'Settings' 메뉴에서 'Demo mode' 선택을 해제하고, 'openHAB Remote URL'에 http://<ip 주소>:8080/을 입력한 다음 처음 화면으로 돌아가면 된다.

그림 12-14 openHAB 안드로이드 앱 실행 화면

oepnHAB 기본 서버와 클래식 UI 외에도 추가로 designer 개발 도구, greenT 인터페이스와 HABmin 웹 관리 UI를 설치할 수 있다.

이 중에서 designer는 사이트맵, 아이템, 룰 등의 각종 openHAB 설정 파일을 구성하는 데 필요한 도구인데, MS 윈도우, 맥, 리눅스 버전만 있으므로 라즈베리 파이용으로 설치할 수 없어 따로 설명하지는 않는다.

다음은 greenT 인터페이스를 설치해 보자. 먼저, openHAB을 종료시키고, 다음 명령을 실행하여 openHAB Github 저장소로부터 greenT 인터페이스 관련 파일을 다운로드하고 설치한다.

```
$ cd <openhab 설치 디렉터리>
$ wget https://github.com/openhab/openhab/releases/download/v1.6.2/
distribution-1.6.2-greent.zip
$ unzip distribution-1.6.2-greent.zip
$ mv webapps/greent/greent.items configurations/items
```

openHAB을 재실행하고, greenT 인터페이스를 위해 웹 브라우저를 실행하고, http://<ip 주소>:
8080/greent로 접속한다.

그림 12-15 openHAB의 GreenT 인터페이스 접속 화면

다음은 Habmin을 설치해 본다. openHAB을 종료시키고, 다음 명령을 실행하여 Habmin을
설치한다.

```
$ wget https://github.com/cdjackson/HABmin/releases/download/0.1.3-snapshot/habmin.zip
$ unzip habmin.zip
```

openHAB을 재실행하고, 웹 브라우저에서 http://<ip 주소>:8080/habmin/으로 접속한다.
HabMin을 사용하면 openHAB 서버에 구성한 설정 파일, 바인딩, 사이트맵, 아이템 등을 설
정할 수 있으며, 그래픽 툴을 통해 자동화 규칙(rule)을 편집할 수도 있다.

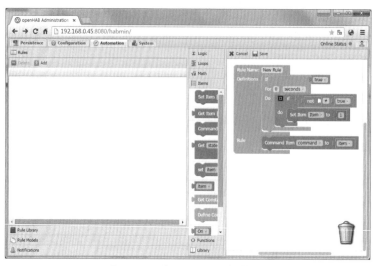

그림 12-16 Habmin 프로그램 실행 화면

참고로, 다음 세대 버전인 openHAB 2도 개발 중이다. 이것은 이클립스 스마트홈(SmartHome)
프로젝트 기반으로 만들어지고 있으며, 개발자보다 일반 사용자 중심으로 시스템 관리 툴 등
을 중점적으로 제작하고 있다.

12.4.2 openHAB 구조

다음은 openHAB의 구조에 대해 알아보자. openHAB의 개략적인 전체 구조는 그림 12-17과
같다.

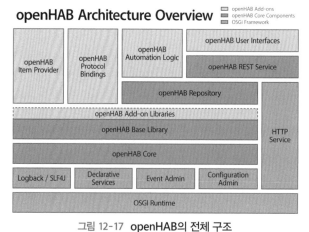

그림 12-17 openHAB의 전체 구조

출처 openHAB 홈페이지(https://github.com/openhab/openhab/wiki)

openHAB 소프트웨어는 크게 openHAB 런타임 서버와 디자이너 도구로 구성되어 있다. openHAB 런타임은 자바 기반의 산업 자동화 서비스 플랫폼 표준인 OSGi(Open Service Gateway initiative) 프레임워크에서 번들 컴포넌트들을 구동시키는 일종의 서버 프로그램이다. 또한, 이 프로그램은 실행하는 동안 동적으로 기능을 추가하거나 제거하는 등 재구성할 수 있는 특징을 가진다.

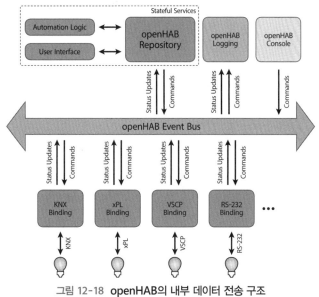

그림 12-18 openHAB의 내부 데이터 전송 구조

출처 openHAB 홈페이지(https://github.com/openhab/openhab/wiki)

서버 프로그램의 주요 기능은 다음과 같다. 먼저, 서버는 내부에 비동기적인 이벤트 버스(event bus)인 경량의 발행-구독(Pub-Sub) 방식의 통신 채널을 가지고 있다. OSGi 서비스 중 하나인 EventAdmin을 사용하는 이벤트 버스는 각종 주변 장치들을 위한 내부 프로토콜 연동 부분들을 포함한 내부 모듈들이 서로 통신할 수 있게 한다.

openHAB에서 연결되어야 할 대부분의 객체 또는 사물은 아이템(item)으로 정의하며, 이러한 아이템의 상태 정보를 저장하는 아이템 저장소(item repository)가 제공된다. 예를 들면, 전등은 점등 상태 정보를 저장하면서 동시에 사용자가 제어하거나 상태 정보를 요청하여 표시할 수도 있어야 한다.

또한, openHAB 내의 자동화 논리 실행 엔진(automation logic execution engine)은 미리 기술된 규칙(rule)과 스크립트(scirpt)를 통해 아이템들의 현재 상태를 바탕으로 자동화 기능을 구현할 수 있게 한다.

디자이너 도구 프로그램은 바로 이러한 자동화 규칙이 포함된 설정 파일을 편집하도록 해 준다.

openHAB은 사이트맵(sitemap)이라는 사용자 인터페이스(UI, User Interface)를 위한 보편적인 텍스트 설정 방식을 제공한다. 사이트맵에서는 각각의 UI와 내용을 정의한 위젯들을 트리 구조로 구성하며, 위젯은 아이템과 연관되어 상태 정보를 표시하게 된다.

마지막으로 아이템 UI 제공자(Item UI Provider)는 UI를 동적으로 설정할 수 있도록 한다. 예를 들면, 한 아이템에 대해 아이콘과 라벨로 구성된 여러 위젯을 동적으로 정의하고, 이 중에서 어떤 위젯을 아이템용으로 사용해야 하는지를 정의할 수 있다.

12.4.3 GPIO 바인딩 및 REST API 테스트

openHAB의 기본 설정 파일은 openhab.cfg이다. IP 주소, 메일 서버, 폴더 위치 등의 기본 설정 정보들을 저장한다. 압축을 푼 다음 openhab_default.cfg 파일을 openhab.cfg 파일로 복사하면 된다. 나머지 item, sitemap, rule, script, persistance, transformation에 대한 개별 설정 파일들을 <openhab 홈>/configurations에 하위 디렉터리로 둔다.

아이템(item)은 연결되어야 할 객체를 나타낸다. 아이템으로는 Color, Contact, DateTime, Dimmer, Group, Number, Rollershutter, String, Switch 등의 요소를 사용할 수 있다.

표 12-2 openHAB 아이템 요소

아이템	설명	명령 형식
Color	색깔 정보 (RGB)	OnOff, IncreaseDecrease, Percent, HSB
Contact	문/창문의 상태를 저장하는 아이템	OpenClosed
DateTime	날짜와 시간을 저장(NTP 바인딩 참고)	
Dimmer	디머를 위한 퍼센트 값을 저장하는 아이템	OnOff, IncreaseDecrease, Percent
Group	아이템들을 그룹으로 묶음	–
Number	숫자 형식으로 값을 저장	Decimal
Rollershutter	블라인드 형태	UpDown, StopMove, Percent
String	텍스트 저장	String
Switch	전등에 주로 사용(on/off)	OnOff

아이템을 정의하는 간단한 형식 언어는 DSL(Domain-Specific Language)을 개발하는 도구인 Xtext 이클립스 프레임워크를 사용하여 만들어졌다. 아이템 정의 파일들은 configurations/items 디렉터리에 두면 된다. 아이템은 다음과 같은 형식으로 정의하면 된다.

```
아이템 종류 아이템 이름 ["레이블"] [<아이콘>] [(그룹1, 그룹2, ...)] [{바인딩 설정}]
```

사이트맵은 아이템을 표시하기 위한 사용자 인터페이스(UI) 요소를 생성하는 객체이다. 사이트맵에는 sitemap, Colorpicker, Chart, Frame, Group, Image, List, Selection, Setpoint, Slider, Switch, Text, Video, Webview 등 여러 가지 요소를 포함할 수 있다.

표 12-3 openHAB 사이트맵 요소

요소	설명
Colorpicker	색 바퀴로부터 색을 선택하는 위젯
Chart	로그 데이터를 출력하는 그래프 객체 추가
Frame	다른 사이트맵 요소 또는 프레임들을 포함한 영역
Group	아이템 저장 파일에 정의된 주어진 그룹의 모든 요소 출력
Image	이미지 출력
List	목록 출력
Selection	매개 변수로 정의된 값들 중에서 선택 가능한 새 페이지 접근
Setpoint	값을 보여 주며 수정이 가능함. 단계 또는 최댓값/최솟값 설정 가능
Slider	슬라이더 출력
Switch	스위치 아이템
Text	텍스트 요소
Video	비디오 출력
Webview	웹 페이지 출력

사이트맵도 아이템처럼 Xtext로 만들어진 DSL을 사용한다. 예를 들면, 그룹(Group) 요소의 형식은 다음과 같다.

```
Group [item=<아이템 이름>] [label="<레이블 이름>"] [icon="<아이콘 이름>"]
```

따라서 이러한 사이트맵과 아이템을 계층적으로 구성하여 전체적인 서버 인터페이스를 구성하면 된다.

다음은 설정 파일을 수정하여 아이템을 추가하고 동작시켜 보자. 먼저, configurations/sitemap/demo.sitemap 파일을 수정하여 다음 내용(네 번째 줄)을 추가한다.

```
$ nano configurations/sitemap/demo.sitemap
...
      Group item=gSF label="Second Floor" icon="firstfloor"
...
```

configurations/items/demo.items 파일을 수정하여 다음 내용을 추가한다.

```
$ nano configurations/items/demo.items
...
<4번째 줄>
Group gSF                               (All)
...
<22번째 줄>
Group My_Room          "My Room"        <office> (gSF)
...
<45번째 줄>
Switch Light_My_Room   "LED"            (My_Room, Lights)
...
```

웹 브라우저나 안드로이드 openHAB 앱에서 최초 메뉴에 'Second Floor' 메뉴가 추가되었는지 확인한다. 그 다음, 메뉴를 선택하고 다시 My Room 메뉴를 선택한 다음, LED 버튼을 눌러 상태를 변경시켜 본다.

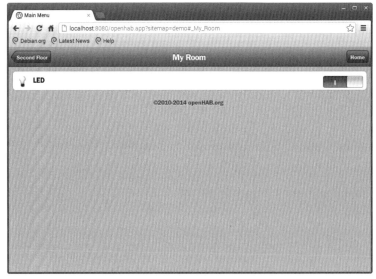

그림 12-19 openHAB의 설정 파일을 통한 인터페이스 추가 화면

다음은 GPIO 바인딩 테스트를 해 보자.

GPIO 바인딩을 하려면 openHAB을 위한 자바 GPIO 바인딩 라이브러리가 설치되어 있어야 하고, 자바 라이브러리에서는 JNI(Java Native Interface)를 통해 네이티브 GPIO 동작 라이브러리를 다시 참조하므로 JNI와 관련된 설정이 필요하다.

먼저, configurations/openhab.cfg 파일을 편집하여 다음 내용을 주석문에서 해제한다.

```
$ nano configurations/openhab.cfg
...
gpio:sysfs=/sys
...
```

다음은 GPIO 바인딩 파일이 존재하는지 확인한다.

```
$ ls addons/org.openhab.binding.gpio-1.6.2.jar
addons/org.openhab.binding.gpio-1.6.2.jar
```

자바 JNI 패키지를 설치한다.

```
$ sudo apt-get install libjna-java
```

다음은 start.sh 스크립트를 고쳐 서버 실행 옵션에 -Djna.boot.library.path=/usr/lib/jni 옵션을 추가한다.

```
$ nano start.sh
...
java ... -Djna.boot.library.path=/usr/lib/jni
```

이제 앞서 The Thing System에서 다루었던 하드웨어 회로를 구성하자. 라즈베리 파이의 GPIO 17번 포트(보드의 GPIO 확장 포트 12번 핀)에 LED와 330 옴 저항을 직렬로 연결하고 저항의 다른 쪽 끝을 GND에 연결한다.

demo.items 파일을 편집하여 45번째 줄에 다음 내용을 추가한다.

```
$ nano configurations/items/demo.items
...
Switch Light_My_Room "LED"(My_Room, Lights) { gpio="pin:18" }
```

메뉴에서 버튼을 눌러 LED를 켜거나 꺼 본다.

다음은 REST API를 테스트해 보자. openHAB은 특정한 아이템에 대한 상태를 획득(GET)하고, 설정(PUT)하거나 명령을 수행(POST)하는 등의 HTTP REST 요청을 처리할 수 있다.

먼저, CURL 명령을 실행하여 다음 주소로 HTTP 요청을 해 보자.

```
$ curl http://localhost:8080/rest
<openhab>
    <link type="items">http://localhost:8080/rest/items</link>
    <link type="sitemaps">http://localhost:8080/rest/sitemaps</link>
</openhab>
```

모든 아이템에 대한 정보를 보려면 다음과 같은 주소로 요청하면 된다.

```
$ curl http://localhost:8080/items
<items>
    <item>
        <type>GroupItem</type>
        <name>All</name>
        <state>Undefined</state>
        <link>http://localhost:8080/rest/items/All</link>
    </item>
...
    <item>
        <type>GroupItem</type>
        <name>gSF</name>
        <state>OFF</state>
        <link>http://localhost:8080/rest/items/gSF</link>
    </item>
...
</items>
```

다음 명령을 실행하여 우리가 직접 작성한 My_Room 아이템에 대한 정보를 알아보자.

```
$ curl http://localhost:8080/items/My_Room
<item>
    <type>GroupItem</type>
    <name>My_Room</name>
    <state>OFF</state>
    <link>http://localhost:8080/rest/items/My_Room</link>
    <members>
        <item>
            <type>SwitchItem</type>
            <name>Light_My_Room</name>
```

```
        <state>OFF</state>
        <link>http://localhost:8080/rest/items/LIght_My_Room</link>
    </item>
  </members>
</item>
```

My_Room 아이템에 대한 현재 상태를 획득하려면 다음과 같은 요청을 수행하면 된다.

```
$ curl http://localhost:8080/rest/items/My_Room/state
OFF
```

LED 상태를 획득하기 위해 다음과 같은 명령을 실행한다.

```
$ curl http://localhost:8080/rest/items/Light_My_Room/state
OFF
```

LED 아이템의 상태 값을 ON으로 변경하기 위해 다음과 같은 명령을 실행한다.

```
$ curl -H "Content-Type: text/plain" -X PUT -d "ON" http://localhost:8080/rest/items/
Light_My_Room/state
```

여기서 주의할 점은 상태 값을 변경해도 실제 LED가 켜지는 상태로 바뀌지는 않는다는 점이다. LED가 켜지려면 다음과 같은 명령(command)을 보내야 한다.

```
$ curl -H "Content-Type: text/plain" -X POST -d "ON" http://localhost:8080/rest/items/
Light_My_Room
```

여기서도 명령을 보내면 LED는 켜지지만, LED 아이템의 상태는 바뀌지 않는다는 점에 주의한다.

참고로, openHAB에서는 간단한 REST API 외에도 롱폴링(long polling)이나 웹소켓을 접속하는 서버 푸시 방식도 사용이 가능하다.

12.4.4 TCP 바인딩 및 자동화 테스트

다음은 아두이노 장치와 TCP로 연결하는 예제를 다루어 보자. 여기서는 The Thing System에서 다루었던 아두이노와 ESP8266 와이파이 모듈을 활용하여 DHT22 온도/습도 센서 값을

openHAB으로 보내는 기능을 구현해 보자. 하드웨어 구성은 The Thing System의 회로와 같다.

아두이노 스케치 프로그램은 앞서 구현했던 소스를 변경하여 다음과 같이 구현한다.

코드 12-6 DHT22 온도/습도 값을 openHAB 서버로 전송하는 아두이노 스케치 프로그램

```
#include <SoftwareSerial.h>
#include <ESP8266.h>
#include <string.h>
#include <DHT.h>

unsigned long requestID = 1;
unsigned long next_heartbeat = 0;
unsigned long sample_time = 10000;

#define DHT_SENSOR    A2
#define DHT_TYPE      DHT22
DHT dht(DHT_SENSOR, DHT_TYPE);

SoftwareSerial esp8266Serial = SoftwareSerial(2, 3);
ESP8266 wifi = ESP8266(esp8266Serial);

char * const loopPacket1 PROGMEM = "temperature:";
char * const loopPacket2 PROGMEM = "C;humidity:";
char * const loopPacket3 PROGMEM = "P;";

IPAddress host(192,168,0,1);
unsigned int port = 3000;
#define WLAN_SSID      "<SSID>"                // cannot be longer than 32 characters!
#define WLAN_PASS      "<패스워드>"
#define WLAN_SECURITY  WLAN_SEC_WPA2

IPAddress ip;
char packetBuffer[30];

void setup()
{
  Serial.begin(9600);
  Serial.println("\nStarting...");
  while(!Serial) { }

  Serial.println("Initializing DHT sensor.");
  dht.begin();

  // ESP8266
  Serial.println(F("\nInitializing..."));
  esp8266Serial.begin(9600);
  wifi.begin();

  // setWifiMode
```

```
    Serial.print("setWifiMode: ");
    Serial.println(getStatus(wifi.setMode(ESP8266_WIFI_STATION)));

    // joinAP
    Serial.print(F("\nAttempting to connect to")); Serial.println(WLAN_SSID);
    Serial.println(getStatus(wifi.joinAP(WLAN_SSID, WLAN_PASS)));

    Serial.println(F("Connected!"));
    wifi.getIP(ESP8266_WIFI_STATION, ip);
    Serial.println(ip);
    // connect
    Serial.print("connect: ");
    Serial.println(getStatus(wifi.connect(ESP8266_PROTOCOL_TCP, host, port)));

    next_heartbeat = millis() + sample_time;
}

void loop() {
    float humidity, temperature;
    char  buffer[24];
    unsigned long now;

    now = millis();
    if (now < next_heartbeat) return;
    next_heartbeat = millis() + sample_time;

    humidity = dht.readHumidity();
    temperature = dht.readTemperature();

    strcpy(packetBuffer,(char*)pgm_read_word(&loopPacket1));
    if (!isnan(temperature)) {
        strcat(packetBuffer, dtostrf((double) temperature, 4, 2, buffer));
    }
    strcat(packetBuffer,(char*)pgm_read_word(&loopPacket2));
    if (!isnan(humidity)) {
        strcat(packetBuffer, dtostrf((double) humidity, 4, 2, buffer));
    }
    strcat(packetBuffer,(char*)pgm_read_word(&loopPacket3) );

    int n = strlen(packetBuffer);
    Serial.print("writing");Serial.print(n);Serial.println("octets");
    Serial.println(packetBuffer);
    Serial.println(getStatus(wifi.send(packetBuffer)));
    requestID = requestID + 1;
}

String getStatus(bool status)
{
    if (status)
        return "OK";
```

```
    return "KO";
}

String getStatus(ESP8266CommandStatus status)
{
  switch (status) {
  case ESP8266_COMMAND_INVALID: return "INVALID"; break;
  case ESP8266_COMMAND_TIMEOUT: return "TIMEOUT"; break;
  case ESP8266_COMMAND_OK: return "OK"; break;
  case ESP8266_COMMAND_NO_CHANGE: return "NO CHANGE"; break;
  case ESP8266_COMMAND_ERROR: return "ERROR"; break;
  case ESP8266_COMMAND_NO_LINK: return "NO LINK"; break;
  case ESP8266_COMMAND_TOO_LONG: return "TOO LONG"; break;
  case ESP8266_COMMAND_FAIL: return "FAIL"; break;
  default: return "UNKNOWN COMMAND STATUS"; break;
  }
}
```

위 코드에서 The Thing System을 위한 이전 코드와 바뀐 부분은 초기화 시에 로컬 IP를 시리얼 콘솔에 출력하도록 한 점과 온도/습도 출력 메시지를 다음과 같은 형식으로 간단하게 바꾸었다는 점이다.

```
temperature:25.2C;humidity:35.0P;
```

openHAB에서 TCP/UDP 바인딩을 위한 형식은 다음과 같다.

```
tcp|udp="<방향>[<명령>:<ip 주소>:<포트>:<변환규칙>], <방향>[<명령>:<ip 주소>:<포트>:<변환규칙>],
...  "
```

여기서 방향은 '<' 또는 '>' 글자를 사용한다. '<'일 때는 openhab이 통신 서버가 되어 listen하고, 연결 장치가 통신 클라이언트가 된다. 반대로 '>'일 때는 openhab이 통신 클라이언트, 연결 장치가 통신 서버가 된다. 예를 들면, 다음과 같이 설정하면 연결 장치가 openHAB 서버에 TCP로 연결하게 된다. 'REGEX((.*))'는 정규 표현식을 만족하는 모든 글자를 받아들인다는 의미이다.

```
tcp="<[<장치 IP>:<포트>]:'REGEX((.*))'"
```

tcp/udp 바인딩을 사용하기 위해서는 openhab.cfg 파일을 편집하여 tcp 관련 옵션을 설정하여야 한다. 여기서는 다음과 같이 TCP 포트 번호를 3000으로 지정하자.

```
$ nano configurations/openhab.cfg
...
tcp.port=3000
```

이번에는 openHAB이 TCP 서버가 되므로 아이템 설정 파일을 수정하여 다음 내용을 추가한다. 여기서 장치 IP(예 192.168.0.2)는 앞서 아두이노 시리얼 모니터로 출력하는 값을 확인해서 입력하면 된다.

```
$ nano configurations/items/demo.item
...
Group My_Room "My Room" <office> (gSF)
String Arduino "Arduino [%s]" (My_Room) { tcp="<[192.168.0.2:*:'REGEX((.*))']" }
...
```

이제 My_Room 메뉴로 접속해 보면 현재 온도/습도가 문자열로 출력되는 것을 확인할 수 있다.

다음으로 자동화에 대해 알아보자. 자동화는 앞서 다루었던 The Thing System 등에서와 마찬가지로 개념적으로 이벤트에 따른 액션으로 표현된다. 자동화를 위한 형식 파일은 스크립트(script)와 룰(rule)이 가능하며, 각각 configurations/script와 configurations/rules 디렉터리에 둔다. 스크립트는 단순한 실행 코드를 나타내지만, 룰은 여러 가지 이벤트에 대해 반응하여 실행하는 코드를 가리킨다.

이러한 스크립트는 Xtend 언어로 쓰이며, 아이템을 변수처럼 사용하며, ON/OFF와 같은 상태를 숫자 값으로 활용하고, sendCommand, postUpdate와 같은 액션을 함수처럼 호출하면 된다. 예를 들면, Temperature 아이템의 상태가 20도 이상일 때 Heating을 켜는 코드는 다음과 같다.

```
if (Temperature.state < 20) {
    sendCommand(Heading, ON)
}
```

반면에, 룰은 Xtend를 포함한 Xbase 형식으로 쓰인다. 룰은 자바처럼 import 구문을 사용하여 openhab 라이브러리를 가져올 수 있으며, 전역 변수를 정의할 수 있다. 또한, 여러 개의 룰을 정의하여 모두 실행할 수 있는데, 룰의 주요 형식은 다음과 같다.

```
rule "rule name"
    when
        <트리거 조건1> or
        <트리거 조건2> or
        <트리거 조건3>
        ...
    then
        <실행 블록>
    end
```

앞서 구현한 온도/습도 문자열 출력 값을 숫자로 처리하도록 해 보자. 먼저, 아이템 파일을 편집하여 다음과 같은 코드로 바꾼다. Arduino 아이템의 문자열 표현과 My_Room 그룹 지정이 삭제되었다는 점에 주의한다.

```
$ nano configurations/items/demo.item
...
Group My_Room "My Room" <office> (gSF)
String Arduino "Arduino" { tcp="<[192.168.0.2:*:'REGEX((.*))']" }
Number MR_Temp "Temperature [%.1f °C]" <temperature> (My_Room)
Number MR_Humi "Humidity [%.1f %%]" <temperature> (My_Room)
```

다음은 TCP 바인딩을 통해 아두이노로부터 온도/습도 메시지를 받을 때마다 메시지를 파싱하여 온도/습도 값을 각각 MR_Temp와 MR_Humi 아이템의 상태 값으로 갱신하는 룰을 작성해 보자. configurations/demo.rule 파일을 편집하여 파일의 끝 부분에 다음과 같은 룰을 추가한다.

```
$ nano configurations/rules/demo.rule
...
rule "Get Temperature and Humidity"
when
    Item Arduino received update
then
    var String SensorUpdate = Arduino.state.toString.trim

    var int tempStartsOn = SensorUpdate.indexOf("temperature:") +
"temperature:".length
    var String temperature = SensorUpdate.mid(tempStartsOn,
SensorUpdate.indexOf('C;')-tempStartsOn)
    var Double tempDouble = new Double(temperature)

    var int humiStartsOn = SensorUpdate.indexOf("humidity:") + "humidity:".length
    var String humidity = SensorUpdate.mid(humiStartsOn,
SensorUpdate.indexOf('P;')-humiStartsOn)
```

```
    var Double humiDouble = new Double(humidity)

    MR_Temp.postUpdate(tempDouble)
    MR_Humi.postUpdate(humiDouble)
end
```

웹 브라우저를 통해 My_Room 그룹으로 들어가면 다음과 같이 온도/습도 값을 출력하는 것을 볼 수 있을 것이다.

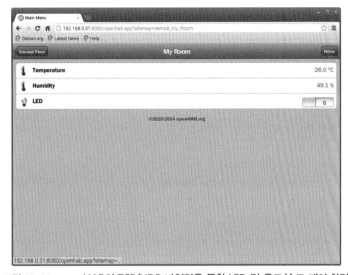

그림 12-20 openHAB의 TCP/UDP 바인딩을 통한 LED 및 온도/습도 제어 화면

다음은 퍼시스턴스(persistence)에 대해 알아보자. 퍼시스턴스는 시간에 따른 지속적인 아이템의 상태를 저장하는 것을 나타내며, 주로 DB 등을 포함한다. 지원하는 퍼시스턴스의 종류는 db4o, rrd4j, mysql, mongodb, Xively, Open.Sen.Se, Logback, mqtt, InfluxDB, JPA(Java Persistence API) 등이다. openHAB에서는 configurations/persistence 디렉터리에 퍼시스턴스 설정 파일을 둔다.

이 중에서 RRD4J는 주로 온도, CPU 부하와 같이 시간에 따라 축적되는 데이터를 다루는 RRD(Round Robin Database)의 자바 버전이다. 앞서 처리한 온도/습도 값을 RRD4J에 저장하려면 관련 아이템들을 rrd4j.persist 설정 파일에 추가하면 된다.

configurations/persistence/rrd4j.persist 퍼시스턴스 설정 파일을 편집하여 다음 내용을 추가한다.

```
$ nano configurations/persistence/rrd4j.persist
Strategies {
    everyMinute : "0 * * * * ?"
    default = everyMinute, everyUpdate, restoreOnStartup
}

Items {
    ...
    MR_Temp, MR_Humi : strategy = everyUpdate
    ...
}
```

다음은 configurations/items/demo.item 파일을 편집하여 다음 줄을 추가한다.

```
$ nano configurations/items/demo.item
...
String Arduino "Arduino"  { tcp="<[192.168.0.2:*:'REGEX((.*))']" }
Number MR_Chart_Period           "Chart Period"
Number MR_Temp "Temperature [%.1f °C]" <temperature> (My_Room)
```

마지막으로, configurations/sitemaps/demo.sitemap 파일을 편집하여 차트 프레임을 추가한다.

```
$ nano configurations/sitemaps/demo.sitemap
sitemap demo label="Main Menu" {
...
    Frame label="Chart" {
        Text label="My Room" {
            Frame {
                Switch item=MR_Chart_Period label="Chart Period" mappings=[0="Hour",
1="Day", 2="Week"]
                Chart item=My_Room period=h refresh=10000 visibility=
[MR_Chart_Period==0, MR_Chart_Period=="Uninitialized"]
                Chart item=My_Room period=D refresh=60000 visibility=
[MR_Chart_Period==1]
                Chart item=My_Room period=W refresh=60000 visibility=
[MR_Chart_Period==2]
            }
        }
    }
}
```

웹 브라우저를 통해 메인 메뉴의 제일 하단에 Chart 메뉴가 추가되어 있는 것을 확인할 수 있
고, 메뉴를 선택하면 다음과 같이 시간/일/주별로 RRD 데이터베이스에 저장된 온도/습도 값
에 대한 차트를 볼 수 있을 것이다.

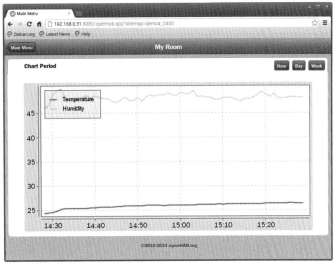

그림 12-21 openHAB의 RRD 데이터베이스 출력 화면

12.4.5 알림 및 카메라 기능 테스트

openHAB은 스크립트와 룰에 사용할 수 있는 다양한 액션 기능을 제공한다. 명령을 이벤트 버스에 보내고(sendCommand), 아이템 상태를 갱신하고(postUpdate), 소리를 내고(playSound), 말하고(say), 로그를 기록하고(logText), 명령줄을 실행하는(executeCommandLine) 등의 기본 액션 말고도 다양한 애드온 액션들도 가능하다. 예를 들면, 이메일을 보내거나(sendEmail), 트윗을 날리거나(sendTweet), 다양한 알림 메시지를 보낼 수도 있다.

알림 기능은 일반적으로 PushOver, NotifyMyAndroid, Prowl(iOS) 등의 서비스를 활용할 수 있다. 여기서는 NotifyMyAndroid를 사용해 보자. NotifyMyAndroid는 하루에 다섯 번의 알림 메시지까지는 무료로 받을 수 있다.

먼저, NotifyMyAndroid 홈페이지(http://www.notifymyandroid.com)에 접속하여 계정을 만든다. 접속한 후에 'Generate New Key' 버튼을 눌러 API 키를 생성한다. 다음은 안드로이드 기기에서 구글 플레이 스토어에 접속하여 NotifyMyAndroid를 검색한 후 해당 앱을 설치한다. 앱을 실행한 후에 계정 정보를 입력하고 로그인한다.

이제 openHAB으로 되돌아와서 demo.rules 파일을 편집하여 끝 부분에 다음과 같은 룰을 추가한다.

```
$ nano configurations/rules/demo.rules
rule "Fire Alarm"
when
    Item MR_Temp received update
then
    // 온도가 35도보다 높으면 LED 를 켜고 안드로이드 알림 전송
    if (MR_Temp.state > 35) {
        logInfo("sensor.rules", "온도 센서로부터 화재 경보!")
        Light_My_Room.postUpdate(ON)
        notifyMyAndroid("<API KEY>", "Security", "Fire Alarm!!!", 2)
        //sendMail("<email address>", "Fire Alarm!!", "Fire Alarm!!!")
    }
end
```

이제 온도가 높아지면 NotifyMyAndroid를 통해 스마트폰으로 알림 메시지를 보내게 된다.

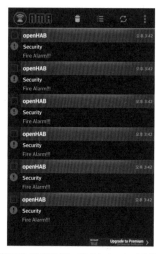

그림 12-22 openHAB과 연동한 NotifyMyAndroid 알림 메시지 결과 화면

다음은 카메라 영상 스트리밍을 구현해 보자. 먼저, mjpg-streamer와 같은 M-JPEG 스트리밍 프로그램을 설치하여 실행하여야 한다. 구체적인 과정은 생략한다. 다만, openHAB가 8080 포트를 이미 사용하므로 M-JPEG 스트리밍 프로그램은 다른 포트 번호를 사용해야 한다.

다음은 configurations/items/demo.items 파일을 편집하여 끝 부분에 다음 줄을 추가한다.

```
$ nano configurations/items/demo.items
...
Switch CamStreaming   "Switch"
```

configurations/sitemaps/demo.sitemap 파일을 편집하여 끝 부분에 다음 내용을 추가한다.

```
$ nano configurations/sitemaps/demo.sitemap
sitemap demo label="Main Menu" {
...
     Frame label="Camera" {
         Text label=Camera {
             Frame {
                 Switch item=CamStreaming label="Toggle Steraming/Image"
                 Video url="http://localhost:<포트 번호>/?action=stream"
encoding="mjpeg" visibility=[CamStreaming=OFF, CamStreaming="Uninitialized"]
                 Image url="http://<서버 IP>:<포트 번호>/?action=snapshot"
refresh=5000 visibility=[CamStreaming=ON]
             }
         }
     }
}
```

이제 Camera 메뉴를 선택하면 카메라 영상이 스트리밍되는 것을 확인할 수 있을 것이다. 스트리밍 기능은 Video 요소를 사용하는 방법과 Image 요소를 갱신하는 방법 모두 가능하다.

그림 12-23 **openHAB 앱의 카메라 스트리밍 화면**

openHAB은 1.7 버전부터 openHAB 클라우드 서비스와 연동시킬 수 있다. https://my.openhab. org/로부터 계정을 등록하고, myopenhab 번들을 다운로드받아 애드온 디렉터리에 설치하면 된다. 자세한 방법은 다음 기회에 다루도록 한다.

마지막으로, openHAB은 openhab-bridge 패키지를 통해 ROS(Robot Operating System)와 연동할 수 있다. 즉, ROS에서 REST API를 통해 openHAB으로 명령을 보내거나 상태를 설정하고 갱신된 정보를 획득할 수 있다. 구체적인 사례는 다음 기회에 다루도록 한다.

openHAB 인터페이스를 통해 ROS로 명령을 보낼 수도 있고, 반대로 openhab-bridge 모듈은 openhab_set, openhab_update, openhab_command 토픽들에 대한 메시지를 받으면 openHAB의 ROS 그룹에 등록된 아이템들에 대해서 REST API를 통해 명령을 보내거나 상태를 설정하고 갱신된 정보를 획득하게 된다.

참고로, 현재 라즈베리 파이에서 실행할 수 있는 수많은 오픈소스 홈 자동화 서버 프로그램이 존재하며 개발되고 있다.[21] 누구나 자신에게 맞는 서버를 구동하고 장치를 추가하고 개발에 참여할 수 있다.

12.5 클라우드 데이터 저장 서비스

센서와 같은 사물에 대한 정보를 저장하고, 실시간으로 데이터를 그래프로 그려 웹 브라우저로 보여 주는 클라우드 데이터 저장 서비스로는 Xively(http://xively.com), ThingSpeak(https://thingspeak.com), Plotly(http://plot.ly), Exosite 등이 있다. 이번 절에서는 이런 서비스들에 대해 알아본다.

12.5.1 Xively

Xively는 데이터를 업로드, 다운로드 및 그래프로 나타내 주는 대표적인 웹 서비스 사이트이다(예전에 Pachube에서 Cosm으로 바뀌었다가 현재의 Xively가 되었다).

Xively를 사용하려면 먼저 Xively 사이트에 가입하여야 한다. 웹 브라우저를 열어 https://xively.com/signup/ 주소로 접속한다. 이름과 이메일 주소 등을 입력하고 'Request Access' 버튼을 누른다. 그러면 곧이어 본인이 입력한 이메일 주소로 계정을 활성화하기 위한 메일이 도착할 것이다. 이 메일을 열어 활성화 링크를 클릭하고 로그인한다.

참고로, 2015년 현재 Xively에 가입하려면 일정 기간 동안 대기하여야 한다.

---

21 http://forum.mysensors.org/topic/175/open-source-home-automation-raspberry 참고.

Develop 탭에서 '+ Add Device' 버튼을 클릭하여 장치를 추가한다. 장치의 이름(예 RaspberryPi)과 설명을 적당히 입력한 후, 'Privacy' 옵션을 체크해 준다. 'Private' 옵션은 장치가 개인적으로만 사용되는지 공개하는지에 따라 'Private' 또는 'Public'을 선택한다. 여기서는 'Privacy'를 선택해 보자. 마지막으로, 'Add Device' 버튼을 클릭하면 장치가 등록되면서 다음과 같은 창이 나타난다.

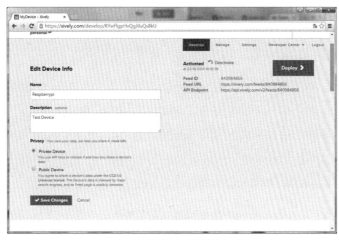

그림 12-24 **Xively 장치 정보 창**

이제 장치에 대한 Feed ID가 만들어졌다. 이 Feed ID 값은 API 키와 함께 데이터를 서버에 전송할 때 필요하다.

장치가 생성되면 추가로 채널을 생성할 수 있다. 채널은 데이터스트림(datastream)이라고도 하는데, 데이터의 이름, 단위, 기호 등의 정보를 포함한다.

그림 12-25 **Xively 채널 입력 창**

센서 데이터 등은 개발 플랫폼에서 동작하는 다양한 Xively API 라이브러리를 사용한 프로그램을 통해 Xively 서버에 전송할 수 있다. Xively는 iOS, 안드로이드, 아두이노 등의 플랫폼을 위한 라이브러리는 물론, PHP, 파이썬, 자바, 루비 등 다양한 언어를 위한 API 라이브러리를 제공한다.

Xively API 라이브러리를 사용하여 센서 데이터 등을 Xively 서버에 전송하는 방법은 다음과 같다. 먼저, 앞에서 생성한 Feed ID와 API 키를 저장하여야 한다. Feed ID는 앞의 방법처럼 미리 만들어 놓을 수도 있지만, 프로그램 실행 도중에 생성할 수도 있다.

다음은 서버와의 통신 채널을 나타내는 데이터스트림을 필요한 만큼 생성한다. 특정한 Feed에 대해서 Xively 서버와 연결하고, 전송 프로토콜과 데이터 형식을 준비한다. 통신 방식은 HTTP/HTTPS와 같은 웹 프로토콜, TCP 소켓/웹소켓, MQTT 방식이 모두 가능하다. 마지막으로, Feed에 데이터를 쓰면 보낸 데이터를 활용하여 그래프를 갱신하고 나타내도록 한다. 데이터의 전송 형식은 XML, JSON, CSV 형식이 가능하다.

여기서는 라즈베리 파이에 xively-python 패키지를 설치하고, 파이썬 프로그램을 통해 Xively 서버에 데이터를 전송해 보자. xively-python 패키지 설치는 다음 명령을 실행하면 된다.

```
$ sudo apt-get install python-dev python-setuptools
$ sudo easy_install pip
$ sudo pip install xively-python
```

설치 도중 'Could not find a version that satisfies…'라는 메시지가 나타나면서 설치가 되지 않을 경우 다음과 같은 명령을 실행하면 된다.

```
$ sudo pip install --pre xively-python
$ sudo apt-get install python-psutil
```

DHT22 센서를 사용하여 온도 값을 측정하여 Xively 서버로 전송하는 프로그램을 만들어 보자. 앞서 Xively 사이트에 접속하여 sensor1라는 채널을 생성해 둔다.

다음은 DHT22 센서를 연결하는 회로를 구성한다. 회로는 앞서 다루었던 그림 6-30 또는 그림 12-5와 같이 만들면 된다.

다음과 같이 DHT22 센서로부터 온도 값을 읽어 Xively 서버에 전송하는 스크립트를 작성한다. 프로그램의 원리는 앞서 설명한 것처럼 Xively 클라이언트를 생성하고, 특정한 Feed를 획득한 다음, 무한 루프에서 주기적으로 DHT22 센서로부터 온도 값을 읽어 데이터스트림 통신 채널을 통해 Xively 서버로 보내 갱신하는 것이다.

코드 12-7 DHT22 센서 온도 값을 Xively 서버로 보내는 xivelytemp.py 스크립트

```python
#!/usr/bin/env python
import os
import xively
import time, datetime
import requests
import Adafruit_DHT

# extract feed_id and api_key from environment variables
FEED_ID = "<FEED ID>"
API_KEY = "<API KEY>"
DEBUG = "True"
sensor = Adafruit_DHT.DHT22
pin=18

def read_temp():
  humidity, temperature = Adafruit_DHT.read_retry(sensor, pin)
  return temperature

# initialize api client
api = xively.XivelyAPIClient(API_KEY)

# function to return a datastream object.
# This either creates a new datastream, or returns an existing one
def get_datastream(feed):
  try:
    datastream = feed.datastreams.get("sensor1")
    if DEBUG:
      print "Found existing datastream"
    return datastream
  except:
    if DEBUG:
      print "Creating new datastream"
    datastream = feed.datastreams.create("sensor1", tags="temperature_01")
    return datastream
feed = api.feeds.get(FEED_ID)
datastream = get_datastream(feed)
datastream.max_value = None
datastream.min_value = None

while True:
  temperature = read_temp()
  if DEBUG:
    print "Updating Xively feed with value: {0:0.1f}*C".format(temperature)
  datastream.current_value = temperature
  datastream.at = datetime.datetime.utcnow()
```

```
  try:
    datastream.update()
  except requests.HTTPError as e:
    print "HTTPError({0}): {1}".format(e.errno, e.strerror)
  time.sleep(10)
```

이제 다음과 같은 명령을 입력하여 파이썬 프로그램을 실행한다.

```
$ sudo python xivelytemp.py
reading temp
Updating Xively feed with value: %22.0*C
reading temp
Updating Xively feed with value: %22.0*C
```

Xively 사이트에서 다음과 같은 그래프를 확인한다.

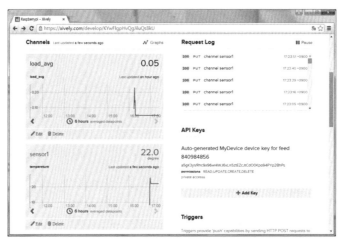

그림 12-26 **Xively 그래프 출력 웹 페이지 화면**

12.5.2 ThingSpeak

다음은 ThingSpeak 클라우드 서비스를 사용해 보자. ThingSpeak 서비스도 Xively와 마찬가지로 센서 데이터 등을 서버에 저장하고 그래프로 보여 주는 서비스이다. Xively와의 차별되는 특징이라면 ThingSpeak은 오픈소스 IoT 서비스 및 API이며, 가입이 간단하고 8개의 데이터, 위도, 경도 등에 대해 HTTP API를 통해 손쉽게 데이터를 저장하거나 불러올 수 있다.

먼저, ThingSpeak 사이트(https://thingspeak.com)에 접속하여 계정을 만든다. 계정으로 접속하고 난 후에 'My Channels' 탭에서 'New Channel' 버튼을 클릭하여 새로운 채널을 생성하고, 'Temperature'라는 이름을 입력하고, 'Save Channel' 버튼을 눌러 저장한다. 이제 새로운 채널을 선택하고, 'API Key' 탭에서 Write API Key 값을 기록해 둔다.

앞서 DHT22 센서를 활용한 예제를 적용해 보자. 다음과 같은 파이썬 스크립트를 작성한다. 여기서는 파이썬 http 라이브러리를 통해 ThingSpeak 서버의 HTTP 주소(api.thingspeak.com)로 접속하여 데이터와 KEY 값을 JSON 형식으로 묶어 보내게 된다.

코드 12-8 **DHT22 센서 온도 값을 thingspeak 서버로 보내는 thingspeaktemp.py**

```python
import httplib, urllib
import time
import Adafruit_DHT

KEY = '<API KEY>'
headers = {"Content-type": "application/x-www-form-urlencoded","Accept": "text/plain"}
DEBUG = True
sensor = Adafruit_DHT.DHT22
pin = 18

def read_temp():
    if DEBUG:
        print 'reading temp'
    humidity, temperature = Adafruit_DHT.read_retry(sensor, pin)
    return temperature

while True:
    temp = read_temp()
    params = urllib.urlencode({'field1': temp, 'key':KEY})
    conn = httplib.HTTPConnection("api.thingspeak.com:80")
    try:
        conn.request("POST", "/update", params, headers)
        response = conn.getresponse()
        if DEBUG:
            print response.status, response.reason
        data = response.read()
        conn.close()
    except:
        print "Connection failed"
    time.sleep(10)
```

다음 명령을 입력하여 프로그램을 실행한다.

```
$ sudo python thingspeaktemp.py
```

채널 웹 페이지에서 'Private View' 탭을 선택하여 다음과 같은 그래프를 확인한다.

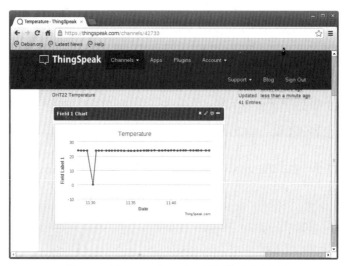

그림 12-27 Thingspeak 그래프 출력 웹 페이지 화면

참고로, Thingspeak에서는 HTTP API를 통해 데이터를 획득할 수도 있다. 앞서 채널 웹 페이지에서 'Data Import/Export' 탭을 선택하여 Viewing Data의 데이터를 획득하기 위한 HTTP 주소를 복사한다. CURL 명령을 실행하여 HTTP 주소로부터 JSON 형식으로 데이터를 추출해 보자.

```
$ curl http://api.thingspeak.com/channels/<ID>/feed.json?key=<KEY>
{"channel":{"id":<ID>,"name":"Temperature","description":
"DHT22 Temperature","field1":"Field Label 1","created_at":"2015-06-16T14:20:51Z",
"updated_at":"2015-06-17T02:45:18Z","last_entry_id":43},"feeds":[{"created_at":
"2015-06-17T02:28:23Z","entry_id":1,"field1":"23.8999996185"},
...:]}
```

12.5.3 Plotly

Plotly(http://plot.ly)도 Xively와 비슷한 서비스를 제공한다. 다만, 온라인으로 그래프, 분석, 통계 작업을 할 수 있고, 파이썬, R, Matlab, 펄, 줄리아, 아두이노 등에 대한 라이브러리를 제공한다.

먼저, Plotly 사이트(https://plot.ly)에 접속하여 계정을 만든다. 로그인한 후에 API 키와 스트리밍 API 토큰은 사용자 설정 메뉴에서 확인할 수 있다.

Plotly를 라즈베리 파이에서 사용하려면 먼저 파이썬 모듈을 설치한다. 모듈 설치는 다음 명령을 실행하면 된다.

```
$ sudo pip install plotly
```

앞서 Xively 및 Thingspeak에서 다룬 것처럼 DHT22 센서를 활용한 프로그램을 작성한다. 여기서는 Plotly 파이썬 모듈을 통해 간단한 형식으로 Plotly 서버로 데이터를 전송하고 결과를 그래프로 확인할 수 있다.

코드 12-9 DHT22 센서 온도 값을 Plotly 서버로 보내는 plotlytemp.py 스크립트

```python
import plotly.plotly as py
from plotly.graph_objs import Scatter, Layout, Figure
import time
import Adafruit_DHT

username = 'your_plotly_username'
api_key = 'your_api_key'
stream_token = 'your_stream_token'
DEBUG = True
sensor = Adafruit_DHT.DHT22
pin = 18
py.sign_in(username, api_key)

trace1 = Scatter(
    x=[],
    y=[],
    stream=dict(
        token=stream_token,
        maxpoints=200
    )
)
layout = Layout(
    title='RPi Temperature'
)

fig = Figure(data=[trace1], layout=layout)
print py.plot(fig, filename='RPi Streaming Example')
i = 0
stream = py.Stream(stream_token)
stream.open()

def read_temp():
```

```
    if DEBUG:
        print 'reading temp'
    humidity, temperature = Adafruit_DHT.read_retry(sensor, pin)
    return temperature

while True:
        temp = read_temp()
        stream.write({'x': i, 'y': temp})
        i += 1
        time.sleep(10)
```

다음 명령을 입력하여 프로그램을 실행한다.

```
$ sudo python plotlytemp.py
```

Plotly 홈페이지에서 로그인한 후에 'Workspace' 탭을 선택하면 프로그램에서 보낸 데이터 파일과 그래프를 확인할 수 있다.

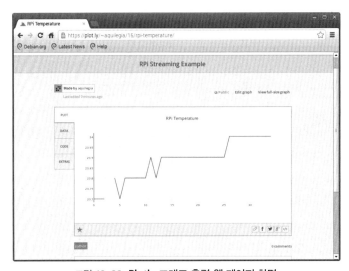

그림 12-28 Plotly 그래프 출력 웹 페이지 화면

12.6 사물인터넷 연동 서비스

앞서 소개한 여러 가지 홈 네트워크 서버들은 주로 집안의 기기들을 연결하고 제어하는 데는 적합하지만, 스마트폰을 연동하거나 페이스북, 트위터, 날씨 등의 다양한 인터넷 서비스들을

활용하기는 쉽지 않다. 이번 절에서는 라즈베리 파이와 스마트폰 및 인터넷 서비스들을 연동하는 서비스 플랫폼인 IFTTT, Pushbullet, 텔레그램에 대해 알아보자.

12.6.1 IFTTT 서비스

IFTTT는 'IF This, Then That'의 약자로서 말 그대로 다양한 인터넷 서비스들을 서로 연동시켜 주는 웹 및 스마트폰 기반 연동 서비스이다. 2015년 8월 현재 구글 서비스, 페이스북, 인스타그램, 트위터, 뉴스 등과 필립스 휴 조명등, WeMo 전자 스위치, Netatmo 온도 조절기 등 100여 개의 인터넷 및 사물인터넷 서비스들을 제공한다. IFTTT는 웹 또는 스마트폰 앱으로 이러한 서비스들을 서로 연결시킬 수 있는데, 예를 들면 매일 아침에 날씨 예보 정보를 받아 그날 비가 오면 조명등을 켠다든가 화분에 수분이 부족하면 이메일로 알릴 수도 있다.

IFTTT를 사용하려면 IFTTT 홈페이지(http://www.ifttt.com)에 접속하거나 스마트폰에서 IFTTT와 관련된 IF 및 Do Button 앱을 설치하고, 이메일 계정을 활용하여 가입해야 한다. 실습을 위해 자신의 Gmail 계정으로 등록하자.

그림 12-29 **IFTTT 홈페이지의 다양한 채널들**

IFTTT는 IF 조건에 해당하는 트리거(Trigger) 서비스와 Do 조건에 해당하는 액션(Action) 서비스를 지정하여 연동시킬 수 있다. 예를 들면, 이메일을 보내면 SMS로 자신의 스마트폰으로 알려 주는 서비스를 구현할 수 있다. 트리거 기능을 위해 등록된 이메일 계정(예 Gmail)으로부터 trigger@recipe.ifttt.com으로 이메일을 보내도록 하면 된다.

다음과 같은 레시피를 만들어 보자. 먼저, 안드로이드 스마트폰에서 IF 앱을 실행하고 절구 모양의 레시피 아이콘을 선택한 후에 ❶ '+' 버튼을 클릭한다.

❷ 트리거 기능으로 Email 채널의 'Send IFTTT any email'을 선택한다. ❸ 액션으로는 Android SMS(대신 일반 SMS 채널은 미국 전화번호로만 수신할 수 있다) 채널의 ❹ 'Send an SMS'을 선택하고, ❺ 전화번호를 국가번호를 포함해서 입력하고, 메시지는 {{Subject}} : {{Body}}를 입력하여 레시피를 생성한다. ❻ 생성된 레시피는 'My Recipes' 화면에서 확인할 수 있다.

그림 12-30 이메일 트리거로 SMS를 전송하는 IFTTT 레시피 생성 과정

이제, 라즈베리 파이에서 다음과 같은 프로그램을 작성한다.

코드 12-10 IFTTT 서버로 이메일 트리거하는 mailtrigger.py 스크립트

```python
#!/usr/bin/python
import smtplib
from email.mime.multipart import MIMEMultipart
from email.mime.base import MIMEBase
from email.mime.text import MIMEText
from email import Encoders
from email.header import Header
import os

smtp_server = "smtp.gmail.com"
port = 587
portssl = 465
userid = "mymail@gmail.com"
passwd = "password"
recvid = "trigger@recipe.ifttt.com"

def sendmail(from_user, to_user, cc_users, subject, text, attach):
    COMMASPACE = ", "
    msg = MIMEMultipart("alternative")
    msg["From"] = from_user
    msg["To"] = to_user
    msg["Co"] = COMMASPACE.join(cc_users)
    msg["Subject"] = Header(s=subject, charset="utf-8")

    if(text != None):
        msg.attach(MIMEText(text))

    if(attach != None):
        part = MIMEBase("application", "octet-stream")
        part.set_payload(open(attach, "rb").read())
        Encoders.encode_base64(part)
        part.add_header("Content-Disposition", "attachment", filename=os.path.
basename(attach))
        msg.attach(part)

    server = smtplib.SMTP(smtp_server, port)
    #server = smtplib.SMTP_SSL(smtp_server, portssl)
    server.ehlo_or_helo_if_needed()
    server.starttls()
    server.ehlo_or_helo_if_needed()
    ret, m = server.login(userid, passwd)
    if ret != 235:
        print "login fail"
        return
    server.sendmail(from_user, to_user, msg.as_string())
    server.quit()

if __name__ == "__main__":
    sendmail(userid, recvid, "", "Test", "This is test mail!", None)
```

프로그램을 실행하면 잠시 뒤에 스마트폰에 다음과 같은 메시지가 도착한 것을 확인할 수 있다.

```
$ python mailtrigger.py
```

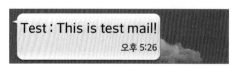

그림 12-31 이메일 트리거와 SMS 연동 결과

IFTTT는 유명한 인터넷 서비스는 물론 openHAB이나 스파크/파티클과 같은 사물인터넷 관련 채널들도 포함하고 있다. 앞서 구현한 날씨 예보기를 파티클 코어에서 구동시켜 보자. 먼저, 그림 12-32와 같은 회로를 구성한다.

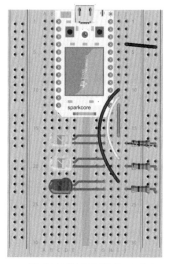

그림 12-32 세 개의 LED와 연결된 파티클 코어 회로

IF 앱을 실행하고, 트리거로는 Weather 채널의 'Today's weather report'를 선택하고, 시간은 오전 7시(07 AM)로 지정한다. 액션으로 파티클 채널의 'Publish an event'를 선택하고, 이벤트 이름은 'TodaysWeather'를 지정하고, 내용은 그림 12-33과 같이 설정한다.

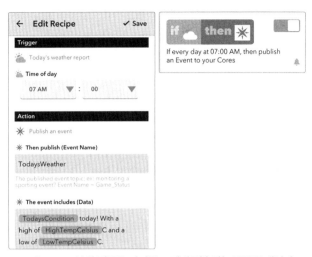

그림 12-33 날씨 정보를 파티클 코어에 전송하는 IFTTT 레시피

파티클 홈페이지에 접속하여 파티클 빌드 창에서 새로운 스케치를 열고, TimeAlarm 라이브 러리를 포함시키고, 다음 코드를 입력하여 빌드하고, 펌웨어를 코어 장치에 업로드한다.

코드 12-11 날씨 정보를 받아 LED를 켜는 파티클 코어 스케치 프로그램

```
#include "TimeAlarms/TimeAlarms.h"

int greenLED = D0;
int yellowLED = D1;
int redLED = D2;

void myHandler(const char *event, const char *data)
{
    Serial.print(event);
    Serial.print(", data: ");
    if (data)
        Serial.println(data);
    else
        Serial.println("NULL");
    turnOnLED(data);
    Alarm.timerOnce(3600, turnOffLED);      // 1시간 후에 한 번 호출
}

void setup() {
    Spark.subscribe("TodaysWeather", myHandler);
    Serial.begin(9600);

    pinMode(greenLED, OUTPUT);
    pinMode(yellowLED, OUTPUT);
    pinMode(redLED, OUTPUT);
```

```
}

void loop() {
  Alarm.delay(1000);                        // 알람 처리를 위해 1초 대기
}

void turnOnLED(const char *data)
{
    String str = String(data);

    if (str.indexOf("Sunny") >= 0 || str.indexOf("Clear") >= 0) {
        digitalWrite(greenLED, HIGH);       // 녹색 LED를 켬
    }
    else if (str.indexOf("Cloud") >= 0) {
        digitalWrite(yellowLED, HIGH);      // 노란색 LED를 켬

    }
    else if (str.indexOf("Rain") >= 0 || str.indexOf("Shower") >= 0 ||
str.indexOf("Snow") >= 0) {
        digitalWrite(redLED, HIGH);         // 빨간색 LED를 켬
    }
}

void turnOffLED()
{
    digitalWrite(greenLED, LOW);            // 녹색 LED를 끔
    digitalWrite(yellowLED, LOW);           // 노란색 LED를 끔
    digitalWrite(redLED, LOW);              // 빨간색 LED를 끔
}
```

이제, 오전 7시가 되면 자동으로 날씨 예보를 알리는 LED가 1시간 동안 켜질 것이다.

마지막으로, 라즈베리 파이를 IFTTT 트리거 기능으로 활용하여 다른 서비스로 정보를 전송하는 대신에 다른 서비스로부터 오는 정보를 라즈베리 파이가 수신해야 할 때도 있다. 예를 들면, 날씨 예보 정보를 수신하여 라즈베리 파이가 LED를 제어하는 서비스를 생각할 수 있다. 이런 기능을 수행할 수 있는 여러 가지 방법이 있다. 파이썬 프로그램으로 지메일 서버에 연결하여 메일을 체크하거나 드롭박스 저장소의 특정한 파일을 찾을 수도 있다. 여기서는 그런 방법 대신 다음과 같은 Pushbullet 서비스를 활용해 보자.

12.6.2 Pushbullet 서비스 연동

Pushbullet 서비스는 PC와 스마트폰 등 다양한 기기 간에 단문 메시지, 링크, 파일 등을 보내거나 받도록 해 준다.

먼저, Pushbullet 사이트에 접속한다. 접속 및 가입할 때는 구글이나 페이스북 계정을 통해 로그인할 수 있다. 로그인한 후에 'Setup' 탭을 선택하여 자신의 접근 토큰 또는 API KEY를 확인할 수 있다.

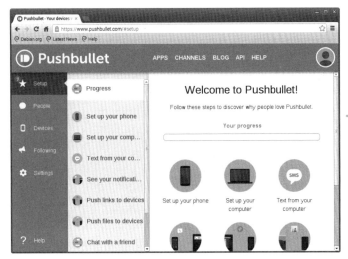

그림 12-34 **Pushbullet 설정 화면**

다음은 스마트폰에 Pushbullet 앱을 설치한다. 라즈베리 파이에서는 다음 명령을 실행하여 pushbullet.py 파이썬 모듈을 설치한다.

```
$ sudo pip install pushbullet.py
```

최신 버전을 설치하고 싶으면 다음과 같은 명령을 실행하면 된다.

```
$ git clone https://github.com/randomchars/pushbullet.py
$ sudo python setup.py install
```

Pushbullet은 메시지, 주소, 링크, 파일 등의 다양한 자료를 전송할 수 있고, 메시지 수신을 체크하거나 새로운 장치를 등록하거나 다양한 채널의 메시지를 팔로우(follow)할 수도 있다. Pushbullet 클래스의 주요 멤버와 메소드(method)는 표 12-4와 같다.

표 12-4 **Pushbullet 클래스의 주요 멤버와 메소드**

멤버 및 메소드	설명
push_note(title, message[, device])	메시지를 [장치로] 보낸다.
push_address(title, address)	주소를 보낸다
push_list(title, list)	목록을 보낸다.
push_link(title, link)	링크를 보낸다.
upload_file(file, file_name)	파일을 업로드한다.
push_file(file_url, file_name, file_type)	업로드한 파일을 보낸다.
get_pushes( )	모든 푸시 메시지를 가져온다.
dismiss_push(push), delete_push(push)	푸시 메시지를 해제하고, 삭제한다.
devices	등록된 장치 목록
new_device(name), edit_device(dev, …), remove_device(dev)	장치를 만들고, 편집하고, 제거한다.
channels	등록된 채널 목록
contacts	등록된 연락처 목록
add_contact(name, address), edit_contact(con, …), remove_contact(con)	연락처를 만들고, 편집하고, 제거한다.

이제 간단한 메시지를 전송하는 프로그램을 만들어 보자. 다음과 같은 코드를 작성한다.

코드 12-12 **Pushbullet 서버로 간단한 메시지를 전송하는 pushtest.py 스크립트**

```
from pushbullet import PushBullet

api_key = "<API KEY>"
pb = PushBullet(api_key)
push = pb.push_note("Hello", "World")
```

프로그램을 실행하면 스마트폰의 Pushbullet 앱에 'Hello World' 메시지가 도착한 것을 확인할 수 있다.

```
$ python pushtest.py
```

그림 12-35 Pushbullet 메시지를 전송한 결과 화면

다음은 스마트폰에서 'hello' 메시지를 전송하면 라즈베리 파이에서 메시지를 검사하여 'world' 메시지를 보내 주는 에코 기능을 구현해 보자. 라즈베리 파이에서 다음과 같은 프로그램을 작성한다.

코드 12-13 Pushbullet 메시지를 주고받는 echopush.py 스크립트

```
from pushbullet import PushBullet
from pushbullet import Listener

api_key = "<API KEY>"
HTTP_PROXY_HOST = None
HTTP_PROXY_PORT = None
phone = None

def on_push(data):
    pushes = pb.get_pushes()
    latest = pushes[1][0]
    print latest
    if latest.get('source_device_iden') == phone.device_iden:
        print 'Got a message.'
        body = latest.get('body')
        if 'hello' in body:
            push = pb.push_note('raspberrypi', "world", device=phone)

if __name__ == "__main__":
    pb = PushBullet(api_key)
    print pb.devices
    phone = pb.devices[0]
    s = Listener(account=pb, on_push=on_push,
                http_proxy_host=HTTP_PROXY_HOST,
                http_proxy_port=HTTP_PROXY_PORT)
```

```
try:
    s.run_forever()
except KeyboardInterrupt:
    s.close()
```

이제 프로그램을 실행한다.

```
$ python echopush.py
```

스마트폰의 Pushbullet 앱에서 '나'에게 hello를 입력하여 전송
하면 라즈베리 파이가 world 메시지를 보내 주는 것을 확인할
수 있다.

Pushbullet은 IFTTT 채널에 등록되어 있으므로 다른 서비스
와 연동시킬 수 있다. Pushbullet을 이용하여 앞서 8장에서 구
현한 날씨 예보기를 만들어 보자. 먼저, 라즈베리 파이는 9장
에서 다루었던 날씨 예보기 회로를 구성한다.

그림 12-36 **Pushbullet 메시지를
주고받는 결과 화면**

스마트폰에서 IF 앱을 실행하고, 트리거로는 Weather 채널의 'Today's weather report'를 선택하
고, 시간은 오전 7시(07 AM)로 지정한다. 액션으로는 Pushbullet 채널의 'Push a note'를 선택하
고, Pushbullet 사이트에 접속하고, IFTTT 접근을 허용하여 새로운 채널로 등록한다. 수신 메
시지의 타이틀은 'TodaysWeather {{CheckTime}}'을 지정하고, 내용은 앞서 파티클 코어처럼 그
림 12-37과 같이 설정한다.

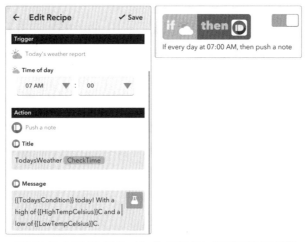

그림 12-37 **날씨 정보를 Pushbullet으로 받는 IFTTT 레시피 생성**

라즈베리 파이에서 다음 프로그램을 작성한다.

코드 12-14 날씨 정보를 Pushbullet으로 받아 LED를 켜는 forcaster.py 스크립트

```python
#!/usr/bin/python
from pushbullet import PushBullet
from pushbullet import Listener
import RPi.GPIO as GPIO
import time

api_key = "<API KEY>"
HTTP_PROXY_HOST = None
HTTP_PROXY_PORT = None

redPin = 18
yellowPin = 23
greenPin = 24

def init_leds():
    GPIO.setmode(GPIO.BCM)
    GPIO.setup(redPin, GPIO.OUT)
    GPIO.setup(yellowPin, GPIO.OUT)
    GPIO.setup(greenPin, GPIO.OUT)

def leds_off():
    GPIO.output(redPin, False)
    GPIO.output(yellowPin, False)
    GPIO.output(greenPin, False)

def on_push(data):
    pushes = pb.get_pushes()
    latest = pushes[1][0]
    if 'TodaysWeather' in latest.get('title'):
        body = latest.get('body')
        if any(x in body for x in ['Sunny', 'Clear']):
            GPIO.output(greenPin, True)
        elif 'Cloud' in body:
            GPIO.output(yellowPin, True)
        elif any(x in body for x in ['Rain', 'Shower', 'Snow']):
            GPIO.output(redPin, True)
        # sleep 1 hour
        time.sleep(3600)
        leds_off()

if __name__ == "__main__":
    pb = PushBullet(api_key)
    s = Listener(account=pb, on_push=on_push,
                http_proxy_host=HTTP_PROXY_HOST,
                http_proxy_port=HTTP_PROXY_PORT)
    init_leds()
```

```
    try:
        s.run_forever()
    except KeyboardInterrupt:
        s.close()
        leds_off()
```

이제 프로그램을 실행하자. 이제 오전 7시가 되면 자동으로 날씨 예보를 알리는 LED가 1시간 동안 켜질 것이다.

```
$ python forcaster.py
```

12.6.3 텔레그램 연동

다음은 텔레그램(Telegram)과 연동하는 방법에 대해 알아보자. 텔레그램은 스마트폰, PC 등 다양한 플랫폼에서 구동되는 인터넷 메신저이다. 특히 텔레그램은 메시지를 암호화하여 전송하고 HTTP API를 제공하여 개발자가 연동 프로그램을 만들 수 있다. 텔레그램은 Telegram API와 Bot API의 두 가지 API를 제공한다.

Telegram API는 텔레그램 클라이언트 프로그램을 만들 때 유용하다. Telegram API를 사용한 클라이언트 프로그램은 사용자의 전화번호를 사용하여 텔레그램 서버에 등록한다. 프로그램을 등록하고 나면 프로그램은 인증키를 사용하여 MTProto 보안 모바일 프로토콜을 사용함으로써 다른 사용자와 비밀 대화를 시작할 수 있다.

반면에, Bot API는 텔레그램 메시지를 이용하여 동작하는 프로그램을 만들 수 있다. Bot API를 사용하면 전화번호를 인증할 필요 없이 임의의 봇(bot, 로봇 사용자)을 만들어 텔레그램 서버에 접속할 수 있도록 한다.

먼저, Telegram API를 사용하여 개발된 Telegram-CLI 클라이언트 프로그램을 활용해 보자. Telegram-CLI는 Telegram-CLI 프로그램을 설치하는 방법은 다음과 같다.

다음 명령을 실행하여 전체 패키지를 갱신하고 업그레이드한다.

```
$ sudo apt-get update
$ sudo apt-get upgrade
```

본격적으로 설치하기 전에 의존 패키지들을 먼저 설치한다.

```
$ sudo apt-get install libreadline-dev libconfig-dev libssl-dev lua5.2
liblua5.2-dev libevent-dev libjansson-dev libpython-dev make
```

Telegram-CLI 소스 코드를 다운로드하고, 빌드 환경을 설정한 다음, 빌드한다.

```
$ git clone --recursive https://github.com/vysheng/tg.git && cd tg
$ ./configure
$ make
```

Telegram-CLI는 다음 명령으로 실행할 수 있다.

```
telegram-cli -k <public key 파일>
```

여기서 사용 가능한 주요 옵션은 표 12-5와 같다.

표 12-5 **telegram-cli 명령어 옵션**

일반 형식	telegram-cli [-k pubkey_file] [-기타옵션]
옵션	설명
-k <pubkey파일>	공용 키 파일을 지정한다.
-s <lua 스크립트>	lua 스크립트를 실행한다.
-Z <파이썬 스크립트>	파이썬 스크립트를 실행한다.
-P <포트>	명령어를 입력받을 네트워크 포트를 지정한다.
--json	JSON 형식으로 응답과 값을 출력한다.
-d	데몬 모드로 실행한다.
-R	readline을 비활성화한다.
-W	dialog_list 쿼리를 보내고 결과를 기다린다.
-e <명령어>	명령어를 실행하고 종료한다.

이제 프로그램을 실행하자. 처음 실행할 때는 전화번호를 이용하여 클라이언트 프로그램을
등록해야 한다. 다음 명령을 입력한다.

```
$ bin/telegram-cli -k tg-server.pub
...
```

조금 기다리면 전화번호 입력 프롬프트가 나타나는데, 국가번호를 포함한 전화번호를 입력한다. 그러면 텔레그램 서버가 문자 메시지로 인증번호를 보내 줄 것이다. 그 번호를 입력하면 클라이언트가 서버에 등록되고, 홈 디렉터리 아래 .telegram 디렉터리, 즉, ~/.telegram 디렉터리에 인증과 관련된 파일들이 생성될 것이다.

```
phone number: +8210xxxxxxxx
code:
...
>
```

정상적으로 등록되면 '>' 프롬프트가 나타난다.

다음은 명령어들을 테스트해 보자. Telegram-CLI에서 사용할 수 있는 주요 명령어는 표 12-6과 같다.

표 12-6 **Telegram-CLI 셸의 주요 명령어**

명령어	설명
msg <상대> 텍스트	메시지를 상대에게 보낸다.
dialog_list	대화 상대 목록을 가져온다.
contact_list	주소록 목록을 가져온다.
help	도움말을 출력한다.
quit	종료한다.
safe_quit	모든 요청이 종료하기를 기다린 다음 종료한다.
send_photo <상대> <사진 파일>	사진을 상대에게 보낸다.
send_video <상대> <비디오 파일>	비디오를 상대에게 보낸다.
send_text <상대> <텍스트 파일>	텍스트 파일을 상대에게 보낸다.
create_group_chat <토픽> <사용자1>...	그룹 채팅방을 만든다.
chat_add_user <chat> <사용자>	사용자를 그룹 채팅방에 추가한다.
chat_del_user <chat> <사용자>	사용자를 그룹 채팅방에서 삭제한다.

예를 들면, 대화 상대자의 목록을 가져오려면 다음과 같은 명령을 실행한다.

```
> dialog_list
User BotFather: 0 unread
User RaspiBot: 0 unread
User 길동 홍: 0 unread
```

메시지를 전송하려면 다음과 같이 하면 된다.

```
> msg 길동_홍 "Hello World!"
```

Hello World! 오후 2:42

그림 12-38 Telegram-CLI 로 메시지를 전송한 결과 화면

여기서 주의할 점은 이름과 성 사이에 공백을 '_'으로 대체해야 한다는 점이다. Telegram-CLI 는 메시지 외에도 사진, 비디오, 텍스트 파일들을 전송할 수 있다.

Telegram-CLI 의 사용을 끝내고 종료하려면 'quit'을 입력하면 된다.

```
> quit
$
```

Telegram-CLI는 -s 및 -Z 옵션을 사용하여 각각 루아와 파이썬 스크립트를 실행할 수 있다. 루아 스크립트는 비교적 잘 동작하는 반면, 파이썬은 SIGNAL 오류가 나면서 프로그램이 종료하는 버그가 존재한다. 따라서 Telegram-CLI는 네트워크 포트만 열어 두고, 네트워크로 연결된 파이썬 스크립트를 실행하여 명령어를 전송하도록 하는 것이 바람직하다. 그런 역할을 하는 대표적인 모듈이 pytg 파이썬 모듈이다.

pytg 모듈은 다음 명령을 사용하여 설치할 수 있다.

```
$ git clone https://github.com/luckydonald/pytg.git && cd pytg
$ sudo python setup.py install
```

처음으로 Telegram-CLI 프로그램을 실행하려면 다음과 같은 코드를 실행하면 된다.

```
from pytg import Telegram
tg = Telegram(
    telegram="/path/to/tg/bin/telegram-cli",
    pubkey_file="/path/to/tg/tg-server.pub")
receiver = tg.receiver
sender = tg.sender
```

아니면 Telegram-CLI는 따로 실행해도 되는데, 이때 '--json -P 4458 -W'와 같은 옵션을 추가해 준다.

```
$ bin/telegram-cli -k tg-server.pub --json -P 4458 -W
```

이제 다음과 같은 프로그램을 작성하여 메시지를 보낼 수 있다.

코드 12-15 pytg 모듈을 사용하여 메시지를 전송하는 msgtest.py 스크립트 파일

```
from pytg.sender import Sender

sender = Sender(host="localhost", port=4458)
sender.send_msg("username", "Hello World!")
```

프로그램을 실행하고, 텔레그램 앱에서 메시지를 확인해 보자.

```
$ python msgtest.py
```

다음은 앞서 Pushbullet에서 다루었던 에코 프로그램을 구현해 보자. 다음과 같은 프로그램을 작성한다.

코드 12-16 텔레그램으로 메시지를 주고받는 echo.py 스크립트 파일

```
#-*- coding: utf-8 -*-
from __future__ import unicode_literals
from pytg.sender import Sender
from pytg.receiver import Receiver
from pytg.utils import coroutine

receiver = Receiver(host="localhost", port=4458)
sender = Sender(host="localhost", port=4458)

@coroutine # from pytg.utils import coroutine
def main_loop():
    QUIT = False
    try:
        while not QUIT:
            msg = (yield) # 메시지를 받을 때까지 대기했다가 msg에 저장한다.
            sender.status_online()
            if msg.event != "message" or msg.own:
                continue
            print("Message: ", msg.text)
            if msg.text == u'hello':
                sender.send_msg(msg.peer.cmd, u"world")
    except GeneratorExit:
        pass
    else:
        pass
```

```
# Receiver 를 시작하면 메시지를 수신할 수 있다!
receiver.start()
# 수신 함수 등록
receiver.message(main_loop())
# Receiver 정지
receiver.stop()
```

여기서 메시지를 수신하기 위해 Receiver 객체를 생성하고 메시지를 수신할 때 실행하는 함수를 등록하고 종료하도록 하였다. 메시지 수신 함수는 코루틴(coroutine)을 사용하여 메시지가 전달될 때마다 yield 변수를 통해 msg에 저장된다. 또 메시지가 아니거나 자신이 보낸 메시지일 때는 무시하도록 하였다. 그렇게 하지 않으면 무한히 반복해서 에코 메시지를 보낼 수도 있다.

프로그램을 실행한다.

```
$ python echo.py
```

그림 12-39 텔레그램으로 메시지를 주고받은 결과 화면

다음은 앞서 7장에서 구현한 침입 탐지기를 구현해 보자. 여기서 기본 코드는 코드 7-8 motion.py과 같으며 움직임이 포착되었을 때 사진을 전송하는 다음 코드를 추가하였다.

```
from pytg.sender import Sender
sender = Sender(host="localhost", port=4458)
sender.send_photo("username", "<이미지 경로>")
```

프로그램을 실행하고 카메라 앞에서 몸을 움직이면 텔레그램으로 사진이 전송되는 것을 확인할 수 있다.

```
$ python motion.py
```

Invader is Coming! 오전 12:09

그림 12-40 움직임을 감지하여 텔레그램으로 이미지를 전송한 결과 화면

다음은 Bot API를 활용해 보자. 봇(Bot)은 메시지를 자동으로 전송하기 위해 고안된 특별한 계정을 의미하는데, HTTPS 요청을 통해 Bot API로 접근하여 봇을 제어할 수 있다. 따라서 봇을 사용하면 전화번호를 활용하거나 Telegram-CLI를 사용할 필요가 없다.

봇을 만들려면 먼저 Botfather와 대화를 해야 한다. 텔레그램 앱에서 BotFather를 검색한 다음 선택하여 대화를 시작한다. 아니면 https://telegram.me/botfather로 접속해도 된다. BotFather는 여러 가지 명령어를 입력받아 처리해 주는데, 먼저, '/newbot'을 입력하여 새로운 봇의 생성을 요청한다. 다음은 봇의 별명을 입력하고 나서 봇의 이름을 설정해야 한다. 봇의 이름은 고유해야 하며, 반드시 bot 또는 Bot으로 끝나야 한다. 봇이 생성되면 Botfather는 메시지로 토큰 값을 알려 준다. 토큰 값은 /token 명령으로도 확인할 수 있다. 토큰 값은 Bot API로 텔레그램 서버에 접속할 때 필요하므로 기억해 두자.

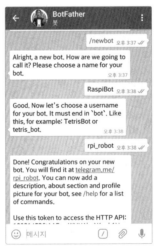

그림 12-41 BotFather와 대화하며 봇을 생성하는 화면

다음은 파이썬 텔레그램 API 모듈을 설치한다. 설치하는 명령은 다음과 같다.

```
$ sudo pip install python-telegram-bot
```

사용하는 방법은 다음과 같다. 먼저, 토큰을 이용하여 telegram 모듈의 Bot 객체를 생성하고, 메시지를 확인하거나 전송하면 된다. 예를 들면, 스마트폰의 텔레그램 앱에서 봇 이름을 검색한 다음 'hello' 메시지를 전송해 보자. 다음은 파이썬 셸을 실행하고 나서 다음 코드를 입력하자.

```
>>> import telegram
>>> bot = telegram.Bot(token='<토큰>')
```

자신을 확인하기 위해 다음 코드를 입력한다.

```
>>> print bot.getMe()
{'username': u'rpi_robot', 'first_name': u'RaspiBot', 'id': 123456789}
```

수신 메시지를 확인하기 위해 다음 코드를 입력한다.

```
>>> updates = bot.getUpdates()
>>> print [(u.message.chat_id, u.message.text) for u in updates]
[{987654321, u'hello')]
```

전송한 스마트폰 사용자의 chat_id와 메시지 내용을 확인할 수 있다. 이제 chat_id를 사용하여 메시지를 전송할 수 있다.

```
>>> bot.sendMessage(chat_id=<chat id>, text='world')
```

텔레그램 앱에서 봇이 'world' 메시지를 전송한 것을 확인할 수 있다. 이제 앞서 다루었던 에코 프로그램을 구현해 보자. 다음과 같은 프로그램을 작성하면 된다.

코드 12-17 텔레그램 메시지를 주고받는 echobot.py 스크립트 파일

```
#-*- coding: utf-8 -*-
from __future__ import unicode_literals
import telegram

token = <TOKEN>
bot = telegram.Bot(token=token)
```

```
last_update_id = None
try: last_update_id = bot.getUpdates()[-1].update_id
except IndexError:
    last_update_id = None

while True:
    for update in bot.getUpdates(offset=last_update_id, timeout=10):
        chat_id = update.message.chat_id
        message = update.message.text.encode('utf-8')
        if message == b'hello':
            bot.sendMessage(chat_id=chat_id, text='world')
            last_update_id = update.update_id + 1
```

여기서 봇 객체를 생성하고 나서 가장 최근에 수신한 메시지가 'hello'이면 보낸 사용자의 chat_id로 'world' 메시지를 보내 준다. 프로그램을 실행하고 'hello' 메시지를 전송해 본다.

```
$ python echobot.py
```

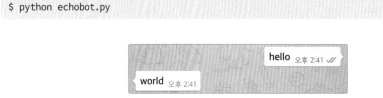

그림 12-42 봇을 통해 텔레그램 메시지를 주고받은 결과 화면

파이썬 Bot API 모듈도 파이썬 3 버전에서 Pushbullet이나 Telegram-CLI와 마찬가지로 이미지, 비디오, 텍스트 파일도 전송할 수 있다. 따라서 라즈베리 파이와 같은 장치를 연동시키는 데 유용하게 사용할 수 있다.

다음은 bash 셸 명령어를 실행하는 기능을 구현해 보자. pexpect 모듈을 활용하면 스마트폰에서 명령어를 보내면 라즈베리 파이에서 bash 셸로 실행하여 그 결과를 메시지로 전송할 수 있다. 다음과 같은 프로그램을 작성한다.

코드 12-18 셸 스크립트를 실행하는 shell.py 스크립트 파일

```
# -*- coding: utf-8 -*-
from __future__ import unicode_literals
import telegram
import pexpect

token = '<TOKEN>'
bot = telegram.Bot(token=token)
last_update_id = None
try:
    last_update_id = bot.getUpdates()[-1].update_id
```

```
except IndexError:
    last_update_id = None

while True:
    for update in bot.getUpdates(offset=last_update_id, timeout=10):
        chat_id = update.message.chat_id
        message = update.message.text.encode('utf-8')
        if message != None:
            child = pexpect.spawn('bash', ['-c', message])
            index = child.expect(pexpect.EOF)
            body = child.before.strip()
            bot.sendMessage(chat_id=chat_id, text=body)
            last_update_id = update.update_id + 1
```

프로그램을 실행한 다음 다양한 셸 명령어를 입력해 보자.

```
$ python shell.py
```

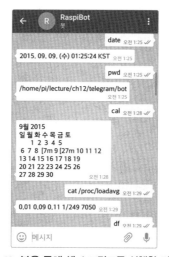

그림 12-43 봇을 통해 셸 스크립트를 실행한 결과 화면

그런데 이런 폴링 방식은 지속적으로 서버의 메시지를 체크해야 하는 단점이 있다. 하지만 Bot API가 제공하는 Webhook 기능을 활용하면 웹 서버를 만들어 텔레그램 서버와 직접 통신하여 메시지를 주고받으므로 더욱 효율적일 수도 있다.

지금까지 다양한 사물인터넷 연동 서비스들을 살펴보았다. 앞으로 아두이노, 라즈베리 파이와 같은 하드웨어와 정보 공유가 더욱 보편화되면 누구나 적절한 사물인터넷 서비스를 활용하여 창의적인 사물인터넷 서비스를 구현하고 활용할 수 있을 것이다.

참고 자료

1. WebIOPi 홈페이지, https://code.google.com/p/webiopi/

2. Weaved 홈페이지, http://www.weaved.com/

3. Adafruit Python DHT 센서 라이브러리, https://github.com/adafruit/Adafruit_Python_DHT

4. The Thing System 홈페이지, http://www.thethingsystem.com

5. Node.js 홈페이지, http://www.nodejs.org

6. pi-gpio 모듈, https://www.npmjs.com/package/pi-gpio

7. openHAB 홈페이지, http://www.openhab.org/

8. openHAB 위키페이지, https://github.com/openhab/openhab/wiki

9. Arduino-OpenHAB Communication, http://www.element14.com/community/community/design-challenges/forget-me-not/blog/2014/08/24/cats-forgetmenot--week-4-arduino-openhab-two-communication

10. Rrd4j 위키페이지, https://en.wikipedia.org/wiki/Rrd4j

11. NotifyMyAndroid 홈페이지, http://notifymyandroid.com

12. Xively 홈페이지, http://xively.com

13. Xively Github 페이지, https://github.com/xively

14. ThingSpeak 홈페이지, https://thingspeak.com

15. Plotly 홈페이지, http://plot.ly

16. IFTTT 홈페이지, http://www.ifttt.com

17. Pushbullet 홈페이지, http://www.pushbullet.com

18. Telegram APIs 홈페이지, https://core.telegram.org/

13

사물인터넷 통신

이 장에서는 사물인터넷을 위한 통신 기술 중에서 블루투스 4.0 기술을 이용한 BLE 비콘 (Bluetooth Low Energy Beacon)과 인터넷 프로토콜인 MQTT(MQ Telemetry Transport)에 대하여 알아본다. 아울러 증강 현실(Augmented Reality) 기술을 접목하여 온실을 제어하는 시스템을 제 작해 본다.

13.1 사물인터넷 통신 개요

지금까지 사물인터넷을 구현하기 위한 다양한 장치와 서비스를 다루었다. 이번 장에서는 이러 한 IoT 장치들을 서로 연결하는 데 필요한 통신 기술에 대해 알아보자.

사물인터넷 장치는 통신 범위에 따라 RFID(Radio Frequency Identification)처럼 아주 가까운 거 리에서 동작하거나, 무선 센서 네트워크(Wireless Sensor Network)처럼 비교적 가까운 거리에서 서로 거미줄처럼 통신망을 만들 수도 있고, 인터넷 망을 통해 서로 통신할 수도 있다. 이러한 통신을 위해 장치를 자동으로 발견할 수 있는 서비스 발견(service discovery) 기술과 장치 간에 제한된 자원으로 효율적으로 통신할 수 있는 기술이 필요하다. 여기서는 그런 기술 중에서 BLE 비콘이라는 서비스 발견 기술과 MQTT라는 인터넷 통신 프로토콜에 대해 소개한다.

13.2 BLE 비콘

BLE 비콘은 블루투스 4.0, 즉 BLE 기술을 이용하여 구현한 실내 근접 시스템 기술을 말한다. 이것은 주로 스마트폰과 같은 장치가 주변의 BLE 비콘 장치가 전송하는 신호를 이용하여 장치 또는 자신의 위치를 인식하여 유용한 서비스를 수행하는 데 사용된다. BLE 비콘 장치는 자체 GATT 프로파일 서비스를 사용하여 비콘 광고 메시지를 주기적으로 전송하게 되는데, 경우에 따라서는 다른 장치와 연결하여 GATT 프로파일 정보를 전송할 수도 있다. 하지만 비콘 신호를 수신하는 장치에 강제로 알림을 푸시하거나 사용자를 추적하지는 않는다. 비콘 광고 메시지의 전송 주기와 세기는 장치의 전원으로 주로 사용하는 배터리에 영향을 미칠 것이다. 현재 애플, 구글 등에서 정의한 다양한 규격의 비콘이 존재하고 있다. 여기서는 대표적인 iBeacon과 Eddystone에 대해서 알아보자.

13.2.1 iBeacon 비콘

iBeacon은 애플이 개발한 BLE 비콘 규격이며, 비교적 일찍 개발되어 많은 업체가 이를 활용한 제품을 출시하고 있다.

iBeacon 광고 메시지의 패킷 구조는 비교적 간단한 편이며, 그림 13-1과 같다.

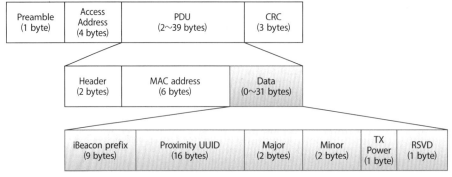

그림 13-1 iBeacon 패킷 구조

여기서 데이터 프레임 중 PDU 내의 iBeacon Payload, 즉 데이터 부분은 최대 31바이트를 차
지하는데, 다음과 같은 정보를 포함하고 있다. 이 중에서 주 번호와 부 번호는 한 지역의 비콘
장치들을 구분하는 데 사용된다. 예를 들면, 어떤 가게에 설치된 비콘들은 주 번호는 같지만 부
번호는 다르게 설정할 수 있다. TX Power 값은 수신 신호의 세기(RSSI, Received Signal Strength
Indication) 값과 더불어 비콘과의 거리를 측정하여 자신의 위치를 추정하는 데 사용된다.

표 13-1 iBeacon 데이터 프레임

항목	byte크기	설명
AD flags	3	첫 번째 광고(AD) 데이터이며 플래그 값 저장 : 길이(0x02), 플래그 타입(0x01), 플래그 값(⑩ 0x1A)
AD headers	2	두 번째 AD: 길이(0x1A), 제조사 AD 타입(0xFF)
Company ID	2	회사 ID: 애플(0x4C00)
Type ID	1	iBeacon 타입: 0x02
Data Length	1	나머지 페이로드 바이트 수(0x15)
128bit UUID	16	장치를 나타내는 128비트 ID
Major Number	2	주 번호로서 개별 회사/가게 등을 구분
Minor Number	2	부 번호로서 특정 지역 내의 노드들을 구분
TX Power	1	전송할 때의 신호 세기(파워, 데시벨 단위)

여기서 광고 데이터는 각각 크기(1바이트)와 값들로 구성된 그룹으로 나뉘며, iBeacon 비콘은
두 개의 광고 데이터를 전송한다. 첫 번째 광고 데이터는 3바이트이며, 플래그 값을 저장한다.
세 번째 바이트는 속성 플래그 값을 나타내는데, 각 비트에 대한 구체적인 값은 다음과 같다.

- 비트 0은 LE 모드 중 제한된 발견 모드(Limited Discoverable Mode)를 나타낸다.
- 비트 1은 LE 모드 중 일반 발견 모드(General Discoverable Mode)를 나타낸다.
- 비트 2는 예전 1, 2버전의 블루투스 전송 속도 BR/EDR을 지원하지 않음을 나타낸다.
- 비트 3은 같은 장치(Controller)에서 LE와 BR/EDR이 동시에 가능함을 나타낸다.
- 비트 4는 같은 장치(Host)에서 LE와 BR/EDR이 동시에 가능함을 나타낸다.

두 번째 광고 데이터는 총 28바이트이며, AD 헤더, 회사 ID, iBeacon 타입 ID, 장치의 UUID,
주/부 번호, 전송 신호 세기 등을 포함한 그룹이다. 이 중에서 UUID는 범용 고유 식별자
를 나타내며, 총 128비트, 즉 16바이트로 구성된다. 예를 들면, 550e8400-e29b-41d4-a716-
446655440000처럼 8-4-4-4-12바이트라는 다섯 개의 16진수 그룹을 하이픈('-')으로 연결한다.
이어지는 4바이트인 장치의 주 번호, 부 번호는 각각 특정 지역, 특정 지역 내의 노드를 구분

하는 데 사용한다. 마지막의 TxPower 값은 1미터 거리에서 측정한 전송 세기 값을 나타낸다.

이제 라즈베리 파이가 비콘이 되거나 다른 BLE 비콘을 감지하도록 테스트해 보자.

먼저, 라즈베리 파이 자신이 비콘이 되도록 만들어 보자. 다음 명령을 실행하여 라즈베리 파이와 연결된 BLE 동글을 활성화하고, 주변 장치를 검색하지 않도록 설정한다.

```
$ sudo hciconfig hci0 up
$ sudo hciconfig hci0 leadv
$ sudo hciconfig hci0 noscan
```

이제 다음 명령을 실행하여 비콘 광고 메시지를 주변으로 브로드캐스트 송신해 보자.

```
$ sudo hcitool -i hci0 cmd 0x08 0x0008 1E 02 01 1A 1A FF 4C 00 02 15 E2 0A 39
F4 73 F5 4B C4 A1 2F 17 D1 AD 07 A9 61 00 01 00 01 C8 00
```

여기서 '0x08'은 블루투스 커맨드 그룹 'OGF'를 나타내고, '0x0008'은 특정한 명령 'OCF', 즉, 비콘 전송 명령(HCI_LE_Set_Advertising_Data)을 나타낸다.

다음, 첫 번째 '1E'는 자신을 제외한 광고 데이터의 총 바이트 크기를 나타낸다. 자신을 포함해서 최대 31바이트까지 가능한데, 여기서는 최대 바이트 값인 30바이트가 사용되었다. 다음, '1A'는 다음 그룹의 크기, 즉 26바이트를 나타낸다. 여기서 'FF'는 제조사의 AD 타입 플래그 값이다. '4C 00'은 애플 사의 블루투스 제조 ID를 나타낸다. '02'는 데이터 타입, 즉 iBeacon임을 나타낸다. '15'는 남은 데이터 길이, 즉 21바이트를 나타낸다. 이 데이터 중 처음 16바이트인 E2 0A 39 F4 73 F5 4B C4 A1 2F 17 D1 AD 07 A9 61은 장치의 UUID를 나타낸다. 다음 00 01과 00 01은 차례로 Major 번호, Minor 번호를 나타낸다. 마지막, C8은 1미터 거리에서 측정한 Tx Power 값의 2의 보수를 나타낸다. 여기서는 - 0x38, 즉 -56 데시벨을 가리킨다. 그리고 마지막으로, 0x00, 즉 NULL 바이트로 끝맺는다.

비콘 기능은 다음 명령을 실행함으로써 전송을 중단하고 비활성화할 수 있다.

```
$ sudo hciconfig hci0 noleadv
```

이제 BLE 모듈이 포함된 아이폰이나 안드로이드 스마트폰에서 비콘 감지 앱을 실행하여 거리 값을 측정하는지 테스트한다. 다양한 비콘 감지 앱이 존재하지만, 여기서는 RadiusNetworks 사가 제작한 Locate 앱을 사용해 보자. 안드로이드폰인 경우 구글 플레이 스토어에서 Locate

Beacon 앱을 검색한 다음, 설치한다. Locate Beacon 버튼을 클릭하면 주변의 비콘을 감지할 것이다.

그림 13-2 **Locate 앱의 iBeacon 스캔 화면**

다음은 라즈베리 파이가 주변의 비콘 장치를 감지하도록 해 보자.

먼저, 다음과 같은 파이썬 스크립트를 작성한다.

코드 13-1 **iBeacon을 스캔하는 ibeaconscanner.py 스크립트 파일**

```python
#!/usr/bin/env python
import pexpect, re, sys

def measureDistance(txPower, rssi):
  if rssi == 0:
    return -1.0 # if we cannot determine accuracy, return -1.
  ratio = rssi * 1.0 / txPower
  if ratio < 1.0:
    return pow(ratio,10)
  else:
    return (0.89976) * pow(ratio, 7.7095) + 0.111

scan = pexpect("sudo hcitool lescan --duplicates 1>/dev/null")
p = pexpect("sudo hcidump --raw")
capturing = 0
packet = ""
while True:
    line = p.readline()
    if not line: break
    if capturing == 0:
```

```
        if line[0] == '>':
            packet = line[2:].strip()
            capturing = 1
    else:
        if re.match("^[0-9a-fA-F]{2}\ [0-9a-fA-F]", line.strip()):
            packet += ' ' + line.strip()
        elif re.match("^04\ 3E\ 2A\ 02\ 01\ .{26}\ 02\ 01\ .{14}\ 02\ 15", packet):
            #print "packet = " + packet
            UUID=packet[69:116].replace(' ','')
            UUID=UUID[0:8]+'-'+UUID[8:12]+'-'+UUID[12:16]+'-'+UUID[16:20]+
'-'+UUID[20:]
            MAJOR=int(packet[117:122].replace(' ',''),16)
            MINOR=int(packet[123:128].replace(' ',''),16)
            POWER=int(packet[129:131].replace(' ',''),16)-256
            RSSI=int(packet[132:134].replace(' ',''),16)-256
            if len(sys.argv) != 1 and sys.argv[1] == "-b" :
                print UUID, MAJOR, MINOR, POWER, RSSI
            else:
                print "UUID: %s MAJOR: %d MINOR: %d POWER: %d RSSI: %d" % (UUID,
MAJOR, MINOR, POWER, RSSI)
                print "distance=", measureDistance(POWER, RSSI)
            capturing = 0
            packet=""
        elif len(packet) > 90:
            capturing = 0
            packet=""
```

이 프로그램은 먼저 pexpect 모듈을 사용하여 주위의 BLE 장치를 감지하는 명령인 'sudo hcitool lescan --duplicates 1> /dev/null'을 백그라운드로 실행시키고, 출력되는 값을 스크립트로 필터링하여 터미널로 입력하도록 하는 명령인 'sudo hcidump —raw'를 실행시킨다. 그런 다음, BLE 패킷 메시지를 파싱하여 비콘 메시지이면 해당하는 장치의 UUID, Major, Minor 번호, TxPower 값과 함께 측정된 RSSI 값을 추출하고, 결과를 화면에 출력한다.

```
$ python ibeaconscanner.py
UUID: E2C56DB5-DFFB-48D2-B060-D0F5rA71096E0 MAJOR: 0 MINIR: 0 POWER: -65 RSSI: -75
distance= 2.82278946499
UUID: E2C56DB5-DFFB-48D2-B060-D0F5rA71096E0 MAJOR: 0 MINIR: 0 POWER: -65 RSSI: -77
distance= 3.43278412167
UUID: E2C56DB5-DFFB-48D2-B060-D0F5rA71096E0 MAJOR: 0 MINIR: 0 POWER: -65 RSSI: -74
distance= 2.55619276647
```

13.2.2 Eddystone 비콘

구글이 만든 Eddystone 비콘은 다음과 같은 총 세 가지의 광고 데이터 패킷을 지원하며, 안드로이드와 iOS를 모두 지원하는 오픈 프로토콜이다.

표 13-2 **Eddystone 비콘 프로토콜의 종류**

종류	설명
Eddystone-UID	iBeacon과 마찬가지로 비콘 ID를 방송한다.
Eddystone-URL	URL을 전송하여 특정한 웹 사이트로 접속할 수 있도록 한다.
Eddystone-TLM	배터리 전압, 장치의 온도, 전송된 패킷의 수 등의 정보를 전송한다.

Eddystone 광고 메시지의 패킷 구조는 그림 13-3과 같다.

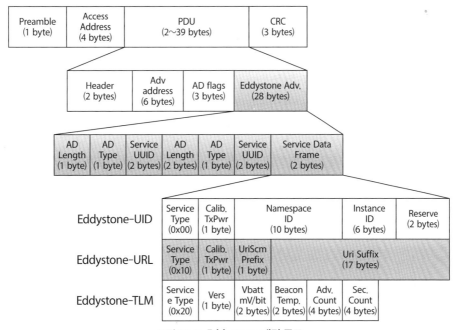

그림 13-3 **Eddystone 패킷 구조**

Eddystone 비콘의 광고 데이터도 iBeacon과 마찬가지로 각각 크기(1바이트)와 값들로 구성된 그룹으로 나뉘며, 세 개의 광고 데이터를 전송한다. 첫 번째 광고 데이터는 iBeacon과 마찬가지로 3바이트이며, 플래그 값을 저장한다.

기본 Eddystone 광고 데이터는 서비스 UUID를 포함하며, 위에서 두 번째와 세 번째 광고 데이터에 해당한다. 두 번째 광고 데이터는 총 4바이트이며, 길이(0x03), 서비스 UUID 목록 타입

(0x03), Eddystone 서비스 UUID(0xAAFE)를 포함한다. 세 번째 광고 데이터는 서비스 데이터 프레임을 포함하여 최대 24바이트이며, 패킷 종류에 따라 구분되는 정보를 포함한다.

Eddystone-UID 패킷은 조절된 TxPower 정보와 함께 장치의 ID에 대한 16바이트 데이터를 포함한다. 조절된 TxPower 값은 iBeacon처럼 1미터 거리에서 측정한 값이 아니라 0미터 거리에서 측정한 TxPower 값이다. 비콘 장치의 ID는 Namespace ID(10바이트)와 Instance ID(6바이트)로 구분된다. 여기서 Namespace ID는 범용 16바이트 UUID를 활용하며, 중간의 6바이트를 제외한 10바이트로 압축하여 표현한다. 예를 들면, 장치의 UUID가 '8b0ca750-e7a7-4e14-bd99-095477cb3e77'라면 중간 부분인 'e7a7-4e14-bd99'를 제외하고 '0x8b0ca750095477cb3e77'을 전송한다. Instance ID는 장치들을 구분하는 목적으로 적절하게 사용할 수 있다.

Eddystone-URL 패킷은 조절된 TxPower 정보와 함께 장치와 관련된 URL 주소를 제공하며, 구글의 Physical Webs 방식에 적용될 수 있다. URL 주소는 URL 주소 방식에 따라 1바이트의 URL Scheme Prefix 값으로 시작된다. URL Scheme Prefix는 현재 'http://www.' (0x00), 'https://www.' (0x01), 'http://' (0x02), 'https://' (0x03)의 네 가지를 사용한다. HTTP URL 주소는 문자 데이터 그대로 전송하되, '.com'과 같은 사이트 확장자는 1바이트 문자로 부호화된다.

Eddystone-TLM(Telemetry) 패킷은 장치의 배터리 전압(mV/bit 단위), 온도, 전송된 광고 메시지 횟수, 시스템 시작 후 현재까지의 시간(0.1초 단위) 등의 정보를 전송한다. 그런데 TLM 패킷은 장치의 식별자 정보를 포함하지 않으므로 독자적으로 전송되지 않고, Eddystone-UID 또는 Eddystone-URL 패킷의 사이사이에 전송된다.

이제 라즈베리 파이에서 Eddystone 비콘을 테스트해 보자. 먼저, 라즈베리 파이 자신이 Eddystone 비콘이 되도록 만들어 보자. 앞서 iBeacon 때와 마찬가지로 라즈베리 파이와 연결된 BLE 동글을 활성화하고 주변 장치를 검색하지 않도록 설정한다.

다음은 Eddystone-URL 전송을 위해 구글에서 제공하는 프로그램을 다운로드한다.

```
$ wget https://github.com/google/eddystone/blob/master/eddystone-url/implementations/
linux-url-advertiser/advertise-url
```

프로그램을 실행하고, Locate Beacon 앱으로 비콘 패킷이 잘 감지되는지 살펴본다.

```
$ python advertise-url
```

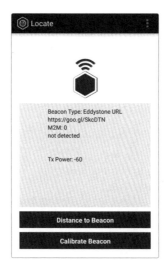

그림 13-4 **Locate 앱의 Eddystone-URL 스캔 화면**

다음은 Eddystone-UID 전송을 테스트하기 위해 다음과 같은 프로그램을 작성한다. 프로그램은 위 advertise-url.py를 참고하여 구현하였다.

코드 13-2 **Eddystone-UID 비콘 메시지를 전송하는 advertise-uid.py 스크립트**

```python
#!/usr/bin/env python
import sys
import subprocess
from optparse import OptionParser

parser = OptionParser(usage="%prog [options] [namespace] [instance]")
parser.add_option("-s", "--stop", dest="stop",
        action="store_true", default=False, help="Stop advertising")
parser.add_option("-v", "--verbose", dest="verbose",
        action="store_true", default=False, help="Print lots of debug output")
(options, args) = parser.parse_args()

# The default uid
uid_midfix = "-E7A7-4E14-BD99-"
namespace = "00112233445566778899"
instance = "AABBCCDDEEFF"

if len(args) > 0:
    namespace = args[0]
    instance = args[1]
    print namespace, instance

def verboseOutput(text):
    if options.verbose:
        sys.stderr.write(text + "\n")
```

```python
def encodeUid(namespace, instance):
    data = []
    narray = map(ord, namespace.decode("hex"))
    data += narray
    iarray = map(ord, instance.decode("hex"))
    data += iarray
    return data

def encodeMessage(namespace, instance):
    encodedUid = encodeUid(namespace, instance)
    encodedUidLength = len(encodedUid)
    verboseOutput("Encoded uid length: " + str(encodedUidLength))
    if encodedUidLength != 16:
        raise Exception("Not encoded uid (16 bytes)")

    message = [
            0x02,   # Flags length
            0x01,   # Flags data type value
            0x1a,   # Flags data
            0x03,   # Service UUID length
            0x03,   # Service UUID data type value
            0xaa,   # 16-bit Eddystone UUID
            0xfe,   # 16-bit Eddystone UUID
            5 + len(encodedUid), # Service Data length
            0x16,   # Service Data data type value
            0xaa,   # 16-bit Eddystone UUID
            0xfe,   # 16-bit Eddystone UUID
            0x00,   # Eddystone-UID frame type
            0xed,   # txpower
            ]
    message += encodedUid
    message += [0x00, 0x00] # reserved
    return message

def systemCall(command):
    verboseOutput(command)
    child = subprocess.Popen(["-c", command],
            stdout = subprocess.PIPE,
            stderr = subprocess.PIPE,
            shell = True)
    child.communicate()

def advertise(namespace, instance):
    verboseOutput("Advertising: " + namespace + ", " + instance)
    message = encodeMessage(namespace, instance)
    # Prepend the length of the whole message
    message.insert(0, len(message))
    # Pad message to 32 bytes for hcitool
    while len(message) < 32: message.append(0x00)
    # Make a list of hex strings from the list of numbers
```

```
    message = map(lambda x: "%02x" % x, message)
    # Concatenate all the hex strings, separated by spaces
    message = " ".join(message)
    verboseOutput("Message: " + message)

    systemCall("sudo hciconfig hci0 up")
    # Stop advertising
    systemCall("sudo hcitool -i hci0 cmd 0x08 0x000a 00")
    # Set message
    systemCall("sudo hcitool -i hci0 cmd 0x08 0x0008 " + message)
    # Resume advertising
    systemCall("sudo hcitool -i hci0 cmd 0x08 0x000a 01")

def stopAdvertising():
    verboseOutput("Stopping advertising")
    systemCall("sudo hcitool -i hci0 cmd 0x08 0x000a 00")

try:
    if options.stop:
        stopAdvertising()
    else:
        advertise(namespace, instance)
except Exception as e:
    sys.stderr.write("Exception: " + str(e) + "\n")
    exit(1)
```

프로그램을 실행하고 나서 Locate Beacon 앱으로 비콘 패킷이 잘 감지되는지 살펴본다.

```
$ python advertise-uid.py
```

그림 13-5 **Locate 앱의 Eddystone-UID 스캔 화면**

13.3 인터넷 통신 프로토콜 개요

사물인터넷을 이해하려면 인터넷을 통해 통신하는 방법에 대해 이해해야 한다. 여기서는 인터넷 통신에 대해 간략하게 살펴보자.

우리는 인터넷이라는 네트워크 망을 통해 멀리 떨어져 있는 컴퓨터 또는 사람과 정보를 주고받을 수 있다. 각 말단에 있는 종단(end-user) 시스템은 라우터(router)라는 장비를 통해 자신의 네트워크에 연결하여 다른 네트워크와 데이터를 교환할 수 있게 된다.

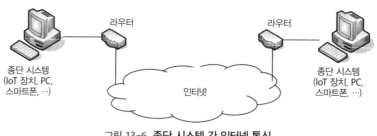

그림 13-6 **종단 시스템 간 인터넷 통신**

이때 종단 시스템 간 또는 라우터 간 통신을 수행하는 절차와 방법을 정해야 하는데, 이를 인터넷 프로토콜(protocol)이라고 한다. 또한, 전송되는 데이터 메시지를 패킷(packet)이라고 하며, 프레임(frame) 또는 PDU(Protocol Data Unit)이라고 부르기도 한다. 인터넷 프로토콜은 전송할 메시지에 송신자와 수신자의 IP 주소, 포트 등의 정보를 포함시키며, 마치 우편물을 포장하듯이 여러 단계를 거쳐 완성된 패킷을 전송시킨다.

인터넷 프로토콜은 여러 단계에 걸쳐 수많은 프로토콜이 개발되어 왔는데, 특히 핵심을 이루는 프로토콜을 모아 TCP/IP 프로토콜 슈트(suite)라고 한다. TCP/IP 프로토콜의 대략적인 계층 구조는 그림 13-7과 같다.

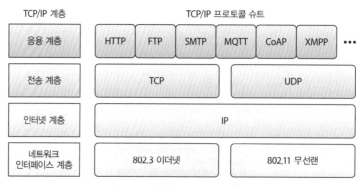

그림 13-7 **인터넷 프로토콜 계층 구조**

여기서 네트워크 인터페이스 계층(network interface layer)은 이더넷(Ethernet), 와이파이 등의 네트워크 하드웨어 장치들을 통해 패킷을 전송한다. 인터넷 계층은 이러한 네트워크 인터페이스 계층 위에서 IP 주소를 덧붙이거나 인식하여 패킷을 구성하여 상하위 계층으로 전달하는 역할을 한다. 전송(transport) 계층은 종단 간에 메시지의 흐름을 세밀하게 제어하는 역할을 담당한다. 대표적으로 신뢰성 있는 연결 지향형(connection-oriented) 프로토콜인 TCP(Transport Control Protocol)와 비연결형(connectionless) 프로토콜인 UDP(User Datagram Protocol)가 있다. 마지막으로, 응용(application) 계층에서는 이러한 네트워크 계층들 위에서 응용 프로그램 간에 연결을 확립하거나 사용자에게 네트워크 서비스를 제공하도록 한다. 예를 들면, HTTP는 웹 서버와 웹 브라우저/클라이언트 사이에 메시지를 전송하고, FTP는 파일을 전송하고, SMTP는 이메일을 전송하는 역할을 수행한다. 사물인터넷에 적합한 대표적인 인터넷 프로토콜은 표 13-3과 같다.

표 13-3 **대표적인 사물인터넷을 위한 인터넷 프로토콜**

이름	설명
Restful HTTP/HTTPS	• 기존의 XML-RPC/SOAP에 비해 비교적 간단한 소프트웨어 구조 • GET, POST, PUT, DELETE 등을 사용 • 전송 데이터 포맷은 XML, JSON, 텍스트(에 csv) 가능 • 폴링, Multipart XMLHttpRequest, HTML5 웹소켓 기법 활용
MQTT(MQ Telemetry Transport)	• IBM이 개발한 발행/구독 방식의 경량 프로토콜 • 메시지 브로커를 통해 토픽(topic) 발행 및 구독 • MQTT-SN(센서 네트워크용 프로토콜)도 개발
CoAP(Constrained Application Protocol)	• TCP가 아닌 네트워크용 메시지 전송 프로토콜 • 주로 6LoWPAN과 같은 센서 네트워크에서 사용
XMPP(Extensible Messaging and Presence Protocol)	• 인스턴스 메시징 시스템에서 발전된 XML 기반의 프로토콜 • 서비스 발견 프로토콜을 포함하며 다양한 IoT 응용에 적용

13.4 MQTT 프로토콜

13.4.1 MQTT 프로토콜 개요

MQTT(MQ Telemetry Transport)는 사물끼리의 일관적인 정보 전달 방법을 확립하기 위해 HTTP를 대체하는 네트워크 프로토콜로 개발되었다. 구조적으로는 TCP/IP상에서 경량의 발행(publish)/구독(subscribe) 방식의 메시지 전송을 기반으로 한다. 메시지 전송은 별도의 브로커(Broker) 서버를 경유한다. 즉, 발행자(publisher)가 특정한 토픽(topic)을 가진 메시지를 발행하면 브로커가 이를 수신하여 해당하는 메시지 토픽을 미리 구독(subscribe)한 구독자(subscriber)에게 메시지를 전달하게 된다.

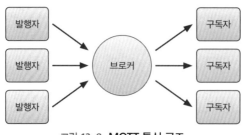

그림 13-8 **MQTT 통신 구조**

MQTT에서는 세 가지 수준의 메시지 전달 방식이 있다. Q0("at most once") 수준에서는 메시지가 한 번만 전송된다. 따라서 메시지가 유실되어 전송되지 않을 수도 있다. Q1("at least once") 수준에서는 메시지가 도착했는지 확인한다. 하지만 같은 메시지가 여러 번 전송될 수도 있다. Q2("exactly once") 수준에서는 메시지가 정확하게 한 번 전송되었는지 확인한다.

라즈베리 파이에 MQTT 브로커를 설치해 보자. 사용 가능한 MQTT 브로커의 종류는 상당히 많은데, 여기서는 대표적인 오픈소스 MQTT 브로커인 모스키토(Mosquitto)를 사용해 보자.

Mosquitto MQTT 서버, 클라이언트 및 파이썬 바인딩 등 관련된 패키지들의 최신 버전을 설치하기 위해 다음 명령을 실행하여 모스키토 저장소를 등록하고 갱신한다.

```
$ cd /etc/apt/sources.list.d/
$ sudo wget http://repo.mosquitto.org/debian/mosquitto-wheezy.list
$ wget http://repo.mosquitto.org/debian/mosquitto-repo.gpg.key -O - |
sudo apt-key add -
$ sudo apt-get update
```

다음은 모스키토와 관련된 패키지들을 설치한다.

```
$ sudo apt-get install mosquitto mosquitto-clients python-mosquitto
```

그런데 모스키토를 그대로 사용할 수도 있지만, mqtt over websocket 기능을 사용하려면 Mosquitto 1.4 버전 이상의 소스 코드를 직접 빌드하여 설치해야 한다. 따라서 이미 설치된 패키지를 제거한다.

```
$ sudo apt-get remove mosquitto mosquitto-clients
```

의존 패키지를 설치한다.

```
$ sudo apt-get install cmake libssl-dev uuid-dev xsltproc docbook-xsl
libwebsockets-dev libc-ares-dev
```

Mosquitto 소스 코드를 다운로드한다.

```
$ wget http://mosquitto.org/files/source/mosquitto-1.4.2.tar.gz
$ tar xvfz mosquitto-1.4.2.tar.gz
$ cd mosquitto-1.4.2
```

config.mk 파일을 편집하여 WEBSOCKET 옵션을 추가한다.

```
$ nano config.mk
WITH_SRV:=no
...
WITH_WEBSOCKETS:=yes
...
prefix=/usr
...
```

빌드한 다음, 설치한다.

```
$ make
$ sudo make install
```

다음은 앞으로 소개할 MQTT 관련 프로그램을 위해 소스 코드를 다운로드한다.

```
$ git clone https://github.com/swkim01/mqtt.git
$ cd mqtt
```

부팅 시 모스키토 브로커의 자동 실행을 위한 설정 스크립트를 설치하고 구동할 수 있도록 설정한다.

```
$ sudo cp etc/init.d/mosquitto /etc/init.d/mosquitto
$ sudo chown root:root /etc/init.d/mosquitto
$ sudo chmod +x /etc/init.d/mosquitto
$ sudo update-rc.d mosquitto defaults
$ sudo update-rc.d mosquitto enable
```

마지막으로, 사용자 그룹에 모스키토를 등록한다.

```
$ sudo useradd -r -m -d /var/lib/mosquitto -s /usr/sbin/nologin -g nogroup mosquitto
```

모스키토는 보안을 위해 사용자 ID 및 패스워드와 같은 인증(authentication) 방식을 사용하거나 SSL/TLS 기반의 증명(certificate) 방식을 사용할 수 있다. 기본 모드는 인증이나 보안 기능을 적용하지 않는 것이다. 여기서는 인증 및 증명에 대한 자세한 설명은 생략한다.

모스키토의 설정은 /etc/mosquitto/mosquitto.conf 파일을 수정하면 된다. 보안/인증을 제외한 주요 항목은 표 13-4와 같다.

표 13-4 **모스키토 설정 파일의 설정 항목**

범위	설정 항목	설명
일반	autosave_interval <초>	메시지를 RAM 메모리 내 데이터베이스에 저장하는 시간 간격을 지정
	persistence [true|false]	구독 및 메시지 데이터를 mosquitto.db에 저장
	persistence_file <파일>	구독 및 메시지 데이터 저장 파일을 지정
	persistence_location <경로>	구독 및 메시지 데이터 저장 파일 경로를 지정
리스너	bind_address <주소>	클라이언트 접속을 기다리는 호스트 주소를 지정
	max_connections <카운트>	연결할 클라이언트의 최대 수를 지정
	listener <포트>	클라이언트 접속을 기다리는 포트를 지정
	protocol [mqtt|websockets]	mqtt 또는 websocket 프로토콜을 지정
브리지	address [[<주소>[:<포트>]...]	연결할 다른 브로커들의 주소를 지정

따라서 모스키토 설정 파일은 다음과 같이 편집하면 된다.

코드 13-3 **/etc/mosquitto/mosquitto.conf 설정 파일 수정**

```
autosave_interval 1800
persistence true
persistence_file m2.db
persistence_location /tmp/
connection_messages true
log_timestamp true
listener 1883

listener 9001 127.0.0.1
protocol websockets
```

MQTT의 메시지 토픽은 보통 파일 경로처럼 계층적인 구조로 지정한다. 예를 들면, 첫 번째 센서의 데이터에 대한 토픽은 sensor/1/data와 같은 식이다. 모스키토에서도 같은 방식으로 사용하면 되지만, 몇 가지 특별한 형식을 추가하여 더욱 유연하게 활용할 수 있다. 예를 들면, $SYS로 시작하는 토픽을 사용하면 브로커의 상태 정보를 구독하여 획득할 수 있다. 또한, 단일 계층을 나타내는 '+'와 모든 하위 계층을 가리키는 '#'의 두 가지 와일드카드 기능이 있다. 예를 들면, sensor/1/data와 sensor/2/data를 모두 구독하려면 sensor/+/data, sensor/#, # 중 아무거나 사용해도 된다.

모스키토 브로커를 서비스로 실행하는 명령은 다음과 같다.

```
$ sudo /etc/init.d/mosquitto start
```

아니면 다음과 같이 수동으로 실행할 수도 있다.

```
$ sudo mosquitto -c /etc/mosquitto/mosquitto.conf
```

모스키토를 실행하면 서버는 1883번 포트로 소켓을 열고, MQTT 요청을 기다린다.

모스키토 브로커의 실행을 멈추는 명령은 다음과 같다.

```
$ sudo /etc/init.d/mosquitto stop
```

간단한 테스트 명령은 다음과 같다. 먼저, 하나의 터미널 창에서 다음 명령을 실행하여 'test' 토픽을 구독하고 메시지를 기다린다.

```
$ mosquitto_sub -h 127.0.0.1 -t test
```

다른 터미널 창을 열어 다음 명령을 실행하면 헬로 메시지를 발행하게 된다.

```
$ mosquitto_pub -h 127.0.0.1 -t test -m "Hello Mqtt"
```

그러면 앞서 메시지를 구독한 터미널 창에서 다음과 같이 메시지를 받아 출력할 것이다.

```
$ mosquitto_sub -h 127.0.0.1 -t test
Hello Mqtt
```

다음은 파이썬으로 MQTT 클라이언트를 구현해 보자. MQTT 클라이언트 프로그램을 위해 파이썬 MQTT 클라이언트 모듈을 설치하여야 한다. 여기서는 python-mosquitto 모듈의 기능을 물려받은 paho-mqtt 모듈을 설치할 것이다. 설치하는 명령은 다음과 같다.

```
$ sudo pip install paho-mqtt
```

다음과 같은 테스트 스크립트를 작성해 보자.

코드 13-4 MQTT 메시지를 주고받는 mqttest.py 스크립트 파일

```python
import paho.mqtt.client as mqtt

def on_connect(client, userdata, flags, rc):
    print("Connected with result code "+str(rc))
    client.subscribe("test")

def on_message(client, userdata, msg):
    print(msg.topic+": "+str(msg.payload))

client = mqtt.Client()
client.on_connect = on_connect
client.on_message = on_message

client.connect("127.0.0.1", 1883, 60)
client.loop_forever()
```

이제 파이썬 스크립트를 실행한다. 이 프로그램은 모스키토 브로커와 연결되고, 연결 시에 on_connect 콜백 함수를 실행하여 'test' 메시지를 구독한다. 메시지가 도착하면 등록된 on_message 함수를 실행할 것이다.

```
$ python mqttest.py
connected with result code0
```

앞서 테스트 예제에서처럼 다른 터미널 창에서 다음 명령을 실행하여 헬로 메시지를 발행하면 파이썬 스크립트가 메시지를 받아 출력할 것이다.

```
$ mosquitto_pub -h 127.0.0.1 -t test -m "Hello Mqtt"
```

```
$ python mqttest.py
connected with result code0
test: Hello Mqtt
```

MQTT를 이용한 LED 제어 및 DHT22 센서 모니터링

다음은 앞서 다룬 LED 제어와 DHT22 온도/습도 센서 모니터링 기능을 MQTT로 구현해 보자. 먼저, LED를 제어하고, DHT22 센서 값을 처리하는 제어 장치로는 9장에서 다루었던 와이파이 장치가 연결된 아두이노, 파티클 코어 또는 NodeMCU 등을 사용할 수 있다. 여기서는 세 가지 장치에 대한 내용을 모두 다룬다.

먼저, ESP8266 와이파이 모듈이 장착된 아두이노를 제어 장치로 활용해 보자. 그림 13-9와 같은 회로를 구성한다. 앞서 다루었던 ESP8266 와이파이 연결 회로와 LED와 DHT22 센서가 추가된 점만 다르다는 것을 알 수 있다.

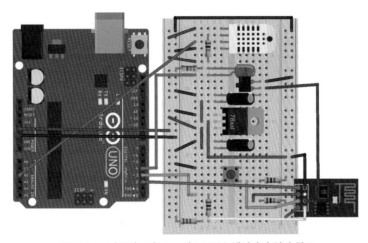

그림 13-9 **아두이노와 LED 및 DHT22 센서와의 연결 회로**

MQTT 메시지 전송을 위해 PubSubClient 라이브러리를 설치해야 한다. 다음 명령을 실행하여 PubSubClient 라이브러리를 다운로드하고 설치한다.

```
$ git clone https://github.com/knolleary/pubsubclient.git
$ mv pubsubclient/PubSubClient ~/Arduino/libraries
$ rm -rf pubsubclient
```

이제, 아두이노 스케치를 할 시간이다. 아두이노 IDE를 실행하고, 앞서 다운로드한 파일 중에서 device/arduino-esp8266-leddht22-mqtt.ino 파일을 열고, <서버 IP>, 공유기의 <SSID>와 <패스워드> 부분을 적절하게 수정한다. 그런 다음, 빌드하고 장치에 업로드하면 된다.

스케치 프로그램의 주요 부분에 대한 설명은 다음과 같다. 먼저, ESP8266 와이파이 클라이언트와 MQTT 서버에 연결하고, 'led' 토픽을 구독할 PubSub 클라이언트 객체를 전역 변수로 생성한다. setup 함수에서는 직렬 포트, LED 및 DHT22 센서 등을 초기화한다. loop 함수에서는 주기적으로 MQTT 서버에 연결되었는지 확인하고, 구독 메시지를 확인한 다음, DHT22 온도/습도 값을 MQTT 서버로 발행한다. 온도/습도 값은 'events' 토픽으로 다음과 같은 JSON 유형의 데이터로 전송된다.

```
{ "temperature": 25.5, "humidity": 45.0 }
```

아두이노 대신 파티클 코어를 제어장치로 사용하는 회로 구성은 11장에서와 같다. 다음은 파티클 홈페이지의 Build 창에서 새로운 프로그램을 생성한 다음, MQTT, idDHT22 라이브러리를 추가한 후에 device/particle-leddht22-mqtt.ino 파일을 열어 전체 내용을 복사하여 파티클 Build 창에 붙여 넣는다. 그런 다음, <서버 IP>, 공유기의 <SSID>와 <패스워드> 부분을 적절하게 수정하고, 파티클 장치에 펌웨어를 업로드하면 된다. 구현된 기능은 프로그램 코드는 다르지만, 아두이노 스케치와 같다.

NodeMCU를 제어 장치로 사용하면 마찬가지로 회로 구성은 앞서의 11장에서와 같다. 다음은 device/leddhtmqtt.lua 루아 스크립트 파일에서 MQTT <브로커 IP> 부분을 수정한다. 그런 다음, NodeMCU에 업로드하고 실행하면 된다. 역시 구현된 기능은 위와 같다.

이제 라즈베라파이에서 MQTT 메시지를 통해 LED를 제어하고, 온도/습도 값을 모니터링할 수 있다.

먼저, 다음 명령을 실행하면 장치의 LED를 켜고 끌 수 있다.

```
$ mosquitto_pub -h 127.0.0.1 -t led -m "ON"
$ mosquitto_pub -h 127.0.0.1 -t led -m "OFF"
```

다음 명령을 실행하면 온도/습도 값을 수신하여 출력할 것이다.

```
$ mosquitto_sub -h 127.0.0.1 -t events
{ "temperature": 25.5, "humidity": 45.0 }
{ "temperature": 25.4, "humidity": 45.0 }
...
```

13.4.3 MQTT와 SSE/Websocket을 통한 웹 서버 제어

다음은 파이썬 Bottle 웹 응용 모듈을 사용하여 MQTT 브로커를 통하여 LED를 제어하고 온도/습도 값을 모니터링하는 웹 서버를 만들어 보자. 그런데 웹 서버를 통해 MQTT로 통신하는 장치를 제어하는 다양한 방법이 있다.

먼저, 그림 13-10과 같은 구조를 생각해 보자. 여기서 사용자 프로그램이나 웹 클라이언트가 반드시 웹 서버를 거쳐 MQTT 브로커와 연결하는 사례를 나타낸다.

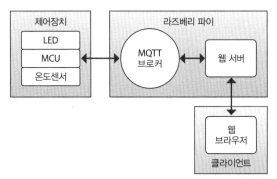

그림 13-10 **MQTT 브로커와 제어 장치 및 웹 서버-클라이언트 연결**

이런 시스템을 구성하려면 웹 서버 프로그램에서는 웹 클라이언트가 HTTP 프로토콜로 웹 서버와 통신하도록 웹 콘텐츠를 생성하면 된다. 여기서는 앞서 11장의 파티클 코어의 예와 마찬가지로 주 홈페이지는 LED를 제어하는 버튼과 온도/습도 모니터링을 위한 버튼으로 구현된다. LED ON/OFF 버튼을 누르면 HTTP POST 요청을 웹 서버에게 전달하고, 웹 서버는 MQTT 브로커로 LED 제어 메시지를 발행한다. 온도/습도 모니터링 웹 페이지에서는 웹 서버로부터 구독한 온도/습도 데이터를 SSE(Server Sent Events)를 통해 가져와서 Hicharts 자바스크립트 그래프 라이브러리를 이용하여 구성된 실시간 차트에 나타내게 한다.

참고로, 웹 서버를 통하여 주기적인 데이터를 습득하려고 할 때, SSE 대신에 다음에 소개할 웹소켓을 사용할 수도 있다. 하지만 웹소켓은 양방향 통신에 적합하도록 설계되었고, 별도의 자바스크립트 코드가 추가로 필요하지만, 오히려 SSE는 그럴 필요 없이 구현되었으므로 더욱 적합하다고 할 수 있다.

그런데 이전에 언급한 것처럼 LED 제어와 온도/습도 모니터링을 동시에 처리하는 웹 서버를 구현하려면 HTTP 요청을 다중 스레드 또는 비동기적으로 처리해야 한다. 여기서는 비동기 처리를 담당하는 Gevent 모듈을 사용하였다. 먼저, 다음과 같은 명령을 실행하여 Gevent 모듈을 설치한다.

```
$ pip install gevent
```

이제, Bottle 웹 응용 모듈과 Gevent를 사용하여 구현한 웹 서버 프로그램을 살펴보자. 앞서 다운로드한 디렉터리의 web 하위 디렉터리로 이동한다.

```
$ cd <MQTT 관련 프로그램 디렉터리>/web
```

프로그램은 총 세 개의 파일로 구성된다. 즉, LED 제어 및 온도/습도 모니터링 버튼이 구현되어 주 화면을 나타내는 index.tpl 템플릿, SSE를 통한 온도/습도 모니터링 화면을 나타내는 ssechart.tpl 템플릿 파일 및 mqttweb.py 파이썬 웹 서버 스크립트이다.

프로그램의 주요 부분에 대한 설명은 다음과 같다. 프로그램을 실행하면 MQTT 브로커와 연결되는 MqttConnector 스레드가 생성되고, Bottle 웹 서버가 Gevent 비동기 처리 서버로 구동된다. 웹 클라이언트로부터 LED 제어 명령을 받으면 LED 제어 메시지를 발행하여 MqttConnector를 거쳐 MQTT 브로커로 전송한다. 웹 클라이언트가 온도/습도 모니터링 페이지를 열면 웹 서버를 통해 Gevent Queue 객체를 생성하여 subscriptions 목록에 등록하고, 온도/습도 데이터가 Queue에 들어오길 기다린다. MqttConnector가 제어 장치로부터 오는 온도/습도 메시지를 전송받으면 데이터를 시간 정보와 함께 JSON 메시지로 구성하여 등록된 모든 Queue 객체에 넣어 주면, 기다리던 웹 서버 모듈이 웹 클라이언트로 SSE 메시지를 전송한다. 웹 클라이언트는 SSE 메시지를 전송받으면 Highchart 객체를 통해 그래프를 그리게 된다.

다음 명령을 입력하여 웹 서버를 실행한다.

```
$ python mqttweb.py
```

웹 브라우저를 열고 웹 서버에 접속한 다음, LED를 제어하고 온도/습도를 모니터링해 보자.

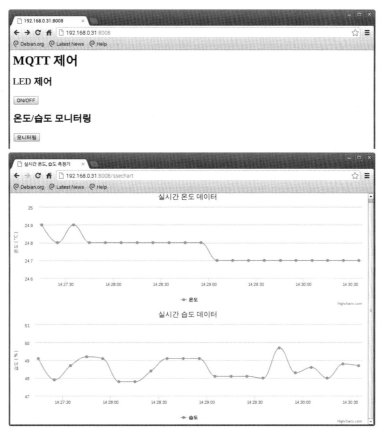

그림 13-11 **MQTT를 통한 LED 제어 및 온도/습도 모니터링 화면**

다음은 사용자 프로그램이나 웹 클라이언트가 웹 서버로부터 HTML 콘텐츠는 가져오지만, 이후에는 웹 서버를 거치지 않고 MQTT 브로커와 직접 통신하는 구조를 생각해 보자.

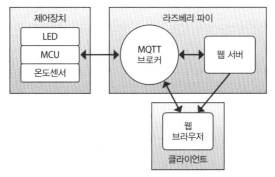

그림 13-12 **MQTT 브로커와 웹소켓을 통한 제어 장치 및 웹 서버-클라이언트 연결**

이런 구조를 구현하려면 웹 클라이언트의 자바스크립트 코드에서 MQTT 브로커와 통신하는 기능을 사용해야 한다. 이런 기능을 구현하는 방법 중 하나는 웹 브라우저에서 HTTP 요청 대신 소켓으로 직접 서버와 통신하도록 하는 웹소켓이다. 웹소켓은 양방향 통신이 가능하고, HTTP 요청 응답 방식 대신 자유롭게 데이터를 주고받을 수 있는 반면, 모바일이나 크롬, 파이어폭스, 사파리, IE10 이상의 브라우저 등에서만 사용할 수 있다는 단점이 있다.

웹소켓 상위에서 MQTT 프로토콜로 통신하려면 MQTT 브로커에서 웹소켓을 지원해야 한다. 그런데 앞서 설명한 것처럼 Mosquitto 1.4 버전 이상에서만 지원하므로 필요하면 소스 코드를 직접 빌드하여 설치하면 된다. 그리고 MQTT 브로커가 특정한 포트로 웹소켓을 지원하도록 설정해야 한다.

마찬가지로, 웹 클라이언트 측에서는 MQTT 프로토콜을 웹소켓으로 구현한 자바스크립트 모듈이 필요하다. 이 모듈은 다음 명령을 실행하여 다운로드할 수 있다. 서버는 이 모듈을 다운로드하여 클라이언트에게 제공하거나 자바스크립트 코드로 온라인 링크를 제공해야 한다.

```
$ wget http://git.eclipse.org/c/paho/org.eclipse.paho.mqtt.javascript.git/plain/src/
mqttws31.js
```

웹 서버를 실행하기 위해 앞서 다운로드한 디렉터리의 websocket 하위 디렉터리로 이동한다.

```
$ cd <MQTT 관련 프로그램 디렉터리>/websocket
```

프로그램은 총 네 개의 파일로 구성된다. 구체적으로는 앞서 구현한 방식과 비슷하게 LED 제어 및 온도/습도 모니터링 버튼이 구현되어 주 화면을 나타내는 mqttwsindex.tpl 템플릿, 웹소켓을 통한 온도/습도 모니터링 화면을 나타내는 mqttwschart.tpl 템플릿 파일, mqttwsweb.py 파이썬 웹 서버 스크립트 및 MQTT 웹소켓 스크립트인 mqttws3.js이다.

여기서는 웹 클라이언트가 직접 MQTT 브로커와 통신하여 명령/데이터를 요청하고 처리하므로 파이썬 웹 서버 스크립트는 HTML 웹 페이지만 제공함으로써 의외로 코드가 간단하다.

대신 템플릿 파일의 자바스크립트 코드에서는 웹소켓을 생성하고, MQTT 브로커에 'events' 토픽에 대한 구독 메시지를 보내고, MQTT 브로커로부터 전송된 온도/습도 발행 데이터를 바탕으로 웹 브라우저에 Highchart 그래프를 그리게 된다.

다음 명령을 입력하여 웹 서버를 실행한다.

```
$ python mqttwsweb.py
```

웹 브라우저를 열고 웹 서버에 접속한 다음, LED를 제어하고 온도/습도를 모니터링해 보자.

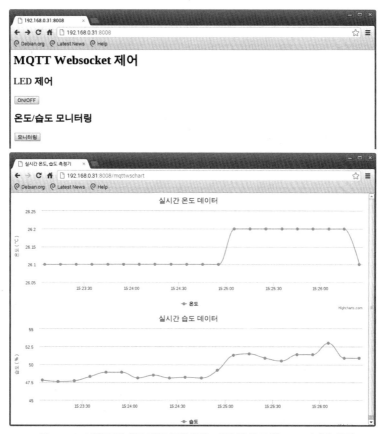

그림 13-13 **MQTT와 웹소켓을 통한 LED 제어 및 온도/습도 모니터링 화면**

다음은 OpenHAB에 대해서 MQTT 바인딩을 설정해 보자. 먼저, MQTT 바인딩을 사용하려
면 openhab.cfg 설정 파일을 수정하여 MQTT 설정 코드를 추가한다. 여기서 서버의 이름, 주
소, 포트 등을 설정할 수 있다.

```
$ nano configurations/openhab.cfg
...
mqtt:mosquitto.url=tcp://localhost:1883
...
```

다음은 configurations/sitemap/demo.sitemap 파일에 다음 내용(네 번째 줄)이 존재하는지 확인하고 없으면 추가한다.

```
$ nano configurations/sitemap/demo.sitemap
...
    Group item=gSF label="Second Floor" icon="firstfloor"
...
```

openHAB에서 MQTT 바인딩을 위한 형식은 다음과 같다.

```
mqtt="<방향>[<브로커>:<토픽>:<종류>:<변환규칙>:<정규 표현식필터>],
<방향>[<브로커>:<토픽>:<종류>:<변환규칙>], ..."
```

여기서 방향은 '<' 또는 '>' 글자를 사용한다. '<'일 때는 openhab이 구독자(subscriber)가 되고, 반대로 '>'일 때는 openhab이 발행자(publisher)가 된다. 토픽은 구독하는 메시지 이름이며, 종류는 메시지가 상태 값(state)인지 명령(command)인지를 나타낸다.

아두이노로부터 온도/습도 값을 구독하고, LED 명령을 발행하므로 다음과 같이 configurations/items/demo.items 파일을 수정한다.

```
$ nano configurations/items/demo.items
...
<4번째 줄>
Group gSF (All)
...
<22번째 줄>
Group My_Room "My Room" <office> (gSF)
String Arduino "Arduino"  { mqtt="<[mosquitto:events:state:REGEX(.*,(.*),.*)]" }
Number MR_Temp "Temperature [%.1f °C]" <temperature> (My_Room)
Number MR_Humi "Humidity [%.1f %%]" <temperature> (My_Room)
...
<49번째 줄>
Switch Light_My_Room "LED" (My_Room, Lights) { mqtt=">[mosquitto:led:command:ON:ON],
>[mosquitto:led:command:OFF:OFF]" }
```

아두이노로부터 구독한 상태 메시지는 JSON 형식이므로 파싱하여 온도/습도 값으로 표시해야 한다. 따라서 configurations/demo.rule 파일을 편집하여 파일의 끝 부분에 다음과 같이 룰을 추가하거나 수정한다.

```
$ nano configurations/rules/demo.rule
...
rule "Get Temperature and Humidity"
when
      Item Arduino received update
then
    var String SensorUpdate = Arduino.state.toString.trim

    var int tempStartsOn = SensorUpdate.indexOf("\"temperature\":") +
"\"temperature\":".length
    var String temperature = SensorUpdate.mid(tempStartsOn,
SensorUpdate.indexOf(", ")-tempStartsOn)
    var Double tempDouble = new Double(temperature)

    var int humiStartsOn = SensorUpdate.indexOf("\"humidity\":") +
"\"humidity\":".length
    var String humidity = SensorUpdate.mid(humiStartsOn,
SensorUpdate.indexOf("}")-humiStartsOn)
    var Double humiDouble = new Double(humidity)

    MR_Temp.postUpdate(tempDouble)
    MR_Humi.postUpdate(humiDouble)
end
```

실행 결과는 앞서 openHAB의 TCP 바인딩 결과와 같으므로 생략한다.

13.5 MQTT와 증강 현실을 이용한 온실 제어

13.5.1 증강 현실을 이용한 온실 제어 개요

최근에 스마트폰이나 영화 등을 통해 현실 세계와 가상의 객체를 합성하는 증강 현실(AR, Augmented Reality) 기술이 주목받고 있다. 현실 세계에 가상적인 객체가 접목되어 동작되면 부가적인 정보를 얻게 되므로 사물인터넷 분야에 적용되면 더욱 효과적일 것이다. 여기서는 이러한 증강 현실 기술을 이용하여 온실을 제어하는 시스템을 제작하는 방법에 대해 소개한다.

먼저, 증강 현실의 원리에 대해 알아보자. 증강 현실을 구현하려면 현실 세계를 촬영할 카메라와 이를 표현할 컴퓨터가 필요한데, 스마트폰의 카메라 화면이 대표적인 예이다. 다음으로 가상 객체를 카메라 프레임의 적절한 위치에 나타내기 위해 마커(marker)가 필요하다. 마커는 보통 사각형의 이미지를 사용한다. 영상 처리를 통해 마커를 인식하면 3차원 좌표와 방향을 찾아내고, 프로그램에 등록된 마커와 일치하면 마커 위에 객체를 카메라 프레임 내에 적절한 3차원 좌표와 방향으로 렌더링한다.

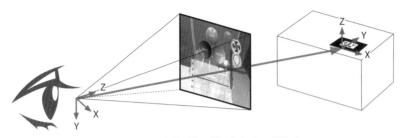

그림 13-14 증강 현실을 위한 마커 및 3차원 좌표

구현할 시스템은 온도/습도, 조도 센서, LED 및 와이파이 장치가 장착된 아두이노와 같은 사물인터넷 보드 및 BLE 비콘, 측정 데이터를 중계하는 MQTT 브로커, 데이터를 저장하는 DB 서버, 온실 환경을 관찰하고 제어하는 클라이언트 역할의 안드로이드 장치로 구성된다. 온실 환경에 마커, BLE 비콘, 사물인터넷 보드를 설치하고, 환경 데이터를 측정하여 주기적으로 MQTT 브로커에 전송하면 브로커는 특정한 시간 간격으로 DB 서버에 저장한다. 안드로이드 장치는 비콘을 통해 온실의 위치를 대략적으로 파악하고, 마커를 통해 인식하면 브로커에 실시간 데이터 및 DB 서버로부터 최근 24시간의 데이터를 요청하거나 LED를 켜는 등의 명령을 내릴 수도 있다. 여기서 중계 브로커를 통해 통신을 함으로써 연결이 자유롭고, 새로운 시스템을 추가하는 상황에도 유연하게 대처할 수 있다.

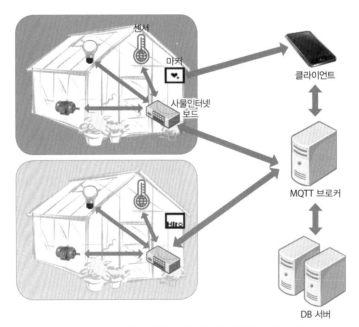

그림 13-15 MQTT와 증강 현실을 이용한 온실 제어 개념도

13.5.2 온실 제어 장치 제작

다음은 온실 제어 장치를 제작해 보자. 온실 제어 장치를 위한 사물인터넷 보드는 앞서 다루었던 와이파이 장치가 연결된 아두이노, 파티클 코어 또는 NodeMCU 등을 사용할 수 있다. 여기서는 ESP8266 와이파이 칩과 아두이노 보드를 사용하였다. 나머지 부품으로는 아두이노 전원을 위한 5V USB 배터리, DHT22 온도/습도 센서, 조도 센서와 LED 스트립(12V 구동), 팬 (12V 구동), L293D Dual H-브리지 칩 및 12V 전원 어댑터를 사용하였다. LED 스트립과 팬은 12V로 구동되므로 이전에 모터 제어에 사용했던 L293D와 같은 구동 칩과 전원 공급 장치가 별도로 필요하다. 참고로, 솔레노이드 밸브(solenoid valve)를 사용한 화분 급수기를 추가해도 좋을 것이다. 구성한 회로는 그림 13-16과 같다.

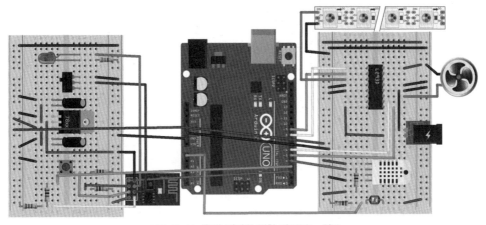

그림 13-16 **온실 제어를 위한 아두이노 회로**

아두이노 펌웨어를 위해 DHT 라이브러리, MQTT PubSubClient 라이브러리와 다음과 같은 타이머 라이브러리를 다운로드하고 설치한다.

```
$ git clone https://github.com/JChristensen/Timer
$ mv Timer ~/Arduino/libraries
$ rm -rf Timer
```

다음 명령을 실행하여 온실 제어 시스템의 전체 소스 코드를 다운로드한다.

```
$ git clone https://github.com/swkim01/GreenHouse.git
$ cd GreenHouse
```

이제, 아두이노 장치에 펌웨어를 업로드해야 한다. 아두이노 IDE를 실행하고, device/ 다운로드한 파일 중에서 device/greenhouse-esp8266WIFi-mqtt.ino 파일을 열고, <서버 IP>, 공유기의 <SSID>와 <패스워드> 부분을 적절하게 수정한 후에 빌드하고 장치에 업로드한다.

다음은 모든 부품을 연결하고 조립하여 온실 제어 시스템을 구축한다. 직접 제작한 모의 온실 제어 장치는 그림 13-17과 같다.

그림 13-17 온실 제어 장치

이제 온실 제어 장치를 설치하고 전원을 공급하여 아두이노 펌웨어를 실행시킨다.

13.5.3 MQTT 브로커 및 DB 서버

온실 제어 시스템에서 MQTT 브로커는 사물인터넷 보드로부터 실시간 온도/습도/조도 데이터를 가져오고, DB 서버로 센서 데이터를 주기적으로 저장하고, 클라이언트에게 실시간 및 DB 데이터를 전송하고, 증강 현실을 통해 클라이언트가 요청한 제어 신호를 사물인터넷 보드로 보내 주는 역할을 한다. 그림 13-18은 데이터가 전송되는 흐름을 보여 준다.

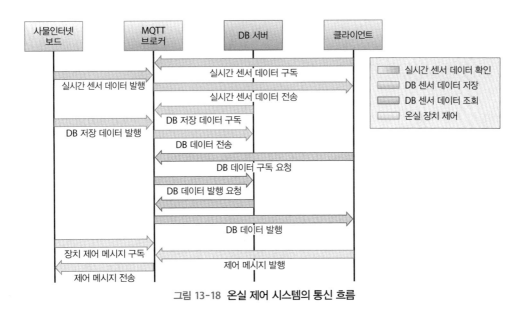

그림 13-18 **온실 제어 시스템의 통신 흐름**

온실 제어 시스템을 위해 표 13-5와 같은 MQTT 토픽을 사용하였다.

표 13-5 **온실 제어 시스템을 위한 MQTT 토픽**

토픽	설명
greenhouse/sensor/R<num>/<sensor>	실시간 센서 데이터
greenhouse/sensor/R<num>/<actuator>	제어 명령
greenhouse/db/sensor/R<num>/put/<sensor>	DB 저장 데이터
greenhouse/db/sensor/R<num>/get/<sensor>	DB 데이터 요청

실시간 센서 데이터 토픽은 사물인터넷 보드가 주기적으로 발행하며 클라이언트는 필요할 때 구독한다. 제어 명령 토픽은 클라이언트가 발행하며, 구독하는 사물인터넷 보드를 제어한다. DB 저장 데이터 토픽은 사물인터넷 보드가 주기적으로 발행하며, DB 서버가 구독한다. 마지막으로, DB 요청 토픽은 클라이언트가 필요할 때 구독하여 DB 서버가 특정 기간의 DB 데이터를 발행한다.

이제 MQTT 브로커를 실행하여 토픽들을 테스트해 보자. MQTT 브로커는 여러 가지가 있는데 여기서는 모스키토를 사용하였으며, 데이터베이스는 SQLite를 사용하였다.

먼저, 앞서 소개한 모스키토 브로커를 구동시킨다.

사물인터넷 보드가 구동되고 있다면 다음 명령을 실행하여 실시간 센서 메시지를 구독하고 수신할 수 있을 것이다.

```
$ mosquitto_sub -h 127.0.0.1 -t greenhouse/sensor/R1/humi
{"dataList": [{"date": "2015-04-04 16:16:12.306534", "value": "40"}, {"date":
"2015-04-04 16:17:43.555342", "value": "30"}, {"date": "2015-04-04 16:17:46.224943",
"value": "20"}]}
```

다음은 DB 서버를 구동시켜 보자 먼저 DB 파일을 생성하는 스크립트를 작성한다.

코드 13-5 온실 제어를 위한 DB 파일을 생성하는 **thingdb.py** 스크립트 파일

```python
import sqlite3

db = sqlite3.connect("thing.db")
cur = db.cursor()
cur.execute("CREATE TABLE R1 ( key TEXT, value TEXT, date DATE )")
db.commit()
db.close()
exit()
```

프로그램을 실행하면 thing.db 파일이 생성될 것이다.

```
$ python thingdb.py
```

다음은 DB 서버 프로그램을 작성한다.

코드 13-6 온실 제어를 위한 DB 서버를 구현한 **processdb.py** 스크립트 파일

```python
import datetime
import json
import paho.mqtt.client as mqtt
import sqlite3

db = sqlite3.connect("thing.db")
db.row_factory = sqlite3.Row
cur = db.cursor()
# table: R1 = {'key' : String, 'value' : String, 'date' : Date}

def on_connect(client, userdata, flags, rc):
    print("Connected with result code" + str(rc))
    client.subscribe('+/db/#')

def on_message(client, userdata, msg):
    print(msg.topic + " " + str(msg.payload))
    topic = msg.topic
    message = msg.payload
    token = topic.split('/')
    for i, word in enumerate(token):
```

```
            if word == 'db':
                token.pop(i)
            if word == 'put':
                token.pop(i)
                keyword = "/".join(token)
                nowdate = datetime.datetime.now()
                try:
                    cur.execute("INSERT INTO R1(key,value,date) VALUES(?,?,?)",
(keyword, message, nowdate))
                    db.commit()
                except sqlite3.Error,e:
                    # rollback on error
                    if db:
                      db.rollback()
                    print "Error %s:" % e.args[0]

            if word == 'get':
                token.pop(i)
                keyword = "/".join(token)
                total = []
                row = cur.execute("select * from R1 where key is ? ORDER BY date ASC",
(keyword,))
                if row:
                    limit=int(message)
                    count=0
                    for data in row.fetchall():
                        if count < limit:
                            arr={}
                            arr['value']=data['value']
                            arr['date']=data['date']
                            total.append(arr)
                        count+=1
                jsonObject=json.dumps({'dataList': total})
                client.publish(keyword,jsonObject)

client = mqtt.Client()
client.on_connect = on_connect
client.on_message = on_message

client.connect("127.0.0.1", 1883, 60)

client.loop_forever()
```

이제 프로그램을 실행한다.

```
$ python processdb.py
```

DB 서버는 DB 저장 데이터 및 요청 토픽을 구독함으로써 사물인터넷 보드로부터 주기적인 DB 저장 데이터 메시지를 수신하여 DB에 저장하고 DB 요청 메시지를 받으면 일정 기간 동안의 DB 데이터를 발행한다.

터미널 창에서 다음 명령을 입력하여 DB 서버에 데이터가 저장되는지 테스트해 본다.

```
$ mosquitto_pub -h 127.0.0.1 -t greenhouse/db/sensor/R1/put/humi -m "40"
$ mosquitto_pub -h 127.0.0.1 -t greenhouse/db/sensor/R1/put/humi -m "30"
$ mosquitto_pub -h 127.0.0.1 -t greenhouse/db/sensor/R1/get/humi -m "10"
```

13.5.4 안드로이드 클라이언트 제작

안드로이드 클라이언트 프로그램은 iBeacon 비콘을 탐지하는 화면과 증강 현실을 이용하여 온실 환경을 모니터링하고 제어하는 화면으로 구성하였다. iBeacon 장치로는 제작의 편의를 위해 에이프릴브라더(AprilBrother) 사의 iBeacon 모듈과 안드로이드 SDK[22]를 사용하였다. 증강 현실 기능을 위해 마커 기반의 오픈소스 라이브러리인 ARToolkit을 다양한 플랫폼에 적용하도록 수정된 NyARToolkit[23]을 사용하였다. 안드로이드 클라이언트 프로그램은 다운로드한 소스 코드 중 app 디렉터리에 존재한다.

증강 현실 마커는 온라인 마커 제작 사이트[24]를 활용하여 만들었다. marker 디렉터리에 있는 미리 제작된 마커 또는 위 사이트를 이용하여 제작한 마커를 출력하여 온실 환경이나 모형에 사물인터넷 장치와 함께 부착시킨다. 만약 직접 마커를 제작하였다면 GreenHouse/assets/AR/data 디렉터리에 patt 파일을 두고, 소스 코드를 수정하여 patt 파일을 등록한다.

클라이언트 프로그램의 빌드 과정은 다음과 같다. 먼저, 안드로이드 개발 환경을 설치한다. 다음은 개발 환경 내의 이클립스 또는 안드로이드 스튜디오 프로그램을 실행시킨 다음, Import Project 기능을 활용하여 GreenHouse, NyARToolkit for Android 및 NyARToolkit for Android - AndUtils 라이브러리 소스 코드를 임포트한다. GreenHouse 프로젝트에서 NyARToolkit for Android와 NyARToolkit for Android - AndUtils 라이브러리를 포함시킨 후에 빌드한다. 마지막으로, 빌드된 apk 파일을 안드로이드 폰 또는 태블릿에 설치한다.

---

22 http://github.com/aprilbrother/AprilBrother-Android-SDK

23 http://nyatla.jp/nyartoolkit/wp/

24 http://flash.tarotaro.org/ar/MarkerGeneratorOnline.swf

이제 프로그램을 실행하고 증강 현실 화면을 나타낸다. 안드로이드 기기를 움직여 카메라 화면이 마커가 보이도록 하면 곧 실시간 센서 데이터를 수신하여 온실의 온도, 습도, 조도 값을 증강 현실 센서 버튼에 나타낼 것이다. 센서 버튼을 클릭하면 해당하는 센서에 대한 지난 24시간 동안의 데이터를 DB로부터 전송받아 그래프를 나타낼 것이다. 증강 현실 그래프를 클릭하면 전체 화면에 그래프를 출력할 것이다. LED 또는 팬 버튼을 클릭하면 제어 명령 메시지를 사물인터넷 보드로 전송하여 LED와 팬을 제어할 것이다.

그림 13-19 **MQTT와 증강 현실을 이용한 온실 제어 앱 실행 화면**

요즘 구글 카드보드와 같은 가상 현실(VR, Virtual Reality) 장치가 주목받고 있다. 향후에는 인공적으로 실제 현실을 만들어 내는 이러한 가상 현실 기술과 앞서 구현한 사물인터넷 및 증강 현실과 접목하면 보다 창의적이고 유용한 장치를 만들 수 있을 것이다.

참고 자료

① PiBeacon 홈페이지, https://learn.adafruit.com/pibeacon-ibeacon-with-a-raspberry-pi/

② 구글 Eddystone 홈페이지, https://github.com/google/eddystone/

③ Mosquitto 홈페이지, http://mosquitto.org

④ NyARToolkit 홈페이지, http://nyatla.jp/nyartoolkit/wp/

찾아보기